U0731965

知足常乐
人性
仁爱
自然
差不多
人情
幽默
安分知足
官僚
空谈
宿命
听天由命
鬼神
中庸
孝
信义
自尊自谦

中国民族性 壹

一百五十年中外"中国人像"

沙莲香　主编

家本位　奴性　面子　公私混杂　贞节　圆滑　勤俭　平和　无为　因循守旧　贪婪　不紧张　自尊自谦　信义　孝

中国人民大学出版社

·北京·

序

《中国民族性》(一)、《中国民族性》(二)两本书出版于20世纪80年代末90年代初，10年后，《中国民族性》两书及《中国人百年》一书，先后由香港三联书店出版海外版。

"中国民族性"研究作为"七五"国家社会科学基金重点项目，得到了该基金的资金支持。在其支持下，我们广泛收集资料，进行问卷调查。《中国民族性》(一)的资料收集是由当时任教的于硕完成的。她几乎走遍了北京所有的重要图书馆和资料室，收集了大量资料，然后将收集到的论著复印、装订成册，并将论著摘要编辑成册，这些论著是《中国民族性》成书的基础。这个工作的完成是极其辛苦的。后来，我们对论著摘要进行了分类编辑，形成类似"关键词"一样的"条目"。这项工作主要由当时在读的86级研究生许风海、袁方、唐顺义承担，他们有时跑到北京图书馆利用那里的空间进行卡片分类和编排，也十分辛苦。一晃20余年，他们都已成知识界的有为之才。

《中国民族性》(二)的调查、调查结果数据统计分析和讨论，是由当时87级在读的研究生苗少波、彭泗清、罗新、操鸣婵直接操作完成的，彭泗清和苗少波还参与了该书的写作。一晃20余年，他们亦成为知识界的有为之才。

《中国民族性》从第一本到第三本写作完成，经历了近30年的时间。从时间上看，这个过程与改革开放的30年大致同步。从《中国民族性》(一)所收集的资料可以看出，资料有限，书中除了费孝通和张岱年前辈的东西是现成的出版物，其余珍贵的论说大多是从中国社会科学院有关图书室复印过来的，另有一部分得助于日本学者。这种资料比较贫乏的境况，成了思考上和设计上的一种限制，当时已在海内外学界称雄的杨国枢有关中国人本土化研究的著作竟然找不到。这次再版，我们对《中国民族性》(一)尽可能做了补充。关于民族性变迁的写作，从2005年启动之后，我有数年的迟疑，对民族性的实际表现感到不少的“怅然若失”。2008年，在中国社会生活中涌现出来的“人性观照”和“公共精神”，表现出了我们这个民族久违的人文关怀。写“变迁”是写已经发生了的现象，这是奠定写作真实感所不能没有的基础。

中国民族性的研究重点不是研究中国人身上究竟存有哪些性格特质。性格特质在现实的形态下有很多很多，并且一些特质是为人类所共有的，这样，不同人种或民族的族群之间才有可能既相区别又相关联，才有可能比较和联络。不同的族群，性格特质的结构形态不同，因而有些特质在有的族群更突出、更普遍、更深刻地起作用。同时，这种不同还表现在一个民族的文化对人的要求和提倡上，不同的民族，价值取向不同，民族性格特质在其根源上由文化规定。但也可以逆过来说，文化是民族的性格规定，中国文化是对华夏民族特点的接纳和提取。因此，不同人种或民族对不同特质所给予的认同、伸张以及维护的自觉意识是有所不同的。20年前出版的《中国民族性》（二）建基于《中国民族性》（一）归纳的中外不同看法所做的问卷调查，但是，问卷设计和调查结果数据的统计分析都集中在性格特质的结构特点上，即一种“双重结构”或“多重结构”，亦即不同“情境”下，不同的特质起突出作用。这个调查和研究的直接背景是“文化大革命”中“不讲真话”。《中国民族性》（三）的写作重点不是具体写作30年里哪些性格特质有变化，而是在《中国民族性》（二）的基础上，沿着“中庸”在民族性结构中的核心作用，进一步分析中国民族性变迁所牵动的“中庸之变”与少数人才的必然出现，以及我们应当寄予的期待——创新历来出自少数，这就是《中国民族性》（三）写作中对“中庸”的“另解”观念。

《中国民族性》这一系列放在某种视域中就是一种记载。这个记载的一个侧面是，民族性变迁是由无数个体的变化而组成的无尽的变动。因此，写民族性变迁就会写到一些个人，也会写到自己——自己对经历的体证、自己的观念和认知、自己对所属文化和所属时代的承担。大概，这是一种难免之事。

这个记载的另一个侧面是，民族性变迁沿着集体行动者的演绎轨道而表现得多姿多彩，但贯穿其中、起中流砥柱作用的是劳动者的力量，即农民、工人、企业职员和管理者、教师、医生、科学家、文学艺术家和传媒人等。不同的年龄段，有不同的角色担当，有不同的心理状态与行为取向，而志愿者是近年登场的社会力量。由这个侧面看，写民族性变迁就是写集体行动者，写不同生活条件下的“人相与”及其后果。

沙莲香

北京万寿园

2011年12月

繁体字本序

去年9月悉香港三联书店姚永康先生函，得知拙作《中国民族性》(一)、《中国民族性》(二)两书拟在香港出版繁体字本。一时思绪涌起。对于香港三联的出版设想，感到荣幸，而就两书本身又感到不如意。两书差不多是十年前出的，若从着手收集资料和梳理研究思路、设定理论支撑点等一套预备性作业算起，就更早了，大约是1982—1984年的事。那个时候国门刚开，我东渡扶桑。东渡之前，还有十年的"文化大革命"动荡体验。"文革"结束，人如噩梦初醒，希望搞社会心理学，研究人。这前前后后至少二十年，占去当时生命历程的小半。此前，一直是校门出一校门进的书生。在东京大学社会学科研修两年，又是一种宿舍、图书馆和南博心理学研究所三角路线，极少旅行，有了机会也多是让给伙伴，自己安于和享受"三角地"生活，著名社会心理学家南博教授称我"书虫"。在那两年里，还经常同在日本研修的学者交谈和探究中国人问题。

海外研修的人，怎么会那么热衷于中国人问题的探讨呢？回头看去，是由于十年甚至更长些历史年代的民族鳞伤，在实际上成了对我们的质疑和呼唤。而"文化大革命"所伤害和毁坏的珍贵之物正是人和人的精神。人有情，人亦老，当为自然而然的事，但在实际生活中，却不该是反其自然。因此，"文化大革命"首先唤起的就不能不是对人的关切。

把耳闻目睹的事象转换为"问题"给予研究，还需要理性和被理性凝成的理论，才能揭示"问题"之本质。在这方面，我们的研究，是一个不断扩大理论视野、不断深入的过程；加之当时所能收集的资料有限，两书出版数年之后，就想修订，结果，还是未能做到。后来，着手《外国人看中国人100年——怎样看人看我》和《中国人100年——人格力量之有》的写作，以期对《中国民族性》(一)、《中国民族性》(二)作些补救。

香港三联书店要出海外繁体字本，这给了我们一个修改的良机。姚永康先生同我磋商再三，我们仍无余力令三联如愿。这是很感遗憾的事。繁体字本出版，只能对《中国民族性》（一）中某些论著年代顺序的编辑之误做更改，另外补充毛泽东有关中国人的论述。毛泽东的论述选自已出版的《毛泽东选集》、《毛泽东著作选读（下）》和《建国以来毛泽东文稿》。这个编辑工作是由我的在职博士生、中国人民大学出版社编辑潘宇先生完成的。她很忙，要感谢她的相助。在此，也对姚永康先生及三联书店表示感谢。

沙莲香

1999 年 2 月

代序：关于中国传统文化的几个问题

戴　逸

文化是人类改造世界的方式和能力，以及他们在改造世界过程中所获得的物质和精神成果，包括改造自然、改造社会、改造人类自我。这种方式与能力，各民族、各时代的情况很不相同。古代人改造世界的方式与能力跟现代人大不一样，这个民族与那个民族的方式与能力也不一样。这是不同类型的文化所决定的。客观环境对人类提出挑战，人类怎么对付它，或者说怎么解决这个矛盾，各时代、各民族的行动的目标、方法、知识水平、价值标准、生活态度、心理状态、世界观都不同，这些构成文化的因素就决定了人们改造世界的方式与能力不同，也决定了他们在改造世界过程中所获得的成果不同。

文化作为人类在改造世界中取得的物质成果与精神成果，有的是有形的，有具体的事物作为文化的载体。如上古时代的石器代表一种文化，陶器也代表一种文化，现代的工厂、铁路、轮船、飞机等具体事物代表工业时代的文化。这些具体事物反映了人类的创造性劳动，凝聚了人类的智慧。可以说，它们是人类智慧的物化。如果离开了精神创造，那么具体事物就失去了文化意义，就不成为文化，只是一堆僵死的物质的外壳。在这里，物质与精神相互联系，精神的创造、人类的智慧通过具体事物表现出来。人类的科学技术通过工业产品表现出成果，人类的艺术通过艺术品来表现，如一幅画、一座雕像。物质必须凝结人类的智慧，人类的创造才能取得文化意义。自然资源不具备这一条件，所以它不是文化。另外一种文化成果是无形的，看不见，摸不着，但它又确确实实存在着，像典章制度、风俗习惯、道德规范，都不表现为具体事物，但也是人们在改造世界的过程中所取得的成果。甚至于更深一层完全属于精神方面的，如科学、艺术、审美观、道德情操、价值观念，也是人类在改造世界、创造世界的过程中所积累起来的文化成果。

总之，广义文化既是改造世界的方式和能力，又是改造世界的成果；既表现为有形的物质的载体，又表现为精神和内在的心态。这样说来，四面八方，里里外外，文化无所不包。文化包含的内容这么宽广，怎样来进行研究呢？研究什么呢？

文化是个复合体，包括许多部门、许多学科，它的研究必然涉及许多部门、许多学科。文化与哲学、社会学、历史学、文学、艺术、宗教、民俗学都有关，文化渗透到各个领域。但我想，文化的研究主要不是去研究文化系统中包含的各个具体的部分。一个文化体系、文化实体由许多要素、部门综合构成，所有这些具体的要素、部门综合在一起，有机构成文化实体，或者说，有机构成文化这个大系统。但是，文化实体本身并不简单地等于许多具体要素相加的和。当许多部门、要素相互联系，综合形成一个文化体系时，这个体系本身又具有新的质态，有自身的质的规定性，有它整体性的特点，这种整体性的特点并不表现在各要素的相加。整体包括部分，但整体并不简单地等于部分之和。所以，中国文化并不是把中国的科技、文学、哲学、艺术、历史这些部门加起来，不能这样简单地等同，这样简单地相加不能把握文化的整体性。现在我们研究文化、讨论文化当然要涉及许多具体部门，但探索具体部门的规律性，不是文化研究的任务，这应由具体部门的研究人员来解决。文化研究的任务是把握文化体系整体性的特点，作综合性的考察。

文化研究的对象首先是文化的性质。一种文化系统总有它本身的质的规定性，区别于其他文化。我们一般用社会发展形态来区分文化的性质，也就是说，用生产方式、社会制度来决定文化的性质，表现文化的时代性。文化具有时代性，不同生产方式具有不同性质的文化，不同性质的文化是不能混同的。一般说来，后来者居上，愈是后来的文化，愈是先进，因为后来的文化吸收、综合了以前的文化，加以新的创造、新的发展。当然，一种较高的文化，刚刚处在新的阶段时，处在幼稚阶段时，不一定能显示出它的优越性。它还没有旧的文化那样成熟、丰满，但随实践的发展，随新文化全面的成长，必然超过旧文化。

其次，我们应研究文化的类别。文化是可以用种种方法、标准分类的。如用生产、生活方式加以分类，可以分为渔猎文化、畜牧文化、农业文化、工业文化；用地域、国家加以分类，可以分为欧美文化、阿拉伯文化、中国文化、印度文化。原始时代的文化干脆用生产工具、生活用具加以分类，如石器文化（新石器文化、旧石器文化）、青铜文化、彩陶文化、黑陶文化。文化包含的领域宽广，内容复杂。为了研究的方便，我们可以用某种标准来加以分类，大类的下边可以分成小类别，成为亚文化。大文化体系可以分成许多小文化。像中国古代文化这个大文化系统里，就包含了许多亚文化：中原文化、荆楚文化、吴越文化 、巴蜀文化、幽燕文化等。所以应该用各种方法、标准进行分类，在分类中加以比较，加以分析，认识各种文化的共性和特点。

文化研究还应包括对文化的功能，即文化的效用、价值之研究。前边我们说过，文化是人类创造的（动物谈不上文化，只有它的本能反应），反过来，文化又塑造了人。每个人都在一定的文化圈子里生活、成长、受教育，取得知识，培养自己的能力，学会怎么思考问题，怎么行动，怎么适应环境，怎么改造环境。人是社会动物，是指人生活在一定的文化环境、社会环境中，他属于某种文化。我们说中国人跟欧洲人、美洲人不同，有两方面的意思：一方面是种族不同，欧美人是白种人，中国人是黄种人；另一方面是文化不同，中国人与欧美人有不同的文化背景、不同的文化史、不同的生活态度、不同的文化价值观念。有一些华裔的美国人，从小在美国长大，如果他完全吸收美国文化，虽然在血统上是中国人，但在文化上他是美国人，他对问题的反应跟我们已经不同。所以说，文化塑造了人。

此外，谈谈文化比较研究。各种各样的文化，有共性，也有个性，各有它们的优点与局限性。作为人类文化的一个部分，各种文化的产生，都有它的根据，都有它的合理性。随着时代的发展，有的文化跟不上时代的要求，衰落了、消失了。文化的比较研究很有意义，观察历史长河中各种文化的潮流，丰富多彩，变化无穷。当来潮的时候，一种文化开始生长，汹涌澎湃，很快地发展。当退潮的时候，它销声匿迹。文化的比较有高下之分，有先进与落后的区别，因为文化总是从初级形态进化到高级形态。不承认高下之分、先进与落后之别，就等于否认文化的前进性，也否认了人类历史的发展。但文化的比较不能简单地归结为高下之分，不能简单地归结为优劣之分，因为文化有类型上、风格上、情调上的差别和表现手法的不同等等。文化是丰富多彩的，人类在不同的历史条件、地域条件下，创造不同形态的文化。所以各种文化的差异性，不能完全用高低、优劣、先进与落后来判断。比如中国的荆楚文化、幽燕文化、巴蜀文化等一些地区性的文化，各有特点，但不能说哪种文化优越、哪种落后。去年（按：指1986年）上海提出“海派文化”，当然有它优越的方面，但不能说它比其他文化先进，它同样存在局限性，不能绝对地用先进与落后来区分这种地区性文化。即使人类早期的文化，从总体上来说，处在初级阶段，当然比现在的文化落后；但在某些方面，它达到的成就，是现今先进文化不能比较的，赶不上的。像希腊文化，是一种初级阶段的文化，但希腊文化的许多成果，恐怕我们今天也创造不出来。文化的比较可以使我们对各种文化加以鉴别，更重要的是可以使我们认识它们的丰富多彩，认识它们的价值，认识它们在人类发展中所占的地位。

中国传统文化是个大问题。中国是个文明古国，历史悠久，我们在这样一个文明古国里建设社会主义，我们固有的文化传统是什么呢？先谈中国传统文化的起源、发展，即它产生于什么样的环境，是怎样发展的。对中国文化影响比较大的因素，有经济条件、政治结构、社会结构、地理环境，这些都影响中国文化的发生、发展。首先，中国是农业社会，6 000年以前，中国就种植农业作物。在中国，自给自足的小农经济长期占统治地位，商品经济不发达。在这样的一个农业社会里，民族性格既有勤劳朴实的一面，也造成了稳定、保守、散漫的一面。

其次，中国几千年的政治体制、政治结构是长期的封建专制主义，从秦始皇算起有2 000多年的历史。专制主义、官僚结构给中国的传统文化打上了很深的烙印。

再次，中国是个宗法、家族制度普遍盛行的国家。人们从小到老，生活在一个宗法结构中间，宗法意识、家族意识非常强烈。中国文化是在这样一个社会结构中形成的。

最后，地理环境也对中国文化产生了影响。中国位于亚洲东部的大陆，东面是海洋，西北是高山、沙漠，将近1 000万平方公里的领土形成一个相对封闭的环境，跟其他文化发达地区隔得比较远，交流比较少（当然历史上也有过交流，如丝绸之路，但这种交流比较少）。在这样一个相对封闭的地理环境中形成的一种独立的文化系统，不同于西方文化。

中国传统文化内容丰富，但它有个主干、核心，这就是儒家文化（以孔子为代表）。当然，儒家文化本身在历史发展的过程中也有很大的变化。在春秋战国时期，各学派“百家争鸣”，儒家只不过是许多学派中的一派。汉代，董仲舒发挥了儒家学说，使其成为统一的专制国家的官方意识形态，成为官方文化。汉代儒家已然不同于先前的儒家了。以后，魏晋南北朝隋唐五代，儒家也有变化，它吸收了佛学。到宋代，产生了程朱理学、新儒学。儒家文化本身也经历了一个很复杂的变化过程，也吸收、融汇了其他文化，很明显地吸收了道家、法家、佛教思想，也吸收了少数民族文化。所以一部文化史就是文化的传播、交流、冲突、融合的过程。

中国文化在一个相对封闭的环境中成长，但它也有过与外来文化的接触。大规模的接触、交流有三次。一次是佛教的传入，从东汉起，历经几百年：开始是比较粗浅的佛教教义的传播。中间经过长期的消化、文化的整合，到唐代，发展到高峰，产生了中国化的佛学——禅宗。到宋代，产生了在佛学影响下的儒学。佛教的传入经过了几百年的过程，这是中国与印度文化的一次大交流，对中国传统文化的影响极大。第二次中外文化交流发生在明清之际，西方传教士到中国来，从利马窦到汤若望、南怀仁，从明末到康熙年间，100 多年间，到中国来的传教士有好几百人，带来了西方的宗教，也带来了西方的文化，包括天文、历法、数学、武器、地图、建筑、绘画和其他自然科学。100 多年的时间里，西方译著和传教士随身带来的科学仪器也很多。但雍正、乾隆年间，这种交流中断了。原因很复杂，当时中国对西方缺乏认识，所以没有形成一种吸收融合西方先进文化的潮流。第三次文化交流是在鸦片战争以后，外国的大炮打开了中国的门户，中国被动地吸收西方文化，形成中西文化的冲突，也是交流。从某种意义上说，这样的吸收、交流、冲突，到现在还没结束。当然，现在封闭的局面已经打破了，不可能再回到历史上那样的闭关状态。中国已进入世界历史的潮流中，中国的社会主义新文化将在批判地吸收传统文化的同时，随着全人类文化一起前进。

中国传统文化的一个特点是重视人际关系。

在中国，伦理道德、历史学这一类科学比较发达，而不太着重于对自然的研究，不着重于研究人与自然的关系，所以中国自然科学相对来说不发达。

中国编《四库全书》时（这是中国古代文化最盛时，也是中国古文化的一个总结时期），法国像狄德罗、卢梭等百科全书派正在编《百科全书》。通过这两部书的比较就可看出东、西方知识结构的不同，也可看出东、西方文化性质、价值观念的不同。当然古人对自然科学也不是漠不关心，但不是像西方人那样把它作为一个纯客观的对象，排除主观性去研究它；而是用“天人合一”的观点，用主观的思想感情、主观的意象赋予自然界以种种意义。中国的诗文里讲自然的很多，都是以自然界为题材，但是这只是叙述，而不是用科学的眼光去研究它；是欣赏它的美，而不是追求它的真。所以中国文化的特点，比较着重于人际关系，有人称之为人文主义、重视人，但我认为人文主义是西方的思潮，有它特定的内容，恐怕跟中国的传统文化还不是一回事。

中国传统文化重视人际关系、重视人，是将人放在伦理规范中来考虑的，不是肯定个人价值，而是肯定个人对其他人的意义。它的积极意义就是重视人的历史使命，它讲人与社会、与别人的关系，强调人要为社会、为别人作出贡献。但它也有消极的一面，就是忽视了人本身的权利，把人的价值过分地放在与别人的关系上，而不在自己本身。它讲伦常关系、君臣、父子、夫妇等，都是在讲人和别人应处在一种什么关系中，但是这个社会给人以什么保障呢？它忽略了这一点。

中国传统文化的第二个特点就是同政治结合得比较紧密。2 000 多年来，儒家思想一直占统治地位，而且深深渗透到国民性中，它同官方结合得非常紧密，是官方哲学。“学而优则仕”，其治学目的就是做官、入世。儒家有它积极的方面，即它是入世的哲学，不像佛教。儒家重视文化对社会的作用，所以儒家有许多名言：“先天下之忧而忧，后天下之乐而乐”，“天下兴亡，匹夫有责”，等等。它强调要治天下，是治国平天下的学问。但是它密切结合政治也产生了另外一种缺陷，即依附于政治，经常以官方标准做判断，把很多事情都附会到政治上去，甚至彗星出现、火山爆发、地震等自然现象都成了被附会的对象，成为天人感应的一种现象。它认为政治上有失误，上天就要“示警”。另外，缺少自由的创作，凡是不合于官方口味的，都被称为异端思想，所以中国古代的思想迫害屡见不鲜，文字狱历代都有，政治干预文化就会产生消极的后果。

中国文化第三个特点是带有非常强烈的宗法家族色彩。中国没有像西方那样统一的宗教，没有那样大的教权（西方的教皇在中世纪甚至比国王地位都高）；但是族权——宗族的权力、家族的权力很发达，它实际上控制着老百姓。老百姓把两个东西看得最重要：一个是真命天子——皇权，一个是老祖宗——族权。皇权跟族权的势力渗透到各个方面，可以说在中国古代社会生活、文化生活中起着极为重大的作用，“君”和“父”是中国人的两个最重要的概念。“无君无父是禽兽也”，也就是说，人和动物最主要的区别，就在于人有“君”和“父”。与“君”和“父”相应的，就是中国道德观念规范中的“忠”、“孝”。忠臣、孝子是最完美的人格。所以宗法家族在中国人心目中是很重要的，在国民性格中也是很重要的。这还可以从中国古人两个重要的生活目的——（1）光宗耀祖，（2）传宗接代看出来。

光宗耀祖。人活着是为了使他的家族光彩，个人奋斗、读书应举、做官发财，固然是为自己享受，但他更大的目的却是光宗耀祖，给家里立个牌坊或挂一块匾，或者给家里修坟扫墓。

传宗接代。就是生儿子，把家族绵延下去。“不孝有三，无后为大。”所以人生活的目的就是家族的延续和家族的昌盛。

上面提到的“孝”，我想也应该分析。它当然有好的方面，即它是对父母的正当感情、正当态度，赡养父母、尊敬父母，理应如此。但是如果把这种感情态度提升为道德原则，并且加以绝对化，就必然会产生许多流弊。中国古人心中最大的悲剧是什么呢？不是个人的死亡，甚至不是国家的灭亡，而是宗族的灭亡，灭族之灾是最大的不幸。比如中国古典小说《红楼梦》，它是一个悲剧，讲的是封建大家族的没落。

下边，我再谈一点中国传统的思维方法和表现方法。中国人的思维方法似乎比较注重直观、着重于体验，相对来说在推理分析上比较薄弱。中国人思维方法的特点是先直觉到某一个真理，然后用比喻或类比等方法来表现这个真理；用例证的方法来加强、说明这个真理；缺少从未知推到已知的过程（并不是没有，但这方面比较薄弱）。

我们读中国思想家的书，读中国古代的经典，往往感到有深刻的哲理。但是其思想是跳跃式的，在他们的体会中想象的色彩比较多，比较凝厚和强烈，所以它有许多精彩的片断，有许多闪光的颗粒，但是不连贯，缺乏多方面的论证。中国古代圣贤喜欢用格言方式来表达思想，这些格言没有展开，没有充足的论证，比如《论语》，它的道理就几句话或一句话。“有朋自远方来，不亦乐乎”，只有一句话。这个《论语》就是语录式的。老子的《道德经》也是非常简练的。宋明理学家许多理论也都是用这种方式来表达，在一两句话中讲一个生活的道理，简短有力，把真理浓缩在片段中。这同西方著作不太一样，西方的著作都是大部头，让人看了以后，觉得很繁琐。当然，这只是相对而言。

中国的艺术也有其特点——强调写意，而不是写真。现代的中国画采用了西方的一些表现手段；古典的中国画中的人很小、很远，画在山水风景中间，强调的是人跟景的交融，人在景中，不是强调人的面目。“传神之笔”要传神，不像西方油画那样写实、写真。油画创作很真实，简直像照片一样，它讲究比例、线条、透视、色彩等，画人要画模特儿，要讲骨骼肌肉。国画不讲求这些，画人的比例也不大对，脸大身子瘦。中国的戏曲好像也有这种情况，也是表现神似，只求意思到了，而不是把真实的细节、生活中的真实都全盘托出。

中国人表达感情比较含蓄，保持分寸，保护感情，封闭自己的内心世界，不是无保留地表现。文化人与野蛮人是有区别的，他不能毫无节制地发泄感情。文化的作用之一就是在内心世界设置一层帷幕或纱巾，或厚或薄，挡住内心世界。中国文化设置了较厚的帷幕。人类的喜怒哀乐本是自发的、本能的，如果毫无节制地让它泛滥，就势必引起人与人之间的冲突。中国文化集中在人际关系，因此感情世界的面纱较厚，按一定规范、程式办事。所以中国人表现感情没有采取像西方的接吻这一类的方式，而是用打躬作揖，含蓄地表达自己的感情。

中国传统文化中有几个概念是值得注意的：首先是儒家的中庸。关于中庸，已经有许多文章写过了。中庸这一概念承认对立面的矛盾、统一，但解决矛盾的方法是矛盾的缓和、调和，更高地强调了事物统一性的方面，保持一种和谐。中庸之道是不走极端，防止矛盾的激化。要理解中国文化，这是一个重要的概念。第二个概念是礼义。这也是中国文化中一个很重要的范畴。对个人来讲，就是“克己复礼”，约束自己的欲望、自己的感情、自己的利益，不然就会相冲突。“礼”是调解人和人关系的准则，也是工具，“克己复礼”既是理性的克制、自觉的克制，又是一种强制性的克制。人必须按礼义来办事，把自己约束在一个人际关系规范里，礼义不仅约束个人，也约束国家、家庭，于是有了“礼义之邦”、“礼义之家”等。中国人向来强调礼义，不重视法，礼义和法是相对的。“礼”带有更多的自觉性，带有更多的教育的性质，“礼教”形成一种“讲礼”的风气。而法更多的是强制，中国古代强调了“礼制”，而不强调法制。中国的法也有，而且在古代还很发达，但中国的法也有特点，即它似乎是专用来惩罚人的。一提法家就让人想起严厉、刻薄和无情无义来。所以，中国古代的刑法特别发达，民法不发达。法对那些破坏社会制度、损害人民生命财产安全者惩治性很强；而那些财产纠纷、婚姻纠纷等老百姓日常间的冲突却不是付诸法律，而是由家族来处理，不惊官动府。由此可见，古代法规打击什么是很明确的，但它保护什么（老百姓的正当利益等理应置于它的保护之下）就不明确了。归结为一句，就是法制不健全。还有就是“义利”的观念，重义轻利，强调道德修养，强调主体性的自我完善，而不着重于物质利益。《孟子》开章（孟子见梁惠王）第一句话：“王曰：‘子不远千里而来，亦将有以利吾国乎?’”这话是很正常的，但孟子却当头一棒，说：“……王何必曰利，亦有仁而已矣。”然后是对梁惠王的教训，最后他的结论是：“天下交征利，而国危矣。”孟子把利和义对立起来，重义轻利。儒家文化追求的是自我的道德完善，孔子最好的学生颜回“一箪食，一瓢饮，在陋巷”，“人不堪其忧，回也不减其乐”，这是孔夫子对他的道德修养的称赞。轻利重义，当然有其积极的一面，这种思想培养了许多为正义、为民族大业而奋斗的有高尚人格的人。他们不重视个人享受，讲究气节，讲究人格，追求自我的道德完善，“富贵不能淫，贫贱不能移，威武不能屈”，不向权势低头。所以，在儒家所强调的“杀身成仁，舍生取义”的熏陶下，产生了一些英雄人物。但这种重义轻利的思想也产生了消极的影响，轻视商人，轻视商业，过分地、绝对地强调人的道德完善、道德修养，其结果就是使人的正常的要求权利受到压抑，到宋元时就发展为“存天理，灭人欲”，人的欲望被消灭了。走到极端时，这种道德就变成对人的摧残。

以上是我对中国文化的粗浅感受。下面简单谈谈对本书的一些看法：

100多年以来，中外学者、著名人士对中国人的国民性及文化做了大量研究、记述，有的一语中的、入木三分，有的见解肤浅、失之偏颇。但总的来看，这些论述在中国以及世界不少国家里均产生了广泛的影响，褒之者有，贬之者亦有，愤愤然者也不在少数。此书通过对这些论述的大量筛选，挑选了有代表性的各种人物的各种观点，汇编成册，以供国人研究参考。相信研究中国文化和中国人国民性的当代学者自会做出自己的判断，同时，我也寄希望于《中国民族性》（二）在实证研究的基础上，得出当代中国学者自己的答案。

1987年

前　言

在此献给祖国和人民的，乃“中国人民族性格与中国社会改革”课题组集体之作。

“中国人民族性格与中国社会改革”课题，系“七五”国家重点科研项目。自1986年12月起，用去两年时间，十来位课题组人员之智慧和颇多努力，终以《中国民族性》的问世而告结束。

作为课题成果的《中国民族性》有两本：其一为“历史量表”或称资料集，把历史上有关研究中国人的主要著作及其主要观点制成表，同时收进了王容芬同志为课题提供的M. 韦伯谈中国人的论文；其二为“论著”，对调查数据进行分析，形成中国人民族性格的基本观点。

这本“历史量表”意在给人们勾勒一个历史上有关研究中国人的主要观点及其主要论据的详细图表。表中共有71个人物，500多个观点。

本量表是以人物为线索，选其主要观点及其主要论据构成。其编排方式是以年代为序，首篇著作发表年代在最先者，名列首位，发表年代在其次者，名列第二，依此类推。

收进历史量表的主要观点及其主要论据，是从有关作者著作中选取的原文；作为小标题的观点，基本上是作者原文中出现的用语，以此保持量表的真实性和可用性。

量表是遵循作者原文原意制作而成，因此，量表中的观点有不少是相互对立的，对中国人身上类似的现象，有人颂为美德，又有人贬为不德或恶德，等等。但所有对立的观点，都编进了量表，以如实反映对中国人研究的历史面貌。

在研究者观点有明显重复的时候，压缩了部分研究者的论述而只摘其观点，因此，量表中出现了观点论述不均的情况。

还有，对那些令人不快却有助于我们研究中国人的观点，也统统编进了量表。

在已有的历史资料中，尚有不少国内外学者和文化人对中国人作了很多研究。为了篇幅适当，未能编入量表。

显然，表中的“观点”，有一些只是表述上的不同，而其意义却无甚区别，比如，“人本位”、“人文主义”和“以人事为中心”等。故此，量表中的“观点”虽然极多，但不免有内容上的重复。

本书目录基本上依据历史人物的首篇论著的题目编排，个别的取名于该人物的观点。

无论如何，希望本量表能在吾人研究中国人上起到启发人、激励人的作用。

参加量表制作工作的有（以姓氏笔画为序）：许风海、郑为德、苗少波、罗新、袁方、唐顺益、彭泗清。他们为量表的制作，花去很多业余时间，兢兢业业，不辞辛苦，实在是难得的。

日本友人和学者南博、福武直、阿部幸夫、佐藤毅、太田喜晟、青井和夫、斋藤秋男、山本武利、金津泽聪广、片冈公正诸先生，在我回国后赠予的书刊有百余册，其中大量是有关中国人特点及日本人与中国人比较研究的。中国社会科学院社会学所徐鸿浜同志为课题无私提供资料；中国人民大学社会学所于硕同志，在书海中寻找“为我之物”，为课题收集资料；中国人民大学出版社王颖、李淮春同志为课题成果的问世积极提供条件，均为课题作了宝贵的贡献，在此一并致以深忱谢意。

沙莲香

1988 年 12 月

目 录

中国和中国人（1849）/［英］亨利·查尔斯·萨 …………………… 1
中华帝国追想（1854）/［法］古伯察 ……………………………… 4
中国人及其叛乱（1856）/［英］密迪士 …………………………… 8
诱人的课题——中国国民性（1858）/［英］库克 ………………… 10
东方宗教（1872）/［美］约翰逊 …………………………………… 13
在遥远中国的外国人（1872）/［英］麦华陀 ……………………… 17
独立种族（1877）/［德］利希霍芬 ………………………………… 19
中国问题之解决（1894）/孙中山 ………………………………… 23
中国人的特性（1894）/［美］斯密斯 ……………………………… 36
世变之亟（1895）/严复 …………………………………………… 56
十种德性相反相成（1901）/梁启超 ……………………………… 58
文化偏至论（1907）/鲁迅 ………………………………………… 67
中国人的明面与暗面（1909）/［美］麦嘉温 ……………………… 75
东西文化在中国的冲突（1911）/［美］罗斯 ……………………… 78
东西思想之差异（1915）/陈独秀 ………………………………… 80
国人之公毒（1915）/远生 ………………………………………… 84
矛盾的中国人性格（1916）/［日］服部宇之吉 …………………… 85
静的文明与动的文明（1916）/杜亚泉 …………………………… 87
中国：从远古到今日（1916）/［英］庄延龄 ……………………… 89
中国的特征（1916）/［美］柏赐福 ………………………………… 92
吾国国民弱点（1917）/光升 ……………………………………… 96
东西文明根本差异（1918）/李大钊 ……………………………… 98
心气薄弱的国人（1919）/傅斯年 ………………………………… 100
中国人的中国（1919）/［英］倭纳 ………………………………… 102
东西思想异点（1920）/［美］杜威 ………………………………… 104
吾国无国民（1921）/陶行知 ……………………………………… 108

中国古代文学上的社会心理（1921）/朱希祖 …… 116
中国国民特性（1922）/［英］罗素 …… 118
中国文化要义（1922）/梁漱溟 …… 123
国人思想习惯之弱点（1923）/唐钺 …… 133
中国的祸根（1926）/［法］格尔巴特 …… 135
现代中国文明（1926）/［德］勒津德 …… 137
中国：地理、经济、政治（1926）/［英］奥特 …… 143
站起来的中国人（1929）/毛泽东 …… 145
中国国民性论（1929）/［日］渡边秀方 …… 153
中国人特点（1929）/［日］和辻哲郎 …… 158
机器与精神（1929）/林语堂 …… 159
中国国民之改造（1929）/张君俊 …… 171
中国人——人种地理学的心理论（1929）/［法］劳德 …… 174
东西文化之比较（1930）/胡适 …… 178
中国的经济和社会（1930）/［德］韦特福格尔 …… 191
中国人经济心理（1930）/［德］威尔海姆 …… 193
中华民族与中庸之道（1931）/蔡元培 …… 196
国民心理（1932）/王造时 …… 198
中国人心理（1933）/［美］海威 …… 200
国民精神上之劲敌（1935）/郎德沛 …… 202
中国人的精神结构（1935）/［日］大谷孝太郎 …… 204
民族性与民族卫生（1937）/潘光旦 …… 211
民族性与教育（1938）/庄泽宣 …… 219
中国命运（1946）/蒋介石 …… 230
民族特性比较（1946）/孙本文 …… 232
乡土中国（1947）/费孝通 …… 237
中国心理之分析（1949）/萧孝嵘 …… 241
中国民族（1949）/缪凤林 …… 243
中国文化与世界（1957）/牟宗三等 …… 245
美国与中国（1958）/［美］费正清 …… 248
从传统到现代（1966）/金耀基 …… 255
中国家庭制度（1968）/吴自甦 …… 271

汉民族（1968）/吴主惠 …………………………………………………… 273
明日之中国文化（1970）/张君劢 ……………………………………… 277
中国民族特性（1970）/项退结 ………………………………………… 280
中国人哲学思想之特性（1971）/成中英 ……………………………… 285
中国家族主义与国民性（1971）/杨懋春 ……………………………… 289
从中国传统价值看国民性（1971）/文崇一 …………………………… 294
从历史看中国人（1979）/钱穆 ………………………………………… 302
文化超越前进论（1980）/胡秋原 ……………………………………… 314
假面的告白（1980）/陈其南 …………………………………………… 319
孔子仁学（1981）/杜维明 ……………………………………………… 322
农民性格的蜕变（1981）/吴聪贤 ……………………………………… 327
中外社会思想之比较（1984）/谢康 …………………………………… 330
中国人的人格发展（1984）/孙隆基 …………………………………… 332
丑陋的中国人（1985）/柏杨 …………………………………………… 338
中国传统文化之分析（1986）/张岱年 ………………………………… 340
个人既是载体也是实体（1993）/费孝通 ……………………………… 344
中国人的社会取向（2004）/杨国枢 …………………………………… 347
中国人对现代化的反应（2004）/杨国枢 ……………………………… 356
传统价值观与现代价值观能否同时并存(2004)/杨国枢 ………… 364
儒家的人文精神（2006）/杜维明 ……………………………………… 367
儒家的困境及世界伦理重建（2006）/刘述先 ………………………… 373
中国文化的内倾性格（2006）/余英时 ………………………………… 378

附录1　韦伯谈中国人的性格/王容芬 ………………………………… 385
附录2　关于中国国民性的10种见解/梁漱溟 ……………………… 391
附录3　中国17省人的性格特点 ……………………………………… 393
主题索引 …………………………………………………………………… 399
编后记 ……………………………………………………………………… 425

中国和中国人（1849）[1]

［英］亨利·查尔斯·萨（Henry Charles Sirr）

● 孝

孝是不论贫富贵贱而普遍奉行的，子女们即便是在自己身不由己的时候，也要设法使父母生活更舒服。奴婢把工钱细心地存起来，以赡养双亲，这种事在中国是很平常的。

在中国法律中，父母犯了国法，子女可代为服刑。中国的司法官在抓不到犯了罪的子女时，就把他们的父母抓进监狱，以待犯人在听说父母被捕后来自首。

不论贫富贵贱，对中国人来说，最忌讳的就是不孝。不孝会受到法律的严惩。或许这是出于一种政治动机吧，那就是：对活着的双亲的轻侮会导致对为民父母的天子的不敬。

由于担心没有孝心，先哲的言论中论孝的话比比皆是。在严格遵奉古圣贤的训示方面，中国是最好的国家。

① 本书各篇题目，系依据题目下方所示作者被本书辑录的有关中国人研究的首篇论著的题目或该人物的观点及出版年份而命名。编选者对部分文字有所改动。

● 贞节

不仅地位低的人家的妇女要守贞操，否则会受各种各样的惩罚，就是高等人家的妇女，为了剥夺其放纵的机会，也在小心地保持贞节。女子被置于不公正地位的事情不绝于耳。

● 获利

获利，是中国人最大的期望。言语行为没有诚意，为了致富不择手段，对一切都以猜疑的目光去看。狡猾、嫉妒之深使人叵测。

● 没有公正

横暴不逊地对待弱者，没有公正执法的法官，对强者却又奴颜婢膝。告状时，如果被告的是富贵人家，除非是告到京师并等候天子亲裁的大案件，否则没有受到公正裁决的机会。

● 欺诈

上下各阶层都沉溺于赌博之中，欺诈是每日的游戏。中国小偷的巧妙、大胆、机敏早有定论，鸦片带来的罪恶更不堪言。

各种不道德的行为仿佛最高权力者一样，支配着中国人的心灵，进而种种恶魔打败了好鬼。但无论是作为个人还是作为国民，在中国人那里既看不到、听不到也读不到恶的专横跋扈。

● 福、禄、寿

无论社会地位如何，所有中国人都怀有三个愿望：

第一，名声不朽，灵魂进入受人祭祀的行列；

第二，拼命工作，哪怕是靠偷和骗，也要买上标志致富的土地；

第三，希望自己长寿，并将自己辛辛苦苦积下的财富供子孙们享受。

即福、禄、寿。

● 宿命

中国人像土耳其人一样，是宿命论者。有一次，一广东华商拜访一英国人，正抽烟谈天时，有人飞报他的装满贵重商品的仓库着火了（中国没有火灾保险），该华商冷然道："没关系，该烧的就烧了，不该烧的烧不掉。"然后，又静静地抽起烟来。类似的例子不少。

● 能吃苦

中国人还是非常能吃苦的人。与丢失财富相比，中国人更能忍受身体上的苦痛。鸦片战争中，英国士官看到了中国人吃苦精神的各种极端实例，与其做"红毛蛮人"的俘虏，不若去死。

（《中国和中国人》，1849 年，选自大谷孝太郎《中国人精神结构研究》，东亚同文书院 1935 年日文版，袁方编译）

中华帝国追想（1854）

［法］古伯察(Regis-Evariste)

● 软弱性

最明显的一点就是，傲慢、尊大、看上去颇具刚毅的中国人，一旦遇到态度坚决、意志不挠的人，马上就会变得软弱，像患了瘪症。面临困难的中国人嘴里常说“小心”，即“胆子要小”。

● 讲礼节

中国人拘泥于无意义的礼节和繁琐的做派，中国人喜欢像机器人那样行事，一举一动都要符合规定的做派。礼节是中国国民性的明显特征。

● 易走极端

虽然在中国看到的歹行，在其他国家、民族中也能看到，但中国人更为极端。比如赌博，中国人在输光了钱后，用衣服抵押，直到赤身裸体。不存在没有赌场、没有职业赌徒的村子。

● 对宗教漠不关心

中国人对宗教漠不关心，中国人对宗教根深蒂固、发自内心深处的漠不关心，除非有机会进行实地研究，否则确实难以想象。

即使在中国的通商口岸，在没有查禁的澳门、香港、马尼拉、新加坡等地，与内地相比，也看不出有更多的皈依基督教者。在马尼拉的中国人，改宗教者之所以多，是因为在西班牙统治下，只有基督教徒才能同土著妇女结婚。一旦回国，就将妻子和基督教一起抛弃了。

中国人完全沉溺于世俗的兴趣之中，沉浸在感性的生活中，因此他们的生活完全是唯物质主义的。中国人的视线完全固着于利益之上，获得大小利益的热望吸引了他们的全部能量，热切追求富和物的快乐而无暇他顾。神、灵、来世，他们完全不信，甚至从不考虑这些。虽然有时他们也看道德书、宗教书，但那只不过是为了打发时间，是与抽烟喝茶同样的。全心信仰基督教原理、超度、来世生活之类的话，虽能给易动宗教感情的人留下深刻印象，却无法唤起中国人的好奇心。中国人对什么都能接受，什么话也都听，但一点也不响应，也不提出异议。他们把一切都当作真的、美的、伟大的，他们慷慨激昂地抨击偶像崇拜，拥护基督教，嘲笑沉溺于梦幻现世利益的人，赞美新的全知、全能，诉说从神那里得到的永久的快乐。如果听了这些话，一定会认为他们是热心的基督徒，然而，事实却不完全如此。他们的诉言绝对不是认真的，也许他们相信自己所说的话，心里没有抵触的东西，但他们从不把宗教看作是多么重大的事情，只不过是取乐的话题而已——并不看作是切身的问题。中国人对宗教的漠不关心，发展到了对教义的真伪善恶毫不介意的地步，宗教感情已经枯死了。对中国人来说宗教不过是每个人都可以根据自己的嗜好进行追逐的时髦而已。

宫廷中的文官嘲笑佛教的念佛说，这好比是犯了罪的人在法庭上叫“老爷、老爷”，以求法官饶恕。神佛崇拜破坏了，当权者自己就在教给老百姓无神论。

由于宗教的情操从国民心中消失了，所以儒道佛三教同时失去了权威，教徒们成了怀疑的、没有信仰的人，堕入了信仰无差别主义的深渊。宗教的议论已经完全消失，全中国的国民都提倡三教一体的公式，全中国人都同时既是儒教徒、道教徒又是佛教徒，或者毋宁说他们什么教徒都不是。他们把一切的信仰斥之为独断，而只凭腐败堕落的本能生存。读书人阶层的志趣就是把玩儒教经典，是残存的古代教徒，但这只不过是早已湮灭的感情的遗物而已，读书人在知道对方宗教与自己不同后，那在一块儿时寒暄的话是“不同教，同理”，这句话最好不过地表现了中国人的颓废的怀疑。信仰对于他们不过是兴趣，甚至时髦。

● 重刑罚

作为国民类型体现的法制，也是个人品性习惯、本能的忠实反映，中国的法制就是与中国人的唯物质论相应的法制。

中国人没有宗教信仰，对于过去和未来概不关心，过一天算一天，发自心底的怀疑主义，对人类道德的不在乎，全副精力集中于敛财，因此不言而喻的是，他们不可能支持基于义务观念的完善的法制。中国的祭祀不能叫做宗教，因此不对国民施以严酷的法律，就不足以教给他们守法的足够的道德观。因此，笞杖在中国的任何一部法典里都是必不可少的用具。在中国法律中，就是纯粹的民事法和行政关系法，也必定呈现出刑法的性质。可以断言，刑罚过度的时期，社会状态一定不好。中国的法律就是这个原则的佐证之一。

● 没有宗教感情

棺材对于死者是第一必要物，对于生者却是赏玩物品。富裕的人生前打一副自己喜欢的棺材，放在屋内。放在屋内的棺材既是安慰也是装饰。孝子在父母生前为他们打一具漂亮的棺材以便他们喜欢。快死的病人头枕着枕头，眼望着棺材而感到满足。中国人在临死时惊人的冷静，没有任何激情苦闷，平静地走向死亡，恰如油尽灯灭一般。中国人的这一特点，首先是因为他们是黏液质，其次是因为他们没有“宗教感情”而视死如归。因为不考虑神灵，生活中无甚深沉之爱，没有来世观念，没有永别之悲痛。

● 迷信

中国人如此对待宗教，对待迷信又如何呢？对迷信的信仰也决不更强，遇到天旱，知事发布命令，要人民不要饮酒食肉，让各户念咒求雨。倘若不下雨，就搭戏棚，演迷信戏，如果还不下雨，就用木、纸扎成龙，排成一字行。如果龙顽固不听请求，就把它撕碎。嘉庆皇帝在位时，北方大旱，虽然作了各种龙阵，仍不见效。于是皇帝发布敕令：将龙神发配到伊犁河。当龙神悄然向土耳其方向横穿沙漠时，北京的朝廷开始怜悯起龙神来，于是请求嘉庆帝慈悲，宽恕龙神的罪过。皇帝取消通告后，使者奉敕令急速追赶龙神。恢复了龙神原有的地位，但作为条件，龙神必须更加尽责。现代中国人是真相信如此怪异的习惯吗？肯定不是这样，这种事情只是外在的，是毫无意义的示威。中国人是遵古的国民，祖先定下的规矩是绝对不许改变的。

中国的事情中值得赞赏的一点是，十分珍惜写有文字的纸，连小孩子都有这样的习惯。不能认为这与迷信的观念有关，我们应该解释成他们十分尊敬形成文字的人们的思想。

● 商业性

中国人还是商业性的国民。上述只不过是唯物质主义的一种而已。中国的东西南北、春夏秋冬，无时无地没有市场，中国国民性就是做买卖的命。中国人有钱的爱好，无论多么少的积蓄也不浪费，喜欢投机和钻营。富于心计、伶俐的中国人很会抓住买卖机会获得利益。店铺的账户坐着的才是“真正的中国人”，他们生来就是掌柜的。小孩子最早想要的东西就是钱，他们最初动脑筋琢磨的就是钱的名堂。中国人天生喜欢做买卖，这种爱好经过长时间的发展，会拿笔时先写数字，能说话会走路，马上就能做买卖。游戏中也是买和卖，所以后来就成了商人，对摆弄玩具的小孩也能托付重要的商事。

虽说中国人狡诈、圆滑，但这种性质在商业上发挥了重要作用。在中国，欺诈是非常普遍的，成了一种习俗，所以谁也不是受害者。诈术不外是“阁下果然聪明果断”之类的问候话。但欺诈，不守信用主要是小商人所为，相反，大商店都是非常方公实直的，恪守契约，足以使外国人感到惭愧。

（《中华帝国——鞑靼、西藏旅行追想续编》，1854年，选自大谷孝太郎《中国人精神结构研究》，东亚同文书院1935年日文版，袁方编译）

中国人及其叛乱（1856）

［英］密迪士（又译：麦多士，Thomas Taylor Meadows）

● 非功利主义

古伯察断言中国人缺乏宗教感情和信仰，怀疑人，对一切人类道德漠不关心，除了攒钱，没有其他能力，沉溺于物欲之中，沉没在俗世的趣味中，而且热心追求富和物的快乐等，是对在中国所看到的事物的极其浅薄的考察。所谓“全中国人都是勤奋的、孜孜追求利润的、目光短浅的功利主义者”，这种说法居然得到英、美学者的支持。这种断言是毫无根据的中伤。请问英、美、法的国人们，伦敦、纽约、巴黎的市民在追求和角逐什么？难道他们不是在“追求富和物的快乐”，不是“沉溺于物欲之中”，不是“勤俭的、孜孜追求利润的功利主义者”吗？为什么叫英国人掌柜的，叫美国人 Dollarhunter 呢？为什么伦敦有上万妓女，巴黎有庞大的卖笑组织呢？

中国人所具有的恶德和缺点，与西洋国民所具有的相比，种类相同，程度也无二致。如果说中国大众“耽于物欲”，“热心追求富和物的快乐”，那么，英、美、法等国的国人也是如此。或许有人说，在西洋，孜孜追求利润的多数人具有宽仁、公德和深沉的正义感，可以晓以大义和充分依赖，为了人类的进步，可以不惜押上全部积蓄乃至自己的生命。但是，同样的公德和正义感在中国的追求利润的大众中也能看到。正如英、美、法的国人中只有少数人是天性崇高，本着崇高的动机行为，追求崇高的目的，为了善而默默地、不屈不挠地工作一样，这种人在中国也是极少数。中国国民也是由众多的男男女女组成，和其他国家的国民一样，表现出各种复杂的特点并非不可思议。

● 有信仰

说中国人缺乏宗教感情，如果是指即使把孔子牌位、佛像与基督、马利亚的像调换，他们也不在意的话，我没有异议。但是如果“缺乏宗教感情”指的是中国人没有永生的渴望，没有对至善至大事物的景仰，没有对至善至大事物的敬意，没有对至高至圣的灵魂的祈求的话，我就不敢苟同了。宗教感情正如耳目一样，是人性中天然具有的东西，中国众多的寺塔、伽蓝不就是宗教感情存在的证据吗？听到孔子也要下地狱后，说“假如像我们的圣人那样至贤至善的人果真下了地狱，不如我们也下地狱吧”的中国人，听到义和团的主张和进攻后，高叫“他们休想夺我国家，他们休想夺我国家，邪不压正”的中国人，就是在中国大量存在着对真理的信念，对善献身的证据。

另外，众所周知，中国人不靠 blows 解决争论，而诉诸争吵。中国人之蔑视物质与西方相比，很明显是唯心主义者。中国人的伦理亦复如此。

威妥玛说中国人是勤奋的、孜孜追求利润的、目光短浅的功利主义者，这种说法是不恰当的。

中国人在物的科学方面不够进步并不是像威妥玛所说的那样是心灵的“无能”或“智能低下”的缘故，而是尊重智力的、道德的东西，相反则无视或蔑视物的东西的缘故。

传教士古伯察说中国人无信仰，而翻译官密迪乐说中国存在宗教感情，这只不过是表面的肤浅的对照而已。

（《中国人及其叛乱》，1856 年，选自大谷孝太郎《中国人精神结构研究》，东亚同文书院 1935 年日文版，袁方编译）

诱人的课题——中国国民性（1858）

［英］库克（George Wingrove Cooke）

● 无宗教信仰

我并不想在这本书中奢谈中国人的国民性，那绝不是轻而易举的小事，世上可研究的东西很多，但没有比中国国民性更诱人的课题了。

天子及其官吏根据中国王朝的古老传统要参拜天地，人民在佛像前焚香，崇拜祖先，但是，通向大学即官阶和仕途的唯一道路是科举，考试中并不教授迷信。中国人既参拜佛像寺院，也参加罗马教会的集会，可以参拜天地，也可以列席美国教会的集会。和“全能”的僧侣在一起，天旱时请雨神，表明了中国人对偶像的玩世不恭和半信半疑。儒教中没有灵魂不灭的说法，没有来世报应和原罪说。中国人在日常事务外随手点缀一些迷信，中国人既对偶像叩头，又要敲打偶像的头和身体，以侮辱偶像，并且毫不含糊地为自己辩解。即使是僧侣，也在偶像前抽烟，嘴里还说：“菩萨受烟火即是抽烟，我抽烟怎会是对菩萨无礼呢?”

● 说谎

无论是谁也会意识到，说谎是不好的行为，被人知道后要感到羞耻，心里明白自己说谎是应该受到万人指责的反公德的恶行。但中国人并不教授这样的情操，对于他们来说，某个特定的谎话只对听谎话者有特定的害处，“谎话是自身合法的东西”。不必担心对中国人说谎会激怒中国人，不必有惭愧的念头，他们也不否认有说谎的事实。中国人说“我不敢对您说谎”时，事实正相反。对中国人说“您经常说谎，你现在又想说谎吧”，就相当于对英国人说“你很幽默，现在又有什么好笑话了吧”。

● 缺乏礼节

在公共场合，再没有比中国人更缺乏礼节的了。中国的百姓一点也不讲礼让，他们不理会行人，也不让路。有时，上层人物在面临重大问题时也不重礼节，他们不总是按礼节行动的，这实在是对日常生活的尖锐讽刺。正如剧中演出已亡王朝的事件一样，他们的礼节也是在剧中演出的已经灭亡的道德，作为尊重他人的道德之一的礼让，也和人道、自我否定一起灭亡了，只在“所作事”中残存着。中国政治家的生涯和公文只不过是微弱情操及腐败的痕迹。他们可以一边讲孟子的书一边使人头落地。他们私吞治水费，让土地被洪水淹没而不叹息。大官在前，小官步其后尘，他们把因过失致死人命者处以死刑，而对眼前的溺水者置之不救。中国人常对朋友的死报以哄笑。

● 孝

中国人的道德中只有一个最发达，就是由义务和情操发展而出现的一种道德，甚至是宗教的孝。一家之父是中国人唯一的神。假如孝可以净化人心，是引导万人的东西固然好，但是中国人毫不含糊地用祭祖来攫取他人的钱财。经常能看到孝子是歹徒。

● 无道德

研究中国道德的大学问家经常说，中国的道德是十诫的道德，儒教与基督教有相似之处，其实不然。“中国人在越出自己家族后，没有义务观念”，中国人非常清楚盗窃杀人的危险，中国人知道在商业活动中，“诚实是最高策略”，不可失了“面子”。但是中国人不认为强盗、海盗是可恶的职业，不认为腰缠万贯的高官是没廉耻的家伙。“违反自然法的罪行，在中国不被看作是对国家犯罪，只是对个人犯罪。”中国人不认为盗窃和伪证是冒犯天帝和菩萨的行为，中国没有我们奉行的崇高原则。“对于个人的行为，如果不从他自己的理论观点去推想，肯定是不恰当的。”不能陷入“语言不是事实”的谬论中。“物质保证和只顾眼前的自私是来束缚他们的唯一羁绊。”

[《中国》（通信集），1858 年，选自大谷孝太郎《中国人精神结构研究》，东亚同文书院 1935 年日文版，袁方编译]

东方宗教（1872）

[美] 约翰逊(Samuel Johnson)

● 肉体性

有着庞大人口的汉民族，在地理上是孤立的，在体质类型上是同一的，形成了根深蒂固的独特文明，与其他亚洲形态形成了鲜明的对比。如果说印地语民族的心灵特性是头脑的（Cerebral)，那么汉民族的特性就是肉体的(Muscular)，印度民族是蔑视物质的、厌恶肉体拖累的幻想的、形而上学的民族，汉民族则固着于现实事物，是固着于“世界是最平易的事实，无须证明”，“世界是永无安息的纯粹活动的世界，一切原子都是实在的有价值的，是对家庭、社会有用的取代诗、形而上学和宗教的世界”的功利主义者团体。印度有的是头脑和纯粹的思索，中国有的是肉体和纯粹的劳动。

中国人精神作为肉体型或劳动气质有三个特征：孜孜不倦的工作本能，水准固定的同一性，小心翼翼的慎重。

● 执拗心理

中国人几乎不随时间空间变化的、方方正正的面部，阴郁的表情，下垂的眼睑，平坦的脸，毫无生气的风度，有点肥胖、壮实的、忍耐力强的体格，给人以深刻的印象，和阿拉伯人明澈的眼睛、敏捷优雅的举止，印度雅利安人幻想的忧郁、典型的感受性和西里西亚人卓绝的容貌、泰然自若地充满自觉期待的态度形成鲜明的对照。对应于中国人这种特征的是黏液质的、无兴趣的、固着于外来和现在事物执拗的心理类型。中国人的创造能力停留在一定的有机习惯的平面上，超不出规则的形式主义而达到理念的自由。

印地族的世界创始论是认为世界发源于神秘思想，摩耶献身形成万物，但中国人跳出了创世的框架，认为世界有形成自己的能力。在中国人那里，思考是对现实事物的、人类事物的把握，中国人以其实证的可见的工作，成了人类中最好的一部分。

● 身体化观念

中国并非纯粹的物质主义者，中国人怀有远离具体的观念，但没有用自己的能力去思考自己的权力和发展，正如印度人不能摆脱抽象观念一样，中国人也无法摆脱身体化的形式，这可在文字和语言方面得到充分证明。在他们的精神结构中，观念和体化物、抽象与具体之间有直接的联系。中国语不过是两千年来单缀语的堆积，像在最低级动物的生活中那样，汉语的功能没有分化，观念的东西和现实的东西如果不在人们心中区分开就难以划分，人的作用对此无法产生任何本质的改变。汉字的古形是既意味着观念又象征的暗示具体事物的绘画，中国人自如地使用汉字，说明中国人的精神仍固着于具体的事物，同古代绘画文字时代几乎没有什么不同。可以说，在文字中包含着国民类型的中心性质。

虽然不能说无法把握观念的东西，但无法用推理和归纳把握观念，观念在其萌芽状态就不可避免地被嵌入事物类型之中而无法发展的事实是了解中国人固着性的关键，对实证主义者的中国人来说，必有的事物是已经完全得以表现的事物，观念是人已完成的工作，因此这个伟大的文明在许多方面得不到发展，可谓“摇篮中的老人”。由于理想最初就没入了现实之中，无法站在现实之外进行批判，所以一切事物都没入了永无变化的常规和习惯之中。中国人没有杰出的选择力和特殊的热情，只凭着实际的气质对一切事情无微不至地劳作，恰与印度人对一切梦想的头脑的产物加以抽象相对立。中国的劳动产生的是精妙绝伦的技巧，盘根错节的市民和政治结构，多得难以想象的文字，在任何宗教中都看到的繁琐作法和俗人生活礼仪网。中国人的理想处于支离破碎的状态。

● 中庸

对现实和理想关系有限性的不断体验，对无限与绝对的无知——经常的稳当与抑制，两极端的妥协之下的训练——其结果是在中国哲学、政治、风俗、文字到处可见的“中庸”的思考方式，“中庸”即诸因素的均衡和协调，不超过度。

中国人的宗教，与其说是对无限者、绝对者关系的个人体验，毋宁说是被平均、被调停，被表现在家庭和政治的各种制度中的利益的共同体。通过协调各种关系、人与人之间的忠诚和平均的活动来维持宇宙的秩序就是中国宗教的目的。因此，宗教隶属于国家，国家就是宗教的代表者，是国民崇拜的受托者，是组织天地间事务的中庸。

中国人虽压抑一切自然的倾向，但没有破坏这种倾向，相反，他们努力尊重一切人的权利，这种尊重是伴随着国民精神的高度具体性表现出来的。

● 非好战

中国人不是好战的民族，对于相信自己的各种制度确立于天地的和谐的中国人来说，和平确实是不可缺的。中国国民的公理是“安息”，中国人相信事物的自我完善，其他国民如同自己的亲骨肉，人世是天的秩序的一部分，所以侵犯政策是不可能的。中国人不乏勇气，但其勇气是被动的，不是基于好战，而是基于惊人的忍耐力……中国人在受伤动手术时，神经受刺激的强度极轻，痛感比欧洲人小得多。这种包含极端残忍的众多特性正可以归结为中国人天生缺乏感受性。

● 慈善

同国民性的其他产物一样，中国的慈善事业也是被动的……中国人对急速的变革不抱行动，缺乏提防大灾害和改善未来的动机。中国人的人性可以改善却不能改造……中国人的人性具有一种无动于衷的有气无力的情调，决不会热情至于激昂。

● 商才

在中国人身上，固定和流动、传位和发展，不可思议地结合在一起，这种黏着性和社交感受性结合的自然结果就是特殊的商才，中国人以其出色的组织能力、经营能力，结合在黏着性中的实利意识以及精明的洞察力，掌握着所到之处的商业机会，以“实用精神的和平的霸权”在亚洲大陆及太平洋诸岛排除了其他民族的竞争。只要是在需要持续努力竞争的场合，中国人的壮实和劳动能力、爽朗的气质、不挠的精神、对痛苦的强忍，保证了他们的成功。

总而言之，靠着持久的勤劳、社会构成、竞争的热情、经济的方法、同化力等积极因素，中国人能接受现代精神，“道德的保守主义”和“产业的进步主义”的二重力又使他们能参加到现代潮流中来。同时，其想象力和理想的萎缩，自由的个性和本原力的缺乏，文化机械主义和大一统，又是使他们与世隔绝的危险所在。

（《东方宗教及其与世界宗教的关系》，1872 年，选自大谷孝太郎《中国人精神结构研究》，东亚同文书院 1935 年日文版，袁方编译）

在遥远中国的外国人（1872）

［英］麦华陀（Walter Henry Medhurst）

● 重名誉

说中国人不在乎名誉、诚实、勇敢，是残忍无情的人种是不对的。中国人当然不会没有人类共有的不道德之处，而且我也承认，不少中国人有着与中国人同样落后的其他民族所没有的缺点，但用我们这些有高度知识文明的人的精神生活标准作为规范，强加于中国人，讥笑他们不够标准，是欠公正的。由于中国人不是基督徒，他们的进步程度不出自然赋予和古圣贤的教诲之上，如果这样看的话，对于他们带有血缘特点的道德的高度支持，对于他们善的标准与更智慧民族极为接近的事实，我们不应讥笑，而是惊叹。中国从来就不是向恶背善的，比如，重名誉这一点，中国人在被起哄和揶揄后尤其敏感。

● 诚实

诚实在中国人那里绝不是罕见的德行，这可以从外商把大笔金额托给买办等人的事实上看出来……有人反驳说，在任何开放港口都有许多中外契约得不到履行的诉讼案，但这种诉讼与中外两国民间的巨额贸易相比，至多不过是例外事件，而且诉讼当事人中的被告多是小商人、掮客（经纪人)。我在中国生活了近30年，除了丢过一支手枪外，从没丢过东西。如果考虑到对中国搬运工监视得如此不严，让搬运工在街上搬着东西随便走，你就会惊讶（中国的）盗窃是如此之少了。

● 残虐

说中国人残忍大概一点没错，中国人缺乏容忍和施行没必要的痛苦的感受性。他们刑罚残酷，虐待囚犯，平心静气地用极端的方式给犯人处以体罚和死刑。甚至用悲惨的方法把家畜运到市场上去卖，从这点上也能看出中国人的残虐。但很难说中国人天性嗜血。笼统而言，他们是性情温和、忍耐力强的人，不愿无故地夺走一个生命，这是佛教的影响，他们看到伤了指头、鼻子时，比欧洲人断了手脚、受了重伤时哭得还凶。尽管如此，一旦恐怖大规模袭来，他们固有的温和就消失得无影无踪了。

实际上，在中国人性格中，亲切和残虐、温和与凶猛并存，随一时一地情况不同而表现出不同的情绪。由于中国的严酷法律是根据国民精神而定的，所以法律很少是公正的、按人情味实施的。如果政府能实行英明的政策，减少国民所受灾难，我相信国民中善良的倾向就会得势，凶猛早晚会变成真正的勇敢。

● 适应力

对我们来说最主要的是他们有在世界劳动市场上竞争的特点。他们是好的农民、好机械工、好劳动力、好水手，具有成为一流机械师、制造业者所必需的一切智慧、准确的触觉、不倦的耐力，加上他们有温顺、耿直、朴实、勤奋、克己、忍耐的德行，某种程度上爱好和平，能忍受寒暑的恶劣气候。如果他们受到必要的教育和指导，加上资本和企业，他们会成为世界上最优秀的工人。美国、澳大利亚、印度、南洋的经验，足以说明这一点。

（《在遥远中国的外国人》，1872年，选自大谷孝太郎《中国人精神结构研究》，东亚同文书院1935年日文版，袁方编译）

独立种族（1877）

［德］利希霍芬（F. F. Richthofen）

● 知足

在所有的人种中，中国人是无论严寒酷暑，在任何气候下都能连续地付出大量劳动的种族。有机械才能的中国人很容易将其所学到的技术在一切工业中运用并巧妙地发挥出来。其强忍的毅力和无比的忍耐力和基于能力、节制和寡欲的满足感支持着他们一生，每日不断地在同样条件下从事同一种操作。他们不仅能像机械一样有规律地操作，同时工作起来很巧妙，所以他们是十二万分理想的劳动机器。爱劳动、知足是中国下层民众最显著的特征。他们有耐力，他们不求助于命运，劳动时乐呵呵。不仅能做机械劳动，在一定限度内也可以进行智力劳动。他们知足不独在于食物，也表现在居住和衣服上。劳动力行为有节制，虽说不是不喝酒，但决不至于酩酊大醉。

● 商才

正如中国人是好劳力一样，中国人作为商人也有出色的才干。作为商人，中国人如果不在犹太人之上至少也可以与犹太人相媲美。一个曾经在文化上占据优越地位的民族，在政治势力丧失后，会在商业才干上占据精神优越的地位。这个在东南亚出现过的现象在中国再现了。依靠高度的才能有商业精神作为杠杆。一些中国人到了国外，独占了这些国家的商业。这些国家的国民作为商人都隶属于中国人，在获利和致富的战斗中一败涂地，即使是欧洲人，在同中国人的商业战中也失败了。利欲之念是中国人的普遍属性，“买卖”是他们生活的最大乐趣。

● 偏见

中国人对外国人既有好奇心，又存在极大的偏见。这种偏见，集中表现欧洲人打中国人这种观念上，这也有道理，因为欧洲人对善良的中国人往往也摈斥，但中国人对外国人的反感态度大多是附和群体意见的结果。做官的读书人阶层对外国人彻底嫌恶，一心一意要把外国人赶出去。他们的自信心使他们相信，他们远远优于外国人，但在一点上承认外国人优越，即武器和军舰。

不能不承认中国人敌视欧洲人有宗教的原因。在当时清佛冲突发源地的北京和天津，对外国人的迫害中，中国的迷信扮演了重要的角色。中国人一般不易激动，一旦激动起来结成群体是非常可怕的，而使他们激动的最好办法就是通过触动他们的迷信来煽动他们。

认为中国人不是基督徒，因而沉沦于罪感之中，是不对的。对双亲的敬畏，对子女的教育、节制等许多特性方面，欧洲任何地方的国民都应该以中国人为榜样。

● 重儒教

儒教在中国人心中扎根甚深，基督教的布教几乎不可能。多数中国人考虑到跟外国人容易找到职业，所以才接受洗礼。200 年前，曾有一次信仰基督教的高潮，数十万人皈依了基督教。但受到迫害后，已没有人到内地去布教了。在今天洗礼的多，改宗教的却罕见，当年的基督徒已成了似是而非的基督徒了。

基督教在中国败落的原因不好把握，“也许这与由于国家一切制度的颓废和堕落、长期血腥叛乱而产生的无动于衷和漠不关心有关，但不能断言，由于中国人的性格与我们极其不同，没有人能理解”。

● 中流阶级的精神文化

虽然中国人性格如此，但不能不承认并且应该注意他们的普遍文化程度，应该注意“中国文化水准”，像农耕民这种下层阶级的文化程度和欧洲大致相同地方的同阶级人相比，文化程度要高。“在中国，阶级之间的悬殊几乎比世界上所有（大概是所有）国家都更平均化”，村落的人和大城市的人几乎没有什么差别，“全部都是中流阶级”，但官僚因其权力之大和行政权力的自由，受到极大的尊重。

这种一般的中流阶级的精神文化，按欧洲的标准是处在很低级的阶段，虽说形成不同阶级的是学识和货币，但以货币划分阶级在欧洲人看来是微乎其微的，与才能相连的学识形成的阶级才是显著的。如果中国人以其天生的智慧学一些儒学和汉字以外的东西，他们也会承认有比之更高的精神文化。但考虑到中国人“有限的视野”和“对纯中国以外的东西的完全无知”以及“绝对的自负心”，这是无论如何也不可能的。这种“绝对的自负心”成了阻碍儒家化了的中国人摄取知识的鹿砦，他们无视作为主义的比儒教更好的东西存在。在这一点上，有教养的中国人和有教养的欧洲人之间有天壤之别。

● 家庭纽带

在中国人的社会组合中，家庭是最强韧的纽带，家庭和祖先一样是至高无上的，每个人都想为此作出毫不迟疑的牺牲。强行要求双亲对子女的强权和子女对双亲的绝对柔顺，妻对夫、舅、姑的顺从。对被古代传统和宗教迷信规定了的根深蒂固的习惯的追求，按严格的模式形成了家庭纽带。这种严格的、相互巩固的从属关系成了不言自明的事情，因此不被人感知。作为巩固的家庭纽带的成果，它维持了对双亲的顺从和服侍、子女的贞淑、妻子的贤惠和节操。像中国这种几乎所有家庭都世代聚居，尤其在农村，曾祖父和30、40、50个或更多的子孙同住或相邻居住，共同生活的家长制家庭生活情景，在其他任何地方都是看不到的。对难以理解的中国人国民性进行哲学的考察，必须从研究其作为基础的家庭开始。千百年对一切个人的从而也是对全种族的一切自由和高度情感生活冲动的灭绝，形成了中国人普遍的明显的特征即漠不关心和无动于衷。同样，中国人的优秀品质也是以家庭生活为源泉的，如他们的实用悟性，平静冷静的熟虑、节制、秩序的市民精神，直到现在，他们通过继承对家庭的顺从，仍能顺从旧有的习惯，墨守祖先的传统。

● 老奸巨猾

如果把中国人与其他东洋种族作比较，其性格特征就更明显。中国人老奸巨猾，蒙古人天真烂漫，中国人和蒙古人是最好不过的农耕生活与游牧生活的例证了。中国和蒙古各种不同地理环境规定了两者民众的经济生活，也规定了他们的性格。

将中国人与朝鲜人以及日本人相比，可以发现有趣的差别。中国人的物质主义严重，最喜欢说钱的事，朝鲜人则大异其趣，在短短时间内三五个朝鲜人就欧洲各种制度问题的提问，比若干名中国人提问的要多得多，我想这也与自负心有关。日本人和朝鲜人，像法国人一样，能以虚心的态度努力吸取其他国民的长处，中国人在冷静地算计和商才方面远远胜过他们，而日本和朝鲜人有无法比较的巨大力量和生活能力。日本人在与有教养的欧洲人接触时，径直承认对方的长处，他们表现出热切的获取知识的愿望，所以他们前去欧洲学习。如果朝鲜人获得和日本人同样的境遇，他们也会同日本人一样。日本国民跃进的征兆，在明治维新时期就洞察到了。

（《独立种族》，1877 年，选自大谷孝太郎《中国人精神结构研究》，东亚同文书院 1935 年日文版，袁方编译）

中国问题之解决（1894）

孙中山

● 恒守古法，不思变通

农民只知恒守古法，不思变通，垦荒不力，水利不修，遂致劳多而获少，民食日艰。

● 尚鬼神

我中国之民，俗尚鬼神，年中迎神赛会之举，化帛烧纸之资，全国计之每年当在数千万。此以有用之财作无益之事，以有用之物作无用之施，此冥冥一大漏卮，其数较鸦片尤甚，亦有国者所当并禁也。

（《上李鸿章书》，1894 年，选自《孙中山选集》，人民出版社 1981 年版）

● 没有排外精神

西方人中有一种普遍的误会，误以为中国人本性上是闭关自守的民族，不愿意与外界的人有所往来，只是在武力压迫之下，才在沿海开放了几个对外贸易的口岸。这种误会的主要原因，是由于对中国历史缺乏了解。历史可以提供论文的证据，证明从远古直到清朝的建立，中国人一直与邻国保有密切的关系，对于外国商人与教士，从没有丝毫恶意歧视，西安府的景教碑提供我们一个绝妙的记录，说明早在公元第七世纪外国传教士在当地人民间所进行的传播福音的工作；再者，佛教乃是汉朝皇帝传入中国的，人民以很大的热情欢迎这个新宗教，此后它便日渐繁盛，现在已成为中国三大主要宗教中的一种。不仅教士、而且商人也被许可在帝国内部自由地纵横游历。甚至晚至明朝时，中国人中还没有丝毫排外精神的迹象，当时的大学士徐光启，本人皈依了天主教，而他的密友，即在北京传教的耶稣会教士利玛窦，曾深得人民的尊敬。

随着满清王朝的建立，政策便逐渐改变：全国禁止对外贸易；驱除传教士；屠杀本国教民；不许中国人向国外移民，违者即处死。这是什么缘故呢？这只是因为满洲人立意要由其管辖范围内将外国人排斥出去，并唆使中国人憎恨外国人，以免中国人因与外国人接触而受其启迪并唤醒自己的民族意识。

● 勤劳、和平、守法

中国人的本性就是一个勤劳的、和平的、守法的民族，而绝不是好侵略的民族；如果他们确曾进行过战争，那只是为了自卫。只有当中国人被某一外国加以适当训练并被利用来作为满足该国本身野心的工具时，中国人才会成为对世界和平的威胁。如果中国人能够自主，他们即会证明是世界上最爱好和平的民族。

（《中国问题的真解决——向美国人民的呼吁》，1904 年，选自《孙中山选集》，人民出版社 1981 年版）

● 民族思想

观中国历史之所示，则知中国之民族，有独立之性质与能力，其与他民族相遇，或和平而相安，或狎习而与之同化。其在政治不修而军事废弛之时，虽不免暂受他民族之蹂躏与宰割，然率能以力胜之。观于蒙古宰割中国垂一百年，明太祖终能率天下豪杰，以光复宗国，则知满洲宰割中国，中国人必然终驱除之。盖民族思想，实吾先民所遗留，初无待于外铄者也。余之民族主义，特就先民所遗留者发挥而光大之，且改良其缺点。

● 民权思想

中国古昔有唐虞之揖让，汤武之革命，其垂为学说者。有所谓“天视自我民视，天听自我民听”，有所谓“闻诛一夫纣未闻弑君”，有所谓“民为贵君为轻”。此不可谓无民权思想。然有其思想而无其制度，故以民主国之制，不可不取资欧美。

（《中国之革命》，1923 年，选自《中山丛书》第 1 册，上海太平洋书店 1926 年版）

● 家族主义和宗族主义

中国人最崇拜的是家族主义和宗族主义，没有国族主义。外国旁观的人说中国是一盘散沙，这个原因是在什么地方呢？就是因为一般人民只有家族主义和宗族主义，没有国族主义。中国人对于家族和宗族的团结力非常大，往往因为保护宗族起见，宁肯牺牲身家性命。像广东两姓械斗，两族的人无论牺牲多少生命财产，还是不肯罢休，这都是因为宗族观念太深的缘故。因为这种主义深入人心，所以便能替它做。至于说到对于国家，从没有一次具有极大牺牲精神去做的。所以中国人的团结力，只能及于宗族而止，还没有扩张到国族。

● 世界主义

中国人的心理，向来不以打的为然，以讲打的就是野蛮。这种不讲打的好道德，就是世界主义的真粹。我们要保守这种精神，扩充这种精神，是用什么做基础呢？是用民族主义的基础。

● 主张民权

二千年前的孔子、孟子便主张民权。孔子说：“大道之行也，天下为公。”便是主张民权的大同世界。又“言必称尧舜”，就是因为他们不是家天下。尧舜的政治，名义上虽然是用君权，实际上是行民权，所以孔子总是景仰他们。孟子说：“民为贵，社稷次之，君为轻。”又说：“天视自我民视，天听自我民听。”又说：“闻诛一夫纣矣，未闻弑君也。”他在那个时代，已经知道君主不必一定是要的，已经知道君主一定是不能长久的，所以便判定那些为民造福的就称为“圣君”，那些暴虐无道的就称为“独夫”，大家应该去反抗他。由此可见，中国人对于民权的见解，二千多年以前已经早想到了。不过那个时候还以为不能做到，好像外国人说“乌托邦”是理想上的事，不是即时可以做得到的。

● 易走极端

中国人从前是守旧，在守旧的时候总是反对外国，极端信仰中国要比外国好，后来失败，便不守旧，要去维新，反过来极端地崇拜外国，信仰外国比中国好。因为信仰外国，所以把中国的旧东西都不要，事事都是仿效外国。

● 反政府态度

大家此时对于政府存一种特别观念，这种观念是怎样发生的呢？是由于中国人几千年专制政体发生的。因为几千年的专制政体，多是无能力的人做皇帝，人民都是皇帝的奴隶。在中国的四万万人，就做了几千年奴隶。现在虽然推翻专制，成立共和政体，表面上固然是解放，但是人民的心中还有专制的观念，还怕有皇帝一样的政府来专制。因为再怕有皇帝一样的政府专制，想要打倒它，所以产生出反对政府的观念。表示反抗政府的态度。换句话说，人民对于政府的态度，就是出于从前崇拜皇帝的心理，一变而为排斥政府的心理。

● 忠孝

讲到中国固有的道德，中国人至今不能忘记的，首先是忠孝，次是仁爱，其次是信义，其次是和平。这些旧道德，中国人至今还是常讲的。但是，现在受外来民族的压迫，侵入了新文化，那些新文化的势力此刻横行中国。一般醉心新文化的人，便排斥旧道德，以为有了新文化，便可以不要旧道德。不知道我们固有的东西，如果是好的，当然是要保存，不好的才可以放弃。此刻中国正是新旧潮流相冲突的时候，一般国民都无所适从。前几天我到乡下进了一所祠堂，走到最后边的一间厅堂去休息，看见右边是一个“孝”字，左边一无所有，我想从前一定有个“忠”字，像这些景象，我看见了的不止一次，有许多祠堂或家庙，都是一样的。不过我前几天所看见的“孝”字，是特别的大，左边所拆去的痕迹还是很新鲜，推究那个拆去的行为，不知道是乡下人自己做的，或者是我们所驻的兵士做的，但是我从前看到许多祠堂庙宇没有驻过兵，都把“忠”字拆去了。由此便可见现在一般人民的思想，以为到了民国，便可以不讲忠字，以为从前讲忠字是对于君的，所谓忠君；现在民国没有君主，忠字便可以不用，所以便把它拆去。这种理论，实在是误解。因为在国家之内，君主可以不要，忠字是不能不要的。如果说忠字可以不要，试问我们有没有国呢？我们的忠字可不可以用之于国呢？我们到现在说忠于君固然是不可以，说忠于民是可不可呢？忠于事又是可不可呢？我们做一件事，总要始终不渝，做到成功，如果做不成功，就是把性命去牺牲亦所不惜，这便是忠。所以古人讲忠字，推到极点便是一死。古时所讲的忠，是忠于皇帝，现在没有皇帝便不讲忠字，以为什么事都可以做出来，那便是大错。现在人人都说，到了民国什么道德都破坏了，根本原因就是在此。我们在民国之内，照道理上说，还是要尽忠，不忠于君，要忠于国，要为四万万人去效忠。为四万万人效忠，比较为一人效忠，自然是高尚得多。故忠字的好道德还是要保存。

讲到孝字，我们中国尤为特长，尤其比各国进步得多。《孝经》所讲孝字，几乎无所不包，无所不至。现在世界中最文明的国家讲到孝字，还没有像中国讲到这么完全。所以孝字更是不能不要的。国民在民国之内，要能够把忠孝二字讲到极点，国家便自然可以强盛。

● 仁爱

仁爱也是中国的好道德。古时最讲爱字的莫过于墨子。墨子所讲的“兼爱”，与耶稣所讲的“博爱”是一样的。古时在政治一方面所讲爱的道理，有所谓“爱民如子”，有所谓“仁民爱物”，无论对于什么事，都是用爱字去包括。所以古人对于仁爱究竟是怎么样实行，便可以知道。中外交通之后，一般人便以为中国人所讲的仁爱不及外国人，因为外国人在中国设立学校，开办医院，来教育中国人、救济中国人，都是为实行仁爱的。照这样实行一方面讲起来，仁爱的好道德，中国现在似乎远不如外国。中国所以不如的缘故，不过是中国人对于仁爱没有外国人那样实行，但是仁爱还是中国的旧道德。我们要学外国，只要学他们那样实行，把仁爱恢复起来，再去发扬光大，便是中国固有的精神。

● 信义

讲到信义。中国古时对于邻国和对于朋友，都是讲信的。依我看来，就信字一方面的道德，中国人实在比外国人好得多。在什么地方可以看得出来呢？在商业的交易上便可以看得出。中国人交易，没有什么契约，只要彼此口头说一句话，便有很大的信用。比方外国人和中国人订一批货，彼此不必立合同，只要记入帐簿便算了事。但是中国人和外国人一批货，彼此便要立很详细的合同。如果在没有律师和没有外交官的地方，外国人也有学中国人一样只记入帐簿便算了事的，不过这种例子很少，普通都是要立合同。逢着没有立合同的时〈候〉，彼此定了货，到交货的时候如果货物的价格太贱，还要去买那一批货，自然要亏本。譬如定货的时候那批货价订明是1万元，在交货的时候只值5 000元，若是收受那批货，便要损失5 000元。推到当初订货的时候没有合同，中国人本来把所定的货可以辞却不要，但是中国人为履行信用起见，宁可自己损失5 000元，不情愿辞去那批货。所以外国在中国内地做生意很久的人，常常赞美中国人，说中国人讲一句话比外国人立了合同的，还要守信用得多。但是外国人在日本做生意的，和日本人订货，纵然立了合同，日本人也常不履行。譬如定货的时候那批货订明1万元，在交货的时候价格跌到5 000元，就是原来有合同，日本人也不要那批货、去履行合同，所以外国人常常和日本人打官司。在东亚住过很久的外国人，和中国人与日本人都做过了生意的，都赞美中国人，不赞美日本人。

至于讲到义字，中国在很强盛的时代也没有完全去灭人国家。比方从前的高丽，名义上是中国的藩属，实在是一个独立的国家；就是在二十年以前，高丽还是独立。到了近来一二十年，高丽才失去自由。从前有一天，我和一位日本朋友谈论世界问题，当时适欧战正剧，日本方参加协商国去打德国。那位日本朋友说，他本不赞成日本去打德国，主张日本要守中立，或者参加德国来打协商国。但说因为日本和英国是同盟的，订过了国际条约的，日本因为要讲信义，履行国际条约，故不得不牺牲国家的权利，去参加协商国，和英国共同去打德国。我就问那位日本人说："日本和中国不是立过了马关条约吗？该条约中最要之条件不是要求高丽独立吗？为什么日本对于英国能够牺牲国家权利去履行条约，对于中国就不讲信义，不履行马关条约呢？对于高丽独立是日本所发起、所要求、且以兵力胁迫而成的，今竟食言而肥，何信义之有呢？简直的说，日本对于英国主张履行条约，对于中国便不主张履行条约，因为英国是很强的，中国是很弱的。日本加入欧战，是怕强权，不是讲信义罢！"中国强了几千年而高丽犹在，日本强了不过二十年便把高丽灭了，由此便可见日本的信义不如中国，中国所讲的信义，比外国要进步得多。

● 和平

中国更有一种极好的道德，是爱和平。现在世界上的国家和民族，止有中国是讲和平；外国都是讲战争，主张帝国主义去灭人的国家。近年因为经过许多大战，残杀太大，才主张免去战争，开了好几次和平会议，像从前的海牙会议，欧战之后的华赛尔会议、金那瓦会议、华盛顿会议，最近的洛桑会议。但是这些会议，各国人共同去讲和平，是因为怕战争，出于勉强而然的，不是出于一般国民的天性。中国人几千年酷爱和平，都是出于天性。论到个人便重谦让，论到政治便说"不嗜杀人者能一之"，和外国人便有大大的不同。所以中国从前的忠孝仁爱信义种种的旧道德，固然是驾乎外国人，说到和平的道德，更是驾乎外国人。这种特别的好道德，便是我们民族的精神。我们以后对于这种精神不但是要保存，并且要发扬光大，然后我们民族的地位才可以恢复。

● 智能

我们旧有的道德应该恢复以外，还有固有的智能也应该恢复起来。我们自被满清征服了以后，四万万人睡觉，不但是道德睡了觉，连知识也睡了觉。我们今天要恢复民族精神，不但是要唤醒固有的道德，就是固有的知识也应该唤醒它。中国有什么固有的知识呢？就人生对于国家的观念，中国古时有很好的政治哲学。我们以为欧美的国家近来很进步，但是说到他们的新文化，还不如我们政治哲学的完全。中国有一段最有系统的政治哲学，在外国的大政治家还没有见到，还没有说到那样清楚的，就是《大学》中所说的“格物、致知、诚意、正心、修身、齐家、治国、平天下”那一段的话。把一个人从内发扬到外，由一个人的内部做起，推到平天下止。像这样精微开展的理论，无论外国什么政治哲学家都没有见到，都没有说出，这就是我们政治哲学的知识中独有的宝贝，是应该要保存的，这种正心、诚意、修身、齐家的道理，本属于道德的范围，今天要把它放在知识范围内来讲，才是适当。我们祖宗对于这些道德上的功夫，从前虽然是做过了的，但是自失了民族精神之后，这些知识的精神当然也失去了。所以普通人读书，虽然常用那一段话做口头禅，但是多是习而不察，不求甚解，莫名其妙的。正心、诚意的学问是内治的功夫，是很难讲的。从前宋儒是最讲究这些功夫的，读他们的书，便可以知道他们做到什么地步。但是说到修身、齐家、治国那些外修的功夫，恐怕我们现在还没有做到。专就外表来说，所谓修身、齐家、治国，中国人近几百年以来都做不到，所以对于本国便不能自治。外国人看见中国人不能治国，便要来共管。

我们为什么不能治中国呢？外国人从什么地方可以看出来呢？依我个人的眼光看，外国人从齐家一方面或者把中国家庭看不清楚，但是从修身一方面看，我们中国人对于这些功夫是很缺乏的。中国人一举一动都欠检点，只要和中国人来往过一次，便看得很清楚。外国人对于中国的印象，除非是在中国住过了二三十年的外国人，或者是极大的哲学家像罗素那一样的人有很大的眼光，一到中国来，便可以看出中国的文化超过于欧美，才赞美中国。普通外国人，总说中国人没有教化，是很野蛮的。推求这个原因，就是大家对于修身的功夫太缺乏。大者勿论，即一举一动，极寻常的功夫都不讲究。譬如中国人初到美国时候，美国人本来是平等看待，没有什么中美人的分别。后来美国大旅馆都不准中国人住，大的酒店都不许中国人去吃饭，这就是由于中国人没有自修的功夫。我有一次在船上和一个美国船主谈话，他说：“有一位中国公使前一次也坐这个船，在船上到处喷涕吐痰，就在这个贵重的地毡上吐痰，真是可厌。”我便问他：“你当时有什么办法呢？”他说：“我想到无法，只好当他的面，用我自己的丝巾把地毡上的痰擦干净便了。当我擦痰的时候，他还是不经意的样子。”像那位公使在那样贵重的地毡上都吐痰，普通中国人大都如此，由此一端，便可见中国人举动缺乏自修的功夫。孔子从前说“席不正不坐”，由此便可见他平时修身虽一坐立之微，亦很讲究的。到了宋儒时代，他们正心、诚意和修身的功夫，更为谨严。现在中国人便不讲究了。

为什么外国的大酒店都不许中国人去吃饭呢？有人说：有一次，一个外国大酒店当会食的时候，男男女女非常热闹、非常文雅，济济一堂，各乐其乐。忽然有一个中国人放起屁来，于是同堂的外国人哗然哄散，由此店主便把那位中国人逐出店外。从此以后，外国大酒店就不许中国人去吃饭了。又有一次，上海有一位大商家请外国人来宴会，他也忽然在席上放起屁来，弄得外国人的脸都变红了。他不但不检点，反站起来大拍衫裤，且对外国人说：“噫士巧士咪。”这种举动，真是野蛮陋劣之极！而中国之文人学子，亦常有此鄙陋行为，实在难解。或谓有气必放，放而要响，是有益卫生，此更为恶劣之谬见。望国人切当戒之，以为修身的第一步功夫。此外中国人每爱留长指甲，长到一寸多长都不去剪去，常以为要这样便是很文雅。法国人也有留指甲的习惯，不过法国人留长指甲，只长到一两分，他们以为要这样，便可表示自己是不做粗工的人。中国人留长指甲也许有这个意思，如果人人都不想做粗工，便和我们国民党尊重劳工的原理相违背了。再者中国人牙齿是常常很黄黑的，总不去洗刷干净，也是自修上的一个大缺点。像吐痰、放屁、留长指甲、不洗牙齿，都是修身上寻常的工夫，中国人都不检点。所以我们虽然有修身、齐家、治国、平天下的大知识，外国人一遇见了便以为很野蛮，便不情愿过细来考察我们的知识。外国人一看到中国，便能够知道中国的文明，除非是大哲学家像罗素一样的人才能见到；否则，便要在中国多住几十年，方可以知道中国几千年的旧文化。假如大家把修身的功夫做得很有条理，诚中形外，虽至举动之微亦能注意，遇到外国人，不以鄙陋行为而侵犯人家的自由，外国人一定是很尊重的。所以今天讲到修身，诸位新青年便应该学外国人的新文化。只要先能够修身，便可来讲齐家、治国。现在各国的政治都进步了，只有中国是退步，何以中国要退步呢？就是因为受外国政治经济的压迫，推究根本原因，还是由于中国人不修身。不知道从前中国讲修身，推到正心、诚意、格物、致知，这是很精密的知识，是一贯的道理。像这样很精密的知识和一贯的道理，都是中国所固有的。我们现在要能够齐家、治国，不受外国的压迫，根本上便要从修身起，把中国固有知识一贯的道理先恢复起来，然后我们民族的精神和民族的地位才都可以恢复。

● 发明能力

我们除了知识之外，还有固有的能力。现在中国人看见了外国的机器发达，科学昌明，中国人现在的能力当然不及外国人。但是在几千年前，中国人的能力是怎么样呢？从前中国人的能力还要比外国人大得多。外国现在最重要的东西，都是中国从前发明的。比如指南针，在今日航业最发达的世界，几乎一时一刻都不能不用它。推究这种指南针的来源，还是中国人几千年以前发明的。如果从前的中国人没有能力，便不能发明指南针。中国人固老早有了指南针，外国人至今还是要用它。可见中国人固有的能力还是高过外国人。其次，在人类文明中最重要的东西，便是印刷术。现在外国改良的印刷机，每点钟可以印几万张报纸，推究它的来源，也是中国发明的。再其次，在人类中日用的瓷器更是中国发明的，是中国的特产。至今外国人极力仿效，犹远不及中国之精美。近来世界战争用到无烟火药，推究无烟药的来源，是由于有烟黑药改良而成的，那种有烟黑药也是中国发明的。中国发明了指南针、印刷术和火药这些重要的东西，外国今日知道利用它，所以他们能够有今日的强盛。至若人类所享衣食住行的种种设备，也是我们从前发明的。譬如就饮料一项说，中国人发明茶叶，至今为世界之一大需要，文明各国皆争用之。以茶代酒，更可免了酒患，有益人类不少。讲到衣一层，外国人视为最贵重的是丝织品。现在世界上穿丝的人一天多过一天，推究用蚕所吐的丝而为人衣服，也是中国几千年前发明的。讲到住一层，现在外国人建造的房屋自然是很完全，但是造房屋的原理和房屋中各重要部分都是中国人发明的，譬如拱门就是以中国的发明为最早。至于走路，外国人现在所用的吊桥，便以为是极新的工程、很大的本领。但是外国人到中国内地来，走到川边、西藏，看见中国人经过大山，横过大河，多有用吊桥的。他们从前没有看见中国的吊桥，以为这是外国先发明的，及看见了中国的吊桥，便把这种发明归功到中国。由此可见中国古时不是没有能力的，因为后来失了那种能力，所以我们民族的地位也逐渐退化。现在要恢复固有的地位，便先要把我们固有的能力一齐都恢复起来。

[《三民主义》“民族主义”（第六讲），1924年，选自《孙中山选集》，人民出版社1981年版]

● 不敢行

夫中国近代之积弱不振、奄奄待毙者，实为“知之非艰，行之惟艰”一说误之也。此说深中于学者之心理，由学者而传于群众，则以难为易，以易为难。遂使暮气畏难之中国，畏其所不当畏，而不畏其所当畏。由是易者则避而远之，而难者又趋而近之。始则欲求知而后行，及其知之不可得也，则唯有望洋兴叹，而放去一切而已。间有不屈不挠之士，费尽生平之力以求得一知者，而又以行之为尤难，则虽知之而仍不敢行之。如是不知固不欲行，而知之又不敢行，则天下事无可为者矣。此中国积弱衰败之原因也。

● 知识程度不足

夫中国人民知识程度之不足，固无可隐讳者也。且加以数千年专制之毒，深中乎人心，诚有比于美国之黑奴及外来人民知识尤为低下也。

● 不敢为主人

而中国四万万之人民，由远祖初生以来，素为专制君主之奴隶，向来多有不识为主人、不敢为主人、不能为主人者。

● 一盘散沙

常人有言，中国四万万人实等于一盘散沙，今欲聚此四万万散沙，而成为一机体结合之法治国家，其道为何？则必从宣誓以发其正心诚意之端，而后修、齐、治、平之望可几也。

● 贪污

夫国之贫弱，必有一定之由也，有以地小而贫者，有以地瘠而贫者，有以民少而弱者，有以民愚而弱者，此弱贫之四大原因也……四大贫弱之原因，我曾无一焉。然则何为而贫弱至是也？曰：官吏贪污、政治腐败之为害也。倘此害一除，则致中国之富强，实头头是道也。

● 自大

中国为世界最古之国，承数千年文化，为东方首出之邦。未与欧美通市以前，中国在亚洲之地位，向无有与之匹敌者。即间被外族入寇，如元清两代之僭主中国，然亦不能不奉中国之礼法。而其他四邻之国，或入贡称藩，或来朝亲善，莫不羡慕中国之文化，而以中国为上邦也。中国亦素自尊大，目无他国，习惯自然，遂成为孤立之性。故从来若欲有所改革，其采法唯有本国，其取资亦尽于本国而已，其外则无可取材借助之处也。是犹孤人之处于荒岛，其所需要皆一人为之，不独自耕而食，自织而衣，亦必自爨而后得食，自缝而后得衣，其劳苦繁难，不可思议……中国所不知所不能者，则以为必无由以致之也。虽闭关自守之局为外力所打破者已六七十年，而思想则犹是闭关时代荒岛孤人之思想，故尚不能利用外资、利用外才以图中国之富强也。

● 凝滞不前

中国人为凝滞民族。自古以来，安居于家，仅烦虑近事者，多为人所称赞。与孔子同时之老子有言曰："邻国相望，鸡犬之声相闻，民至老死不相往来。"中国人民每述此为黄金时代。唯据近世文明，则此种状态已全变。人生时期内，行动最多，各人之有行动，故文明得以进步。中国欲得近时文明，必须行动。

● 不尚自由

中国古代人民"耕田而食，凿井而饮"，原是很自由的。而老子所说的“无为而治”，亦表示人民极自由的意思。当时的人民有了充分的自由，不知自由之可贵，至今此习仍存，故外人不知其理，甚异中国人之不尚自由也。若在欧洲的历史，则与此不同。欧洲自罗马之后，其地为各国割据，以人民为奴隶，在近世纪的时候有许多战争发生，都是为争自由而战。中国人只晓得政治改革，不懂得什么叫自由。中国历代皇帝，他只晓得要人民替他完粮纳税，只要不妨碍他祖传帝统就行，故外国人诋评中国人不晓自由。欧俗人不自由，故争自由。中国人尚不竭自由，故不知自由。

（选自《建国方略》，1917 年）

● 忧愁

我们现在的中国人，没有哪一个是长年可以得安乐的，没有哪一个不是忧愁的。如果不忧愁，能够过安乐的日子，便是没有长成人，不知道有世界上艰难辛苦的事。若是成人之后，年纪大了，便有忧愁。诸君不信，可以回家去问问老父老母和兄长姑嫂，一年到头，处心积虑，是一个什么样子。我想他们的长年思虑，若是家穷的，不是愁每月的油盐柴米和房租家用没有办法，就是愁儿女的衣食学费没有办法。就是家内富的，不是忧子孙的书读不好，就是忧子孙没有事做，没有职业；并且忧自已老了以后，家当靠不住，子子孙孙不能长享幸福。无论富人穷人，只要是稍为有阅历的人，便一年到头总是有忧愁，总是不得安乐。

（《在广东第一女子师范学校校庆纪念会的演说》，1924 年，选自《孙中山选集》，人民出版社 1981 年版）

中国人的特性（1894）

［美］斯密斯（A. H. Smith）

● 活易死难

活易死难的中国人，就是容易活不容易死的中国人。容易活，指的是他的活力充盈、生气蓬勃，虽在劫运重重、流亡颠沛之中，他照样可以维持生命。不容易死，并不是指他不肯死，中国人是很肯死的，乃是指死不下去，心总肯死，以至于要死，而身体却抓住了生命，死也不放。这种特点确乎是自成一格，不容我们不加以讨论。这活易死难的特点可以分做四部分来说：一是中国人的生殖力；二是他的随遇而安，到处可以适应；三是他们寿命延长；四是五劳七伤，诸虚百损后他们的复原能力。中国人的适应力极大，几乎是到处可以生长、可以繁殖。这在他们的海外移民运动里也可以充分地看出来。海外移民以闽、粤两省最多，这两省的面积，就全面而论，实在是很小的一块，但无论他们移到什么地方，他们总能够应付裕如。我们到处和中国侨民接触，后来没有听见过失败的消息，或和地理环境调和不来的消息；唯一听得见的消息是他们适应得非常之快、非常之圆满；他们又勤又俭，其程度要远出土居人口之上。他们的团结力也极可观，任何外界的势力不能拆散他们。中国的老人极多，这是谁都可以观察到的，或凡是到过中国内地观光的人大都可以承认的。中国人讲究敬长的道理，以前并且有过养老的制度，在民族的社会理想之中，寿字是最大的一个，并且可以说是第一个。中国人别的事不求准确，不注重数量的表示，但对于寿算一个例外，他们记载一个人的生年死月，不但从不遗漏，并且一定要把生卒的时辰都记载下来；这种精密的程度是西方所没有的。传记碑刻的文字、讣闻、神主一类死亡的记录，对于别的事实可以不详，但对于享寿若干岁这一点，总是大书特书的。中国人的不懂卫生，与懂而不肯在生活上实行，甚至于见别人实行而嗤之以鼻，是谁都知道的。这样的不讲卫生，不明白自然生活的道理，甚至于与自然生活的原则背道而驰，而民族至今还能存在，没有走上寂灭的路，在许多西洋人看来，是一个大哑谜。中国人的疾病率和死亡率都极高，但此种高度并不是没有限制，足证中国人的抵抗力极强、复原力极大。恶劣的环境固然极容易教中国人死，而强大的抵抗力与复原力却又竭力挽救他，不让他死。这是一种矛盾的局面，但在这种矛盾的局面之中，中国民族就维持到了现在。假若今后能减少天灾人祸的种种痛苦，能注意到生理上的卫生，能有充分的营养，我们很相信，他们的发展真是未可限量。

● 没有“神经”

中国人的耐性最好。他可以在同一地位或同一状态之下永久地躺着，而丝毫不露厌倦的神色。做文章，他可以做上一整天，像一个自动的机器人一般。做一种手艺罢，无论织布、锯木或打金箔子，总是从日出做到黄昏，天天如此，月月如此，而不以为单调。在以前，连小学生读书也是如此，整天地关在学校里，不许越雷池一步；西洋的小学生若受此种待遇，怕早就变疯了。中国的婴儿，也不比西洋的婴儿，可以自由叫喊、自由活动，它在襁褓里裹着像支大蜡烛（江南人呼襁褓为“蜡烛”包），在床上躺着像一个泥菩萨。会走路以后，也是整天地立着、坐着、蹲着，没有什么痛苦，要能坦白地忍受，丝毫不减神志清明的程度。若是这话对，至少大多数的中国人便有此种本领。一个生于忧患的人，平日也总有不少操心与厌烦的事。中国人生活很苦，治理这种经验一定比别的民族要多。好几天不下雨，或连上下好几天雨，也许足以打断一年的生计；打一次小官司，或无辜地受人牵连，也许可以倾家荡产。诸如此类的天灾人祸，不但是时常遇见，并且你可以预料它们来到，眼看它们一步一步地逼近；但中国人却能处之泰然、行若无事，真有上文那位女小说家所说的“神志不乱”的一般光景。这不能不说是中国民族性中最奇特的一种现象了。凡是目击过中国荒年的景况的人都明白这种现象究属是什么。无论我们用什么一种看法，中国人总是一个谜。要希望了解这个谜，我们以为我们第一得明白承认中国人在天赋上和我们极不相同的一点，就是“没有神经”，不吃种种“神经过敏”的亏。在未来东西洋人的交际生活里，这一个特点究竟会发生什么影响，我们目前还不敢预料。但我们是多少相信适者生存的说法的。谁是适者，谁能生存，是“富有神经”的欧美人呢，还是不厌不倦、随遇而安、麻木不仁的中国人呢？——这实在是一个值得推敲的问题。

● 耐性太好

中国人的耐性之好，是一望而知的。我们这一番关于中国人的特性的讨论，事实上不能把各种特性分别描写，但即如耐性这个特性，一经分别描写，便有许多不方便之处。它是和许多别的特点分不大开的，例如，和上文已经讨论过的“没有神经”和下文要讨论的“勤劳”及“不守时刻”等，这三种特性都充分表现着中国人的耐性，尤其是“勤劳”这一点，中国人做起事来，真是不厌不倦。但中国人的耐性实在太大了，我们不能不有一次专门的讨论。

中国人口稠密，生活的愁苦真是无以复加。演化者所说的“生存竞争”，在中国是千真万确。要活命，就得“做活”，就得“做活计”，究竟能“做”什么“活”，就看各人挣扎的本领了。有人说得好，“穷困这种东西，在中国人的手里，已经成为一种艺术”。这话真是概乎言之。穷困的艺术有消极积极两方面，积极的是勤，消极的是俭。而勤与俭的所以成立，又端赖耐性，没有耐性的人，是勤俭不来的。而这三种特点，中国人是全都具备，并且彼此能通力合作，生活越艰苦，合作的关系越牢不可破。中国人肯为很少的报酬，做很久的工作，因为报酬虽少，总比没有报酬好。中国自己的古语说，“勤有功”，又说，“勤则不匮”，好像只要能勤，一人便可以发达。但几千年来的实地经验告诉他们，这是不正确的。“勤则不匮”，人口的密度一平方里来上五六百人，任你勤劳到什么田地，也是发达不到哪儿去的。西洋人说，勤和俭是发财的双手。这在中国也是不正确的。既然不确，在别人也许要失望、自杀、为非作歹、犯上作乱，而中国人依然肯克勤克俭，工作虽多不厌，报酬虽少不嫌，这便足证他的耐性之好。有一次听人说，美国格兰脱总统（1822—1885）环游世界以后，有人问他什么是他此行最深刻的印象。他不假思索地回答说，是一个中国的小贩和一个犹太人抢做买卖，竟然把犹太人赶跑了！格兰脱总统这个印象真是大有意义。犹太人的耐性，也是极出名的，在西洋也许要首屈一指。在商业场合里，要一种买卖成功，或要和别人竞卖，也端赖耐性这一点。如今犹太人居然败于中国人之手，可见他的耐性还稍逊一筹，有小巫遇大巫之感。格氏所见这样的中国人和犹太人，虽只各有一个，但谁都可以相信这两个人，都很可以代表他们的民族。中国家族生活的秘诀是一个忍字，在这一点上，它比任何民族要强。以前一个老童生，一直考到90岁，不考中不止，不考死也不止，非极有忍耐的人做不到；我们除掉了忍耐的特性以外，也别无可以解释的方法。功名利禄一类的解释是不中用的，试问90岁以后，即使考中了秀才，又怎么样？它又有几年福气可享？所以唯一的解释是他出娘胎就有这种忍耐的禀赋，这是他的气质的一部分，和麋鹿的善走、鹰隼的善视，完全可以相提并论。麋鹿无不善走，鹰隼无不善视，中国人也无不善于忍耐，就是最不堪的叫化子也不例外。中国人遇到什么疾病，不但能忍耐，并且还能相安，这是更不容易的了。他们大都是十分愁苦，天灾人祸，时常连一接二地来，但是他们却不“愁”。客观方面有种种可愁的条件，但是主观方面他却并没有愁的反应；也可以说，正因为可愁的条件太多，才明白愁的反应的无济于事；一经看穿，此种反应也许就不发生了。愁的反应越少，便越见得中国人耐性的根深蒂固，和别的民族迥乎不同。

● 不求准确

一个初到中国的西洋人最先得到的印象是：中国是很千篇一律的。中国人的那副面孔便像一个模子里出来的，他们的衣服，除了蓝色以外，似乎再也不用别的颜色；以前他们有辫子的时候，张三和李四的辫子也像是一手打出来的，或者可说，像一个豆荚里出来的两粒豌豆，一点没有分别。但这位外国人要是住上三天五天，无论他的眼光多么迟钝，他也会明白，中国人的性格虽特别，方才那种千篇一律的特点却未便断定。即就方言而论，我们的结论便适得其反；关于这一点我想谁都知道，不必细说。

风俗习惯也是如此。最有趣的是，许多数量方面的标准也到处不同。这一类数量的标准，在我们西洋认为绝对不可游移的，在中国却随时可以发生变动。西洋人最怕的是一样东西有两个标准。但中国人似乎唯恐它没有两个标准。制钱可以有几种，度、量、衡的制度也可以有几个；中国人都觉得很自然，并没有什么可以反对之处。在度、量、衡的方面，我们发现完全相同的情形。例如一斗究有多大，便谁都说不上来。贪官污吏，在接受民众完纳的粮米的时候，往往借此上下其手，从中渔利；好在中国人是一个耐性好的民族，要在别国，革命也许早就起来了。有时候因为紊乱得不可开交了，官方便硬下一个标准，例如卖官盐，名义上虽始终 16 两为 1 斤，实际上却只给 12 两；如此，官吏虽仍旧可从中渔利，而民间的争端自息，因为他们的待遇既一样，彼此之间，便不较长短；虽然谁都吃了亏，但谁也没有占什么便宜。至于占了便宜的官吏，他们也不去追问，他们说，这是卖官家的“老规矩”，是一个“陋规”，虽则是“陋”，终究是一个“规”，既成为“规”，大家便应当承认，至少也应当开眼闭眼地让它去就是了。地面的丈量一样混乱，一样讲“亩”，甲地的亩可以比乙地大至一倍。所以位在两地交界处的人也许得预备两种不同的丈量工具，否则便永远弄不清楚。中国的度、量、衡的标准，是很流动的，是几乎人自为政的。一支尺、一杆秤，可以由街上的店铺随便做；店铺里做的时候，在尺上或秤上钉上许多铜的点子，叫做“星”，星与星的距离，往往随买主的方便，买主定做的时候，也总要定上两副，一副是买进用的，一副是卖出用的。这种漫无标准、不求准确的特性，在中国人讲起年龄的时候也是可以看出来。中国人计算年龄，用一种“生肖”的方法。你知道一个人“肖”什么或“属”什么，你就可以很方便地知道他的年龄。但若不用“生肖”的方法，说来便非常笼统。一个老头是“七八十岁”，其实呢，去年刚办 70 大寿，今年是 71 岁。在中国，似乎只要一个人一过 70 岁，就成为 80 的样子。用 10 来总括的计算方法，在中国是一个牢不可破的习惯；它是一个“成数”，举了一个成数就行了。假定一个中国人看见一堆人看热闹，后来有人问他有多少人，他的答复是无疑的，“20 个”、“几十个”、“好几十个”，要他说得再准确一些，是不可能的。总之，要把一种东西或一堆人数一个清楚，报告一个确数，在中国是绝无仅有的事。讲千万的时候也是如此，在万以上，他们也就压根儿不管了。中国人的家族的团结力也往往是讲求准确的一个障碍。我相信中国人是极可以做细密的工作的，他们的耐性也是做此种工作时的一大帮助。但就现状而论，他们似乎是不懂什么叫做标准，怎样才算准确。

●“寸阴是竞”

今日西洋的文明国家都有一句俗谚，叫做“光阴就是金钱”。近代生活和以前的生活不同，一切都是安排得异常紧凑，所以一个生意人一样做事，一样做那么多事，或那么多种类的事，以前不知要多少时间才能做完的，现在在所谓“写字间”的办公时间以内，也许一天就可以做完了。中国人即不这样。就日常请安问好一类的习惯而论，你便可以看出一些意味深长的分别来。中国人见了任何熟人或半生半熟的人，总说：“你吃了没有？”或客气一点：“你用过没有？”用就是吃的代词。盎格鲁-撒克逊人即问：“你干些什么？”后者所认为应有的常态是“做”，前者所认为应有的常态是“吃”。时间就是金钱的见解，在我们差不多已经习惯成自然。但是中国人，和大多数东方人一样，即毫不受这种见解的束缚。以前中国人的计时方法，一日之间只有12时，这12个时辰的名字，又并不专指那每两个不同的时辰转变时的一刹那，而是指那些时辰的全部。例如西洋钟表上的一点钟，便是指12点59分59秒的一转瞬，但是中国的子时就要代表一昼夜的1/12。……不但12个时辰如此，一切指点时间的名称也大都如此。例如“日出”与“日落”或“落山”，在中国语言里要算是很准确的了，但实用的时候，还是大有伸缩的余地；再如“半夜”、“黄昏”，就不知道究竟指着什么；夜间的打更也是最靠不住的，比较最靠得住的是最后那一更，那时候天已明亮，谯楼上打更的人看光起鼓，就不由得不准确一点。就是在城市里，那五更的分法也不很确定、不很划一的。中国的“打更”和西洋的“表”在英文原是一个字，叫做Watch，但以前的中国只有打更的Watch，而没有表的Watch，就是现在，大多数的中国人还并不知道表是什么；就是那少数有表的人，即使把表每天挂在身上，天天开着，隔了些时候还要拿到钟表店去整理一下，他们平日的行径，也并不十分受它的支配，至于买不起表的平民，只要天有太阳，他们可以在“旗杆”上看太阳的高度，一杆、二杆、三杆……他们便觉得心满意足；但若天气不好，非云即雨，他们也可借猫的眼睛，凭它瞳仁伸缩的程度，来测度时间的早晚。

中国人的光阴不算钱，也可以从他们的劳作里看出来。在新式的建筑术和包工制没有通行以前，你也有个福气在中国造一所房子么；你有过以后，还想再有第二次么？那些泥水匠和木匠，到工迟、放工早，在工作中间，又不断地喝一碗茶，抽一口旱烟。他们要泥或调好的石灰，就用麻布袋到很远的地方去搬，所搬的无几，而走的路却不少；他们往往连一轮的小车子都不屑用，要不然一人也可以做三人的事。但他们的目的既不在快，你也就很难责成他们一定要用车子。要是逢着雨天，那工作就会全部停顿。你若到场察看，你会发现，动作不能说不多，大家在那里耶咻耶咻着，但是老不见有什么进步。一天的工作完毕以后，你真看不出来一大堆人究竟成就了多少。总之，要教中国人明白办事贵敏捷和待人接物贵守时的道理，并且从而加以培植，是不容易的。关于中国人时间不经济的种种都说过了，但是还有最教外国人无可奈何的一点没有说，那就是中国人的拜客。拜客这种行为，在西洋是公认为有种种限制的；时间的限制自然也是一个。但在中国，假若一个客人不预备在这家人家过夜，而主人也不请他当夜留宿的话，那客人的任务就得不厌不倦地把话讲下去。普通的拜访如此，拜访外国人也是如此，拜访的人从不理会这其间有宝贵的光阴问题。他可以坐上好几分钟，自己既没有多少的话可说，又不与辞先别。真可以急死人！有时候有事要面谈，中国的客人也往往不肯（还不知不能）直截爽快地说出来。

● 勤劳

勤劳自然是最值钱的一种美德，也是到处可以受人尊敬的一种美德。一个民族的勤劳，约略说来，可以从三个方面来看，一个是长的，一个是宽的，一个是厚或深的。所谓长的一方面，指的是工作时间的久或暂。所谓宽的方面，指的是勤劳的人手的多或寡。所谓深或厚的方面，指的是“不断的认真”与“持久的措意”里大家究竟花费上多少力量。这三方面综合的得数便是一个民族的勤劳程度的全部。在中国住久的外国人和偶尔在中国走马看花的外国人，所得的印象往往未必相同，但是他们对于中国人那种夜以继日、孜孜矻矻的精神，都是谁都没有说过一不字。懒汉和浪荡的现象在中国是不大看见的。每个人看去总像在那里做一点事。在中国当然也有阔人，此种阔人虽则像凤毛麟角般的不可多得，至少他们是可以不耕而食不织而衣的；但是此种人往往深居简出，外国人是轻易瞧不见的。即就瞧得见的而论，中国的有钱人倒是不大愿意退休的，他们穷的时候做什么，阔了还是做什么，并且只要精力不衰，做来还是一样地认真。中国人把自己分成士、农、工、商，叫做四民。全国的考场，从最低级的到最高级的，总是那么挤满了应考的士子。一次应试中参加的童生总要在一万以上。我们只要把这种应考人员每次赴考以前的预备功夫想象一下，就可以了然于中国人在理智方面的锲而不舍了。中国历史上的那些用功的标准人物，如同《三字经》上所举的“囊萤”、“刺股”的两位朋友，到如今还不知有多少人在那里景仰着、模仿着，并且还模仿得很有几分相像。试问除了中国以外，还在哪一个国家里，我们可以发现祖孙三代，在同一日子，在同一个考场上，猎取同样的功名。试问又有哪一个国家里，一个80岁的老公公，经过一生的奋斗以后，最后终于取得了一个秀才、一个举人、一个进士。

中国农人的终岁勤动、手足胼胝，比较起读书人来，倒也不相上下。农夫的工作，和管家的太太一样，年去年来，是永远做不完的。就我所常见的北方的几省而论，除了冬令中间的一小时期以外，他是没有一天真正地闲着的，不但不闲着，并且有许多事体要做。这种情形当然在别国也是大致相仿的，但是中国农夫的“勤垦勤植”怕很不容易找到一国对手。

中国的工人也未当不如此，并且那种毫不放松的程度，还要见得厉害。工人不比农人，不能靠什么天惠，一日不做，便一日不吃，所以除了整日地把一条老命拼着以外，再也没有维持生命的方法。工人寻找工作，好比农夫在田间捉蝗蝻、去野草一样，农人不厌琐碎地把大批的害虫和乱草一个一个地、一茎一茎地从泥里刮出来，工人也是“不辞汗君，不羞小官”地把顶细微的差使接受下来，只要可以糊一口、图一饱，他是无所不做的，假若所糊者不止一口，而是全家的大小，那他自然是更加乐于应命、唯命是从了。

士人的皓首穷经，工农的终岁勤动，又恰好配上商人的孳孳为利、巨细不遗。一个商店里的伙计，就在西方，也不能说一个挂名差使，但是比起中国的伙计来，已经是要算享清福的了。中国商店伙计的工作是永世做不完的……中国的商店开得早、关得迟。中国人终究不失为亚洲人，亚洲人做事的时候，总有那种不慌不忙的情形。中国民族确也是一个极有血气和魄力的民族，但你却不能教他们照我们西洋人的样子，根本改造一下。从我们的眼光看去，他们做事的时候确乎缺少那一种一气呵成的热诚与毅力。一个盎格鲁-撒克逊人，就是没有《圣经》上的教义的督促，也知道用全心全力来做手头可做的事，但是碰上一个中国人，你就是拼了死也不能改变他的脚步的快慢，就是把一切宗教与哲学的力量像天罗地网一般罩将下来，他也还是神色不动地维持他的原有的步伐。中国人是永远不慌不忙的。他牢牢记着他的圣人所教的“欲速则不达”和“其进锐者，其退速”的两句话。

● 撙节

“撙节”这两个字代表着维持家庭秩序的一条规矩；它尤其是注意到家庭生计里出纳或收支之间应该有什么一种关系。我们西洋人所称的撙节，大约有三种表现的方法：一是减少欲望，二是禁止浪费，三是加上一些张罗的功夫，使很少的东西见得很多。在这三方面，中国人都有惊人的成绩。一个旅行中国的西洋人，在这方面第一件注意到的事是他们饮食的异常简单。偌大人口的一大部分所靠着过活的，不过是指头上数得出的几件东西，米呀，小米呀，鱼呀，蔬菜呀，以及他们所说的“豆腐家门”。这些再加上几样别的东西，就是成千上万中国人的活命的粮食了，除非间或碰上什么节气或其他特别有盛会的日子，肉类是瞧不大见的……中国人不但吃法经济，煮法也是经济。例如煮水罢，那水壶的安排和燃料的分配，是一件很精致的勾当。在中国，燃料是一种名贵的东西，通常用的无非是一些树叶子、草根、豆萁与花萁之类，经不得一把火，就完了。因此，那壶子或锅子的底越薄越好，煮的时候也得特别地留心，稍一大意，那水也许永远不会烧开。同时燃料的搜刮也就成为一大经济的活动，在中国产业史上是可以大书特书的。每一个中国家族的主妇都知道十足利用一种材料。做衣服罢，那式样和裁法，自然是不像西洋女子的衣服一般，要有很大的浪费。她的唯一的目的是在省时间、省精力、省材料。下面所举的例子更要来得意义深长。一个老太太，独自在路上慢吞吞地捱步走着，好像身上还带着什么病症、感受着很大的痛苦似的；后来一打听，才知道她正在扶着病回到一家至亲的家里，好死了以后就在附近的祖坟上安葬，可以省一笔棺材的费用！

● 知足常乐

中国人吃苦的本领，我们在以前的讨论里已经叙述过了。他们那种越苦越能忍受的精神，真教西洋人看了莫名其妙。他不但能忍受，并且似乎始终不灰心、不失望。也可以说，明知前途没有希望，而他们的挣扎并不因此有丝毫的懈怠。他们也并没有什么计划、什么打算，指望着有什么好日子来到；但是他们的努力却数十年如一日，一刻不放松。这一类的特性虽和耐性很像，但耐性二字似乎不足以把它完全包括。同时我们得注意到他们那种“闹中取静，忙里偷闲”的功夫，那种熙熙攘攘的生活态度。这种功夫与态度可以用一个“乐”字来代表。所谓“知足”，当然并不是指人人安于所遇，丝毫不图上进。就个人而论，若有好日子过而此种日子可因努力而得，自然谁也不会推开，但就全般的生活系统而论，他们觉得它也够好的了，前途实在没有多事更张的必要。这一层，不用说，是和他们的保守性有连带关系的，但同时还有一个解释。中国人通国是些相信命运的人。在他们自己也许不这样觉得，但在别人看来，是再清楚没有的。中国经书里常有“天命”这两个字。民众谈话之间，也随时提到“老天爷的旨意”一类的辞句。中国人所称的天是超脱个人关系的，并且又是十分笼统的，所以无论怎样说法，实际上总是等于“命运”。西洋基督教的天意总是好的，但中国人的天命或命运却可以有好有坏。中国的风水、兴亡、占卜、星期一类的术数，其实全都建筑在这种命运的信仰之上。信仰了命运，更要知道前途的穷通祸福，更要于万一之中，希望得到趋吉避凶、祈福免祸的方法，于是这一类术数，便发达起来。中国人既有这种乐天、安命、守常、知运的特性与经验，于是即使有比较现存的方法可以改进生活状况，他们也往往置之不瞅不睬之列。有一位诗人唱着：“钉在一块地上，好像一棵树；吸水、开花、结果，枯萎了归于脚下的黄土。”大体说来，中国人离家远出，也从没有不想回来的，中国人这种特性，尤其是知足这一方面，似乎是天生成的。知足之于中国人，便好比鳍之于鱼、翼之于鸟；中国人因为能知足，所以在平常生活之中，未曾不能有“鸟飞鱼跃”之乐。他的勤劳，他的爱和平、爱秩序，他的任劳任怨，和知足一样，都像是些天赋的特性。惟其有此种种特性；所以在顺境里，固然能优哉游哉，在逆境里也能安之若素。就一般的中国人说，他们的脾气总是好的。

中国人有一句老话，叫做“知足常乐”，可见“知足”和“乐”是有一种拆不开的关系的。常人须富足以后，才能够乐。中国人在这方面，是最有经验的过来人。“安步当车，无罪当贵”，是有知识的人的知足常乐；“布衣暖，菜饭饱”，“今朝有酒今朝醉”，是普通民众的知足常乐。

● 有私无公

《诗经》上有两句农民向天祷告的诗，叫做“雨我公田，遂及我私”。中国人是怎样的大公无私或先公后私，现在的中国人是不大讲究这一套的。平时中国人的脑筋里是没有国家这种东西的，偶尔想到的话，他也不免自己安慰着说：“我自问只好替自己打算；国家是那么大、那么强，也够自己当心了，还用得着我帮忙么？”至于国家一面呢，名为建筑在所谓“民之父母”主义之上，实际老替父母自己打算，不大替子女打算。做官的人是抱着一种无为而治的主义，偶然替民众做一些事，其动机也未必在为着他们的福利，而是为着省将来的麻烦，生怕现在不做，将来做起来更困难。至于他们自身要举办一些公益事业的时候，最大的策动力其实也不外这一点，一则生怕不举办，势必直接影响到身家的安全，再则生怕官场出来举办时，势必有种种的勒索，所费的人力财力反而要多上好几倍。在这种尔诈我虞的心理状态之下，一种极度的有私无公的生活习惯就养成了。最有趣的例子是中国道路的状况。在新式的道路发达以前，中国是有过很好的官道或驿路的。这些官道都用石板铺成，两旁也种着树。当初造它们的时候，也正不知花了多少国币，论理只要随时留意修理，应该可以历久不坏。但事实上是到处没有人管理，“路政不修”，似乎越是在承平之日，越成为一种普遍的现象。民众对于路政的态度也恰好和官家的一样。只要与我不相干涉，即使天坍下来，我也管不着，不要说一条路道的命运了。在中国以前只有“官道”，没有“公路”；他们就压根儿没有属于“公”的东西，没有“公有”这个概念。……中国人有私无公或公私不分的脾气，其实远不只此，他不但对于“公家”的事物不负责任，并且这种事物，要是无人当心保管或保管而不得法，便会渐渐地不翼而飞、不胫而走。街道上铺着的石条，城墙上砌着的砖头，都会一块一块地减少。常有人问起中国人究竟有没有爱国思想。这问题是不容易答复的。大约不管执政的人是谁，一般民众的态度，可以“不闻不问”四个大字概括之。这种态度似乎孔老夫子自己也在《论语》里说过“不在其位，不谋其政”。民众既不在位，自然对于政治不负责了。这两句话大可玩味，它们对于中国人不问公家事务的性癖的关系，我们认为一半是因，一半是果，而因的成分为大。

● 无恻隐之心

中国人很喜欢讲仁爱，平时办一些慈善事业，也还认真。他们的圣人孟子，还说过“恻隐之心，人皆有之”、“无恻隐之心者，非人也”一类的话。可是孟子这话至少在现代已很不适用。中国人目前最缺乏的一种品性，就是恻隐之心或同情心。因为中国人的子孙观念太强烈、太没法拘束。最穷苦不堪的人一样的嫁女娶妇，并且嫁娶得很早，而嫁娶的结果总是一大堆的小儿女。真正能自给自足而不求助于人的人实在是寥寥无几。中国人一般人的经济状况，可以用两个字来概括——赤贫。赤贫的生活和在此种生活中挣扎所呈露的经验，日久自然会变做司空见惯的事。水深火热一类的经验，不但数量多，种类也多，不但种类多，每一种的程度又往往十分深刻。看惯了的人，或自己再三有过此种经验的人，自然是不容易有动于中，而兴起孟子所称的恻隐之心，或不忍人之心。就事实而论，无论中国人仁民爱物的心多么大，也不能解除所有的痛苦的万千分之一。稍有思想的中国人也都知道，平时一点点的慈善事业，无论私人的或政府的，总是杯水车薪，无济于事。无论慈善事业的有无大小，此种普遍的水深火热的生活状态所引起的心理状态是一样的。无论一个人的眼光多远、心肠多软，时常和一种痛苦的光景接触以后，同时又明知即使赴汤蹈火，亦无补于此种痛苦的预防或解除，他的心理状态是可以猜得到的，就是熟视无睹，就是无动于衷。中国人同情心的缺乏，从他们对付残废的人的态度里，可以看出一部分来。凡是有什么缺陷的人，在他们自己固讳莫如深，但在缺乏同情心的别人，迟早总会向他提醒，决不放他“过门”。有别种心理变态的人所受的待遇也是如此，他们的种种怪癖，他们在行为上的与众不同之处，他们的病源的种种推测，得病后种种变本加厉的原因，都会变做大众的公产，大众的谈话资料，往往当着本人的面，如数家珍似地叙述出来；而傻瓜、憨大、呆子一类的雅号，自然会在这种叙述里接一连二地用到。中国人一面最讲究客气，而一面往往不能体贴别人的地位与感情。中国的家庭生活是建筑在亲亲主义之上的，但同情心的欠缺，往往在家庭里最容易看出来。中国家庭并不快活，是不会快活的，因为它根本缺少那种情绪上的关切性与联系性。一个中国家庭往往不过是一个许多人的集合体，他们因为血统关系、婚姻关系、利害关系，合则大家有益，分则大家吃亏，不能不维持一种集团的形式罢了。至于西洋人所称的家庭，便绝不是这样；西洋家庭所由建造起来的同情心和亲亲主义也很有分别。

● 言而无信

中国人的信字是由人言两个字造成的。人言为信，信字的意义原是最明显的。中国人讲五常之德，它就是最后一个，据熟悉中国人的西洋人看来，在中国人的德行之中，它也的确是最末后的一个。吉特教授在这方面有过一番评论的话说："要是信的美德之所以被选为中国民族的特性，目前是在表示中国人的知易行难、心不应口、声东击西、以虚为实，那真是再恰当没有。无论在公私道德方面，中国人所表现的种种往往完全和信实或诚信相反；缺德一点的敌人，正大可以借了信字的名义，故意开中国人一些玩笑。据我看来，粉饰虚伪、'二三其德'、假意殷勤、遇事投机，甚至于到奴颜婢膝的程度，才是显著的中国民族的特性。"凡是细心读中国经书的人，大都能够在字里行间，发现不少的闪烁之辞、搪塞之语，甚至于完全向壁虚构的议论。西洋人的憨直，在中国人看来，最适用的一句评语是，"直而无礼则绞"（《论语·泰伯》）。

孟子传了孔子的衣钵，也有同样的一段故事。孟子在某国作客，某国的诸侯请他上朝相见，孟子却盼望那诸侯先去看他，便假装害病，同时却要他知道这病是假的、是一个推托，所以第二天便出门去拜访别人。当晚他的弟子和他讨论这件事究竟做得对不对，但讨论中所谓的对不对指的是合礼不合礼，有没有前例可援，而并不指应不应随便撒谎。大体言之，中国人的善于撒谎是无可讳言的；在一部分比较客观的中国人也未当不承认。但据我们看来，中国人的爱撒谎，倒并不是因为根本喜欢撒谎，乃是因为撒谎有好处，这种好处非撒谎得不到。一面既不信实，一面对于别人又多疑善虑，所以中国人讲起话来，往往可以滔滔不绝；而内容却可以等于零。中国人大都轻诺而不践约。这和他们的不守时刻的特点有连带关系。中国人不诚实与哄骗的特性，往往在对付小孩子的时候，也可以表现出来。小孩子还不大会讲话的时候，甚至于连大人的话还听不明白的时候，大人便吓他哄他，说他若不听话，便有东西从大人的袖子里跳出来，把他带走。

据一部分西洋人的意见，中国商人是很诚实的，往往能“一言为定”，用不着契约一类的拘束……但据作者看来，这并不是因个别的商人诚实可靠，乃是因为中国商界那种共同的负责或交相负责的制度，使个别的商人无所施其欺诈的伎俩。例如在“同业公认”一类的办法之下，欺诈的商人势必影响同业的信用，而不见容于同业。中国人有一种成语，意思是说，把一个孩子送到店铺学买卖，是害他一辈子。假的秤、假的尺、假的升斗、假的钱钞、假的货物。无往而不是坏他们心术的东西。中国的店家在招牌上没有不写上“童叟无欺”、“货真价实”、“真无二价”的，但十有九家是口不应心的。

中国人揩油的本领最大。真可以说“自天子以至于庶人，一是皆以揩油为本”。所谓庶人，包括沿门托钵的叫化子在内。中国人揩油的学理和艺术，迟早总应该有人用一本专书加以详细的叙述。中国人自有一种实际上对付钱财与应付人事的聪明，把这种聪明用在揩油之上，真可以揩得又干净又光洁。你和中国人接触，你就休想完全避免此种被揩的危险，你若避免此种危险，我相信你也必能避免空气的压力。

就在目前中国也并不是没有钱来开辟它的富源、发展它的实业。但在此种虚伪、欺诈的空气之下，谁又肯把钱拿出来给公家使用。中国也不是没有有学问的人，但彼此之间既不能诚信相孚、推心置腹，试问又从何团结合作。有钱而不能使，有才而不能用，民族的前途就非常黯淡了。如今要觅取一线的光明，自然应从立信入手。孔子曰，“民无信不立”，还是他老先生的话对。

● 尔诈我虞

在讨论这题目以前，有两点是应该注意的。一是中国这样一个庞大的国家，要是全无信义，自然不会维持到今日。孔夫子很早就有过“民无信不立”的话。我们用“尔诈我虞”四个字做题目，无非是要表示，在一般的信义之外，猜忌的特点，在民族品格上，很要占一些位置。第二是这种特点也绝不是中国人所独有，它实在是各种东方民族中间的一个通性；最多也只能说中国人表示得特别明显罢了。

这种猜忌或尔诈我虞的特性，在中国有一个最不可磨灭的象征，就是州县的城垣。中国人讲起都市这样东西，就用城市，因为凡是都市都有城，没有城的地方不能成为都市。这些城垣的基础，物质上虽是一些砖石，精神上却是政府对民众的疑忌心理，也可以说是士大夫阶级对农民阶级的猜忌心理。

另外有一类的猜忌心理是在寻常日用之间都可以看出来的。中国人生计困难；平民日常所最开心的东西自然是食物和可以购买食物的钱财。因为有这种关系，所以凡是支配钱财或分发食物的人，在中国是最不容易做。在唯利是图的小人中借此自肥，毁誉在所不计，我们可以不说；但是在洁身自好的人，也往往蒙贪污的恶名，终身无法洗刷，却就大可伤心了。原来在一般人看来，你总是在所谓"嫌疑之际"，你既有管理公币的权柄，你便有"动用"的便利；你既有分发军粮的职司，你便有"克扣"的自由；你既有支配账款的任务，那账款便难免有被"吞没"、"侵蚀"或"剥削"的危险！

中国人的彼此猜忌的特性还有一个很切实的证据，就是一个作客的人，往往不愿意独自一个人在一间房里留下。遇到这种境地，他自然而然会踱出房外，否则他面上便会有一种局促不安的神情。意思好像对主人说："你不要疑我，我决不拿你的东西。"在中国有两句老话，叫"瓜田不纳履，李下不整冠"。这两句话最能够反映出本章所讨论的特性。

● 爱脸皮

我说脸皮是中国人特性之一。脸皮是一种大家有的东西，如今说是中国人特性之一，似乎是不太合情理了。但我不妨解释一下，我这里所称的脸皮，也就是中国人心中的脸皮，并不指头部前面的那一薄层，却是一个综合的名词，中间包括许多意思，不要说我们西洋人描写不来，恐怕根本就懂它不得。

我们真要明白这脸皮的意义于万一的话，我们先得了解，中国民族是富有戏剧的本能的一个民族。戏剧可以说是中国独一无二的公共娱乐；戏剧之于中国人，便好比运动之于英国人，或斗牛之于西班牙人。一个中国人遇到了什么事故，他就立刻把自己当作一折戏剧里的一个角色。他就唱喏连声，或磕头如捣蒜，在一个西洋人看来，似乎是绝对不必的，并且引人发笑以外，丝毫不能有什么用。中国人的思想也不脱戏台上的意味。

中国人的问题永远不是一个事实的问题，而是一个格式的问题，不是事实对不对，而是格式合不合。譬如上演说，只要说得好，时候不错，格式不误，他便尽了角色的能事。我们便不该再到幕后去寻根究底，否则不免"拆穿西洋镜"，以后便没有戏可看了。这一类日常生活中的扮演的行为，并起来说，就等于脸皮，就是脸皮；能够扮演得活龙活现，就是有脸皮，别人就会"赏脸"。假若不会扮演，不理会这种扮演的艺术，或扮演时受人阻挠，以致没有结果，就是没有面孔，就是"丢脸"。这一点，我们要是能够充分地明白，我们对于中国人其他的特性也就可以迎刃而解了。

在西洋人看来，中国人的脸皮便好比南太平洋里海岛上的土人的种种禁忌，怪可怕、怪有劲，但是不可捉摸，没有规矩，除了取消之后用常识来代替以外，再也没有第二个对付的方法。在中国乡间，邻舍是时常要吵架的，吵架不能没有和事佬，而和事佬最大的任务便是研究出一个脸皮的均势的新局面来，好比欧洲的政治家，遇到这种事件的时候，遇有国际纠纷的时候，不能不研究出一个权力的均势的新局面来一样。

中国人之于脸皮，真可以说是保护周全，无所不用其极。让我来举几个实例罢。做了事被人指摘，是很"丢脸"的，所以非否认，非抵赖不可，不管这错事究竟做了没有，也不管这事究竟错不错；否则便不能保全面孔。有人拍网球时失落了一个球，大家都疑心是一个苦力拾去的，并且疑心得很有一些根据。但是苦力坚不承认，满脸是受了冤屈的怒气，但他一面否认，一面却跑到掉球的地方，找了一会，把球捡起来说："这不是你们掉的球么?"其实谁都看出是从他的袖管里掉出来的。救了脸皮，丢了性命，似乎并不是一件很上算的事，但是我们知道有一位知县老爷，因犯案将处斩刑，他向刑部上书，要求穿了官服就刑，好救他的最后的一些脸面！

● 婉转

一个中国人替你帮了一次忙，你随后自然想报酬；送钱既然不便，你也许送一件小小的礼物，"聊表微意"。他却很客气地不收，很坚决地不收。他说，为了那么一桩小事来受你的厚赐，是违反五常之理的；同时他也说你不该送东西给他，送了就瞧他不起，假若你再坚持要他接受的时候，你真是陷他于不义了，那是万万不可的。他的意思是你送的太少了，他帮了你的忙，本来希望你可以重重地酬谢他，却想不到你不知趣，只送那么一点；失望之余，只好连一点都完璧归赵，又外加一番仁至义尽的议论。不因小利而忘大利，所以他情愿守着，让你有机会把他的旨意细细揣摩一下，只要你有恍然大悟的一回，那更大的礼物是不落虚空的。中国人又有一个和全人类共通的特性，就是把不好的消息瞒着不讲，可以瞒多久就多久，或者是用改头换面的方法讲出来。但是中国人间因为已经变本加厉地成了一种规矩，这种隐瞒和改头换面的功夫实在做得可以惊人。

● 客气

东方人，尤其是中国人的善于客气，可以用两种不相同的眼光来看，一是赞赏的，一是批评的。我们盎格鲁-撒克逊民族喜欢自己称赞自己的种种美德，但这种之美德里，客气所占的部分却很少。

不要说普通的西洋人，就是平素批评得最严厉的，也不能不承认他们已经把客气的艺术推进到一种登峰造极的程度；中国的经书上有两句话，叫做“礼仪三百，威仪三千”，就是说，仪式的规矩有到三百种，而平日行为上的规矩有到三千种。这并不是说他们一天到晚被许许多多支离琐碎的规矩绑着，弄得丝毫动弹不得，不过是说他们的仪节生活已经娴熟到一种不费吹灰之力的程度罢了。好比我们在良辰休假的时候穿新衣服一样，只要日子一到，那簇新的衣服自然会穿上。西洋的文化，在理论上，是以“爱人如己”或“别人的休戚便是自己的休戚”做主旨的，所以对于客气的见地也不能不受这种主旨的支配。但是中国人的客气却与此大不相同。它是许许多多细微节目与零星规矩的总和，它们好比法律上的咬文嚼字，那咬与嚼的行为，并不代表什么心理或感情的状态，不过为咬嚼而咬嚼罢了。

中国人讲客套、讲规矩，那呆板与繁琐的程度当然也并非一样。客气好比是一个装空气的橡皮垫子，中间空无一物，但要有什么震动或碰磕的时候，它却是一大恩物，正合着老子所说的“当其无，有器之用”。这一点固然是很好的，但中国人的客气，面子上自觉的，好像是为对方客人打算，实际上、不自觉的，恐怕还是为了主人自己。它的用意似乎并不在要使客人舒服愉快，而在表示他是一个懂规矩的人，怎样的局面需要怎样的应付，什么上文需要什么下文，才算合式，才算入调——便是做主人的所时刻留心的事。

● 柔和而又顽固

中国人接受责备时的谦和态度，是最好的例证。你指出他的缺点的时候，他耐心、殷勤甚至是诚挚地听着，愉快地接受，而且附加说："是我的过失，是我的过失!"也许他还会感谢你的好意，表示自己不足取，发誓说一定要立刻、彻底、永久地改正。但是，你须知这些动听的誓约不过是"镜中花，水中月"，他们不切实际的品性不可能纠正，他们的种种表示不过是故作姿态。

● 傲视外国人

我们不能吃他们的食物，不能日晒，不能在声音嘈杂、空气不流通的地方群聚在一起睡觉。我们不会用双桨划船，不会"吁、吁"地吆喝牲口。不愿把时间花在繁琐的礼节上。因为时间对我们来说就是金钱啊！所有这些都会成为中国人瞧不起我们的理由。他们（中国人）承认在机器发明方面我们在他们之上，但是许多发明他们看做是奇妙、不可理解、无用的戏法。我们的科学成果被他们归结为某种超自然的神秘力量，是孔夫子拒绝谈论的魔术。中国人对蒸汽机和电力的实际应用是多么冷漠啊！除少数例外，中国人任何事情都不愿学外国人的方式（虽然他们被迫采取一些）。他们不注意卫生、通风和生理学。一些中国学者和政治家明显地认识中国的劣势，但是竟公然断言西方民族完全是用了中国古代所积累的资料。中国古代的数学和自然科学早已高度发展，他们现在的落后，是不幸听任西方人窃取了他们所占有的自然界的秘密。他们随意解释机器的原理，认为这完全不如中国道德的伟大值得重视。

● 保守

孔夫子就宣布他不是一个开创者，而是一个传布者。他的使命是总结过去已经了解、但是长期被忽略和误解的学问，中国人对古典非常尊重。在中国为什么极少有其他民族遇到的内部革命呢？中国的统治者并不是不能推翻的，但是它是一块立方体，它翻倒的时候，仅仅是换了另外一面，形式和内容还是过去的老样子。反复不变的经验教育中国人一定要走老路子，盲目地信奉着过去设计好的神明。建议改良会被视为极大的异端。这样，后代无可置疑的优势，就以后代承认的劣势为基础，牢稳地建立起来了。这样考虑问题，就不难察觉中国人之所以盲目而顽固地墨守成规的根由。对中国人来说，违反他们的习惯就是侵犯了他们最神圣的领域。他们本能地坚决保护这些风俗习惯，就像保护自己的孩子一样。这深刻地说明成百万的人准备为一些信仰和教义去死，而这些信仰他们并不理解，这些教义也并不完全约束他们的生活。中国的习惯，就像中国的语言一样，很少变革，也很难了解。外国人曾要一个砖厂把砖坯模子放大一些，工头拒绝采纳，并断言道："天底下哪儿有这样的模子！"我们在中国土地上看到的是祖先遗传下来的粗陋、破旧的泥棚。旧习惯、旧教义和旧信念现在已经陈腐不堪，但是还是像以前一样固守着，我们听说这样的话："旧的不去，新的不来。"这不是没有道理的。但是从旧到新的改革过程总是受到长期的抵制，而且改革往往会迅速改换方向。

● 孝顺

《二十四孝》里讲了一个真心行孝的典型例子，汉朝有一个人，很穷，他看到自己没有足够的食物供养母亲和三岁的孩子，就对妻子说："我们这样穷，甚至不能抚养母亲。而且，小孩还要分吃母亲的食物。为什么不把孩子埋掉？孩子，我们可以再生。母亲死了，可就不能再有了。"他的妻不敢违拗他，于是只得跟他去埋孩子。他们在地上挖坑，挖到两尺多深的时候，发现了一个金瓶，上面刻着字，说明是上天赐给孝子的。如果不出现这个金瓶，孩子就要快活埋了。按照孝道的教义，一般认为这样做是对的。"对妻子、孩子的爱"不能妨碍对父母的孝，不惜杀害孩子来延长他祖父母的寿命。中国人还相信这样的事，双亲得了难治的病，只有割下儿女的肉，让双亲不知不觉吃下去才能治愈。……中国人认为"不孝有三，无后为大"，所以早婚风气极盛，祭祀祖先的习俗也很浓厚。

● 多神论、泛神论、无神论

孔教是中国最值得注意的知识成果。但是西方读者又确实不能不认为孔夫子的经典是空洞无物的。对这个问题进行彻底调查的人，一致断言这样的事实：其他民族是依靠物质的力量，中国人却是依靠精神的力量。……在中国历史上佛教曾并吞道教，道教也曾排斥孔教，但是最后孔教把佛教和道教都并吞了，成为“三教合一”。道教和佛教虽然对中国人的思想有巨大影响，但基础是孔教。……中国知识阶级不注意多神教和无神论之间的对立和矛盾。对人性中最深刻的精神真谛置若罔闻，是中国人思想中最可悲的弱点。多神论和无神论的调和就意味着接受了这样的观念：肉体可以没有灵魂，灵魂可以没有精神，精神可以没有生命，宇宙可以没有源头，世上可以没有上帝。

（《中国人的特性》或译《中国人的气质》，1894 年，选自潘光旦《民族特性和民族卫生》，1937 年；《鲁迅研究资料》，1938 年 11 期）

世变之亟（1895）

严　复

● 好古而忽今

尝谓中西事理，其最不同而断乎不可合者，莫大于中之人好古而忽今，西之人力今以胜古；中之人以一治一乱、一盛一衰为天行人事之自然，西之人以日进无疆，既盛不可复衰，既治不可复乱，为学术政化之极则。

● 止足、相安

盖我中国圣人之意，以为吾非不知宇宙之为无尽藏，而人心之灵，苟日开瀹焉，其机巧智能，可以驯致于不测也。而吾独置之而不以为务者，盖生民之道，期于期安相养而已。夫天地之物产有限，而生民之嗜欲无穷，孳乳浸多，镌镵日广，此终不足之势也。物不足则必争，而争者人道之大患也。故宁以止足为教，使各安于朴鄙颛蒙，耕凿焉以事其长上，是故春秋大一统。一统者，平争之大局也。秦之销兵焚书，其作用盖亦犹是。降而至于宋以来之制科，其防争尤为深且远。取人人尊信之书，使其反复沉潜，而其道常在若远若近、有用无用之际。悬格为招矣，而上智有不必得之忧，下愚有或可得之庆，于是举天下之圣智豪杰，至凡有思虑之伦，吾顿八纮之网以收之，即或漏吞舟之鱼，而已暴鳃断鳍，颓然老矣，尚何能为推波助澜之事也哉！嗟乎！此真圣人牢笼天下，平争泯乱之至术。

● 恕、絜矩

中国恕与絜矩，专以待人及物而言。而西人自由，则于及物之中，而实寓所以存我者也。自由既异，于是群异丛然以生。粗举一二言之：则如中国最重三纲，而西人首明平等；中国亲亲，而西人尚贤；中国以孝治天下，而西人以公治天下；中国尊主，而西人隆民；中国贵一道而同风，而西人喜党居而州处；中国多忌讳，而西人重讥评。其于财用也，中国重节流，而西人重开源；中国追淳朴，而西人求欢虞。其接物也，中国美谦屈，而西人务发舒；中国尚节文，而西人乐简易。其于为学也，中国夸多识，而西人尊新知。其于祸灾也，中国委天数，而西人恃人力。

（《论世变之亟》，1895 年，选自《严复集》第 1 册，中华书局 1986 年版）

十种德性相反相成（1901）

梁启超

● 乏独立之德

吾中国所以不成为独立国者，以国民乏独立之德而已。言学问则倚赖古人，言政术则倚赖外国。官吏依赖君主，君主倚赖官吏。百姓倚赖政府，政府依赖百姓。乃至一国之人，各各放弃其责任，而唯倚赖之是务。

不宁唯是，其地方自治之发达颇早，各省中所含小群无数也；同业联盟之组织颇密，国民中所含小群无数也。然终不免一盘散沙之诮者，则以无合群之德故也。合群之德者，以一身对于一群，常肯绌身而就群；以小群对于大群，常肯绌小群而就大群。夫然后能合内部固有之群，以敌外部来侵之群。乃我中国之现状，则有异于是矣。彼不识群义者不必论，即有号称求新之士，日日以合群呼号于天下，而甲地设一会，乙徒立一党，始也互相轻，继也互相妒，终也互相残。

● 乏自由之德

自由之德者，非他人所能予夺，乃我自得之而享之者也。故文明国之得享用自由也，其权非操诸官吏，而常采诸国民。中国则不然，今所以幸得此习俗之自由者，恃官吏之不禁耳，一旦有禁之者，则其自由可以忽消灭而无复踪影。而官吏之所以不禁者，亦非专重人权而不敢禁也，不过其政术拙劣，其事务废弛，无暇及此云耳。官吏无日不可以禁，自由无日不可以亡，若是者谓之奴隶之自由。

故真自由之国民，其常要服从之点有三：一曰服从公理，二曰服从本群所自定之法律，三曰服从多数之决议。是故文明人最自由，野蛮人亦最自由，自由等也，而文野之别，全在其有制裁力与否。

而文明程度越高者，其法律常越繁密，而其服从法律之义务亦常越严整，几于见有制裁不见有自由。而不知其一群之中，无一人能侵他人自由之人，即无一被人侵我自由之人，是乃所谓真自由也。不然者，妄窃一二口头禅语，暴戾恣睢，不服公律，不顾公益，而漫然号于众曰："吾自由也"。则自由之祸，将烈于洪水猛兽矣。

● 自信与虚心

我国民而自以为国权不能保，斯不能保矣；若人人以自信力奠定国权，强邻孰得而侮之？国民而自以为民权不能兴，斯不能兴矣；若人人以自信力夺争民权，民贼孰得而压之？而欲求国民全体之信力，必先自志士仁人之自信力始！

自信与虚心，相反而相成者也。人之能有自信力者，必其气象阔大，其胆识雄远，既注定一目的地，则必求贯达之而后已。

● 乏利己之德

国不自强而望列国之为我保全，民不自治而望君相之为我兴革，若是者，皆缺利己之德而已。

中国人号称利己心重者，实则非真利己也。苟其真利己，何以他人剥夺己之权利，握制己之生命，而恬然安之，恬然让之，曾不以为意也？

真能爱己者，不得不推此心以爱家、爱国，不得不推此心以爱家人、爱国人，于是乎爱他之义生焉。凡所以爱他者，亦为我而已，故苟深明二者之异名同源，固不必侈谈"兼爱"以为名高，亦不必讳言"为我"以自欺蔽。

● 破坏与成立

今日之中国，又积数千年之沉疴，合四百兆之痼疾，盘踞膏肓，命在旦夕者也。非去其病，则一切调摄、滋补、荣卫之术，皆无所用。故破坏之药，遂成为今日第一要件，遂成为今日第一美德！世有深仁博爱之君子，惧破坏之剧且烈也，于是窃窃然欲补苴而幸免之。

凡所以破坏者，为成立也，故持破坏主义者，不可不先认此目的。苟不尔，则满朝奴颜婢膝之官吏，举国醉生梦死之人民，其力自足以任破坏之役而有余，又何用我辈之汲汲为也？故今日而言破坏，当以不忍人之心，行不得已之事。

（《十种德性相反相成义》，1901 年，选自《梁启超选集》，上海人民出版社 1984 年版）

● 不知国家与天下之差别

中国人向来不自知其国之为国也。我国自古一统，环列皆小蛮夷，无有文物，无有政体，不成其为国。吾民亦不以平等之国视之。故吾中国数千年来，常处于独立之势，吾民之称禹域也，谓之为天下，而不谓之为国，既无国矣，何爱之可云？

● 不知国家与朝廷之界限

吾中国有最可怪者一事，则以数百兆人立国于世界者数千年，而至今无一国名也。夫曰支那也，曰震旦也，曰钗拿也，是他族之人所以称我者，而非吾国民自命之名也。曰唐虞夏商周也，曰秦汉魏晋也，曰宋齐梁陈隋唐也，曰宋元明清也，皆朝名也，而非国名也，盖数千年来，不闻有国家，但闻有朝廷，每一朝之废兴，而一国之称号即与之为存亡，岂不大可骇而大可悲耶。是故吾国民之大患，在于不知国家为何物，因以国家与朝廷混为一谈。

国家者，全国人之公产也，朝廷者，一姓之私业也。国家之运祚甚长，而一姓之兴替甚短。

● 不知国家与国民之关系

国也者，积民而成；国家主人之为谁？即一国之民是也。故西国恒言：谓君也，官也，国民之公奴仆也。凡官吏以公事致书于部民，其简末自署，必曰：汝之仆某某。盖职分所当然也，非其民之妄自尊大也。所以尊重国民之全体而不敢亵，即所以巩护国家之基础而勿使坏也。乃吾中国人之理想，有大异于是者。

数千年之民贼，既攘国家为己之产业，执国民为己之奴隶，曾无所于怍，反得援大义以文饰之，以助其凶焰，遂使一国之民，不得不转而自居于奴隶，性奴隶之性、行奴隶之行，虽欲爱国，而有所不敢。

● 奴性

数千年民贼之以奴隶视吾民，夫既言之矣。虽然彼之以奴隶视吾民，犹可言也，吾民之以奴隶自居，不可言也。孟子曰：人必自侮，然后人侮之。故使我诚不甘为奴隶，则必无能奴隶我者，嗟乎，吾不解吾国民之秉奴隶性者何其多也。其拥高官籍厚禄盘踞要津者，皆禀奴性独优之人也。苟不有此性，则不能一日立于名场利薮间也。一国中最有权势者，即在于此辈，故举国之人，他无所学，而唯以学为奴隶为事。

西国之民，无一人能凌人者，亦无一人被凌于人者；中国则不然，非凌人之人，即被凌于人之人，而被凌于人之人，旋即可以为凌人之人，咄咄怪事。

● 愚昧

国脑者何，则国民之智慧是已，有智慧则能长其志气，有智慧则能增其胆识，有智慧则能生其实力，有智慧则能广其谋生之途。

国脑之不能离民智而独成，犹国体之不能离民体而独立也。信如斯也，则我中国积弱之源，从可知也。四万万人中。其能识字者，殆不满五千万人也，此五千万人中，其能通文意，阅书报者……略知中国古今之事故者，殆不满十万人也，此十万人中，其能略通外国语言文字；知有地球五大洲之事故者，殆不满五千人也；此五千人中，其能知政学之本源，考人群之条理，而求所以富强吾国进化吾种之道者，殆不满百数十人也。以堂堂中国，而民智之程度，乃仅如此。

● 为我

中国人不知群之物为何物，群之义为何义也，故人人心目中但有一身之我，不有一群之我。

中国群力之薄弱，固早已暴露著于天下矣。

谚有之为：各人自扫门前雪，不管他人瓦上霜。吾国民人人脑中，皆横亘此二语，奉为名论，视为秘传。于是四万万人，遂成为四万万国焉。亡此国而无损于我也，则束手以任其亡，无所芥蒂焉；甚且亡此国而有益于我也，则出力以助其亡，无所惭怍焉。

● 好伪

好伪至极，至于如今日中国人，真天下所希闻，古今所未有也。君之使其臣，臣之事其君；长之率其属，属之奉其长；官之治其民，民之待其官。士之结其耦，友之交其朋，无论何人，无论何事，无论何地，无论何时，而皆以伪之一字行之。奏章之所报者，无一非伪事；条告之所颁者，无一非为伪文；应对之所接者，无一非为伪语；举国官缺，大半无事可办，有职如无职，谓之伪职；一部律例，十有九不遵行，有律如无律，谓之伪律；文之伪也，而以八股墨卷，谓为圣贤之微言；武之伪也，而以弓刀箭石，谓为干城之良选。

● 怯懦

以冒险为大戒，以柔弱为善人，至有好铁不打钉，好子不当兵之谚。

吾尝观欧西日本之诗，无不言从军乐者，又尝观中国之诗，无不言从军苦者。

中国世俗，有传为佳话者一二语，曰百忍成金，曰唾面自干，此误尽天下之言也。夫人而至于唾面自干，天下之顽钝无耻，孰过是焉。

● 无动

曰安静也，曰持重也，曰老成也，皆誉人之词也，曰喜事也，曰轻进也，曰纷更也，皆贬人之词也，有其举之莫敢废，有其废之莫敢举，一则曰依成法，再则曰查旧例，务使全国之人如木偶，如枯骨，入于隤然不动之域然后已。吾闻官场有六字之秘诀，曰多叩头，少讲语，由今观之，又不唯官场而已，皆国之人，皆从此六字陶熔出来者也。是故污吏压制之也而不动，虐政残害之也而不动，外人侵慢之也而不动，万国富强之成效，灿然陈于目前也而不动，列强瓜分之奇辱咄然迫于眉睫也而不动。

（《中国积弱溯源论》，1901 年，选自《饮冰室合集·文集二》，上海中华书局 1932 年版）

● 德成而上，艺成而下

把科学看得太低了、太粗了。我们几千年来的信条，都说的“形而上者谓之道，形而下者谓之器”，“德成而上，艺成而下”这一类话。多数人认为：科学无论如何高深，总不过属于艺和器那部分，这部分原是学问的粗迹，懂得不算稀奇，不懂得不算耻辱。

● 笼统

标题笼统——有时令人看不出他研究的对象为何物。用语笼统——往往一句话容得几方面解释。思想笼统——最爱说大而无当不着边际的道理，自己主张的是什么，和别人不同之处在哪里，连自己也说不出。

● 武断

立说的人，既不必负找寻证据、说明理由的责任，判断下得容易，自然流于轻率。

● 虚伪

虚伪有二：（一）语句上的虚伪。如隐匿真证、杜撰假证或曲说理由等等。（二）思想内容之虚伪。本无心得，貌为深秘，欺骗世人。

● 因袭

把批评精神完全消失，而且没有批评能力，所以一味盲从古人，剽窃些绪余过活。所以思想界不能有弹力性，随着时代所需求而开拓，倒反留着许多沉淀废质，在里头为营养之障碍。

（《科学精神与东西文化》，1922 年，选自《梁启超选集》，上海人民出版社 1984 年版）

● 缺公德

我国民所最缺者，公德其一端也。

吾中国道德之发达，不可谓不早，虽然，偏于私德，而公德殆阙如。试观《论语》、《孟子》诸书，吾国民之木铎，而道德所从出者也。其中所教，私德居十之九，而公德不及其一焉。如《皋陶谟》之九德，《洪范》之三德，《论语》所谓温良恭俭让，所谓克己复礼，所谓忠信笃敬，所谓寡尤寡悔，所谓刚毅木讷，所谓知命知言，《大学》所谓知止慎独，戒欺求谦。今试以中国旧伦理，与泰西新伦理相比较：旧伦理所重者，则一私人对于一私人之事也；新伦理所重者，则一私人对于一团体之事也。

● 束身寡过主义

吾中国数千年来，束身寡过主义，实为德育之中心点。范围既日缩日小，其间有言论行事出此范围外，欲为本群本国之公利公益有所尽力者，彼曲士贱儒，动辄援“不在其位，不谋其政”等偏义，以非笑之、挤排之。今吾中国所以日即衰落者，岂有他哉，束身寡过之善士太多，享权利而不尽义务，人人视其所负于群众者如无有焉，人虽多，曾不能为群之利，而反为群之累，夫安得不日蹙也！

近世官箴，最脍炙人口者三字，曰情、慎、勤，岂非私德之高尚者也？虽然，彼官吏者受一群之委托而治事者也，既有本身对于群之义务，复有对于委托者之义务，曾是情、慎、勤之字，遂足以塞此两重责任乎？此皆由知有私德，不知有公德。故政治之不进，国华之日替，皆此之由。

● 恶性

国家之战乱，与民族之品性最有关系。

凡内乱频仍之国，必无优美纯洁之民。当内乱时，其民必生六种恶性：一曰侥幸性。才智之徒，不务利群，而唯思用险鸷之心术，攫机会以自快一时也。二曰残忍性。草雉禽狝之既久，司空见惯，而曾不足以动其心也。三曰倾轧性。彼此相阋，各欲得而甘心，杯酒戈矛，顷刻倚伏也。此三者桀黠之民所含有性也。四曰狡伪性。朝避猛虎，夕避长蛇，非营三窟，不能自全也。五曰凉薄性。一身不自保，何况恋妻子，于至亲者尚不暇爱，而遑能爱人，故仁质斫丧澌灭以至于尽也。六曰苟且性。知我如此，不如无生，暮不保朝，假日偷乐，人人自危，无复远计，驯至与野蛮人之不知将来者无以异也。此三者柔良之民所含有性也。

（《新民说》，1902—1903 年，选自《梁启超选集》，上海人民出版社 1984 年版）

● 不知法治为何物

股份有限公司必在强有力之法治国之下乃能生存，中国则不知法治为何物也。

中国国民则无一日能安于法律状态者也。夫有法而不行，则等于无法。今中国者，无法之国也。寻常私人营业，有数千年习惯以维持之，虽无法犹粗足自存。

● 不知有对于公众之责任

股份有限公司必责任心强固之国民，始能行之而寡弊，中国人则不知有对于公众之责任者也。

中国人心风俗之败坏，至今日而已极，人人皆先私而后公。

公共观念与责任心之缺乏，其为股份公司之阻力者既若彼矣，而官办之业则尤甚。

（《敬告国中之谈实业者》，1910 年，选自《梁启超选集》，上海人民出版社 1984 年版）

文化偏至论（1907）

鲁　迅

● 自欺

旧国笃古之余，每至不惜于自欺如是。震旦死抱国粹之士，作此说者最多，一若今之学术艺文，皆我数千载前所已具。

（《科学史教篇》，1907年，选自《鲁迅全集》第1卷，人民文学出版社1981年版，下同）

其实，中国人是并非“没有自知”之明的，缺点只在有些人安于“自欺”，由此并想“欺人”。譬如病人，患着浮肿，而讳疾忌医，但愿别人糊涂，误认他为肥胖。

（《立此存照（三）》，1936年，选自《鲁迅全集》第6卷）

● 自大

中国既以自尊大昭闻天下，善诋諆者，或谓之顽固；且将抱守残阙，以底于灭亡。

（《文化偏至论》，1907年，选自《鲁迅全集》第1卷）

失者则以孤立自是，不遇校雠，终至堕落而之实利。

（《摩罗诗力说》，1907 年，选自《鲁迅全集》第 1 卷）

中国人向来有点自大。——只可惜没有“个人的自大”，都是“合群的爱国的自大”。这便是文化竞争失败之后，不能再见振拔改进的原因。

（《随感录三十八》，1918 年，选自《鲁迅全集》第 1 卷）

● 疾天才

夫中国在昔，本尚物质而疾天才矣……重杀之以物质而囿之以多数，个人之性，剥夺无余。

（《文化偏至论》，1907 年，选自《鲁迅全集》第 1 卷）

“合群的自大”，“爱国的自大”，是党同伐异，是对少数的天才宣战；——至于对别国文明宣战，却尚在其次。

（《随感录三十八》，1918 年，选自《鲁迅全集》第 1 卷）

● 难改变

可惜中国太难改变了，即使搬动一张桌子，改装一个火炉，几乎也要血；而且即使有了血，也未必一定能搬动，能改装，不是很大的鞭子打在背上，中国自己是不肯动弹的。

（《娜拉走后怎样》，1924 年，选自《鲁迅全集》第 1 卷）

我独不解中国人何以于旧状况那么心平气和，于较新的机运就这么疾首蹙额；于已成之局那么委曲求全，于初兴之事就这么求全责备？

（《这个与那个》，1925 年，选自《鲁迅全集》第 3 卷）

古国的灭亡，就因为大部分的组织被太多的古习惯教养得硬化了，不再能够转移，来适应新环境。

（《十四年的“读经”》，1925 年，选自《鲁迅全集》第 3 卷）

凡有读过一点古书的人都有这一种老手段：新起的思想，就是“异端”，必须歼灭的，待到它奋斗之后，自己站住了，这才寻出它原来与“圣教同源”；外来的事物，都要“用夷变夏”，必须排除的。

（《古书与白话》，1926 年，选自《鲁迅全集》第 3 卷）

体质和精神都已硬化了的人民，对于极小的一点改革，也无不加以阻挠，表面上好像恐怕于自己不便，其实是恐怕于自己不利，但所设的口实，却往往见得极其公正而且堂皇。

（《习惯与改革》，1930 年，选自《鲁迅全集》第 4 卷）

● 体面

支那人的重要的国民性所成的复合关键，便是这“体面”。我们试来博观和内省，便可以知道这话并不过于刻毒。

外国人……很有几个留心研究着中国人之所谓“体面”或“面子”。但我觉得，他们实在是已经早有心得，而且应用了。

中国的一些人，至少是上等人……总要摆出和内心两样的架子来……将这种特别人物，另称为“做戏的虚无党”或“体面的虚无党”以示区别罢。

（《马上支日记》，1926 年，选自《鲁迅全集》第 3 卷）

谁都要“面子”，当然也可以说是好事情，但“面子”这东西，却实在有些怪……好像要和普通有些不同便是“有面子”，而自己成了什么，却可以完全不管。

中国人要“面子”，是好的，可惜的是这“面子”是“圆机活法”，善于变化，于是就和“不要脸”混起来了。

（《说“面子”》，1934 年，选自《鲁迅全集》第 6 卷）

● 十景病

我们中国的许多人……大抵患有一种“十景病”，至少是“八景病”……“十”字形的病菌，似乎已经侵入血管，流布全身……凡看一部县志，这一县往往有十景或八景，点心有十样锦，菜有十碗，音乐有十番，阎罗有十殿，药有十全大补……连人的劣迹罪状，宣布起来也大抵是十条。

（《再论雷峰塔的倒掉》，1925 年，选自《鲁迅全集》第 1 卷）

● 瞒和骗

中国人的不敢正视各方面，用瞒和骗，造出奇妙的逃路来，而自以为正路。在这路上，就证明着国民性的怯弱、懒惰，而又巧滑。

（《论睁了眼看》，1925 年，选自《鲁迅全集》第 1 卷）

我们×××里，我觉得实做的少，监督的太多，个个想做“工头”，所以苦工就更加吃苦。

（《1936 年 4 月 5 日致王冶秋信》，1936 年，选自《鲁迅全集》第 13 卷）

● 惰性

中国人的自讨苦吃的根苗在于捧，“自求多福”之道却在于挖。其实，劳力之量是差不多的，但从惰性太多的人们看来，却以为还是捧省力。

（《这个与那个》，1925 年，选自《鲁迅全集》第 3 卷）

● 调和

中国人的性情是总喜欢调和的、折中的。譬如你说，这屋子太暗，须在这里开一个窗，大家一定不允许的。但如果你主张拆掉屋顶，他们就会来调和，愿意开窗了。没有更激烈的主张，他们总连平和的改革也不肯行。

（《无声的中国》，1927 年，选自《鲁迅全集》第 4 卷）

● 破坏欲

我们中国人对于不是自己的东西，或者将不为自己所有的东西，总要破坏了才快活的。

（《记谈话》，1926年，选自《鲁迅全集》第3卷）

● 明黑白

小民虽然不学，见事也许不明，但知道关于本身利害时，何尝不会团结。先前有跪香、民变、造反；现在也还有请愿之类，他们有的像沙，是被统治者"治"成功的，用文言来说，就是"治绩"。

（《沙》，1933年，选自《鲁迅全集》第4卷）

我们从古以来，就有埋头苦干的人…有拼命硬干的人，有为民请命的人，有舍身求法的人……这就是中国的脊梁。

（《中国人失掉自信力了吗》，1934年，选自《鲁迅全集》第6卷）

老百姓虽然不读诗书、不明史法，不解在瑜中求瑕、屎里觅道，但能从大概上看，明黑白，辨是非，往往有决非清高通达的士大夫所可几及之处的。

（《"题未定"草（九）》，1935年，选自《鲁迅全集》第6卷）

● 眼光不远

中国国民性的堕落，我觉得并不是因为顾家，他们也未尝为"家"设想。最大的病根，是眼光不远，加以"卑怯"与"贪婪"，但这是历久养成的，一时不容易去掉。

（《两地书》，1925年，选自《鲁迅全集》第11卷）

● 残虐

后以偶阅《通鉴》，乃悟中国人尚是食人民族，因成此篇。

（《1918年8月20日致许寿裳信》，1918年，选自《鲁迅全集》第11卷）

自首之辈，当分别论之，别国的硬汉比中国多，也因为别国的淫刑不及中国的缘故。我曾查欧洲先前虐杀耶酥教徒的记录，其残虐实不及中国……中国青年之至死不屈者，亦常有之，但皆秘不发表。不能受刑至死，就非卖友不可，于是坚卓者无不灭亡，游移者愈益堕落，长此以往，将使中国无一好人。

（《1933年6月18日致曹聚仁信》，1933年，选自《鲁迅全集》第12卷）

中国的论客，论事论人，向来是极苛酷的。

（《1935年10月29日致萧军信》，1935年，选自《鲁迅全集》第13卷）

● 自利

中国公共的东西，实在不容易保存。如果当局者是外行，他便将东西糟完，倘是内行，他便将东西偷完。而其实也并不单是对于书籍或古董。

（《谈所谓“大内档案”》，1927年，选自《鲁迅全集》第3卷）

雷峰塔砖的挖去，不过是极近的一条小小的例。龙门的石佛，大半肢体不全，图书馆中的书籍，插图须谨防撕去，凡公物或无主的东西，倘难于移动，能够完全的即很不多。但其毁坏的原因，则非如革除者的志在扫除，也非如寇盗的志在掠夺或单是破坏，仅因目前极小的自利，也肯对于完整的大物暗暗的加一个创伤。人数既多，创伤自然极大，而倒败之后，却难于知道加害的究竟是谁。

（《再论雷峰塔的倒掉》，1925年，选自《鲁迅全集》第1卷）

● 奴才主义

历观国内无一佳象，而仆则思想颇变迁，毫不悲观……大约将来人道主义终当胜利，中国虽不改进，欲为奴隶，而他人更不欲用奴隶；则虽渴望请安，亦是不得主顾，止能侘傺而死，如是数代，则请安磕头之瘾渐淡，终必难免于进步矣。

（《1918年8月20日致许寿裳信》，1918年，选自《鲁迅全集》第11卷）

● 卑怯

胜了，我是一群中的人，自然也胜了；若败了时，一群中有许多人，未必是我受亏；大凡聚众滋事时，多具这种心理……他们举动，看似猛烈，其实却很卑怯。

（《随感录三十八》，1918 年，选自《鲁迅全集》第 1 卷）

我以为这两种态度的根底，怕不可仅以惰性了之，其实乃是卑怯。遇见强者，不敢反抗，便以“中庸”这些话来粉饰，聊以自慰。所以中国人倘有权力，看见别人奈何他不得，或者有“多数”作他护符的时候，多是凶残横恣，宛然一个暴君，做事并不中庸；待到满口“中庸”时，乃是势力已失，早非“中庸”不可的时候了。一到全败，则又有“命运”来做话柄，纵为奴隶，也处之泰然，但又无往而不合于圣道。这些现象，实在可以使中国人败亡，无论有没有外敌。要救正这些，也只好先行发露各样的劣点，撕下那好看的假面具来。

（《通讯》，1925 年，选自《鲁迅全集》第 3 卷）

可惜中国人但对于羊显凶兽相，而对于凶兽则显羊相，所以即使显着凶兽相，也还是卑怯的国民。这样下去，一定要完结的。

（《忽然想到（七）》，1925 年，选自《鲁迅全集》第 3 卷）

我觉得中国人所蕴蓄的怒愤已经够多了，自然是受强者的蹂躏所致的。但他们却不很向强者反抗，反而在弱者身上发泄，兵和匪不相争，无枪的百姓却并受兵匪之苦，就是最近便的证据。再露骨地说，怕还可以证明这些人的卑怯。卑怯的人，即使有万丈的怒火，除弱草以外，又能烧什么呢？

（《杂忆》，1925 年，选自《鲁迅全集》第 1 卷）

骄和谄相纠结的，是没落的古国人民的精神的特色。

（《现代电影与有产阶级》，1931 年，选自《鲁迅全集》第 4 卷）

中国人不但“不为戎首”“不为祸始”，甚至于“不为福先”。所以凡事都不容易有改革；前驱和闯将，大抵是谁也怕得做。然而人性岂真能如道家所说的那样恬淡；欲得的却多。既然不敢径取，就只好用阴谋和手段。以此，人们也就日见其卑怯了，既是“不为最先”，自然也不敢“不耻最后”，所以虽是一大堆群众，略见危机，便“纷纷作鸟兽散”了。如果偶有几个不肯退转，因而受害的，公论家便异口同声，称之曰傻子，对于“锲而不舍”的人们也一样。

（《这个与那个》，1925 年，选自《鲁迅全集》第 3 卷）

中国人的明面与暗面（1909）

［美］麦嘉温（J. Macgowan）

● 幽默

看上去，中国人没有个性、没有风度，木偶一般有气无力的外貌，使人觉得他们缺乏想象力。尽管如此，由于中国人具有的难以名状的东西，他们成了东洋人中最受英国人喜爱的人。其中主要一点无疑是他们尖锐的幽默感。幽默感横溢于全体中国人之中，可笑的事、奇形怪状的东西，无论对什么他们都报以大笑或微笑。中国人无论在什么情况下都说笑话，玩笑是溶解一切不投机的溶液。

● 委婉

中国人讨厌直截了当，喜欢婉言陈述，使人往往把握不住他们的真意。语言对于他们毋宁说是把隐藏在背后的观念暗示给对方的工具，认识这些观念还需对方自己去推论。

● 固执

中国人顽固不化地固执己见，实在是可恨的国民。当对方呈上提案并要求实施时，他们一定会断然拒绝并提议改变提案。当碰到对方强硬时，他们会承认原提案并天真地称赞原提案极好。但是，如果你看一下执行的结果，并没有按原提案执行，仍然按他自己的意志行事。

● 说谎

中国人最让人费解的癖好是说谎，“他们好像没有真实的念头”，他们坦然地“装作不在”，“装病”，说谎时尽力使它显得真实。所以，要从中国人的话里了解到真实情况是不容易的。

● 坚强

如果说有顽强的人种的话，那就是中国人。无论把他们放到哪里，他们都能适应。无论是商人还是劳力，无论是职员还是日夜忙碌的工人，中国人体力优秀，富于忍耐力，风土不能左右，病菌不得侵入。中国人比西方人优秀就在于神经麻木。

● 悠然自得

中国人的另一个长处是悠然的态度。中国人来访时，无论让他怎么等，他都不会生气。神经麻木、悠然和韧性的结果使中国人总能达到目的。中国人认为发火是白耗体力。

● 传播小消息

中国这个大帝国中，消息传播的迅速是外国人难以理解的。任何一件事，很快就会传遍全村，而且总是不失准确。几天之内，消息就能传得很远。尽管没有报纸，没有电报，无论贫富贵贱都能知道。我认为这一现象不可思议，无论如何也解释不了。

● 面子

我关于中国社会生活特征的第一点意见是“面子”。中国人的希望之一，是在朋辈面前表现出色，谓之“有面子”。一旦失败，就认为没了脸面，谓之“失面子”。

（《中国人生活中的明面与暗面》，1909 年，《现代中国人及其习俗》，1912 年，均选自大谷孝太郎《中国人精神结构研究》，东亚同文书院 1935 年日文版，袁方编译）

东西文化在中国的冲突（1911）

［美］罗斯（Edward Alswarth Ross）

● 有生命力

中国人比白人有更大的生命力。

● 保守主义

和南欧人的直爽、热情、爱社交、对美敏感相比，盎格鲁-撒克逊人显得钝重、保存和消化刺激，但不易有反应，行为不基于印象而是基于信念和思考，行为不是由刺激而是由目的决定的。他们的智力是笨重的制动机，从杂多的间歇刺激中找出连续的意志力，不听两面之词不下决心，下了决心也未必行动。不靠激情而靠意志行动，行动不是发作而是平稳；不是忽左忽右，而是首尾一贯。中国人确乎就属于这种钝重的盎格鲁-撒克逊型。

中国人不易着急和慌乱，善于抑制感情和隐忍，没有忽冷忽热的事。轻易不动，一动起来就非常强烈。轻易不承诺，一旦许诺就绝不改变。虽然不易改变，一旦改变又变得极彻底。

● 未成熟

在华60年的传教士马丁（W. A. P. Martin）博士认为，中国文明是未成熟的文明，他们祖先的创造力在后代消失了，中国人的天赋都在记字和以科举为目的的教育中消耗殆尽了。

中国的文化在后代似乎停止发展了。绘画没有远近法，音乐没有和弦，语言中也缺乏关系代词和指示代词。社会空气这个曾刺激中国产生许多发明创造的东西，仿佛缺氧一样，窒息了中国人的创造。

● 宗教上的实用主义

和在所有事情上一样，多数中国人在宗教方面也讲实用，希望菩萨给自己带来俗世的幸福。这种愿望尽管朴素，但在具有理想主义者资格方面，中国人作为一个人种比欧洲人差。

● 缺乏职业精神

中国人在急需职业精神的场合总表现得怠惰懒散、有气无力。

● 缺乏阳刚之气

中国儿童不像欧洲儿童那样蹦蹦跳跳，做爬高下低之类的事，他们不知运动竞技，游戏只有放风筝、踢球、赌博、打麻将、放爆竹，对武力的赞赏已经完全没有了。大男子当众啼哭而不以为耻。

● 记忆力好

中国学生由于必须一一记住数千个汉字，所以在记忆力方面非常出色。中国学生能很好地记忆文字，但没有推理的概念。

（《变迁中的中国——东西方文化在中国的冲突》，1911 年，选自大谷孝太郎《中国人精神结构研究》，东亚同文书院 1935 年日文版，袁方编译）

东西思想之差异（1915）

陈独秀

● 安息为本

西洋民族以战争为本位，东洋民族以安息为本位。

儒者不尚力争，何况于战？老氏之教，不尚贤，使民不争，以佳兵为不祥之器。故中土自两汉以来，黩武穷兵，国之大戒。佛徒去杀，益堕健斗之风。世或称中国民族安息于地上，犹太民族安息于天国，印度民族安息于涅槃。安息为东洋诸民族一贯之精神。

● 家族本位

西洋民族以个人为本位，东洋民族以家族为本位。

西洋民族，自古迄今，彻头彻尾，个人主义之民族也。

宗法社会以家族为本位，而个人无权利，一家之人听命家长。《诗》曰："君之宗之。"《礼》曰："有余则归之宗，不足则资之宗。"宗法社会，尊家长重阶级。

国家组织一如家族，尊元首，重阶级，故教忠；忠孝者，宗法社会封建时代之道德，半开化东洋民族一贯之精神也。

● 感情本位

西洋民族以法治为本位，以实利为本位；东洋民族以感情为本位，以虚文为本位。

若夫东洋民族，夫妇问题，恒由产子问题而生，不孝有三，无后为大，旧律无子，得以出妻；重家族轻个人，而家庭经济遂蹈危机矣。蓄妾养子之风初亦缘此而起；亲之养子，子之养亲，为毕生之义务，不孝不慈，皆以为刻薄非人情也。

亲养其子，复育其孙，以五递进，又各纳妇，一门之内，人口近百矣。况夫累代同居，传为佳话，虚文炫世，其害滋多，男妇群居，内多诟谇，依赖成性，生产日微，貌为家庭和乐，实则黑幕潜张，而生机日促耳。昆季之间，率为共产，倘不相养，必为世讥，事蓄之外，兼及昆季，至简之家，恒有八口，一人之力，曷以肩兹？因此被养之昆季，习为游惰，遗害于家庭及社会者，亦复不少；交游称贷，视为当然，其偿也无期，其质也无物，唯以感情为条件而已。仰食豪门，名流不免，以此富者每轻去其乡里，视戚友若盗贼，社会经济因以大乱。凡此种种恶风，皆以伪饰虚文任用感情之故。浅见者自表面论之，每称以虚文感情为重者，为风俗淳厚之征，其实施之者，多外饰厚情，内恒愤忌，以君子始，以小人终；受之者，习为贪惰，自促其生，以弱其群耳。以此为俗，何厚之有？

（《东西民族根本思想之差异》，选自《新青年》第1卷第4号，上海群益书社1915年版）

● 散

吾华惰民，既不终朝闲散，亦不解时间上之经济为何事，可贵有限之光阴，掷之闲谈而不惜焉，掷之博弈而不惜焉，掷之睡眠宴饮而不惜焉。西人之人与人约会也，恒以何时何分为期，华人则往往约日相见。西人之行路也，恒一往无前，华人则往往瞻顾徘徊于中道，若无所事事。劳动神圣，皙族之恒言；养尊处优，吾华人之风尚。

● 贫

国民而无贮蓄心，浪费资财于不生产之用途，则产业凋敝，国力衰微。可立而俟，吾华之贫，宇内仅有。

呜呼，金钱罪恶，万方同慨。然中国人之金钱罪恶，与欧美人之金钱罪恶不同，而罪恶尤甚。以中国人专以造罪恶而得金钱，复以金钱造成罪恶也。但有钱可图，便无恶不作。袁氏叛国，为之奔走尽力者遍天下，岂有一敬其为人或真以帝制足以救国者？盖悉为黄金所驱使。

● 不洁

西洋人称世界不洁之民族：印度人、朝鲜人与吾华鼎足而三。

公共卫生，国无定制；痰唾无禁，粪秽载途；沐浴不勤，臭恶视西人所畜犬马加甚。厨灶不治，远不若欧美厕所之清洁。试立通衢，观彼行众，衣冠整洁者，百不获一，触目皆囚首垢面，污秽逼人，虽在本国人，有不望而厌之者，必其同调。欲求尚洁之晰人不如加轻蔑，本非人情，然此犹属外观之污秽，而其内心之不洁，尤令人言之恐怖。经数千年之专制政治，自秦政以迄洪宪皇帝，无不以利禄奔走天下，吾国民遂沉迷于利禄而不自觉，卑鄙龌龊之国民性，由此铸成。

食力创业，乃至高尚至清洁适于国民实力伸张之美德，而视为天下之至贱，不屑为也。

● 圆滑

袁氏之称帝也，始终表里坚持赞成反对者，吾皆敬其为人。乃有分明心怀反对者也，而表面竟附赞成之列，朝犹劝进，夕举义旗，袁氏不德，固应受此揶揄，而国民之诈伪不诚，则已完全暴露。

呜呼，不诚之民族，为善不终；为恶亦不终。吾见夫国中多乐于为恶之人，吾未见有始终为恶之硬汉。诈伪圆滑、人格何存？

（《我之爱国主义》，选自《新青年》第2卷第2号，1916年10月）

● 懒惰放纵不法

施行这严格的干涉主义之最大障碍，就是我们国民性中所含的懒惰放纵不法的自由思想；铸成这腐败堕落的国民性之最大原因，就是老庄以来之虚无思想及放任主义。

● 盗公肥私

中国人民简直是一盘散沙，一堆蠢物，人人怀着狭隘的个人主义，完全没有公共心，坏的更是贪贿卖国，盗公肥私，这种人早已实行了不爱国主义，似不必再进以高论了。一国中担任国家责任的人自然是越多越好，但是将这重大的责任胡乱放在毫无知识毫无能力毫无义务心的人们肩上，岂不是民族的自杀！

（《中国式的无政府主义》，选自《新青年》第9卷第1号，1921年5月）

国人之公毒（1915）

远　生

● 笼统

今请单刀直入，陈说我所知或我所觉。其实即我所受之毒气为何物，一言蔽之曰：思想界之笼统而已。

大抵自有中国以来，以及今日，无论圣凡贤愚贵贱老幼，无一人不受有若干笼统之病。

以个人论，则一方面为消极的笼统，即根本不认为有个人之人格与自由，必使一切之人，没入于家族，没入于宗法社会；今之新人，则主张其没入于国家。一方面为积极的笼统，则能牺牲一切之人以成其富贵荣华者，即为名誉。

● 独断主义

盖自汉尊孔之后，已渐成独断主义形式主义之空气，至宋而其毒益深，至明立八股之制以来，亦即若干百年矣。读者试思以数千年以上，至少亦数百年之遗传。

故笼统之国民必武断，武断者必专守形式。专守形式者必不许怀疑，不许研究。

（《国人之公毒》，选自《东方杂志》第12卷第1号，1915年1月）

矛盾的中国人性格（1916）

[日] 服部宇之吉

● 性格矛盾

所谓中国人的矛盾性格是指，中国人同时具有常识的、实际的、理性的和理想的、想象的、感性的这种冷热两种性格。

● 善综合

在需要冷静地、实际地、常识地判断事物时，情绪常会妨碍理智，想象使得判断力迟钝起来，其结果使中国国民具有一种一般说来能综合地但无法分析地判断事物的倾向，即综合的国民性。

● 爱好和平

后世中国人的自尊和看不起他人，在古代并不存在。虽然古代自尊心不强，但绝无轻侮外族的念头。中国人征服外族不是用武力，而是用同化。从文化的同化主义产生和平。汉民族是爱好和平的民族，这是从儒教、道教和其他各个方面都能得出的同样结论。

● 私心

尽管从“子罕言利与仁与命”、“君子喻于义，小人喻于利”、“放于利而行多怨”看儒教是否定利己主义的，但观察中国国民的普遍道德观念，却是与儒教完全相反的，总的行为动机就是自己个人的利益。

就今日之中国来说，中国人是私心重的国民。中国人以利害为本位，利害中又以个人利益为本位，所以公共责任观念薄弱，国家观念淡漠。

● 重礼

中国人的礼中包含有外国人的组织、法律规范，道德教化，但是到了后来，重体面了。重礼，以礼维持国家是中国的国民精神。重礼的结果流于形式主义，从重形式又流于重名义。

（《中国研究》，1916 年，《中国国民性和思想》，1926 年，均选自大谷孝太郎《中国人精神结构研究》，东亚同文书院 1935 年日文版，袁方编译）

静的文明与动的文明（1916）

杜亚泉

● 各自相安

吾国人之观念，则以为社会之存在，乃各自相安之结果。凡社会中之各个人皆为自然存在者，扰乱社会决不失其存在之资格，盖吾国人以吾一切一类皆为天之所生，天即赋以相当之聪明，才力以得相当之衣食。谚所谓“各人头上有青天”及“天无绝人之路”，皆表明人类各得自然存在之意义者也。

● 重自然

西洋社会一切皆注重于人为，我国则反之，而一切皆注重于自然。西洋人以自然为恶，一切以人力营治之，我国人则以自然为善，一切皆以体天意、遵天命、循天理为主。故西洋文明为反自然化，而我国人之文明为顺自然化。

● 向内

我国人之生活为向内，社会内个人皆向自己求生活，常对于自己求其勤俭，克己安心守分，而社会上一切文明皆由此发生。

● 以个人为中心

我国社会内无所谓团体。城镇、乡镇，地理上之名称；省道县者，行政上之区别，本无人格的观念存于其间。国家之名称则为封建时代之遗物，系指公侯之封城而言，自国家以上则谓之天下，无近世所谓国家之意义。王者无外，无复有相对之关系，其不认为人格可知。至民族观念亦为我国所未有。所谓蛮夷戎狄者，皆天生之民，且多为古代帝王之后裔。以其地处僻远，俗殊，文野，故加以区别。夏用夷礼则夷之，夷用夏礼则夏之，其区别本固定，故与现时民族之区别不同。盖我国除自然的个人以外，别无假定人格，故一切以个人为中心；而家族、而亲友、而乡党、而国家、而人类、而庶物，皆由近及远，由亲及疏，以为之等，无相冲突。

● 蔑视胜利

我国社会则往往视胜利为道德之障害，故道德上不但不崇拜胜利，而且有蔑视胜利之倾向，道德之作用在于消灭竞争，而以与世无争与物无竞为道德之最高尚者。所谓道德即在拘束身心清心寡欲，戒谨于不睹不闻之地，为己而不为人，故于个人私德上兢兢注意。凡孜孜于图谋自己利益、汲汲于主张自己权利，及享用过于奢侈，皆为道德所不许。

（《静的文明与动的文明》，选自《东方杂志》第13卷第10号，1916年）

中国：从远古到今日（1916）

［英］庄延龄（Edward Harper Parker）

● 说谎与小利

一般认为，中国人爱说谎。如果说中国人说谎的话，那么欧洲人也说各种谎话，只是欧洲人说谎的动机是维持因袭的名誉道义，避免相互间的不快和耻辱，碍于朋友的情分等，并且分寸适当。与此相反，中国人说谎的动机是为了获得蝇头小利，避免麻烦，掩盖自己的怠慢，避免不礼貌，使敌人痛苦等，并且分寸过失，不像欧洲人那样得体。

● 偷窃与有用

中国人被认为是有盗癖的。中国人几乎从来不拿对自己无用的物品，另外，如果你把东西放在它该放的地方，也不会有中国人去偷，中国人只偷放在有诱惑力地方的有诱惑力的东西。

● 不卫生与洗衣服

中国人被看作是不爱清洁的人。但我认为，在气温很高的南方，中国人比同阶层的英国人要干净得多。在寒冷的北方，由于燃料贵，不换衣服不洗澡是常事。各国国民清洁的形式不同，日本人洗身体，中国人洗衣服，虽然不能否认中国人不讲卫生，但也不至于像一般人认为的那样。

● 知恩与情

一般认为中国人不知恩。但如果你适度地想到佣人并给以敬意，无论主人是中国人还是外国人，佣人的忠实劲是世上无二的。经常看到伶巧的中国人在和主人分手时，不堪惜别之情，如小孩一般大哭。说中国人不知恩的话，不能不完全否定之。

● 礼节与省麻烦

中国人确实不拘泥于日本式的繁琐礼节，但比法国人更重礼节。中国人的礼节是按儒教思想规定的，有省却思考的麻烦，防止不成样子的效果。

● 好色淫逸

中国人无疑是好色淫逸的。中国人一般早婚，虽然人口中90％的人因贫困而只享用一妻，但富裕的官吏却没必要地纳妾。在所有阶层的中国人中，品行方正的观念淡漠，满口淫秽的淫事，看不到清教徒似的中国人。

● 怕父母

日本是儿童的天堂，中国是儿童的地狱。富裕人家会给儿女穿好衣服，加以爱抚，在旧式家庭中，父亲只对儿子着力熏陶，母亲有时也疼孩子，但情绪易变，脾气坏，动辄训斥、毒打。所以子女对父母与其说敬爱，不如说害怕。

● 节制

在节制饮食方面，中国人比欧洲人强。

中国人很少喝得烂醉。在吃饭方面，少数富裕人家为养精力而耽于养食。95%的人口甘味粗食，只吃八分饱。

● 勤奋

勤奋是中国人的最高德行，只是每个人都为自己而勤奋，无论出了什么事，无论在什么情况下，中国人都要考虑自己在金钱上的得失。通过做事得到钱，就是中国人的勤奋。

● 灵巧

中国人没有钟而知时间。会洗衣、修缮、判断气候、耕田、操作船只、打鱼、骑马。中国人不会的只有：给自己理发。自己防病，驱除寄生虫，遵守军规，不骗钱，诚实，守时间。

（《中国：从远古到今日的历史、外交和商业》，1916年，选自大谷孝太郎《中国人精神结构研究》，东亚同文书院1935年日文版，袁方编译）

中国的特征（1916）

［美］柏赐福（又译：贝施福，Janes Whilford Bashford）

● 孝

如果死后没有男子祭奠，自己和祖先的灵魂就会不得安生，自己对祖先崇拜的懈怠会给家庭带来旱灾洪水瘟疫，这是中国人的宗教信念。宗教信念和中国男子强烈的情欲，成为中国人口众多的主要原因，即是说，做母亲是女人的本分，无子是最不孝的事。妻不生子可以休，为了得子可以纳妾，多妻促成了多子。

● 集约耕作

中国人精耕细作。中国人认为一根杂草耗的地力可以育一棵苗。所以除草极精细。精耕细作也是促成中国人口众多的原因之一。

● 人力代替畜力

中国人认为，生产养活一匹马的饲料的土地，完全可以用来养活一个人。所以为了人的出生，很乐意用人力代替畜力。这也是中国人口众多的原因之一。

● 精力充沛

中国人是精力充沛的民族。毫无疑问，中国国民人口世界第一，中国文明是现存文明中最古老的文明，其精力无与伦比。中国人大概比其他民族都能在严寒酷暑下从事长期劳动。中国人以其活力可以与任何人竞争。

● 节俭

中国人的节俭与勤奋一样，是众所周知的，与他们所具有的其他品性一样，与其说是天性，不如说是生活所迫。

● 智慧

三千年来，中国人开凿了无数的运河、池、沟来输送货物，灌溉农田，防范洪水，不能不承认中国人的忍耐力、勤奋和智慧。就整体来看，中国人在工业生产中也发挥着他们优秀的智慧。

● 适应性

比智慧更让人惊叹的是中国人对环境的适应能力和好脾气。中国人的适应性是遗传之德，也是他们所以能存续的原因。没有什么人能有中国劳动者那样的好脾气，没有人能在艰难困苦中像他们那样保持着好脾气，即使在不自由的环境下，他们也能应付自如。

● 有结合力

中国人不知道在生产上集结资本，在建立大公司、大企业方面似乎也困难很大，但这不是因为中国人缺乏促成结合的能力，整个中国历史说的就是中国国民有能力形成各种各样的联合的历史。中国人有相互结合的能力，有容易彼此信任的意向。

● 实用性

如果把印度人比作法国人的话，中国人就好比是盎格鲁-撒克逊人，他们的一切行动以经验为指导，他们几乎是本能地接受中庸主义，不以逻辑为原则，而以有效和妥协为原则。

● 不信任

虽然彼此非常了解的伙伴不是这样，但是，一般中国人缺乏诚意和相互信任，可以说正是由于过于明显的不信任，中国人才没有能力建立大公司大企业。在中国，大的银行、商社，大多是由家族民族等同族的人组成。

● 不精确

在中国的商业交易中，不精确是一大缺点。这种不精确并非本性如此，而是由于产业贸易的领导——钱庄拥有者、商人——为了获一时之利而不顾事实造成的。

● 讲信用

中国人的信用可以弥补不精确。信用在长期的商业活动经验中形成了交易的体会和原则。在这一点上，没有其他国家的国民可以和中国人相媲美。中国商人认为商业昌盛的秘诀之一就是信用。

● 怀疑主义和无为主义

儒、道、佛三教混淆，儒教离不开合理主义、物质主义，一味强调伦理的生活，最终陷入了怀疑主义；道教起源于古代的超越哲学，由于没有超自然的人生观而陷入了无为主义和迷信；佛教从传入到今天，一直带有超越主义和迷信的色彩，与道教一样，陷入了无为主义和迷信。

● 强韧

上面所说中国人性格和文明是极其强韧的，证据如下：

1. 虽说汉族人被蒙古人、满洲人征服了，但结果却是汉族人取得了胜利。蒙古、满洲的语言、文明都消亡了，汉语侵入了蒙古，取代了满语。

2. 中国人和其他种族通婚的结果，其子总是有中国人的特点。

3. 基督教 505 年进入中国，后被中国人改变，衰灭了。

4. 犹太人也曾进入中国，有数千人，最终也被同化了。

5. 伊斯兰教之所以没有基督教、犹太教那样惨，是因为经济的原因，但并没给儒教任何影响。对中国人的多神教也无可奈何。

（《中国》，1916 年，选自大谷孝太郎《中国人精神结构研究》，东亚同文书院 1935 年日文版，袁方编译）

吾国国民弱点（1917）

光　升

● 缺乏自由

缺乏自由思想也。自由有表里两面。自消极方面言之，为下羁；而自积极方面言之，为权利。自由思想即权利思想，由人格主义而来。人格者，即法律上能享权利尽义务之主体也。

吾国建国最古，国家主义早立，而于个人人格之认识独啬。

而吾民则数千年来，托政府为恩主，以盲从为义务，其桀纣幽厉暴秦亡隋以及一切衰朝末世之暴君污吏残民以逞者无论矣。即刑措如成康，小康如文景贞观庆历。所谓流风善政敻绝千古者，亦不过轻刑敛与民休息而已。吾民唯侥幸于道德上之生存，而终未占有法律上之地位。

● 缺乏法治思想

缺乏法治思想也。

盖德治者，不恃法而恃人。人之性格不定法，之程限有常。故德治易流为专制，而法治可企于平等也。

儒家者，一方采国家主义，一方又重家族主义，盖犹袭古代宗法社会之遗。夫是以重德轻法。

数千年人智国力沉滞而寡进者，虽欲不谓为德治之敝不可也。夫道德之流于宽慢虚伪也，其故由于秩序不整，而侥幸乘焉，界限不严，而依赖乘焉。

● 缺乏民治思想

缺乏民治（国民政治）思想也。国者全国民之公共集合体也，则一国之政治，应合一国之民谋之，理固然也。然古代国家幼稚，国民政治思想薄弱，此公共集合体之政权，类为个人或少数阶级所窃据，于是有君主专制贵族专制政体之发生。

（《中国国民性及其弱点》，选自《新青年》第2卷第6号，1917年2月）

东西文明根本差异（1918）

李大钊

● 以静为本位

东人之日常生活，以静为本位，以动为例外；西人之日常生活，以动为本位，以静为例外。试观东人西人同时在驿候车，东人必觅坐静息，西人必来往梭行。此又起居什器之不同也。更以观于思想：东人持厌世主义（Pessimism），以为无论何物皆无竞争之价值，个性之生存，不甚重要；西人持乐天主义（Optimism），凡事皆依此精神，以求益为向上进化发展，确认人道能有进步，不问其究极目的为何，但信前事唯前进奋斗为首务。东人既以个性之生存为不甚重要，则事事一听之天命，是谓定命主义（Fatalism）；西人既信人道能有进步，则可事一本自力以为创造，是谓创化主义（Creative Progressionism）。东人之哲学，为求凉哲学；西人之哲学，为求温哲学。求凉者必静，求温者必动。

更以观于宗教：东方之宗教，是解脱之宗教；西方之宗教，是生活之宗教。东方教主告诫众生以由生活解脱之事实，其教义以清净寂灭为人生之究竟，寺院中之偶像，龛前之柳，池中之水，沉沉无声，皆足为寂灭之象征；西方教主于生活中寻出活泼泼地之生命，自位于众生之中央，示人以发见新生命、创造新生命之理，其教义以永生在天灵魂不灭为人生之究竟，教堂中之福音与祈祷，皆足以助人生之奋斗。更以观于伦理：东方亲子间之爱厚，西方亲子间之爱薄；东人以牺牲自己为人生之本务，西人以满足自己为人生之本务；故东方之道德在个性灭却之维持，西方之道德在个性解放之运动。更以观于政治：东方想望英雄，其结果为专制政治，有世袭之天子，有忠顺之百姓，政治现象毫无生机，几于死体，依一人之意思，遏制众人之愿望，使之顺从。

东人求治，在使政象静止，维持现状，形成一种死秩序，稍呈活动之观，则诋之以捣乱；西人求治，在使政象活泼，打破现状，演成一种活秩序，稍有沉滞之机，则摧之以革命。东方制定宪法，多取刚性，赋以偶像之权威，期于一成不变，致日新之真理，无缘以入于法。

（《东西文明根本之异点》，1918年，选自《李大钊文集》，人民出版社1984年版）

心气薄弱的国人（1919）

傅斯年

● 似是而非

但是现在中国士流里的现象是怎样？一般的人，只讲究外表的涂饰，只讲究似是而非的伎俩。论到做事，最关切的是应酬；论到求学，最崇尚的是目录的学问，没有道理的议论，油滑的文调。

● 好行小慧

本来缺乏作正确判断的能力，又不肯自居于不聪明之列，专做质直的事情，自然要借重“小慧”了。

“小慧”是心气薄弱的现象；一群人好行小慧，是这群人心气薄弱的证据。中国人心气薄弱，所以“好行小慧”。就他这“好行小慧”，更可断定他的心气薄弱。

● 没有主义

中国人所以这样没主义，仍然是心气薄弱的缘故。可叹这心气薄弱的中国人！

● 一盘散沙

中国一般的社会，有社会实质的绝少；大多数社会，不过是群众罢了。凡名符其实的社会——有能力的社会，有机体的社会，总要有个密细的组织，健全的活动力。如果仅仅散沙一盘，只好说是“乌合之众”。十个中国人，所成就的，竟有时不敌一个西洋人。中国人所凭托的社会，只是群众，只是有名无实，所以个人的能力，就无从发展。至于乡下的老百姓，更是散沙，更少社会的集合。看起中国农民，全没自治能力，就可知道他们只有群众生活。

总而言之，中国人有群众无社会，并且欢喜群众的生活，不欢喜社会的生活，觉得群众生活舒服，社会的生活不舒服。

（《心气薄弱之中国人》，选自《新潮》第1卷第1号，1919年）

中国人的中国（1919）

［英］倭纳（Edward Theodore Chalmers Werner）

● 重感情

在感情方面，中国人重感情、温和、朴实、认真、喜聚居、勤奋、忍耐力特强，同时，神经过敏、固执、残忍刻薄、无情、不诚实、手癖、好色。平常沉默寡言，有时激昂。不是不愉快的人，相互间过分地重礼节。知恩必报，重商业信用。当然，地区之间也有差异。

● 没有创造性

在智能方面，中国人是停滞不前的，虽有采用近代西方文化的欲望，但在文化方面，仍是大一统主义和机械主义的奴隶。在思考行动的所有方面，都因袭固有的、旧的形式，没有想象，没有创造，一味地模仿，缺少自由的个性和创造力。组织不力，缺乏反省和预见，表现暧昧，无力判断主题和实际的加以把握，不承认正确的重要性，极尽曲解和委婉之能事，极度猜疑和迷信。

● 早熟

从中国人性格的总体看，他们具有发展初期种族所共有的各种特征。

体格差，营养系统不发达，神经系统小，顽固，有害作用使得种族锐气日减，导致激发努力，引导改良的感情淡薄，由于可塑性小而早熟，中国人意识较单纯，表现出周期性的激情和漫不经心。由于没能发展到爱他人的情操而缺乏同情心，残忍，并伴有极端的保守主义。中国人的心灵中，缺乏关于一般事实和长远结果的概念。其观念凝固，与其说抽象，不如说具体，缺少明确性和精确性。其想象力的缺乏可以从其民族生活的漫长历史中没有发明的事实看出来。

● 集团行动本能

中国人不单独行动，有结成集团行动的倾向。比如，中国人的“骂街”，即感到受了不公正待遇的人会跑到街上，向第三者诉说苦恼以求仲裁。从总的事实来看，集团行动是原则，个别行动是例外，孤立几乎是一种罪过。

从生物学的角度来解释，中国人的集团行动是在动物那里也能看到的自卫的集团行动的残余，可以说，是社会的白血球。

从社会学的角度来解释，在今天的中国社会中，封建思想依然存在，由于在封建制度中，集团是军事性质的，现代中国人正是为了防卫才集团行动。

（《记述社会学——中国人篇》，1919年，《秋叶》，1922年，《中国人的中国》，1919年，均选自大谷孝太郎《中国人精神结构研究》，东亚同文书院1935年日文版，袁方编译）

东西思想异点（1920）

［美］杜威（J. Dewey）

● 思想切实

据我看来，东西思想有三种异点。

东方思想更切实更健全，西方思想更抽象更属智理的。譬如五伦，君臣、父子、夫妇、兄弟、朋友，都是健全的、确定的、切实的、天然的人生关系。人人都有父、有子、有夫妇昆弟，人人都是一国的臣民或君长，人人都有朋友。所以东方的圣人就规定五伦的德律，教人怎样做君臣、做父子夫妇兄弟朋友。西方的思想却不同。大概西方的主要观念为直（Justice）与慈（Benevolence），都是抽象的观念，并没有指实哪种伦常事物，换句话说，直和慈都从智理推究出来的。切实的道德观念，有种好处，就是有确定的标准，教的省得麻烦，学的容易领悟。弊病就是因确定生执拗、因切实成拘泥，习教安常、不能通权达变，以适应时势。智理的抽象的道德观念，能权能变。譬如直和慈，应用到君臣父子夫妇兄弟朋友都可。臣对君要直和慈，君对臣也要直和慈，不像东方臣对君要忠，君对臣就不要忠了。所以西方的道德是平等的、普遍的、活的、能权能变以适应环境，环境变，观念也变。大抵事物愈确定，变化愈难。譬如说臣要忠，就使数千百年的臣民都要忠了。原理愈普通，变化愈易。虽然有含糊的毛病，却能通权达变。

● 家庭伦理

西方伦理根据个性，东方伦理根据家庭。这种异点，人人都知道的。他和第一个异点有密切关系，简直是二五和一十。西方人不承认伦有何种确定的关系，好像君臣等。他们只知道有我、有个人，所以没有尊卑的分别；直和慈，对父对子都可了。东方经书所说的五伦，有三个属家庭（即父子、夫妇、昆弟），其余君臣是父子的变相，朋友是昆弟的变相。所以东方的道德观念，简直可说全然根据家庭。所以经书说孝是德之本。而孝的范围也最大，不信不诚，败坏家声，可算不孝；建德立功，扬名显亲，就可算孝。

● 蔑视个人权利

西方伦理尊重个人权利，东方伦理蔑视个人权利。西方一二百年来，个人权利最受尊崇。所以个人有行动自由的权利，他人不得干涉；有保存财产的权利，他人不得强取；有养护身体的权利，他人不得毒打；有保全荣誉的权利，他人不得败坏。凡干涉他人自由、强取他人财产、破坏他人荣誉的，都是不道德的。后来这种权利观念渐渐推到政治。美国宣告独立文中，开宗明义，就说人人有生命财产和自求多福的权利。从道德方面说，个人不能侵犯他人权利，所以从政治方面说，政府就应当保护人民的权利了。这就是个人主义的真表现。人人都是各种权利的中心点，社会一切平等。父有权利，子也有权利，君臣同有此种权利。君不尊重民权和民不尊重君权，一样的不道德。有人说尊重个人权利，好像有点自私自利。道德应当根据义务，不当根据权利。东方道德就是尊重一己对人应尽的义务，所以没有西方道德自私自利的毛病。但是尊重权利，并非蔑视义务，况且义务权利，本非二事。所谓义务，不过是尊重他人的权利罢了。假使我们拿个人做中心，认我们的权利为神圣不可侵犯，那么，推己及人，自当会尽义务，自然会尊重他人的权利了。所以你的权利，就是我的义务，我的义务，就是你的权利。这种政治上的个人权利之尊重，是民治主义的基础。所谓行动自由、言论自利、择业自由、民族自决等，都从这里演出。五伦是不平等的，是严尊卑、定上下、蔑视个人权利的。所以君上臣下，父尊子卑，夫妇兄弟也是如此，只有朋友一伦是平等的。所以君父夫兄有权利，臣子妻弟就没有。西方社会一切平等，子要服从父亲，是因为父亲经验知识更高，若论到权利，子和父站在同等的地位。所以民主体的国民，无尊卑贵贱贫富，都是绝对的平等。权利和直道，有密切的关系，你尊重我的权利，我尊重你的权利。

欲望应否寂灭，是个大问题。哲学家的意见，各相背驰。有的说，人类的苦恼，大半由于多欲，要是将种种欲望寂灭干净，自然天真泰然，百体从命了。印度先哲以降伏欲望、心意宁静为大智慧，甚至谢绝饮食。罗马苦修家也主张淡泊宁志、苦身乐道。总之，他们的主张是，不寂灭欲望，便无快乐，立说未免过激。

反之，英国某诗人又说，欲望是不可少的，因为欲望能鼓动我们努力去改进环境。人无欲望，便蠢如鹿豕。因为有欲望，才能不满意于现状，才能发扬踔厉去从事改造事业。所以奢望为进化发展和改革之本源。有人问某德国社会改造家说，什么是改良社会最大的阻力？他说，就是难使社会不满意于其现状。因为不满意，才能有改良的欲望，才能努力去行。

说句平心话，这也是片面之辞。不满意不知足的人，也有许多毛病，就是愤郁多忧，难与为欢，或吹毛求疵，得陇望蜀，和世人多龃龉。又这种人必浮躁易怒，责人重而自责轻，或自私自利，不愿公益。所以，有欲无欲，各有利弊。无欲望，便不能奋发去行；有欲望而常不知足，又必妄于非分，徒劳无功。总之，欲望或不知足心，万不可寂灭，因为不知足的目的，是要唤起努力，改进环境。要是能善用不知足心，利益很多。要是操之过急，便贻祸无穷了。

（选自《杜威五大讲演》，北京晨报社 1920 年版）

● 无为

无为是道德行为的一种规范，是教人积极的忍耐、坚毅、静待自然工作的一种教训，以退为进就是他的标语。因为有这种见解作根据，所以才有中国人的“听其自然”的知足安分的、宽容的、和平的、诙谐的、嬉乐的那种人生观。也因为有了这种见解做根底，所以才生出中国人的定命主义。中国人知道自然的程序是徐缓的，所以不慌不忙地等待着应得的收获。“无为”容易变为消极的服从；保守容易变为习故安常，变为恐怖及不喜变换。

● 尊重师傅

孔教养成一种非常尊重师傅的观念，师傅对于受业者的生活和学识是一样有永久的影响的；这种观念在中国民族生活的性格中，便非常显著，而且中国人有一种倾向，便是一切争执，专喜和平解决，不愿出以恶声，这种倾向也可以借此说明。

（《中国人的人生哲学》，1922 年，选自庄泽宣、陈学恂《民族性与教育》，商务印书馆 1949 年版）

吾国无国民（1921）

陶行知

● 无国民

有人说："吾国无国民。"这话未免太过。但细想，实际上有国民的资格的确是不多，所以教育在中华民国里更加重要。

（《师范教育之新趋势》，1921 年，选自《陶行知全集》第 1 卷，湖南教育出版社 1983 年版，下同）

● 唯人主义

中国人办公，素为唯人主义。一机关所用之人，彼此各有关系，常因一人之迁更，而影响其他各人者。故推荐者与被推者，同其去就；而所推荐者，又皆因人之关系，胜任与否，所不计也。

（《办公原则》，1922 年，选自《陶行知全集》第 1 卷）

● 精神不团结

欲国家之强大，必全国国民能同心努力方有济。今百人中不识字者约七八十人，是何以言精神之团结？

（《中华教育改进社第二届年会社务报告》，1923年，选自《陶行知全集》第1卷）

● 看重读书

古人说："人不学，不如物。"又说："子孙虽愚，经书不可不读。"这可见中国素来看重教育的意思。

（《空前之全国教育大会》，1924年，选自《陶行知全集》第1卷）

● 缺少度量

做人中人的道理很多，最要紧的是"富贵不能淫，贫贱不能移，威武不能屈"。这种精神，必须有独立的意志，独立的思想，独立的生计和耐劳的筋骨，耐饿的体肤，耐困乏的身，去做他摇不动的基础。近今国人气节，消磨殆尽，最堪痛心。倘不赶早在本身、后辈身上培植一种不可屈挠的精神，将何以为国呢？至于今日，少数具有刚性的领袖，又因缺少度量，自取失败，并以此丧失国家的元气，至为可惜。

（《南京安徽公学创学旨趣》，1924年，选自《陶行知全集》第1卷）

● 被动的民意

民意有被动主动的区别，被动的民意是对政府已经做的事体加以批评，加以反对。因为人民只是等候政府来动他们，所以叫做被动的民意。我们中国的民意大都是被动的。

（《主动的民意》，1925年，选自《陶行知全集》第1卷）

● 公私混杂

我们每个人有两种资格：一是私人；二是公共团体的一分子。我们应当把这两种资格所包含的任务分得清清楚楚。……我国人应当痛改的一个习惯就是公私混杂。政界中人，有的连家里用的煤炭，妇女们用的首饰也要在公家开账。

（《尊重公有财产》，1926 年，选自《陶行知全集》第 1 卷）

● 听天由命

中国人是听天由命的，算命先生是整个中华民国之军师。蝗虫飞来，都说是神虫，捕灭的人要受天罚。大水来到，都说是天公发洪收人，不想法子治河。因此，大难临头，是没有自信心与它抵抗，连抵抗的念头都不敢起。普及教育者必须攻破天命唤起人工胜天的自信力。

（《攻破普及教育之难关》，1935 年，选自《陶行知全集》第 2 卷）

● 不完全、命分式的人

要做一个整个的人，别做一个不完全、命分式的人。中国虽然有四万万人，试问有几个是整个的人？……做一个整个的人，有三种要素：(1) 要有健康的身体，(2) 要有独立的思想，(3) 要有独立的职业。

（《学做一个人》，1925 年，选自《陶行知全集》第 1 卷）

● 不能协作

依我看来，西洋文化能补充东方文化的地方有两点：一是运用科学改造天然环境，二是运用社会组织以谋充分之协作。……中国的通病就是没有组织力，人数越多，越散漫。俗话说："一个和尚挑水吃；两个和尚抬水吃；三个和尚买水吃。"就是描写这种不能协作之景况。

（《无锡小学之新生命》，1926 年，选自《陶行知全集》第 1 卷）

● 无学识

欲求事物之改良，则非于经验之外别具生利之学识不可。无学识以为经验之指导，则势必故步自封，不求进取。吾国农业，数千年来所以少改良者，亦以徒有经验而无学识以操纵之耳。

（《生利主义之职业教育》，1918 年，选自《陶行知全集》第 1 卷）

● 不知民权

如何可以从农民的荷包里掏出一元钱来做股东，以及如何可以使农民执有民权？这两件事须靠我们从事乡村教育诸同志的努力。农民对于这种大规模举动的不明了，与不知民权为何物，固然要靠舆论来鼓吹与启迪，但最要紧的还着重在培植小农民的乡村教师。封建制度下之农民生活是最不进步的。他们一天一天的过去，好像人生毫无问题。

（《如何教农民出头》，1927 年，《从野人生活出发》，1928 年，均选自《陶行知全集》第 2 卷）

● 无力量

孩子太多，不能教育，互相争夺，相抵相消，力量几等于零。以一家推到全国，四万万人是毫无力量。

（《中华民族之出路与中国教育之出路》，1931 年，选自《陶行知全集》第 2 卷）

● 多生主义

我个人则以为除了外国帝国主义之外，认为国内还有一大妖精被适之忽略了。这个大妖精便是多福、多寿、多男子的多生主义。

（《胡适捉鬼》，1931 年，选自《陶行知全集》第 2 卷）

● 迷信

总而言之一句话，旧中国的军师是“迷信老爷”！在20世纪之科学世界中奉“迷信老爷”做军师之民族必归天然淘汰。

（《新旧中国之军师》，1931年，选自《陶行知全集》第2卷）

● 无政府脾气

我们民族最大的病根，是数千年传下来的无政府脾气！那凿井而饮、耕田而食的农民，连团体里都充满了这种脾气。要想铲除这个病根，非有严明的纪律，则一盘散沙之民族断难幸存。

（《介绍一件大事》，1928年，选自《陶行知全集》第5卷）

● 读书人不生利

中国读书的人不去生利，是一个极不好的现象。现在的教育者要把他们的头脑灌输成科学化，使他们为自己创造，为社会创造，为国家创造，为民族创造。

（《目前中国教育的两条路线》，1932年，选自《陶行知全集》第2卷）

● 愚

中国人愚，大概是不能否认的事实。因为士大夫的新代表胡适之已经把这个“愚”字列为五鬼之一，那大概是没有人反对了。可是我要向大家建议：愚人便是守知奴一手造成的，我们应该认清。

（《从守财奴想到守知奴》，1934年，选自《陶行知全集》第2卷）

人和鸟兽的大分别，就是人会想，鸟兽不会想。所以要做个真正的人，第一就要有思想。好国民与愚民的大分别，也就是国民会替国家想，愚民不会替国家想。所以要做个真正的国民，第一就要有国家的思想。

（《国民与瞎民》，1925 年，选自《陶行知全集》第 1 卷）

● 衰老

有人说，中华民族现在是衰老了。我推究其原因虽多，但有一个原因，便是被人教老了。六岁小孩子，大人就教他要“少年老成”，而这小孩子也就无形中涂上两个八字胡须，做个小老夫子了。我有一个大学毕业的学生，他到一个女子中学去当教员，可是年纪太轻了，很不为人敬重。后来教员不当，找了一件别的事做，便养起一嘴胡子来……因此很受人敬重而做了许多年的事。所以中华民族衰老，便是社会教人变老，教小孩子做小老翁。

（《小先生与民族教育》，1934 年，选自《陶行知全集》第 2 卷）

中国人老了！这是我们时常听见的批评。不错，有两种重大原因使中国人容易衰老，其中的一种便是传统教育。传统教育是教人学老。六岁的小孩子跟着老头子学老规矩，就好像长了两撇胡子，变成一个小老翁。

（《攻破普及教育之难关》，1935 年，选自《陶行知全集》第 2 卷）

● 自私自利

说了孔子的故乡，再看孔子的祖国，多数人的文化是一样的落后，一样的偏枯，一样的短命。一谈到太阳，有些人就想叫太阳光照到自己的头上；一谈到雨点，有些人就想叫雨点先落在自己的园里；一谈到教育，有些人就想叫教育先藏在自己的小孩的脑袋中。这种自私自利的打算是徒费心机！

（《从孔德成的教育说到孔子的故乡与祖国》，1935 年，选自《陶行知全集》第 2 卷）

这伟大的慈爱与冷酷的无情如何可以并立共存？这矛盾的社会有什么解释？他是我养的，我便爱他如同爱我或者爱他甚于爱我自己。若不是我养的，虽死他几千万，与我何干？这个态度解释了这个奇怪的矛盾。

（《中国的人命》，1931 年，选自《陶行知全集》第 2 卷）

● 民为邦本

古人说："民为邦本。"一个共和国的基础稳不稳固，全看国民有知识没有。国民如果受过相当的教育，能够和衷共济，努力为国家负责，国基一定稳固。如果国民全未受过教育，空空挂了一块民国的招牌，是不中用的。

（《中华平民教育促进会宣言》，原载《新教育》，1923 年，选自《陶行知全集》第 3 卷）

● 守知奴和守财奴

中国人求学，往往不在服务，在出风头。他们将学问往头脑里装，学问一装，头脑就大，越装越大，大得不可再大，就要出洋。出洋回来，头脑更大，从此就锁起来，不再开了。开必须金钥匙，否则永远不开。这种人无以名之，名之曰守知奴。今天的守知奴，是将来的亡国奴。

（《新中国与新教育》，1936 年，选自《陶行知全集》第 3 卷）

● 一对妖怪

自私先生，
自利太太，
生下一对妖怪：
大肚的守财奴可鄙，
大头的守知奴更坏。
传下一代又一代，
造成了中华民族的大失败。

（《一对妖怪》，1934 年，选自《陶行知全集》第 4 卷）

● 民主精神

民主是中国的老传统。一位中国伟人曾经说过：“天视自我民视，天听自我民听。”这是中华民国的一条基本原理。

（《中国的抗战是不自由就受奴役的斗争》，1938 年，选自《陶行知全集》第 3 卷）

● 智仁勇

智仁勇三者是中国重要的精神遗产，过去它被认为“天下之达德”，今天依然不失为个人完满发展之重要的指标。

（《育才学校教育纲要草案》，1939 年，选自《陶行知全集》第 3 卷）

● 粗手粗脚

中国有两种病。一种是“软手软脚病”，一种是“笨头笨脑病”。害“软手软脚病”的人，便是读书人，他的头脑一定靠不住，是呆头呆脑的。而一般工人农民都是害的“笨头笨脑病”，所以都是粗手粗脚。

（《手脑相长》，1933 年，选自《陶行知全集》第 2 卷）

中国古代文学上的社会心理（1921）

朱希祖

● 专制心理

祭天是王的职分，王是天的儿子，称为天子，天子是天命他治万民的，平民不许妄干非分。因此就演成一种神权政治。

祭天的习惯，民国时代，已经没有天子，还是不改；政体虽然改为共和，专制的心理，也还未改。

● 人鬼心理

祭祀祖宗这桩事，一部分果然也有报功的心理；然而大部分的心理，必先以为死了以后，还是同活人一样，不但相信有鬼相信有灵魂，而且以为鬼还有躯壳，所以一切丧葬的礼节，祭祀的仪式，种种待遇，与活人一样。

以为鬼的灵魂，必宿于尸骸，所以法律上盗墓开棺，定有杀罪。

● 多子主义

古人的心理，最怕的就是没有子孙，单传独子，难保不中途夭折，断绝子孙，于是平生出一种多子主义。

● 多妻主义

天子、诸侯以至平民，犹可以于娶妻之外娶妾。妇女七出之条，无子也在出例，妒忌也在出例，所以妇人不妒忌，以为美德。

● 重男轻女

有了多子主义和多妻主义，就生出一种重男轻女的心理。

女子不许多夫，女子不许承受遗产。

（《中国古代文学上的社会心理》，选自《新青年》第9卷第5号，1921年9月）

中国国民特性（1922）

[英] 罗素（Bertrand Arthur William Russell）

● 善笑

贫穷也罢，疾病也罢，扰乱也罢，都可以置之不问的。但是，为补偿这一种苦痛计，中国人却另具有享乐的本领：嬉笑，沉湎酒色，高谈玄哲，这都是中国人的享乐方法。

在我所熟悉的各种民族当中，中国人——无论那一阶级——可算是最善笑的民族了；他把什么事都当作游戏，一场争吵往往只要一笑便没有事了。

● 享乐

中国人从最高的阶级到最低的阶级，都有一种镇静安闲的态度，这种态度便是受过欧洲教育的也还不至于消失。

模范的西方人所期望的，是在使他自己成为他的环境内一切可能的变换的主因，而模范的中国人所期望的，都是一切可能的最多而又是最优的享乐。这是中国和英语国家根底上的不同点。

中国人的野心，是在享乐，而不在权力，因为爱享乐的缘故，结果变而为贪婪。

● 贪婪

贪婪却真是中国民族最普遍的弱点。金钱可以求得享乐，所以中国人都非常要钱。

在中国握有实际的权力的乃是几个督军，督军行使权力，无非是为了增大家私。

我想，只有贪婪才是中国民族最大的缺点。

差不多个个苦力，都会为了得几个便士去冒生命危险。抵制日本的困难，大半是由于中国的官吏，几乎没有一个能够拒绝日本贿赂的缘故。

● 面子

在中国便是小工苦力，也自有一种自尊的高傲的仪容。

在个人的交际上，不免缺少诚意与真实，这不免是中国人的缺点。

中国人的谦恭，欧洲人的率直，究竟是哪一方面好，哪一方面坏呢？那我就不敢妄断了。

● 调和与顺从民意

爱调和与顺从民意，从这两点看来，中国的国民性格竟是和英国人一模一样的。

废除了皇帝，却依旧让那皇帝称着尊号，住着美丽的皇宫，养着大队的太监；此外每年倒反要给他数百万元的优待费。

安福系的推倒，多半是要归功于民意的呢。

同样受到民意的影响的，尚有教职员罢工那件事。政府受舆论的攻击，便弄得手忙脚乱了。为了教职员的利益，激动全国的民气，这样的事情，在盎格鲁-撒克逊人种的国家，怕未必会有罢。

● 忍耐力

中国人的忍耐力，在欧洲人看来，真是可惊的呢。受过教育的中国人，都知道外患是最可忧的。日本在“满洲”、山东的一切行动，中国人都记在心头。他们也知道香港的英国人，用尽心计，使广东不能造成良好的政府。而中国呢，既不学日本的模样，又不俯首帖耳于外国势力之下。他们是从几百年后着想，不是从几十年后着想的。他们是早就被人家征服过的，第一次是被蒙古征服，后来却又被满洲征服。可是征服者不久却都被他们所同化了，而中国的文化没有消失，也没有改变；过了几十、几百年之后，那些入侵者，却都变成中国人了。

● 民族黏着性

中国人都具有这一种特长——顽固的民俗，强大的消极抵抗力，无与伦比的民族黏着性（内争是无关的，因为内争不过是表面的分裂罢了）。

与其说中国是政治的集合体，倒还不如说是文明的——从古代遗下的唯一的文明的——集合体。自从孔子的时代，一直到了现在，埃及、巴比伦、波斯、马其顿、罗马帝国，许多文明的古国，都已灭亡了，只有中国经过永久不绝的进化，至今还是生存着。

我遇见过许多中国人，他们所具有的西方学识，不减于我们国中的大学教授；可是他们没有失却了他们的本心，也没有脱去了他们和他们自己的民族间的关系。西方文明的一切弊害——残忍、轻躁、压抑弱者、专图物质目的的那种偏见——他们明知是坏的，不愿意去仿效。至于西方文明的一切优点呢——以科学为最——他们却又是很愿意采取的。

受过欧美教育的中国人，都以为要有一种新的质素，补足传统文化的生气，他们就想用了我们的文明去补足它。但是他们并不想建造和我们一个模样的文明，这一点便是最好的希望呢。

● 诚实

某作家对于我说的三种缺点：贪婪、懦怯和缺乏同情心，不但没有生气，而且反说我批评得确当，要和我继续讨论补救的方法。这一件事，便足以澄明中国人的诚实，诚实实在是中国的最大美德之一呢。

● 缺乏同情心

中国有几百万的灾民正饿得要死，却无人赈济。

要是街道中有一条狗，被汽车碾过受了重伤，那么路旁的行人，十个中有九个要停下来，笑那可怜的哀惨的叫声，平常的中国人见了受苦的事，并不引起痛苦的同情，在实际上，却反而有幸灾乐祸的样子。从1911年革命以前的刑法看来，中国人却也未必是缺乏残忍的心理的。世界各大民族，大概都含有残忍的心理的，在我们当中，只不过用了我们的伪善把一部分遮掩罢了。

● 懦怯

从表面上看来，懦怯确是中国人的一种缺点了，但是我却不敢断定中国人是真的缺乏勇气的。

我不敢说中国人是勇敢的民族，只是从中国人的消极忍耐力看来却又是一种说法了。他们会得耐苦，也会得耐死，便只是为了比较强狠的民族所认为不充足的一些动机——例如为了遮掩窃得的赃物的藏匿地。虽然中国人比较地缺乏积极的勇气，他们却要比我们更不怕死，中国人自杀的多，便是个证据了。

● 骚动

中国人还有别一方面的生活：他们会得猛烈地骚动起来——这多半是一种群体的骚动。因为中国的国民性，含有这一种质素，所以中国人就很不易捉摸了，他们的前途就很难推测了。中国人在习惯上虽然是非常谨慎小心的，但有时却会闹出世界上最危险的大乱子来。

● 平和

中国也有可以保存的东西，这便是伦理的德性了，中国的至高无上，就是在这里，近代世界所最需要的，也就是这个。在这几种德性中，我们把平和的性格放在第一位，有了这一种性格，一切争端，都可以用正义解决，不必凭借武力了。

（《中国国民性的几个特点》，选自《东方杂志》第19卷第1号，1922年1月）

中国文化要义（1922）

梁漱溟

● 学术不分

而在中国是无论大事小事，没有专讲他的科学，凡是读过四书五经的人，便什么理财司法都可作得，但凭你个人的心思手腕去对付就是了。虽然史书上边有许多关于某项事情——例如经济——的思想道理，但都是不成片段，没有组织的。而且这些思想道理多是为着应用而发，不谈应用的纯粹知识简直没有。这句句都带应用意味的道理只是术，算不得是学。凡是中国的学问大半是术非学，或说学术不分，离开园艺没有植物学，离开治病的方法没有病理学，更没有什么生理学、解剖学。

● 玄学精神

中医说是伤寒，西医说是肠窒扶斯。为什么这样相左？因为他们两家的话来历不同，或说他们同去观察一桩事而所操的方法不同。西医是解剖开脑袋肠子得到病原所在而后说的，他的方法、他的来历，就在检察实验。中医中风伤寒的话，窥其意，大约就是为风所中、为寒所伤之谓，但他操何方法、由何来历而知其是为风所中为寒所伤呢？因从外表望着像是如此，这种方法加以恶谥就是“猜想”，美其名亦可叫“直观”。这种要去检察实验的，便是科学的方法；这种只是猜想直观的，且就叫他作玄学的方法。

且看中国药品总是自然界的原物，人参、白术、当归、红花……哪一样药的性质怎样，作用怎样，都很难辨认，很难剖说，像是奥秘不测为用无尽的样子。因为他看他是整个的囫囵的一个东西，那性质效用都在那整个的药上，不认他是什么化学成分成功的东西，而去分析有效成分来用。所以性质就难分明，作用就不简单了。西药便多是把天然物分析检定来用，与此恰相反，因为这态度不同的原故，中国人虽然于西药上很用过一番心，讲医药的书比讲别的书——如农工政治——都多，而其间可认为确实知识的依旧很少很少。

苟中国人讲学说理必要讲到神乎其神、诡秘不可以的理论，才算能事。若与西方比看，固是论理的缺乏。而实在不只是论理的缺乏，竟是“非论理的精神”太发达了。非论理的精神不是知识，且尊称它是玄学的玄误，但是它们的根本差异，且莫单看在东拉西扯联想比附与论理乖违，要晓得他所说话里的名词，思想中的观念、概念，本来同西方是全然两个样子的。西医说血就是循环的血罢了，说气就是呼吸的气罢了，说痰就是气管枝里分泌的痰罢了，老老实实的指那一件东西，不疑不惑；而中医说的血不是血，说的气不是气，说的痰不是痰，乃至他所说的心肝脾肺你若当他是循环器的心、呼吸器的肺……那就大错了，他都别有所指，所指的是非具体的东西，乃是某种意的现象，而且不能给界说的。譬如他说这病在痰，其实非真就是疾，而别具一种意义。

你想他把固定的具体的观念变化到如此的流动抽象，能够说他只是头脑错乱而不是出乎一种特别精神吗？

● 尊卑上下

中国人看见西方的办法没有一个做主人的，是很惊怪了，还有看见个个人一般大小，全没个尊卑上下之分，这也是顶可惊怪的。这固由于他相信天地间自然的秩序是分尊卑上下大小的，人事也当按照这秩序来，但其实一个人间适用的道理的真根据还在他那切合应用上，不在看着可信。或者说，凡相信是一条道理的，必是用着合用。其所以相信尊卑上下是真理而以无尊卑上下为怪的，实为疑惑，如果没个尊卑上下，这些人怎很安生。

如果谁也不卑而平等一般起来，那便谁也不能管谁，谁也不能管谁，天下未有不乱的，如此而竟不乱，非他所能想象。两千年来，维持中国社会安宁的就是尊卑大小四字，没有尊卑大小的社会，是他从来所没看见过的。

● 私德

一则西方人极重对于社会的道德，就是公德，而中国人差不多不讲，所讲的都是这人对那人的道德，就是私德。譬如西方人所说的对于家庭怎样，对社会怎样，对国家怎样，对世界怎样，都为他的生活不单是这个人那个人的关系而重在个人对社会大家的关系。中国人讲五伦，君臣怎样、父子怎样、夫妇怎样、兄弟怎样、朋友怎样，都是他的生活单是这人对那人的关系，没有什么个人对社会大家的关系（例如臣是对君有关系的，臣对国实在没有直接关系）。这虽看不出冲突来却很重要，中国人只为没有那种道德所以不会组织国家。一则中国人以服从事奉一个人为道德，臣对君、子对父、妇对夫都是如此，所谓教忠教孝也。

● 安分知足

中国人虽然不能像孔子所谓“自得”，却是很少向前要求有所取得的意思。他很安分知足，享受他眼前所有的那一点，而不做新的奢望，所以其物质生活始终是简单朴素。

● 容让

中国人总是持容让的态度，对自然如此，对人亦然，绝无西洋对待抗争的态度，所以使古代的制度始终没得改革。

数千年以来使吾人不能从种种在上的威权解放出来而得自由，个性不得伸展，社会性亦不得发达，这是我们人生上一个最大的不及西洋人之处。

（选自《东西文化及其哲学》，上海商务印书馆1922年初版，1987年2月影印）

● 缺乏公德

关于团体一面的，可以约举为四点：

第一，公共观念；

第二，纪律习惯；

第三，组织能力；

第四，法治精神。

这四点亦可总括以“公德”一词称之。……这恰为中国人所缺乏。

先从末后第四点说起。……中国人的生活，既一向倚重于家庭亲族间，到最近方始转趋于超家庭的大集团；“因亲及亲，因友及友”，其路仍熟，所以遇事总喜托人情。你若说“公事公办”，他便说你“打官话”。法治不立，各图侥幸，秩序紊乱，群情不安。当然就痛感到民族品性上一大缺点，而深为时论所诟病了。

时论所讥“一盘散沙”，“没有三人以上的团体，没有五分钟的热气”，大抵指此。

其实，这是不足怪的。中国人原来个个都是顺民，同时亦个个都是皇帝。当他在家里关起门来，对于老婆孩子，他便是皇帝。出得门来，以其巽顺和平之第二天性，及其独擅之“吃亏哲学”，遇事随和，他便是顺民。

中国人，于身家而外漠不关心，素来缺乏于此。特别是国家观念之薄弱，使外国人惊奇。

● 缺乏集团生活

中国人是缺乏集团生活的。

第一，中国人百分之九十以上，怕都不在宗教组织中。

第二，说到国家组织，中国人亦大成问题……而说到地方自治……中国有乡自治而没有市自治……地方自治体欠明确欠坚实，与官治有时相混。

再论到职业团体一面……中国农人除为看青而有“青苗会”一类组织外，是没有今所谓农会的。他们不因职业而另自集中，便天然依邻里乡党为组织，就以地方团体为他们的团体……旧日工人商人的职业自治组织如何，今已不易考见其详；而在其“行”、“帮”、“公所”、“会馆”之间，却有下列缺点可指：一是大抵没有全国性的组织……二是于同业组织中，仍复因乡土或族性关系而分别自成组织，大大弛散其同业组织……三是由“同行是冤家”一句谚语，可知其同行业者彼此之嫉忌竞争。

● 伦理本位

人一生下来，便有与他相关系之人（父母、兄弟等），人生且将始终在与人相关系中而生活（不能离社会）。

吾人亲切相关之情，发乎天伦骨肉，以至于一切相与之人，随其相与之深浅久暂，而莫不自然有其情分。因情而有义。……举整个社会各种关系而一概家庭化之，务使其情益亲，其义益重。由是乃使居此社会中者，每一个人对于其四面八方的伦理关系，各负有其相当义务……全社会之人，不期而辗转互相连锁起来，无形中成为一种组织。

伦理之于经济 伦理社会中，夫妇、父子情如一体，财产是不分的……在经济上皆彼此顾恤，互相负责；有不然者，群指目以为不义。……“有三家穷亲戚，不算富；有三家阔亲戚，不算贫”，然则其财产不独非个人有，非社会有，抑且亦非一家庭所有。而是看作凡在其伦理关系中者，都可有份的了。

中国法律早发达到极其精详地步……但各国法典所致详之物权债权问题，中国几千年却一直是忽略的……西洋人失业赖政府救济，中国人遇灾则靠亲朋接济。

伦理之于政治 旧日中国之政治构造，比国君为大宗子，称地方官为父母，视一国如一大家庭……这样，就但知有君臣官民彼此间之伦理的义务，而不认识国民与国家之团体关系……不但整个政治构造，纳于伦理关系中；抑且其政治上之理想与途术，亦无不出于伦理归于伦理者。……中国的理想是“天下太平”……至于途术呢，则中国自古有“以孝治天下”之说。

伦理有宗教之用 中国人似从伦理生活中，深深尝得人生趣味。……“居家自有天伦乐”……一家人总是为了他一家的前途而共同努力。就从这里，人生的意义好像被他们寻得了。……他们是在共同努力中……所努力者，不是一己的事，而是为了老少全家，乃至为了先人为了后代。或者是光大门庭，显扬父母；或者是继志述事，无坠家声；或者是积德积财，以遗子孙。这其中可能意味严肃、隆重、崇高、正大，随各人学养而认识深浅不同。但至少，在他们都有一种神圣的义务感……同时，在他们面前都有一远景，常常在鼓励他们工作。当其厌倦于人生之时，总是在这里面（义务感和远景）重新取得活力，而又奋勉下去。……中国人生，便由此得了努力的目标，以送其毕生精力，而精神上若有所寄托。……宗教都以人生之慰安勖勉为事；那么，这便恰好形成一宗教的替代品了。……中国之家庭伦理，所以成一宗教替代品者，亦即为它融合人我泯忘躯壳，虽不离现实而拓远一步，使人从较深较大处寻取人生意义。

在中国没有个人观念；一个中国人似不为其自己而存在……在中国弥天漫地是义务观念者，在西洋世界上却活跃着权利观念了。

● 以道德代宗教

孔子并没有排斥或批评宗教（这是在当时不免为愚笨之举的），但他实是宗教最有力的敌人，因他专从启发人类的理性作功夫。中国经书在世界一切所有各古代经典中，具有谁莫与比的开明气息，最少不近理的神话与迷信。

他总是教人自己省察，自己用心去想，养成你自己的辨别力。尤其要当心你自己容易错误，而勿甘心于错误。儒家没有什么教条给人；有之，便是教人反省自求一条而已。除了信赖人自己的理性，不再信赖其他。这是何等精神！

这是道德，不是宗教。道德为理性之事，存于个人之自觉自律。宗教为信仰之事，寄于教徒之恪守教诫。中国自有孔子以来，便受其影响，走上以道德代宗教之路。这恰恰与宗教之教人舍其自信而信他，弃其自力而靠他力者相反。

把家庭父子兄弟的感情关系推到大社会上去，可说由内而外，就使得大社会亦从而富于平等气息和亲切意味，为任何其他古老社会所未有。这种变化行乎不知不觉；伦理秩序初非一朝而诞生。它是一种礼俗，它是一种脱离宗教与封建，而自然形成于社会的礼俗。

即此礼俗，便是后二千年中国文化的骨干，它规定了中国社会的组织结构，大体上一直没有变。举世诧异不解的中国社会史问题，正出在它身上。所谓历久鲜变的社会，长期停滞的文化，皆不外此。

孔子深爱理性，深信理性。他要启发众人的理性，他要实现一个“生活完全理性化的社会”，而其道则在礼乐制度。

儒家之把古宗教转化为礼，冯友兰先生见之最明，言之甚早。

不是以宗教整合社会，而是以伦理组织社会。

● 偏长于理性而短于理智

西洋偏长于理智而短于理性，中国偏长于理性而短于理智。

中国书所讲总偏乎人世间许多情理，如父慈、子孝、知耻、爱人、公平、信实之类。若西洋书，则其所谈的不是自然科学之理，便是社会科学之理，或纯抽象的数理与论理。

总起来两种不同的理，分别出自两种不同的认识：必须摒除感情而后其认识乃锐入者，是之谓理智；其不欺好恶而判别自然明切者，是之谓理性。

● 向上之心，相与之情

儒家假如亦有其主义的话，推想应当就是“理性至上主义”。

就在儒家领导之下，二千多年间，中国人养成一种社会风尚，或民族精神……过去中国人的生存，及其民族生命之开拓，胥赖于此。这种精神，分析言之，约有两点：一为向上之心强，一为相与之情厚。

向上心，即不甘于错误的心，即是非之心，好善服善的心，要求公平合理的心，拥护正义的心，知耻要强的心，嫌恶懒散而喜振作的心……

儒家盖认为人生的意义价值，在不断自觉地向上实践他所看到的理。

中国伦理本位的社会，形成于礼俗之上，多由儒家之倡导而来，这是事实。现在我们说明儒家之所以出此，正因其有见于理性，有见于人类生命，一个人天然与他前后左右的人，与他的世界不可分离。

一个人的生命，不自一个人而止，是有伦理关系。伦理关系，即是情谊关系，亦即是其相互间的一种义务关系。所贵乎人者，在不失此情与义。“人要不断自觉地向上实践他所看到的理”，大致不外是看到此情义，实践此情义。其间“向上之心”、“相与之情”，有不可分析言之者已。不断有所看到，不断地实践，则卒成所谓圣贤。

● 向里用力

中国式的人生，最大特点莫过于他总是向里用力。

一个人生在伦理社会中，其各种伦理关系便由四面八方包围了他，要他负起无尽的义务，至死方休，摆脱不得……所有这许多对人问题，却与对物问题完全两样，它都是使人向里用力，以求解决的。

所有反省、自责、克己、学吃亏……这一类传统的教训，皆有其社会构造的事实作背景而演成，不可只当它是一种哲学的偏嗜。

读书人……只能回环于自立志、自努力、自责怨、自鼓舞、自得、自叹……一切都是"自"之中。尤其是当走不通时，要归于修德行，那更是醇正的向里用力。

勤俭二字是中国人最普遍的信条。以此可以创业，以此可以守成……勤是对自己策励；俭是对自己节制；其中没有一分不是向里用力。

对内求安为中国文化特色，却是差不多。数千年中国人的心思聪明，确是用在人事上，而不用于物理。人们的心思聪明原是为养的问题而用。

● 幼稚

中国文化原只有一早熟之病……表现之病象则有五：

幼稚——人与人之间的隶属关系……未能免除。子女若为其尊亲所属有，妇人若为其丈夫所属有……个人且将永不被发现……不少幼稚可笑的迷信流行在民间……骨子里文化并不幼稚的中国，却有其幼稚之处，特别在外形上为然。

● 老衰

老衰——中国文化一无锢蔽之宗教，二无刚硬之法律，而极尽人情，蔚成礼俗，其社会的组织及秩序，原是极松软灵活的。然以日久慢慢机械化之故，其锢蔽不通竟不亚于宗教，其刚硬冷酷或有过于法律。民国七八年间新思潮起来，诅咒为"吃人的礼教"。

● 不落实

不落实——中国文化有些从心发出来，便不免理想多过事实，有不落实之病……慈孝仁义，最初皆不外一种理性要求，形著而为礼俗，仍不过示人以理想之所尚。然中国人竟尔以此为其社会组织秩序之所寄，缺乏明确之客观标准，此即其不落实之本。……中国人却讳言力，耻言利，利与力均不得其发展。离现实而逞理想。卒之，理想自理想，现实自现实，终古为一不落实的文化。

● 消极

落于消极亦再没有前途——中国理性早启，以普其利于伦理而经济不发达——经济消极，失其应有之发展进步。以隐其力于伦理而政治不发达——政治消极，失其应有之发展进步。它似乎是积极于理，而不积极于利与力；然理固不能舍利与力而有什么表现。卒之，理亦同一无从而积极，只有敷衍现状，一切远大理想均不能不放弃。

● 暧昧

暧昧而不明爽——例如在宗教问题上……中国却像有，又像缺乏，又像很多。又如在自由问题上……中国人于此，既像有，又像没有，又像自由太多……一切一切在西洋皆易得辨认，而在中国则任何一问题可累数十百万言而讨论不完。

● 不团结

表见在中国人之间者，好处是不隔阂，短处是不团结。

伯尔纳约瑟在其《民族论》既盛称全中国的文化十分一致，却又说中国人缺乏民族意识民族情绪，不算一真正民族。

（选自《中国文化要义》，路明书店 1949 年版）

● 反躬修己

儒家孔门之学要在反躬修己。

（选自《给中华孔子研究所二届年会的贺词》，1987年）

国人思想习惯之弱点（1923）

唐　钺

● 谦让

读书人、词人、小说家、书画金石之家，一谈起自己的事业，就满口谦让，不然就说他怎样怎样与世道有关，可以使民向善等道学话头。

● 快感

中国人往往不考虑事情的实际，听见一句话说得很巧妙、很有意味，就信以为真，甚至把感情代替理智。如“才者造物之所忌也”、“红颜薄命”、“庸人多厚福”等话因有几种性质可使人发生快感，就有很多人深信不疑。

现在很多人茫然崇信带有“自由”、“博爱”称号的主张，就是以快感为依据。

● 不系统

中国思想界的书大都是短篇简语、零零碎碎的。如老子的书、《论语》、《孟子》都是拼凑而成。唐朝盛行文集，宋朝盛行语录。

工艺界上，因为中国人不能做系统的思想，所以不能盖大规模的房屋。中国人不能发明复杂的机器。

● 空谈

古来记事状物的文字，都是只说大略之大略。

在翻译西文书时，将一些程度词略去，弄成绝对断定的语气。

中国人最喜欢说空无边际的话，如有人论汉文、英文的优劣，只说："汉文简，英文繁。"

有人说西方文化破产，要用中国文化去救它，也很空洞。

科举时代的八股文、时务策，是纸上空谈。

宋明理学家的议论，也有不少是口头的，搬弄文字的。

● 不懂装懂

现在，还有许多人不懂装懂，人云亦云。

（《吾国人思想习惯的几个弱点》，选自《东方杂志》第20卷第7号，1923年4月）

中国的祸根（1926）

［法］格尔巴特（R. Gilbert）

● 尊大

中国人拥有强烈的自尊心，自认为：中国人是造化的精粹，神的造民，真正文明的继承者，唯一不可侵犯的文学艺术之继承人，中国是为人类诞生万能哲人的唯一民族。中国人的这种自夸是一种尊大。在这种尊大的基础上，出现了中国人讲“体面”的特点。

● 面子

为了保持体面，中国人产生出外国人无论如何体会不出来的“面子”经。“仿面子”是抬高体面；“失面子”是失去体面，失去体面等于精神上的死；“不要面子”是不去构筑体面。不论怎样顺良病弱的中国人，都可以为了“面子”同任何强者搏斗。当“面子”受到损害而无力恢复，中国人会表现出相当的高傲；因为表现不出这种高傲，激愤而死者不在其数。

被人嘲笑是面子的重大丧失，然而对卑怯行为和里表不一行为的隐藏却不是耻辱。可见，丧失面子对于中国人是何等重大的问题。

● 戏剧性

在小说里出现的传统中国人在所有场面都能保持冷静，不管是街巷的喧哗，还是火山爆发般的突发事件，中国人都可以做到视而不见、无动于衷和喜怒哀乐不形于色的冷静。其实，中国人是最喧骚的国民，即使遇到最简单的事，也会喧噪不停，可称其为爱“热闹”。北京 90 万居民，黄昏时刻咆哮般的搭话声，城外三里远都能听到。

中国人极富戏剧性。在他们面前，你会经常觉得像站在舞台前面。中国人见了女人悲愤慷慨——即所谓 Cursing the Street（骂大街），能够无所感动，努力使自己自制、冷静、无表情。在这种场合，中国人的确是不动声色的深沉的人。

● 矛盾的块

从中国人小儿论的立场看，中国人性格的根底是统一的。

中国人和小儿一样，是欢快、有趣的和迷惑、不快的矛盾的块。他具有小儿固有的优点和缺点。有小儿那样的亲切，也有小儿那样的残忍；有小儿那样的诚实忠实，又有小儿那样的伪瞒。中国人刚愎、高慢、尊大、反抗心强、不听忠告；然而，你如施以持续的合理的训教，他们又是那样顺良、易御、服从，酷似小儿尤其学童。

（《中国的祸根》，1926 年，选自大谷孝太郎《中国人精神结构研究》，东亚同文书院 1935 年日文版，沙莲香编译）

现代中国文明（1926）

［德］勒津德（A. F. Legendre）

● 反应能力贫弱

中国人血液循环比较缓慢，因而反应能力贫弱。从生理上看，中国人脑髓和神经麻痹，其机能不足，此为中国人肉体的、精神的沉滞状态之根源。

● 创造能力薄弱

中国人有着沉溺于追想过去的老人心境，其智能在衰退。最重要的是，由于脑机能之不足，他们创造能力薄弱。中国是发源于黄河、渭水之畔的民族，利用其地理优势，相继征服邻近各处，遂成为今日之广大领域。然而，当她在政治、社会、经济诸方面达到鼎盛期后，便放缓了她的努力；其结果，则是停留在原始状态而见不到数千年来的世界变化。儒教被采用之后，多少世纪以来，人们不再确认自己的内在价值，不再究明功过，完全被动地拜倒在其面前。

● 缺乏先见之明

中国人由于智能低下而缺乏先见之明。只要遇上五谷丰登之年，便有大肆砍青之举，很少考虑来年的新谷贮藏。多年灾荒引不起对筑堤防洪的重视，他们只管耕地，不顾土地保养，滥伐森林，滥开资源。收获像似一场赌博，几乎全靠天气的好坏。

● 感觉迟钝麻木

中国人脑髓机能不足，因此感觉迟钝麻木。他们即使在惊慌之中，也容易入睡；不论职业性活动是否停止，都容易处于休止状态；过马路时不管有无车辆，总是慢慢悠悠。

● 注意力分散

就其紧张度和时间持续性而言，中国人的注意力都是低等的。航行在长江的舵手，对于航线的险情了如指掌，对于船只的细微机关也都十分清楚，记忆准确无误。但是，他们的注意力分散、粗漏，因此常常出错。不仅舵手，而且教员、职工、厨师也都不能在车水马龙般的马路上应付自如，安全无事。

● 忽视推理能力

中国人的判断力低下，缺乏一般性观念和分析综合能力。由于只注意锻炼记忆能力而忽视推理能力，因此，他们不能建立物理学或观念体系。

● 主我主义

中国人从孩提时起，就被迫于服从，自己的现在和未来均要听从和感激父亲的意见及恩典。因此，他们对什么都显得无动于衷、沉滞不进。他们的创造性幻想和对理想环境的追求，尚在萌芽状态就被掠夺而去。中国的家庭是一个稳固的实体，它不知隐藏了多少弱点。

社会也是在家庭那种原则下形成阶级。在社会的上端有凌驾于臣民之上的绝对独裁者阶级；中流阶级却几乎没有，即没有超脱于官吏而从事于学问的有识者阶级，没有专门研究民众生活状况、披露贪官，并为之创造舆论、改造社会的阶级。在各种社会组织中，个人单位孤立无援，见不到诸成员集结起来的共同努力。国民生活是个人性的，不是爱他主义，而仅仅是主我主义。

● 缺乏肉体活动力

中国人，毫无疑问，是优异劳动者。因为贫困之故，他们纵然从事超体力劳动，也不挑剔工种的好与坏。在海港一带的中国人是监视下的活跃劳动者，但在内地则不同。在内地，中国人难以长时间地持续劳动，风雨尤其雨天，是休息的借口。哪怕只有一个小时，他们也要聊天、抽烟、喝茶，没完没了。

由于中国人缺乏肉体活动力，因此，劳动的量少，质也粗杂。中国人是天生的巧者，欧洲人对中国人的艺术创作佩服得五体投地。中国人有艺术上的天资，但并不具有刚健的素质。

由于中国人缺乏肉体活动力，因此有着明显的嫌弃运动的倾向。他们闲暇时总是蹲在屋内；孩子们常常像佛像那样坐着不动，遵循礼仪，缺少旺盛的活动欲、征服欲、获得欲。

中国人忽视筋肉活动，重文轻武；不重视身体的刚健，尊重柔弱。

● 缺乏努力性

中国人智能衰弱，缺乏努力性；不动脑筋，满足于祖先的业绩，不再追求最新发现。有人说“中国人非常富于好奇心”，其实，中国人的好奇心是妇人孩子式的，而不是追求新刺激、新暗示、新观念的科学好奇心。

中国人常说“慢慢来”、“差不多”，缺乏对所有工作的精微态度和时间观念。

可以说，忍耐是中国人的一个美德。而实际上，中国人的忍耐是无底的，并且近于无精打采，常常伴随着不活泼、迟钝。他们不喜欢持续的努力和迅速果敢地解决问题的意志。

中国人使自己木乃伊化。他们的政治家、哲人，却标榜自己达到了文明的至高点，是支配四海的人，有福大家享，在幸福面前永远微笑。

他们不知道，他们生活在人类永久的奋斗之中。由于他们失去了年轻人式的顽强精神，嫌恶奋斗，因此陷于肉体的、道德的破产，而孤立了自己。

中国人不要奋斗和努力，个性随同创业志气的衰退而消失。他们由家族制度所助长起来的利己主义达到了惊人的程度，热衷于个体保存和个人享乐，在强调自爱的高调中视骨肉兄弟的坎坷穷困而不顾。他们缺乏相互扶助的美德，缺乏宗教信仰，而只有遁辞。

● 缺少抱负

中国人缺少抱负。“吃饭”和“发财”是他们日常行事中最重大的事。中国人看上去讲节制，像节制家，实际上却是不致力于改善、不知道保护资产的贫困。因而，一旦由贫困者变为富有者，他们节制的德性便忽然间无影无踪了。苦力们一朝钱到手，也就只追求酒足饭饱，不考虑未来。

● 食言和伪瞒

欧洲人非难中国人爱吹嘘、不真实。实际上，中国人是遵守契约和交易的。在商谈中，他们虽然吹毛求疵，不吐真意，回避问题，但这不是中国人特有的性质，这是对欧洲人的冷酷和纠缠。政治上的食言和伪瞒，是弱者的武器。

● 利己和无情

中国人利己和无情。利己主义和残忍性深深地根植于中国人的心底。中国人饱经苦难，洪水、饥荒、瘟疫常常袭面而来，防不胜防；加之内乱匪祸频发，生命财产无保证，如同洪水和饥荒一样的大屠杀已司空见惯，所以他们已经感觉不到生命的珍贵。数人围着饭桌上一人份的食物叹息，纵使死神不会立刻来临，经济均衡也是长期难以达到的。因此，中国人逐渐形成对不幸的不关心，既自己轻生，又不重视他人的生命。“明日难保”这种想法使中国人变得利己和无情。

● 复仇心

中国人有着深深的憎恶感和复仇心。他们复仇的方法极奇特，常常为达目的牺牲自己的生命。

● 金钱万能主义

中国的政治腐败，这是事实。然而，假如想想中国官吏接受贿赂的滑稽相，就会感到他们是一种慢性的金钱万能主义。官吏任意接受贿赂这种做法，是从家族观念而来。官吏是国民之父，因此，就应该坦然地接受他的臣民们的奉给，臣民们基于孝心自发地纳贡。每当富裕的臣民量力将若干的金钱赠送给裁判所的官吏，以免身遭其害时，贪婪的裁判官对于他的臣民却是，“甭问正确不正确，无钱的即是恶者”。在裁判官之间流传着“瘦狗也能挤出血来”的说法。

● 自负

中国人有一种莫名其妙的自负心，认为只有自己才是唯一文明的。他们瞧不起欧洲人的知识，将其种种创造与自己原始发明相比较，不承认其优越性，见其船舶汽车也不佩服。即使用欧洲人高效率的新式机器，中国人仍然觉得使用中国式工具好。

● 无信仰

中国人是老人国民，对未来不怀有任何理想，求的是休息和死。他们困惫之中所关心的是坟，对双亲馈赠的贵重礼品是棺材，其生活观是虚无的，没有永生的信仰。中国的神及其享有的权力之大小，同中国人经济、政治生活状况密切联系着。某个村庄衰落了，那个村的守护神的地位便立即下降，被其他神取代。中国人并不真正敬重神。即使需要神的保佑，他们也只是烧纸、焚香、叩头，送它用纸做的伪金银。

● 迷信

中国人对宗教无信心，却最迷信。这是矛盾的，但是事实。因为没有科学知识，他们只能用祖先传下来的荒唐无稽的解释来摆脱不幸。从百姓到官吏，都有迷信性的恐惧。中国人最恐惧的是人的尸体，如果尸体不僵硬，就以为是“四杀”，赶紧进行祈祷。人死后要在家里停尸多日。尸体埋葬后，一旦家中遇有不幸，便认为是死者不喜欢埋葬的场所而立即改葬。

（《现代中国文明》，1926 年，选自大谷孝太郎《中国人精神结构研究》，东亚同文书院 1935 年日文版，沙莲香编译）

中国：地理、经济、政治（1926）

［英］奥特（F. Otte）

● 保守主义

中国人的农业技术是经过数千年的积累获得的，不管上层者如何提倡改革和教育意志，农民都墨守成规，新教育不过是一场徒劳，就是说，种族结构和农业经济决定了特有的中国文化和中国人的保守主义。中国至今仍然是一个综合性经济团体，自主自立，商业只是奢侈品的交易，日常必需品则要从各地获取。获取之困难，使群众难以集中居住。即使有些集中，由于自给自足的可能性和这种可能性的发展，也会使经济才能分散。

● 人本位的经济态度

在中国，由于所有机械性辅助手段都由人力取代，因此直接导致人口过剩。人所付出的劳动是机器的数倍，农村一半被束缚的劳动力应该解放出来而得不到解放。中国人口的过剩，只能从人本位的经济态度这个根底上去理解。

人本位的经济态度导致中国人口过剩和保守主义。中国的农民比任何国家都保守。中国的农业经济是高度集约的耕作，但所用农具却是低级的犁。

● 小经济人

具有经济人特性的中国人比任何民族都重视以人为中心的小规模经济。在这方面，像中国人的那种能量是少见的。劳动中，人代替家畜，其主要伙伴是猪、羊、鸡、鸭和用于劳役的水牛。

小规模经济的经营方式，使中国人没有工业者的头脑，而拥有传统式的分工、勤劳和根深蒂固的金钱头脑、分散性的精神能力、迎合妥协性的协作倾向、对新式工业的外行，以及作为商人的正经天才。但这都是短见。中国人是小经济人，中国人的经济人性格是小商人。

（《中国：地理、经济、政治》，1926 年，选自大谷孝太郎《中国人精神结构研究》，东亚同文书院 1935 年日文版，沙莲香编译）

站起来的中国人（1929）

毛泽东

● 绝对平均主义

红军中的绝对平均主义，有一个时期发展得很厉害。例如：发给伤兵用费，反对分伤轻伤重，要求平均发给。官长骑马，不认为是工作需要，而认为是不平等制度。分物品要求极端平均，不愿意有特别情形的部分多分去一点。背米不问大人小孩体强体弱，要平均背。住房子要分得一样平，司令部住了一间大点的房子也要骂起来。派勤务要派得一样平，稍微多做一点就不肯。甚至在一副担架两个伤兵的情况，宁愿大家抬不成，不愿把一个人抬了去。这些都证明红军官兵中的绝对平均主义还很严重。

（《关于纠正党内的错误思想》，1929 年，选自《毛泽东选集》第 1 卷，人民出版社 1991 年版）

● 个人主义

红军党内的个人主义的倾向有如下各种表现：

（一）报复主义。在党内受了士兵同志的批评，到党外找机会报复他，打骂就是报复的一种手段。在党内也寻报复；你在这次会议上说了我，我就在下次会议上找岔子报复你。这种报复主义，完全从个人观点出发，不知有阶级的利益和整个党的利益。它的目标不在敌对阶级，而在自己队伍里的别的个人。这是一种削弱组织、削弱战斗力的销蚀剂。

（二）小团体主义。只注意自己小团体的利益，不注意整体的利益，表面上不是为个人，实际上包含了极狭隘的个人主义，同样地具有很大的销蚀作用和离心作用。红军中历来小团体风气很盛，经过批评现在是好些了，但其残余依然存在，还须努力克服。

（三）雇佣思想。不认识党和红军都是执行革命任务的工具，而自己是其中的一员。不认识自己是革命的主体，以为自己仅仅对长官个人负责任，不是对革命负责任。这种消极的雇佣革命的思想，也是一种个人主义的表现。这种雇佣革命的思想，是无条件努力的积极活动分子所以不很多的原因。雇佣思想不肃清，积极活动分子便无由增加，革命的重担便始终放在少数人的肩上，于斗争极为不利。

（四）享乐主义。个人主义见于享乐方面的，在红军中也有不少的人。他们总是希望队伍开到大城市去。他们要到大城市不是为了去工作，而是为了去享乐。他们最不乐意的是在生活艰难的红色区域里工作。

（五）消极怠工。稍不遂意，就消极起来，不做工作。其原因主要是缺乏教育，但也有是领导者处理问题、分配工作或执行纪律不适当。

（六）离队思想。在红军工作的人要求脱离队伍调地方工作的与日俱增。其原因，也不完全是个人的，尚有一，红军物质生活过差；二，长期斗争，感觉疲劳；三，领导者处理问题、分配工作或执行纪律不适当等项原因。

（《关于纠正党内的错误思想》，1929 年，选自《毛泽东选集》第 1 卷，人民出版社 1991 年版）

● 自由主义

自由主义有各种表现。

因为是熟人、同乡、同学、知心朋友、亲爱者、老同事、老部下，明知不对，也不同他们作原则上的争论，任其下去，求得和平和亲热。或者轻描淡写地说一顿，不作彻底解决，保持一团和气。结果是有害于团体，也有害于个人。这是第一种。

不负责任的背后批评，不是积极地向组织建议。当面不说，背后乱说；开会不说，会后乱说。心目中没有集体生活的原则，只有自由放任。这是第二种。

事不关己，高高挂起；明知不对，少说为佳；明哲保身，但求无过。这是第三种。

命令不服从，个人意见第一。只要组织照顾，不要组织纪律。这是第四种。

不是为了团结，为了进步，为了把事情弄好，向不正确的意见斗争和争论，而是个人攻击，闹意气，泄私愤，图报复。这是第五种。

听了不正确的议论也不争辩，甚至听了反革命分子的话也不报告，泰然处之，行若无事。这是第六种。

见群众不宣传，不鼓动，不演说，不调查，不询问，不关心其痛痒，漠然置之，忘记了自己是一个共产党员，把一个共产党员混同于一个普通的老百姓。这是第七种。

见损害群众利益的行为不愤恨，不劝告，不制止，不解释，听之任之。这是第八种。

办事不认真，无一定计划，无一定方向，敷衍了事，得过且过，做一天和尚撞一天钟。这是第九种。

自以为对革命有功，摆老资格，大事做不来，小事又不做，工作随便，学习松懈。这是第十种。

自己错了，也已经懂得，又不想改正，自己对自己采取自由主义。这是第十一种。

（《反对自由主义》，1937 年，选自《毛泽东选集》第 2 卷，人民出版社 1991 年版）

● 伟大的勇敢的勤劳的民族

我们有一个共同的感觉，这就是我们的工作将写在人类的历史上，它将表明：占人类总数四分之一的中国人从此站立起来了。中国人从来就是一个伟大的勇敢的勤劳的民族，只是在近代是落伍了。这种落伍，完全是被外国帝国主义和本国反动政府所压迫和剥削的结果。一百多年以来，我们的先人以不屈不挠的斗争反对内外压迫者，从来没有停止过，其中包括伟大的中国革命先行者孙中山先生所领导的辛亥革命在内。我们的先人指示我们，叫我们完成他们的遗志。我们现在是这样做了。我们团结起来，以人民解放战争和人民大革命打倒了内外压迫者，宣布中华人民共和国的成立了。我们的民族将从此列入爱好和平自由的世界各民族的大家庭，以勇敢而勤劳的姿态工作着，创造自己的文明和幸福，同时也促进世界的和平和自由。我们的民族将再也不是一个被人侮辱的民族了，我们已经站起来了。

（《中国人民站起来了》，1949 年，选自《建国以来毛泽东文稿》，中央文献出版社 1987 年版）

● 我们将以一个具有高度文化的民族出现于世界

中国人民已经具有战胜困难的极其丰富的经验。如果我们的先人和我们自己能够渡过长期的极端艰难的岁月，战胜了强大的内外反动派，为什么不能在胜利以后建设一个繁荣昌盛的国家呢？只要我们仍然保持艰苦奋斗的作风，只要我们团结一致，只要我们坚持人民民主专政和团结国际友人，我们就能在经济战线上迅速地获得胜利。

随着经济建设的高潮的到来，不可避免地将要出现一个文化建设的高潮。中国人被人认为不文明的时代已经过去了，我们将以一个具有高度文化的民族出现于世界。

（《中国人民站起来了》，1949 年，选自《建国以来毛泽东文稿》，中央文献出版社 1987 年版）

● 缺乏合作传统

中国人民的文化落后和没有合作社传统，使得我们的合作社运动的推广和发展大感困难；但是可以组织，必须组织，必须推广和发展。单有国营经济而没有合作社经济，我们就不可能领导劳动人民的个体经济逐步地走上集体化，就不可能由新民主主义国家发展到将来的社会主义国家，就不可能巩固无产阶级在国家政权中的领导权。

（《反对党内的资产阶级思想》，1953 年）

● 知识分子气

知识分子下乡找农民，如果态度不好，就不能取得农民的信任。城市的知识分子对农村事物、农民心理不大了解，解决农民问题总是不那么恰当。根据我们的经验，要经过很长的时期，真正和他们打成一片，使他们相信我们是为他们的好处而斗争，才能取得胜利。绝不能认为农民一下子就会相信我们。切记不要以为我们帮助一下农民，农民就会相信我们。

农民是无产阶级最主要的同盟军。我们党开始也是不懂得农民工作的重要性，把城市工作放在第一位，农村工作放在第二位。我看，亚洲有些国家的党，农村工作也没有搞好。

我们党做农民工作，开头没有成功。知识分子有一点气味，就是知识分子气。有这种气味，就不愿到农村中去，轻视农村。农民也看不惯知识分子。我们党当时也还没有找到了解农村的方法。后来再去，找到了了解农村的方法，分析了农村各阶级，了解了农民的革命要求。

（《我们党的一些历史经验》，1956 年，选自《毛泽东文集》第 7 卷，人民出版社 1999 年版）

● 农民之苦

许多人说农民苦，这种意见对不对呢？就一方面说来是对的。这就是说，由于我国被帝国主义者和他们的代理人压迫剥削了一百多年，变成一个很穷的国家，不但农民的生活水平低，工人和知识分子的生活水平也都还低。要有几十年时间，经过艰苦的努力，才能将全体人民的生活水平逐步提高起来。这样说“苦”就恰当了。就另一方面说来是不对的。这就是说，解放七年以来，农民生活没有改善，单单改善了工人的生活。其实，工人农民的生活，除极少数人以外，都已经有了一些改善。

（《关于正确处理人民内部矛盾的问题》，1957 年，选自《毛泽东著作选读》下册，人民出版社 1986 年版）

● 中国资产阶级的两面性

有人说，中国资产阶级现在已经没有两面性了，只有一面性。这是不是事实呢？不是事实。一方面，资产阶级分子已经成为公私合营企业中的管理人员，正处在由剥削者变为自食其力的劳动者的转变过程中；另一方面，他们现在还在公私合营的企业中拿定息，这就是说，他们的剥削根子还没有脱离。他们同工人阶级的思想感情、生活习惯还有一个不小的距离。怎么能说已经没有了两面性呢？就是不拿定息，摘掉了资产阶级的帽子，也还需要一个相当的时间继续进行思想改造。如果认为资产阶级已经没有了两面性，那末资本家的改造和学习的任务也就没有了。

应该说，这种意见不仅不符合工商业者的实际情况，也不符合工商业者大多数人的愿望。在过去几年中，大多数工商业者都是愿意学习的，并且有了显著的进步。工商业者的彻底改造必须是在工作中间，他们应当在企业内同职工一起劳动，把企业作为自我改造的基地。但是经过学习改变自己的某些旧观点，也是重要的。工商业者的学习，应当以自愿为基础。许多工商业者在讲习班里学习了几十天，回到工厂，同工人群众和公方代表有了更多的共同的语言，改善了共同工作的条件。他们从亲身的经验懂得，继续学习，继续改造自己，对于他们是有益的。

（《关于正确处理人民内部矛盾的问题》，1957 年，选自《毛泽东著作选读》下册，人民出版社 1986 年版）

● 人人需要改造

在建设社会主义社会的过程中，人人需要改造，剥削者要改造，劳动者也要改造，谁说工人阶级不要改造？当然，剥削者的改造和劳动者的改造是两种不同性质的改造，不能混为一谈。工人阶级要在阶级斗争中和向自然界的斗争中改造整个社会，同时也就改造自己。工人阶级必须在工作中不断学习，逐步克服自己的缺点，永远也不能停止。

（《关于正确处理人民内部矛盾的问题》，1957 年，选自《毛泽东著作选读》下册，人民出版社 1986 年版）

● 需要知识分子

没有知识分子，我们的事情就不能做好，所以我们要好好地团结他们。在社会主义社会里，主要的社会成员是三部分人，就是工人、农民和知识分子。知识分子是脑力劳动者。他们的工作是为人民服务的，也就是为工人农民服务的。知识分子，就大多数来说，可以为旧中国服务，也可以为新中国服务，可以为资产阶级服务，也可以为无产阶级服务。在为旧中国服务的时候，知识分子中的左翼是反抗的，中间派是摇摆的，只有右翼是坚定的。现在转到为新社会服务，就反过来了。左翼是坚定的，中间派是摇摆的（这种摇摆和过去不同，是在新社会里的摇摆），右翼是反抗的。知识分子又是教育者。我们的报纸每天都在教育人民。我们的文学艺术家，我们的科学技术人员，我们的教授、教员，都在教人民，教学生。因为他们是教育者，是当先生的，他们就有一个先受教育的任务。在这个社会制度大变动的时期，尤其要先受教育。过去几年，他们受了一些马克思主义的教育，有些人并且很用功，比以前大有进步。但是就多数人来说，用无产阶级世界观完全代替资产阶级世界观，那就还相差很远。

（《在中国共产党全国宣传工作会议上的讲话》，1957 年，选自《毛泽东文集》第 7 卷，人民出版社 1999 年版）

● 知识分子与工农相结合

知识分子既然要为工农群众服务，那就首先必须懂得工人农民，熟悉他们的生活、工作和思想。我们提倡知识分子到群众中去，到工厂去，到农村去。如果一辈子都不同工人农民见面，这就很不好。我们的国家机关工作人员、文学家、艺术家、教员和科学研究人员，都应该尽可能地利用各种机会去接近工人农民。……知识分子从书本上得来的知识在没有同实践结合的时候，他们的知识是不完全的，或者是很不完全的。知识分子接受前人的经验，主要是靠读书。书当然不可不读，但是光读书，还不能解决问题。一定要研究当前的情况，研究实际的经验和材料，要和工人农民交朋友。和工人农民交朋友，这并不是一件容易的事情。

（《在中国共产党全国宣传工作会议上的讲话》，1957 年，选自《毛泽东文集》第 7 卷，人民出版社 1999 年版）

● 要勤俭

中国人要有志气。我们应当教育全国城市、乡村的每一个人，要有远大的目标，有志气。大吃、大喝，统统吃光、喝光，算不算一种志气呢？这不算什么志气。要勤俭持家，作长远打算。什么红白喜事，讨媳妇，死了人，大办其酒席，实在可以不必。应当在这些地方节省，不要浪费。这是改革旧习惯。

（《做革命的促进派》，1957 年）

中国国民性论（1929）

［日］渡边秀方

● 天命

汉民族的关于天命的思想，是自太古至现代的一贯思潮之一，是不待论地理的区别而应认知的重要国民性之一。考察中国人的性质而放过了这天命思想，那么简直是难于讨论下去的。天命思想实是这样一般的、根本的思想。

然而时过世迁，天命思想也多少产生了些变化。这便是天命之观念中加了自利之念。为了此念，尧舜时代的崇高的观念当也随之而稀薄。禹之子启，已继禹之后当了天子。这也许启这人很有才德，不过从尧舜的精神看来，多少总似乎加了些自利心。

中国的拜天思想，与天命论混融密着，简直就说它已成宗教形式，亦非过言。庶民匹夫遇见了人力无可奈何的事，也都有常托之于天命的倾向。

天命思想是深深侵入中国人上下的思想，单是“命”、“命运”、“天道及上帝”，对照古今文籍考证地论起来，其意义同涉多端，然大体概观天命思想，我相信能从中国人一般抽出“信天命如宗教，而处安心立命之地”这一点。

● 孝道

尊祖先，重孝道，这是东洋人一般的重要国民性之一；在中国，孝道尤行得彻底。在儒教经典上则有“孝为百行之首”的话，将它看作了比忠君思想更根本的伦理上的大宗。

中国人关于魂魄的观念，遂很牢固了。并且照例的自利心与迷信相错，于是便牢刻在中国民众的精神上了。

现在我们看一看古今文献上面关于中国的孝道的东西，则我们可以将它们的孝概分为三类。第一可以说是肉体的孝道。只是尽孝养于父母，自己尽力满足父母的欲望，甘于自己牺牲……第三可以说是理想的或远虑的孝道。谋祖先祭礼之不绝，且成名遂道，以愿父母之名；这完全是理想的了。

● 文弱的和平主义

依我们看来，世界诸民族中人概再没有汉人种那样渴望和平的了。他们有的四千年的历史，毕竟是和平渴望的历史。他们很少对别的民族从事侵略的攻战。他们的战争，是自己文明的拥护战。他们的革命，是尝尽国家万般弊害后的革命。其战争常是防御的，他们的历史是对塞外诸民族破坏的侵略防战的历史。他们的侵略常是依锄头的努力的侵略，是以商工之力的商战。他们的威力是勤勉，是没有停止的努力的连续。

这么好的民族，世界上哪里能找得着第二个，对气运很长的、悠久的、富有同化力的和平的热望者，强要提出黄祸论，真不得不说无谓之极。

汉人是先天的利害观念发达的实际家。所以虽是异民族，对不为害的人种，是渐渐用自己的文化同化他利用他的。又对自己有很少敌对，只要不加危害，因为他们的性质是悠长的，所以总是以实力悠悠地压迫他，以特种的文明同化他。

到了后汉时代，佛教流传，其教理是与老庄思想的性质共通，所以投了文弱的中国人的嗜好，于是更煽起了中国的文弱性。

● 实利性

中国民族的一大特色，便是实践的这事。他们是用现实的、意志的、伦理的、常识的等名目代表的实行家。

他们在文学哲学等等里面，都也很显著的是伦理的，不多参思辨的议论，其知识论的殆无足观者。

中国哲学里，不但没有论理的组织，并且简直也找不出什么知识论、实体论那样的纯粹的思辨的抽象问题的研究。

他们产出的中心哲学儒教的教理，其含义的中心，是集中于人。其题目是利用厚生，是彝伦道德，是为政养民，《尚书》（儒教的渊源）一卷的中枢思想，是六府三事九德；这等思想，便是伦理上的尚德主义与功利思想的结合；其根本思想，便是围以中庸之德，调和功利思想。

形成中国人的中枢的特性的，是专是中庸的，善将感情之冷热二面调和下去，优于实用实利之才之事；和孜孜不已的努力主义。他们的步伐是慢的，就像大象的步伐一样；不过他们的生命，便在于努力不已这一点上。我想正是因为这点，所以他们比之直情径行的、富于兴奋性的智的民族，生命还悠久。

● 自利心

大概不是因为中国人有实利性，所以便变成利己的性质。

所以中国人的主我性及自利性，大部分可以看作由政治的积弊而生。

儒教是社会集合主义，老庄哲学是个人主义的精髓；这种哲学最重要的是自己。

在现今以古代中国思想为对象而论中国国民的时候，则儒教乃单是在形式方面、日常仪礼上面留一点痕迹，墨教则潜形于商业上的组合组织中，而道教则是一般人民的宗教，支配着他们的精神界。

君臣之义、忠信等孔子之教，是丝毫不见有；他们一直到骨髓部都是唯我论者。清朝末路之际，也是与明朝一样的。满人也许不能便称作汉人，不过在今日，是被汉人完全同化了，大家都应数在“中国人”这大伞之中。

中国人一般都说是懦弱，实则事若关自己的利益问题，很强顽地抵抗的。中国人一般都被说为保守的，实则有利之时，是猛然突进，不一定是墨守旧习的。中国人一般都被说是没有团结心，是个人的利己的，实则有利之时，是一致团结，雷同附和的。其他如祖先崇拜等的中国一流的道德，也多寡有一点从利害关系打算的倾向可以看见。

中国人有什么事都专讲实利与自利的性质，所以商业方面，是很拿手的。商业上所必要的宽大和忍耐的性质，是充分所有着。中国人别样事情都是很迟钝，唯商业方面则非常机敏可敬。中国人别样事情都是很说假话，不守约，唯于商业上则非常守信用，确实。他们只要能得钱，体面、主义、意见那些麻里麻烦的事都一概不讲的。

● 保守与形式

中国人的保守与形式，形式与迟缓性，是相倚相密着，不能分离。中国人开口便是称尧舜，以周公孔子为木铎。他们这样以人类进步的理想，不置于未来，而却置于过去，这实是证明他们是先天的保守的资料之一。

比这些事实更多形式的，便是他们的文字，他们的文章。文章之中，尤其是骈体文和八股文等等是其代表的。

这是表示中国人的头，不是积极的活动的而是消极的表面的，全然缺乏创造的论理。八股文是使中国的官吏愈加变成形式的文体；他们似乎相信只要文章通于形式，那末那名官吏便算成功了。

中国人自古便非常重视体面。他们送岁币于夷狄，平身叩头，仅以避其锋；然而名目上只要以自国是哥哥辈，呼敌国为弟弟辈，那便算心满意足了。

这体面——拘泥于形式的风习，有对物之看法，事件之批评不能下正当论断的倾向。

● 趣味性

中国自古被称为文字之国，中国人之尊重黄卷（书籍），乃世界悉知，据今日之中国学者说，这也只是少数读书子，一般人是风马牛不相及的。中国是文字之国，是行着圣人之教的国，这是住在日本内地，把中国理想化了的学者的幻想。

中国人的趣味，普遍都说是比较的俗的，然在绘画，则尚气品，称神韵，所谓六法三病八格的鉴赏眼，是很高尚的。

现今中国菜的好，也还是天下一品。他们是对菜肴本身有多大趣味的国民，试吃一吃中国菜看，关于食物的研究是可惊的。

● 矛盾性

其国土之广大、单调这些地方，中国是伯仲于俄国的；然因其人种和地文的相异，所以国民的型质，简直是各异其趣。然而中国国民也有中国流的相反的矛盾性。

（一）思想之矛盾

（二）冷热之二面

（三）差别的而又是平等的

（四）排外的而又是同化的

（五）文弱的而且强韧的

（六）贫富之两极

（选自《中国国民性论》，上海新北书局 1929 年版）

中国人特点（1929）

［日］和辻哲郎

● 无感动

中国人对于任何危险都表现出极端的无感动，泰然处之。中国人的生活态度是不浪费感情，认为对于尚未发生的事情不值得动用感情，否则会使神经疲倦。

● 小打算

中国人十分擅长将自己的力量用于金钱蓄积，用金钱保护自己。因此，在对事情无感动的同时，他们实际上是极其精打细算的。在非常事情发生了的时候，他们清楚地知道如何藏金钱、保性命这类打算。

● 实际

由于他们追求金钱的意识很强，所以，中国人作为经济上的胜利者比犹太人还犹太人。中国人的这种性格使他们变为全然不解生活的艺术化的实际国民，慢悠悠的、无紧迫感的非人情国民。

总之，无感动和精打细算，是中国人的性格。

（《中国人的特性》，1929 年，选自大谷孝太郎《中国人精神结构研究》，东亚同文书院 1935 年日文版，沙莲香编译）

机器与精神（1929）

林语堂

● 保守

近人好谈东方文明与西方文明等大题目。在这些题目讨论之下，个人以为多少含有东方的忠臣义子爱国的成分，暗中拿东方文明与西方文明相抵抗。爱国本是好事，兄弟我也是中国人，爱国之诚，料想也不在常在报上发通电的要人之下。不过爱国各有其道，而最重要一件就是要把头脑弄清楚。若是爱国以情不以理，是非利害之理，对于自己与他人的文明，没有彻底的认识，仅以保守为爱国，改进为媚外，那就不是我国将来之幸了。比如日本人勇于改进，华人长于保守，也不便因此认为日本人的爱国不及我们中华国民。

● 忍耐

精神方面，中国人也有他独长之处，例如忍耐的美德，是西人所万万不及的，中国之肯忍辱含垢，任人宰割，只以吞声忍气功夫对付，西人真不能望我们的后背。中国百姓今受武人摧残，政府压迫的痛苦，若在外国，也应当有七九次的革命而有余的了。但在中国，我们仍然是“和平统一”的局面，做好百姓的多。这种听天由命的德性，中庸的不偏的涵养功夫，都是西人精神文明所无的。

（《机器与精神》，1929年，选自《中学生》第2号，1930年2月）

● 退化

即使我们单纯考虑身体现象，也可以明显看到几十年来文明生活影响的痕迹。中国人使自己适应了这样一种需要耐力、反抗力、被动力的社会与文化环境。

除此之外，中国人蔑视体格上的勇猛，蔑视体育运动，普遍不喜欢艰苦的生活，特别是城市资产阶级，这些都与体力衰退有密切关系。

中国人对冷热疼痛，以及日常嘈杂声的敏感性与白人相比则相差甚远。生活在集体化的大家庭中，中国人对这些东西已习以为常了，早已学会了如何去容忍这些磨难。或许中国人的神经是一件不得不使西方人羡慕的器官。敏感性在某些特殊行业通常是高度发达的，比如中国人的手工艺品制作。然而，在对疼痛与苦难的感受方面，又是那样的麻木。

● 平和消极

中国人作为一个民族之所以能够生存下来，并不仅仅是靠了粗糙神经的力量与忍受苦难的决心。事实上，他们生存了下来是因为他们同化了蒙古族，产生了一种系统发育的生理移植，因为有一种新血统的混入，必有一次文化的繁荣。简单描述了中国人的心理素质与身体条件之后，我们知道他们并没有完全摆脱长时期文明生活的不良影响，反倒发展了一些其他特点，从而使自己在更为好战的外来种族面前束手就擒。中国人的生活似乎总是在一个更缓慢、更平静、更稳妥的水平上运行，不是像欧洲人那样富于行动和冒险。于是就发展了一些心理与道德上更平和更消极的性格与习惯。

● 稳定

种族耐力与活力尽管受中国无产阶级退化品质的影响，但还是使中华民族历经政治劫难而生存下来，并吸收了外来民族的血统得以再生。这种耐力与活力，部分是体质上的，部分是文化上的。而使种族稳定的文化因素之一首先是中国的家族制度。这种不朽的社会组织形式，被中国人视为珍宝，比任何其他世俗的财产都宝贵，甚至含有一种宗教的意味。向祖先表示崇拜的各种礼仪，更加增强了它的宗教色彩。对这一套东西的意识也已深深地扎根在中国人的心灵之中。

或许纯粹是因为家族制度的原因，中国人能够将河南的犹太人同化。这些犹太人今天已被彻底汉化。他们不吃猪肉的传统也成了纯粹记忆中的事情了。只有中国人的家族思想，强烈的种族意识才能使犹太人自己的种族意识自惭形秽，归于消亡。

另一个使社会安定的文化因素是中国完全没有固定的阶级。每个人都有机会通过科举提高自己的社会地位。中国的家族制度使人口增加，从而使种族得以延续；而科举制度则使国家能对人口进行质量上的选择，从而使才能得以再次繁殖，世代相传。

纵观多少世纪以来的情形，科举制在统治阶级的质量上，起了重要的选择作用，从而使社会得以稳定。

更重要的是，统治阶级不仅从农村来，而且更要回到农村去，因为田园生活的模式总被认为是最理想的生活方式。在艺术、哲学与生活中的这种田园理想，深深地扎根在中国普通人的意识中，它在很大程度上是我们今天的种族繁荣与健康的原因。中国生活模式的创造者们在文明与原始的生活习惯之中，维持一个不偏不倚的水平。

接近自然就意味着身体与精神上的康健。退化的只是城市人，并非农村人，所以城市中的学者与富庶人家总是有一种渴望自然的感觉。一些著名学者的家书家训总是充满了这方面的内容，揭示了中国文明的重要一点。这是使中国文明得以长期延续的既微妙又深刻的方面。

● 简朴

田园理想使家庭成为一个单位，是社会制度的一个组成部分；它也使乡村成为一个单位，是整个政治文化制度的组成部分。

我们会饶有兴致地看到，曾国藩这位了不起的将军和当朝宰相，在给他儿子及侄子的信中，不断告诫他们不要养成奢侈的习惯，建议他们种菜，养猪，给农田施肥。他明确告诉孩子要勤俭持家，这样家族的繁荣才能持续下去。

如果简朴可以使家庭延续和完善，那么简朴也可以使一个国家延续和完善。对曾国藩来讲，以下这些道理是不言而喻的："大抵士宦之家，子弟习于奢侈，繁荣只能延及一二世；经商贸易之家，勤勉俭约，则能延及三四世；而务农读书之家，谨饬淳厚，则能延及五六世；若能修德行，入以孝悌，出以忠信，则延泽可及八至十世。"

"淳朴"这个词对希腊人是至关重要的，对中国人也是如此。似乎人们既知道文明的好处，也知道文明的危险。人类知道享受人生的乐趣，但同时也清楚这种乐趣只是昙花一现的东西。

● 幼稚

这使我们考虑到有关中华民族种族构成的一个极有趣的问题：作为一个人种实体，中华民族所呈现出来的特点是古老民族的特点呢，还是一个在各方面都还年轻，在种族上远未成熟的那样一个民族的特点？我们也许可以这样来区别：中国人在文化上是古老的，在种族上是年轻的，这是一个当代许多人类学家都主张的观点。格里菲思、泰勒根据他们的移民区模式，把中国人划分在人类进化最年轻的一层。哈夫洛克·埃利斯也认为亚洲人处在种族上的婴儿时期，他们在获得专门化的发展之前，仍会保持着儿童时期的适应性、灵活性，以及原始状态的各种纯朴的特质。也许"延长了的儿童时期"是一个更好的字眼，因为幼稚、受阻碍的发展、停滞等等都容易引起误解。

如果中国的文化尽早地大放奇花异葩，然后在孔子死去后的几个世纪中结束，像希腊文化那样，那么中国只能向世界贡献出一些精辟的道德格言和民谣等等，就不会有后来的伟人的绘画、小说和建筑。看起来我们并不是在观察一个民族被阻滞的发展，它像希腊和罗马那样在年轻的黄金时代就达到了顶峰；而是在观察那延长了的民族的儿童期，它需要几千年的时间才能得到全面的发展。即使那时，它也许还会勇敢地去进行更多的精神冒险。

● 老成温厚

老成温厚的中国人，在任何情况下都安之若素，不仅完全知己，而且完全知彼。

宋代的哲学坚信理智可以压倒感情，控制感情，自认理智由于了解自己也了解别人，于是即使在最困难的条件下，也可以调整自己、压倒对方，从而取得胜利。儒家最重要的著作，也是通常儿童入学第一课的教材《大学》，为“大学之道”下的定义为获取“明德”，这个意思在英语几乎是无法表达的，它的意思是指通过知识的习得发展培养一种领悟的本领，而对生活和人性的老成的理解现在是并且一直是中国人理想性格的根本，由此而生发其他各种性格特点，比如和平主义、知足常乐、稳重、耐力，这些都是中国人的突出性格。根据儒家的观点，性格的力量也就是理性的力量。

如果我们回头看一下中华民族，并试着描绘其民族性，我们大致可以看到如下特点：(1) 稳健，(2) 单纯，(3) 酷爱自然，(4) 忍耐，(5) 消极避世，(6) 超脱老滑，(7) 多产，(8) 勤劳，(9) 节俭，(10) 热爱家庭生活，(11) 和平主义，(12) 知足常乐，(13) 幽默滑稽，(14) 因循守旧，(15) 耽于声色。总的来讲，这些都是能让任何国家都增色不少的平凡而又伟大的品质（我没有将“诚实”包括在内，因为全世界的农民都是诚实的。中国商人的所谓诚实只不过是用土办法做生意的副产品，是占主要地位的农村生活方式和生活理想的产物，如果把他放到一个沿海城市，他就会大大失去那种纯朴的诚实，变得与华尔街的股票买卖经纪人那样不诚实）。以上这些特点，某些与其说是美德不如说是恶习，另一些则是中性的。这些特点既是中华民族的优点，也是它的缺陷，所有这些品质又可归纳为一个词“老成温厚”。这些品质都有消极性，意味着镇静和抗御的力量，而不是年轻人的活力和浪漫。这些品质是以某种力量和毅力为目标而不是以进步和征服为目标的文明社会的品质。

● 忍耐

让我们列举三个最糟糕最昭著的特点，并看看来龙去脉：遇事忍耐，消极避世和超脱老滑。

遇事忍耐为中国人的崇高品德，凡对中国有所了解的人都不否认这一点。然而这种品质走得太远，以致成了中国人的恶习：中国人已经容忍了许多西方人从来不能容忍的暴政、动荡不安和腐败的统治，他们似乎认为这些也是自然法则的组成部分。

● 避世

如果说在遇事忍耐上中国人是举世无双的，那么在消极避世上中国人的名声就更大了。

大约在25～30岁之间，他们都变得聪明起来了（如人们常说的那样“学乖了”），获得了消极避世的品德，从而大大有助于他们的老成温厚等文化习性的养成。这种品德的获得，有些人是得力于聪慧的天资，另一些人则因为自己曾吃过一两次亏。所有的老年人都很稳重，因为所有的老滑头们都学到了消极避世的好处，在一个人权得不到保障的社会，吃一次亏就够呛了。

消极避世的“活命价值”是基于这样一个事实，即由于个人权利缺乏保障，人们参与公共事业——“管闲事”——就有相当的危险。

换言之，消极避世并非一种崇高的道德，而是一种在没有法律保护下的不可忽视的处世态度。它是自卫的一种方式。正是这个消极避世方能解释“中国人缺乏组织能力”这个狼藉的名声。

● 老滑

也许中国最突出的品质可以说是“超脱老滑”，这一品质最难使西方人明白，然而却是最具有深刻含义，因为它直接指向一种与西方人不同的人生哲学。与这种人生哲学相比，西方文明的整个模式看来都极为原始和幼稚。

以下两位唐代诗僧的对话，就代表了这种极端精明的哲学思想。

> 一日，寒山谓拾得：“今有人侮我，冷笑笑我，藐视目我，毁我伤我，嫌恶恨我，诡谲欺我，则奈何?”拾得曰：“子但忍受之，依他，让他，敬他，避他，苦苦耐他，装聋作哑，漠然置他。冷眼观之，看他如何结局。”

这种老子精神在我们的诗文谚语中以各种形式表现出来。“失一卒而胜全局”、“三十六计，走为上计”、“好汉不吃眼前亏”、“退一步海阔天空”，这种对待生活中各种问题的态度渗透在中国人的思想本质之中。人们在生活中总是反复思考，总有“三十六计”；于是棱角被磨光了，一个人即获得了象征中国文化的真正的老成温厚。

超脱老滑是中国人聪明才智的结晶，它的最大缺点是与理想主义和行动主义相抗衡。

麻木不仁与实利主义的态度是建立在对生活的精明看法之上的，这是只有老年人与古老的民族才能有的态度。

无论在理论上还是在实践上，五千字的《道德经》包含了对超脱老滑哲学思想的凝练叙述，这样精辟的著作再也找不到第二部了。

● 和平主义

依照中国人的观点，和平主义并非什么“高贵”品德，它只是一般的“善”行和常识而已。如果我们只有今生的世俗生活而没有来世，那么我们想得到幸福就得先心平气和。根据这个观点，西方人独断专行、坐立不安的精神只不过是未成熟的青年人的标志。对东方哲学深有造诣的中国人可以看到欧洲的这种幼稚会随着时间的推移而渐臻成熟。

和平主义也是建立在人类对生活的高度理解之上的。如果一个人学一点愤世嫉俗，他就会对战争多一点反感，这也许就是为什么所有有知识的聪明人都是胆小鬼。中国人是世界上最不会打仗的人，因为他们是聪明的种族，是由玩世不恭的道学与强调和谐为人生理想的儒学所培养所左右的民族。他们不去拼命搏斗，因为他们是最工于心计，最自我陶醉的民族。

中国人的和平主义多半是出于禀性和对人生的理解。

● 知足常乐

无论是知识阶层还是劳苦大众，都有这种快乐知足的精神，这也是中华民族传统渗透的结果。

知足与“和蔼”、“和气”等词语相类似，新年都被写上红纸，贴上大门。知足是劝人中庸，它也是“有福莫享尽”这种人类智慧的一部分，类似明代某位学者所谓“享清福”。老子有句格言至今流传：知足不辱。另一个说法是“知足者常乐”。

西方人寻求幸福的态度是积极的，中国人的态度却像犬儒主义那样消极，幸福最终总被降低到个人基本生存需要的水平。

中国人并没有像第欧根尼走得那么远，中国人在任何事情上都不曾走得很远。知足的哲学思想，给了他们追求幸福的消极方法。

下定决心从生活中获取尽可能多的东西，并且渴望享受已有的一切，万一得不到也不感到遗憾：这就是中国人知足常乐这种天才的奥秘。

● 幽默滑稽

中国所有的政治家和土匪强盗都成了幽默大家，因为在他们的思想里直接或间接地渗透着庄子的人生观。

至少从理论上讲，中国人应该有幽默感，因为幽默产生于现实主义，而中国则是个异常现实的民族；幽默产生于庸见，而中国人对生活的庸见数不胜数。亚洲人的幽默，尤其是知足与悠闲的产物，而中国人的知足悠闲程度是无与伦比的。一个幽默家通常是个失败主义者，喜欢诉说自己的挫折与窘迫，中国人则常常是清醒冷静的失败主义者。幽默常常对罪恶采取宽容的态度，不是去谴责罪恶，而是看着罪恶发笑，人们总认为中国人具备宽容罪恶的度量。宽容有好坏两面，中国人兼而有之。

中国人对各种幽默有不同的称呼，最常见的是“滑稽”，我想其意为“逗乐”，道学家们隐姓埋名的著作中常对此津津乐道，这些著作仅仅是略微松弛一下过于严肃的古典文学传统。

然而中国人仍有一种自己独特的幽默，他们总喜欢开开玩笑，这种狰狞的幽默建立在对生活的滑稽认识之上。中国人在自己的政论文中总是极端严肃，很少有幽默使人放松一下。但在另一些场合，他们对重要的变革和运动所采取的满不在乎的态度又常常使外国人惊奇不已。

如果一个人严肃地对待人生，老老实实地按阅览室规章办事，或者仅仅因为一块木牌上写道“勿踏草坪”就真的不去践踏草坪，那末他总是会被人视为傻瓜，通常会受到年长一些同事的哄笑。由于笑具有传染性，这个人很快也就变成一个幽默家了。

这种闹剧性的幽默，结果使中国人对任何事情都严肃不起来。

● 因循守旧

从本质上来讲，中华民族是个骄傲的民族，这种骄傲是可以理解的，尤其是考虑到中华民族的全部历史——最近几百年来除外。尽管有时在政治上中国人确实蒙受奇耻大辱，然而在文化上他们却是一个硕大的人类文明中心，他们具有自我意识，做事有条不紊。在文化上代表另一种观点的、唯一有点力量与中国匹敌的是印度佛教，然而真正的儒家总是或多或少地对佛教持讥讽态度。

在中华民族的禀性中，在只认识汉字或者干脆目不识丁的广大民众之中，保守性会永远存在。

最主要的事实是中国人并不希望变革。在所有的外部变化背后，即在风俗、女子服饰、旅行习惯这些变化的背后，中国人对一位身着西装、操一口流利英语、脾气急躁的青年人仍然抱嗤笑态度。

大多数中国人仍将墨守成规，这当然不是出于自觉的信仰而是出于一种民族的本能。我觉得中华民族的传统势力是如此之强，人们的基本生活方式将会永远存在。

（选自《中国人》或名《吾土吾民》，1935 年，浙江人民出版社 1988 年版）

● 实用而精明的思想

它有光荣灿烂的艺术，和卑不足道的科学，有伟大的常识和幼稚的逻辑，有精致的、女性的、关于人生的闲谈，而没有学者风味的哲学。一般人都知道中国人的思想是一种非常实用而精明的思想，一些爱好中国艺术的人也知道，中国人的思想是一种极灵敏的思想；更少数的人则承认中国人的思想也是一种极有诗意和哲理的思想。至少大家都知道中国人是善于用哲理的眼光去观察事物的。

无论如何，中国这个民族显然是比较有哲理眼光，而比较没有效率的，如果不是这样，没有一个民族能经过四千年有效率的生活的高压而继续生存的。四千年有效率的生活是会毁灭任何民族的。

中国人有一种轻逸的，一种几乎是愉快的哲学，他们的哲学气质的最好证据，是可以在这种智慧而快乐的生活哲学里找到的。

● 合理近情的态度

中国人对于人类本身的态度，和对于其他一切问题的态度一样，可以归纳于“让我们做合理近情的人”这句话里。这就是一种不希望太多、也不希望太少的态度。人类好像是介于天地之间，介于理想主义和现实主义之间，介于崇高的思想和卑劣的情欲之间。这样被夹在中间便是人类天性的本质；渴求知识和渴求清水，喜爱一个良好的思想和喜爱一盘精美的笋炒肉，向慕一句美丽的词语和向慕一个漂亮的女人：这些都是人之常情。

所谓合理近情的态度就是：我们既然得到了这种人类的天性，那么，让我们就这样开始做人吧。况且，要逃避这个命运反正是办不到的。不管热情和本能原本是好是坏，空口讨论这些事情是没有什么好处的，对么？在另一方面，我们还有受它们束缚的危险。就停留在道路的中间吧。这种合理近情的态度造成了一种宽恕的哲学，觉得人类的任何错误和谬行，无论是法律的，道德的，或政治的，都可以认为是“一般的人类天性”（或“人之情”），而获得宽恕，至少有教养的，心胸旷达的，依合理近情的精神而生活的学者是抱这种态度的。中国人甚至认为天或上帝本身也是一个颇为合理近情的家伙，认为如果你过着合理近情的生活，依照你的良知而行动，你就不必惧怕任何东西，认为良心的平安是最大的天恩，认为一个心地光明的人连鬼怪都不必惧怕。

最后，在道家和儒家两方面，这种哲学的结论和最高的理想是对自然的完全理解，及与自然的和谐；如果我们需要一个名词以便分类的话，我们可以称这种哲学做“合理的自然主义”（reasonable naturalism）。一个合理的自然主义者于是便带着一种兽性的满足，在世界上生活下去了。

● 中庸的哲学

孟子那种比较积极的观念和老子那种比较圆滑的和平观念，调和起来而成为中庸的哲学可说是一般中国人的宗教。动和静的冲突结果产生了一种妥协的见解，对于一个很不完美的地上天堂感到满足。

● 尊崇愚者

庄子继续着老子“大巧若拙，大辩若讷”的名句而说“弃智”。柳宗元在8世纪时称他比邻的山做“愚山”，称附近的水流做“愚溪”。郑板桥在18世纪时说了一句名言：“难得糊涂。聪明难，由聪明转入糊涂更难。”中国文学上是不断地有赞颂愚钝的话的。

我们在中国文化上看见一种希奇的现象，就是一个大智对自己发生怀疑，因而造成（据我所知）唯一的愚者的福音，和最早期的潜隐为人生斗争之最佳武器的理论。由庄子的“弃智”的忠告，到尊崇愚者的观念是一个短短的过程；在中国的绘画里和文艺作品里的乞丐，隐蔽的不朽者，癫僧，或《冥寥子游》中的奇绝的隐士等等的人物中，我们不断地看见这种尊崇愚者的观念。智者在人生的迷恋中清醒过来了；这种觉悟含有一种浪漫的和宗教的情调，而进入诗的狂想的境界；于是那个可怜的、衣服褴褛的、半癫的和尚，在我们的心目中变成最高的智慧和崇高的性格的象征了。

中国历史上有一些著名的傻瓜，都因为他们的真癫或假癫，很讨人喜欢，很受人的爱戴。受中国民众所爱戴的最伟大的疯和尚无疑的是济颠和尚，又名济公；纪念他的庙宇今日还屹立于杭州西湖附近的虎跑。

● 家族意识和家族荣誉感

家族变成我们的生存的自然生物学单位，婚姻本身变成一个家族的事情，而不是一个人的事情。

中国人始终觉得一个人是比国家更伟大，更重要的，可是他并不比家庭更伟大，更重要，因为他离开了家庭便没有真实的存在。

我们可以用家族的理想来代替西洋的个人主义和民族主义；在这种家族的理想里，人类不是个人，而是家族的一分子，是家族生活巨流的主要部分。

这种家族意识和家族荣誉的感觉，也许是中国人生活上队伍精神或集团意识的唯一表现。为使这场人生的球戏玩得和别一队一样好，或者比别一队更好起见，家族中的每个分子必须处处谨慎，不要破坏这场球戏，或行动错误，使他的球队失败。如果办得到的话，他应该想法子把球带得远些。

中国人的人生理想是：一个人要过着不使祖宗羞辱的生活，同时要有不损父母颜面的儿子。

● 保护老幼

中国家族制度大抵是一种特别保护老幼的办法，因为幼年、少年和老年既然占据我们的半生，那么，幼者和老者是应该过着美满的生活的：这一点很重要。

中国民族的原始意识里早已有这种对老年人的深情，这种情感在孟子的言论里有着明显的表现，例如他说："颁白者不负戴于道路矣。"这就是王政的最后目标。

敬老爱老的教训成为一般人所公认的原则，一个中国君子的最大遗憾是：老父老母病入膏肓时不能亲侍汤药，临终时不能随侍在侧。

中国人这种亲身服侍年老双亲的观念，完全是基于感激的心情。一个人欠朋友的债务也许是可以计算的，可是欠父母的债务却是无法计算的。所以，为报答亲恩起见，子女在双亲年老的时候，把最好的东西给他们吃，把他们最喜欢的菜肴摆在他们跟前，岂不是很合理的事情？

● 爱好自然

中国人具有特殊爱好自然的性情，赋予诗以继续不断的生命。这种情绪充溢于心灵而流露于文学。它教导中国人爱悦花鸟，此种情绪比其他民族的一般民众都来得普遍流行。

崇拜田园生活的心理，也渲染着中国整个文化，至今官僚们讲到"归田"生活，颇有表示最风雅最美悦最熟悉世故生活志趣之意。它的流行势力真不可轻侮，就是政治舞台上最穷凶极恶的恶棍，亦往往佯示其性情上具有若干李白型的浪漫风雅的本质。

（选自《人生的盛宴》，湖南文艺出版社 1988 年版）

中国国民之改造（1929）

张君俊

● 萎靡

中国民族精神，在于表示一种衰败的样子。这种神情是社会内共同的病态。事无大小，一经举办，不久必是烟消云散。至于个人，也是很少精神饱满的，他的行止举动无不带有萎靡的样子。

● 无团结力

团结力也不与中国人发生交情的，故在表现一种散沙般的状态。中国人的自我太强，无论在何种情形之下，皆以自我为中心，而不愿放弃丝毫自利，故人与人间绝少亲和的吸引力，所以不能团结起来。

● 无责任心

中国社会内个人与个人的相来往，不论父子、夫妇、兄弟、朋友都以敷衍手段了之。在这种关系里尚不能以诚相见，其他不关痛痒的牵挂，自然可想而知了。

● 无远见

中国人只顾目前，不管将来。只须看中国人之外水、揩油及贪得各种小便宜，便知他们是丝毫没有远见。他们的自我，皆以一身为中心……中国民族的心理更尚速成。

● 无毅力

中国民族无持久的毅力，这是很明显的。无论什么事可以热到五分钟，过此以往，便冰消瓦解了。中国人对于事业上是如是，对于学术上也是如是。

● 少勇气

中国人很少勇气，全国男女皆呈一种虚弱的胆怯样子。中国民族之惯于撒谎、爱和平、只顾迁就，都是因为缺乏勇气的原故。

● 不紧张

中国民族还有一种病态，便是在任何情形之下不能紧张，他们的行动皆是异常迂缓，而表示没有火气的样子。

● 缺乏独立精神

中国的独立精神也是异常缺乏。他们在独立方面，既得不着充分发展，但只好在依赖上面，中国人的一群一群，皆在表示依赖的惰性，绝无独立的精神，凡是一切创而不因的事，皆看为不合法。中国的家族制度是一种依赖性的结晶体，凡内部一切组织皆是根据这种依赖的条件。

● 缺乏同情心

自私的心过于发展，同情心也自然薄弱了。中国的自私是无限的，所以它的范围是比较大，这方的势力扩大，那方的同情心之范围也即缩小了。

● 尚空谈

中国民族还有一种缺德，便是不肯硬干，只尚空谈。无论什么事，做是可以做，但绝对不愿以一百二十分的力量去干，所以什么事都只做到皮毛为止境。

● 无坚信心

中国人对于无论什么都有相信的可能；在狭义上说，中国人对于无论什么皆不深信，以上一切的病态，皆源于中国民族的体力不充实。

（《中国民族之改造》，1929 年，选自庄泽宣、陈学恂《民族性与教育》，商务印书馆 1949 年版）

中国人——人种地理学的心理论（1929）

［法］劳德（Jean Rodes）

● 感受性

按照通常的说法，中国人有很迟钝的感受性，而且完全神经麻木。由于没有人对中国人神经麻木提出异议，它几乎成了一个公理，但这一见解是错误的。劳德旅行中的观察否定了这一点。接触中国人之初，感到极奇怪，极不可理解的正是他们特有的感受性。

相信中国人神经麻木大概是有理由的。首先，中国人灵魂永生的观念使得他们对死没有苦闷，因而当面对死亡，毫不害怕。其次，对不幸的抵抗力，对快乐与否的漠不关心。再次，碰到心里极度厌恶的外国人毫不困惑。最后，对世代遗传下来的习惯无动于衷。

这种种外观，使外国的旅行者陷入偏见之中。如果慎重观察，就不仅会改变这种表面的判断，而且会产生完全相反的观念。像一切具有纯粹性感受的人们一样，中国人没有追求孤独的倾向，有群居的本能。特别是那些密切接触过中国人的人，中国人的感受性，使人觉得他们是神经质的国民。

● 残忍

不能让人接受的是与这种显著特性相反的特性同样显著地并存于中国

人身上，与中国人爱人和动物这种强烈的感受性同时存在的是他们之间在不同场合下难以想象的残忍性。这种残忍性在一切混乱时代都会出现。中国人没有其他国民那种尊重人类生命的观念，好像也完全没有怜悯之心。比如杀人，对中国人来说却是正当的行为。非人道行为对中国人来说是极自然的，往往是不含任何恶意地被执行。

● 好色

与大力宣扬的廉耻心并存于中国人身上的是想象不到的好色淫逸这种粗野的俗恶性。

● 忍受

中国人对困苦格外具有抵抗力。他们长期忍受着由于人心不良带来的官场舞弊，革命掠夺，杀人以及来自自然界的饥荒、洪水、瘟疫等等这些在中国极显著的灾难。中国人即使是富裕人家，也过着简朴的生活。再没有比中国人更易满足，对舒适漫不经心的人了。

● 不讲卫生

这种不在意舒适发展到极端，就是不讲卫生。即使是上流的中国人，也有随地擤鼻子、吐痰的坏习惯。这是在中国街道的任何地方都能听到的音乐，因此地面上痰迹斑斑。

● 软弱性

从来记述中国人性格的人都认为中国人有性格缺陷、有瘾病。比如，在大街上蛮横骂街的人，一碰到比自己更横的人，就会狼狈地逃跑。中国人的道德，常常把狐疑逡巡和卑怯赞扬为慎重和周到，把勇气斥责为无谋。

告密、诽谤这类行为帮助形成了中国人的弱者根性。中国人不敢公然抗争，而是采用我们最反感的一些手段办法。于是，中国人把西方人唾弃的说谎当作合法的武器，连中国最伟大的人物都说谎。

和说谎同样，基于同一原因，伪善、托辞、不诚实是中国人的习惯行为。

● 功利主义

由于性情如此，中国人必定首先是功利主义者，其行为几乎不受个人利益以外的动力的左右。具有崇高意味的、对公益的忧虑、义务观念、诚心诚意，在中国人那里全然看不到。

● 面子

对中国人大部分行为、态度的分析，穷极到一点就是“面子”。那不可思议的感受性，隐秘的、平素被谦让掩盖着的、根源于极度虚荣的、病态的功利主义。和中国人交往，如果不知道“面子”，肯定会遇到麻烦。只要没别人知道，中国人对自己所做的任何坏事都不感到惭愧。

● 不守纪律

最后，要特别提一下的是中国人不守纪律。这可能会使人感到意外。对于中国人的被动服从早有定论，乍看起来，中国人的结社本能与无政府主义倾向有矛盾，但实际上这两个矛盾是相容的。数世纪来，他们遭受最多的是官吏专制主义的压制。中国人是为了自卫，才感到有结合的必要。士兵暴动，杀死官吏，学生反对学校的事比比皆是。

● 头脑怪异

一踏上中国国土，就感到中国人与我们隔阂最深最根本的差异是中国人头脑怪异。中国人心中支配一切的是幼稚和敏锐的邪智、狭隘的物质主义与轻信的混合物。

● 迷信和怀疑主义

智力不高，加上幼稚和对自然法则的无知，在宗教领域就产生了奇异的结果，就是迷信和宗教的怀疑主义。

● 缺乏好奇心

妨障中国人智力发展的“佝偻病”，来源于中国人对科学缺乏好奇心。直至今日，中国人仅满足于利用我们发明的电报、电话、机车，而对科学的说明漠不关心。另外，他们对方法的发展，科学的研究，没有什么概念。

● 不精确

科学之所以不光顾中国人，正是由于中国人对精确的无能，喜欢不精确。中国人缺乏追求精确性的精神。

● 妥协

对于我们每日探究的秩序和规律性，中国人并不感兴趣。他们爱好的是与旧习惯和经验妥协。

（《中国人——人种地理学的心理论》，1929 年，选自大谷孝太郎《中国人精神结构研究》，东亚同文书院 1935 年日文版，袁方编译）

东西文化之比较（1930）

胡 适

● 知足

物质文明兼有物体与思想两意义，因为一切器具都是思想的表现。西方的汽车文明固然是物质文明，而东方的独轮车文明就不能说不是物质文明。现今大都将唯物文明这名词加在现代西方文明上面，但我想这名词加在落后的东方文明上还较为恰当。唯物文明的意思，是为物质所限，不能胜过物质；如东方不能利用智力，战胜物质环境，改进人群的生活。东方的圣贤，劝人知足，听天由命，昏天黑地的敬拜菩萨。

（《东西文化之比较》，1930 年，选自《胡适与中西文化》，水牛图书出版事业有限公司 1984 年版）

东方的文明的最大特色是知足。西洋的近代文明的最大特色是不知足。

知足的东方人自安于简陋的生活，故不求物质享受的提高；自安于愚昧，自安于“不识不知”，故不注意真理的发见与技艺器械的发明；自安于现成的环境与命运，故不想征服自然，只求乐天安命，不想改革制度，只图安分守已，不想革命，只做顺民。

（《我们对于西洋近代文明的态度》，1926 年，选自《胡适与中西文

化》，水牛图书出版事业有限公司 1984 年版）

● 物质享乐

至于那“调和持中”“随遇而安”的态度，更不能说是哪一国文化的特性。这种境界乃是世界各种民族的常识里的一种理想境界，绝不限于一民族或一国。见于哲学书的，中国儒家有中庸，希腊有亚里士多德的伦理学，而希伯来和印度两民族的宗教书里也多这种理想。见于民族思想里的，希腊古代即以“有节”为四大德之一，而欧洲各国都有这一类的民谣。至于诗人文学里，“知足”“安命”“乐天”等等更是世界文学里极常见的话，何尝是陶潜、白居易独占的美德？然而这种美德始终只是世界民族常识里的一种理想境界，无论在哪一国，能实行的始终只有少数人。梁（漱溟）先生以为：“中国人的思想是安分知足，寡欲摄生，而绝没有提倡要求物质享乐的；却亦没有印度的禁欲思想。不论境遇如何，他都可以满足安受，并不定要求改造一个局面。”

梁先生难道不睁眼看看古往今来的多妻制度、娼妓制度，整千整万的提倡醉酒的诗，整千整万恭维婊子的诗，《金瓶梅》与《品花宝鉴》，壮阳酒与春宫秘戏图？这种东西是不是代表一个知足安分寡欲摄生的民族的文化？只看见了陶潜、白居易，而不看见无数的西门庆与奚十一；只看见了陶潜、白居易诗里的乐天安命，而不看见他们诗里提倡酒为圣物而醉为乐境——正是一种“要求物质享乐”的表示：这是我们不能不责备梁先生的。

（《读梁漱溟先生的〈东西文化及其哲学〉》，1923 年，选自《胡适与中西文化》，水牛图书出版事业有限公司 1984 年版）

● 自欺自慰

崇拜所谓东方精神文明的人说，西洋近代文明偏重物质上和肉体上的享受，而略视心灵上与精神上的要求，所以是唯物的文明。

我们先要指出这种议论含有灵肉冲突的成见，我们认为错误的成见。我们深信，精神的文明必须建筑在物质的基础之上。提高人类物质上的享受，增加人类物质上的便利与安逸，这都是朝着解放人类的能力的方向走，使人们不至于把精力心思全抛在仅仅生存之上，使他们可以有余力去满足他们的精神上的要求。东方的哲人曾说："衣食足而后知荣辱，仓廪实而后知礼节。"这不是什么舶来的"经济史观"，这是平素的常识。人世的大悲剧是无数的人们终身做血汗的生活，而不能得着最低限度的人生幸福，不能避免冻与饿。人世的更大悲剧是人类的先知先觉者眼看无数人们的冻饿，不能设法增进他们的幸福，却把"乐天""安命""知足""安贫"种种催眠药给他们吃，他们自己欺骗自己，安慰自己。西方古代有一则寓言说，狐狸想吃葡萄，葡萄太高了，它吃不着，只好说："我本不爱吃这酸葡萄！"狐狸吃不着甜葡萄，只好说葡萄是酸的；人们享不着物质上的快乐，只好说物质上的享受是不足羡慕的，而贫贱是可以骄人的。这样自欺自慰成了懒惰的风气，又不足为奇了。于是有狂病的人又进一步，索性回过头去，戕贼身体，断臂，绝食，焚身，以求那幻想的精神的安慰。从自欺自慰以至于自残自杀，人生观变成了人死观，都是从一条路上来的：这条路就是轻蔑人类的基本的欲望。朝这条路上走，逆天而拂性，必至于养成懒惰的社会，多数人不肯努力以求人生基本欲望的满足，也就不肯进一步以求心灵上与精神上的发展了。

● 无思无虑

求知是人类天生的一种精神上的最大要求。东方的旧文明对于这个要求，不但不想满足它，并且常想裁制它、断绝它。所以东方古圣人劝人要"无知"，要"绝圣弃智"，要"断思惟"，要"不识不知，顺帝之则"。这是畏难，这是懒惰。这种文明，还能自夸可以满足心灵上的要求吗？

东方的懒惰圣人说："吾生也有涯，而知也无涯，以有涯随无涯，殆已。"所以他们要人静坐澄心，不思不虑，而物来顺应。这是自欺欺人的诳语，这是人类的夸大狂。真理是深藏在事物之中的，你不去寻求探讨，它决不会露面。科学的文明教人训练我们的官能智慧，一点一滴地去寻求真理，一丝一毫不放过，一铢一两地积起来。这是求真理的唯一法门。自然（Nature）是一个最狡猾的妖魔，只有敲打逼拶可以逼她吐露真情。不思不虑的懒人只好永远作愚昧的人，永远走不进真理之门。

东方的懒人又说："真理是无穷尽的，人的求知的欲望如何能满足呢?”诚然，真理是发现不完的，但科学决不因此而退缩。科学家明知真理无穷，知识无穷，但他们仍然有他们的满足：进一寸有一寸的愉快，进一尺有一尺的满足……这种心灵上的快乐是东方的懒圣人所梦想不到的。

这里正是东西文化的一个根本不同之点。一边是自暴自弃的不思不虑，一边是继续不断的寻求真理。

● 注重个人修养

古代的宗教大抵注重个人的拯救；古代的道德也大抵注重个人的修养。虽然也有自命普渡众生的宗教，虽然也有自命兼济天下的道德，然而终苦于无法下手，无力实行，只好仍旧回到个人的身心上用工夫，做那向内的修养，越向内做工夫，越看不见外面的现实世界；越在那不可捉摸的心性上玩把戏，越没有能力应付外面的实际问题。即如中国八百年的理学工夫居然看不见二万万妇女缠足的惨无人道！明心见性，何补于人道的苦痛困穷！坐禅主敬，不过造成许多“四体不勤，五谷不分”的废物！

● 安命不争

东西文化的一个根本不同之点，一边是安分、安命、安贫、乐天、不争、认吃亏；一边是不安分、不安贫、不肯吃亏、努力奋斗、继续改善现成的境地。东方人见人富贵，说他是“前世修来的”；自己贫，也说是“前世不曾修”，说是“命该如此”。西方人便不然，他说：“贫富的不平等，痛苦的待遇，都是制度的不良的结果，制度是可以改良的。”他们不是争权夺利，他们是争自由、争平等、争公道；他们争的不仅仅是个人的私利，他们奋斗的结果是人类绝大多数人的福利。最大多数人的最大幸福，不是袖手念佛号可以得来的，是必须奋斗力争的。

（《我们对于西洋近代文明的态度》，1926 年，选自《胡适与中西文化》，水牛图书出版事业有限公司 1984 年版）

● 愚昧

我们要铲除打倒的是什么？我们的答案是：

第一大敌是贫穷。

第二大敌是疾病。

第三大敌是愚昧。

第四大敌是贪污。

第五大敌是扰乱。

愚昧是更不须我们证明的了。我们号称 5 000 年的文明古国，而没有一个 30 年的大学（北京大学去年 12 月满 31 年，圣约翰去年 12 月满 50 年，都是连初期幼稚时代计算在内）。在今日的世界，哪有一个没有大学的国家可以竞争生存的？至于每日费 100 万元养兵的国家，而没有钱办普及教育，这更是国家的自杀了。因为愚昧，故生产力低微，故政治力薄弱，故知识不够救贫救灾救荒救病，故缺乏专家，故至今日国家的统治还在没有知识学问的军人政客手里。这是我们的第三大敌。

● 贪污

贪污是我们这个民族的最大特色。不但国家公开“捐官”曾成为制度，不但 25 年没有考试任官制度之下的贪污风气更盛行，这个恶习惯其实已成了各种社会的普遍习惯，正如亨丁顿说的：“中国人生活里有一件最惹厌的事，就是有一种特殊的贪小利行为，文言叫做‘染指’，俗语叫做‘揩油’。[①] 上而至于军官的克扣军粮，地方官吏的刮地皮，庶务买办的赚钱，下而至于家里老妈子的‘揩油’，都是同性质的行为。”

（《我们走哪条路》，1930 年，选自《胡适与中西文化》，水牛图书出版事业有限公司 1984 年版）

● 不肯创造

一个民族也和个人一样，最肯学人的时代就是那个民族最伟大的时代；等到它不肯学人的时候，它的盛世已过去了，它已走上衰老僵化的时期了。我们中国民族最伟大的时代，正是我们最肯模仿四邻的时代：从汉

---

① 此言最早在斯密斯《中国人的气质》中出现。

到唐、宋，一切建筑、绘画、雕刻、音乐、宗教、思想、算学、天文、工艺，哪一件里没有模仿外国的重要成分？佛教和它带来的美术建筑，不用说了。从汉朝到今日，我们的历法改革，无一次不是采用外国的新法；最近300年的历法完全是学西洋的，更不用说了。到了我们不肯学人家的好处的时候，我们的文化也就不进步了。我们到了民族中衰的时代，只有懒劲学印度人的吸食鸦片，却没有精力学满洲人的不缠脚，那就是我们自杀的法门了。

日本民族的长处全在于他们肯一心一意地学别人的好处。他们学了中国的无数好处，但始终不曾学我们的小脚、八股文、鸦片烟。这不够“为中国取镜”吗？他们学别国的文化，无论在哪一方面，凡是学到家的，都能有创造的贡献。这是必然的道理。浅见的人都说日本的山水人物画是模仿中国的；其实日本画自有它的特点，在人物方面的成绩远胜过中国画，在山水方面也没有走上四王的笨路。在文学方面，他们也有很大的创造。近年已有人赏识日本的小诗了……日本今日工商业的长足发展，虽然也受了生活程度比人低和货币低落的恩惠，但它的根基实在是全靠科学与工商业的进步……我们工人的工资比日本更低，货币平常比日本钱更贱，为什么我们不能“与他国资本家抢商场”呢？我们到了今日，若还要抹煞事实，笑人模仿，而自居于“富于创近性者”的不屑模仿，那真是盲目的夸大狂了。

我们的固有文化实在是贫乏的，谈不到“太丰富”的梦话……我们且谈谈老远的过去时代罢。我们的周、秦时代当然可以和希腊、罗马相提比论，然而我们如果平心研究希腊、罗马的文学、雕刻、科学、政治，单是这四项就不能（不）使我们感觉我们的文化的贫乏了。尤其是造形美术与算学的两方面，我们真不能不低头愧汗。我们试想想，《几何原本》的作者欧几里得（Euclid）正和孟子先后同时；在那么早的时代，在2 000多年前，我们在科学上早已太落后了……从此以后，我们所有的，欧洲也都有；我们所没有的，人家所独有的，人家都比我们强。试举一个例子：欧洲有三个1 000年的大学，有许多个500年以上的大学，至今继续存在，继续发展。我们有没有？至于我们所独有的宝贝：骈文、律诗、八股、小脚、太监、姨太太、五世同居的大家庭、贞节牌坊、地狱活现的监狱、廷杖、板子夹棍的法庭……虽然“丰富”，虽然“在这世界无不足以单独成一系统”，究竟都是使我们抬不起头来的文物制度。

● 不知耻

今日的大患在于全国人不知耻。所以不知耻者，只是因为不曾反省。一个国家兵力不如人，被人打败了，被人抢夺了一大块土地去，这不算是最大的耻辱。一个国家在今日还容许整个的省份遍种鸦片烟，一个政府在今日还要依靠鸦片烟的税收——公卖税，吸户税，烟苗税，过境税——来做政府的收入的一部分，这是最大的耻辱。一个现代民族在今日还容许他们的最高官吏公然提倡什么“时轮金刚法会”、“息灾利民法会”，这是最大的耻辱。一个国家有 5 000 年的历史，而没有一个 40 年的大学，甚至于没有一个真正完备的大学，这是最大的耻辱。一个国家能养 300 万不能捍卫国家的兵，而至今不肯计划任何区域的国民义务教育，这是最大的耻辱。

（《信心与反省》，1934 年，选自《胡适与中西文化》，水牛图书出版事业有限公司 1984 年版）

● 道德低浅

忠孝信义仁爱和平，都是有文化的民族共有的理想；在文字理论上，犹太人、印度人、亚剌伯人、希腊人，以至近世各文明民族，都讲得头头是道。所不同者，全在吴先生说的“有作法，有热心”两点。若没有切实的办法，没有真挚的热心，虽然有整千整万册的理学书，终无救于道德的低浅。宋、明的理学圣贤，谈性谈心，谈居敬，谈致良知，终因为没有作法，只能走上“终日端坐，如泥塑人”的死路上去。

一面学科学，一面恢复我们固有的文化，还只是张之洞一辈人说的“中学为体，西学为用”的方案。老实说，这条路是走不通的。如果过去的文化是值得恢复的，我们今天不至于糟到这步田地了。况且没有那科学工业的现代文化基础，是无法发扬什么文化的“伟大精神”的。忠孝仁爱信义和平是永远存在书本子里的；但是因为我们的祖宗只会把这些好听的名词都写作八股文章，画作太极图，编作理学语录，所以那些好听的名词都不能变成有作法有热心的事实。

这些好名词的存在并不曾挽救或阻止“八股、小脚、太监、姨太太、贞节牌坊、地狱的监牢、夹棍板子的法庭”的存在。这些八股、小脚等等“固有文化”的崩溃，也全不是程颢、朱熹、顾亭林、戴东原等等圣贤的功绩，乃是“与欧、美文化接触”之后，那科学工业造成的新文化叫我们相形之下太难堪了，这些东方文明的罪孽方才逐渐崩溃的。

今日还是一个残忍野蛮的中国，所以始终还不曾走上法治的路，更谈不到仁爱和平了。

（《再论信心与反省》，1934 年，选自《胡适与中西文化》，水牛图书出版事业有限公司 1984 年版）

● “差不多”

你知道中国最有名的人是谁？提起此人，人人皆晓，处处闻名；他姓差，名不多，是各省各县各村人氏。你一定见过他，一定听过别人谈起他。差不多先生的名字，天天挂在大家的口头，因为他是中国全国人的代表。

差不多先生的相貌，和你和我都差不多。他有一双眼睛，但看得不很清楚；有两只耳朵，但听得不很分明；有鼻子和嘴，但他对于气味和口味都不很讲究；他的脑子也不小，但他的记性却不很精明，他的思想也不细密。

他常常说：“凡事只要差不多就好了，何必太精明呢？”

他小的时候，他妈妈叫他买红糖，他买了白糖回来。他妈妈骂他，他摇摇头说：“红糖，白糖，不是差不多吗？”

他在学堂的时候，先生问他：“直隶省的东边是哪一省？”他说是陕西。先生说：“错了。是山西，不是陕西。”他说：“陕西同山西，不是差不多吗？”

后来他在一个钱铺里做伙计。他也会写，也会算，只是总不会精细；十字常常写成千字，千字常常写成十字。掌柜的生气了，常常骂他。他只笑嘻嘻地赔小心（道歉）道：“千字比十字只多一小撇，不是差不多吗？”

有一天，他为了一件要紧的事，要搭火车到上海去，他从从容容地走到火车站，过了两分钟，火车已经开走了。他白瞪着眼，望着远远的火车上的煤烟，摇摇头道："只好明天再走了，今天走同明天走也差不多；可是火车公司未免太认真了，8 点 30 分开，同 8 点 32 分开，不是差不多吗?"他一面说，一面慢慢地走回家；心里总不很明白，为什么火车不肯等他两分钟。

有一天，他忽然得一急病，赶快叫家人去请东街的汪先生，那家人急急忙忙地跑去，一时寻不着东街的汪大夫，就把西街的牛医王大夫请来了。差不多先生病在床上，知道寻错了人；但病急了，身上痛苦，心里焦急，等不得了，心里想道："好在王大夫同汪大夫也差不多，让他试试看吧。"于是这位牛医王大夫走近床前，用医牛的法子给差不多先生治病，不上一点钟，差不多先生就一命呜呼了。

差不多先生差不多要死的时候，一口气断断续续地说道："活人同死人也差……差……差……不多，凡事只要……差……差……不多……就好了……何……必……太……太认真呢?"他说完了这句"格言"，就断了气。

他死后，大家都很称赞差不多先生，样样事情都看得破、想得通，大家都说他一生不肯认真，不肯算账，不肯计较，真是一位有德行的人。于是大家给他取个死后的法号，叫他圆通大师。

他的名誉越传越远，越久越大，无数无数的人，都学他的榜样，于是人人都成了一个差不多先生。——然而中国从此就成了一个懒人国了。

(《差不多先生传》，1919 年，选自《介绍 20 世纪学术权威（三）胡适》，华欣文化事业中心印行)

● 野蛮

一个朋友说过一句很深刻的话："你要看一个国家的文明，只消考察三件事：第一，看他们怎样待小孩子；第二，看他们怎样待女人；第三，看他们怎样利用闲暇的时间。"

这三点都很扼要，只可惜我们中国禁不起这三层考察。这三点中，无论那一点都可以宣告我们这个国家是最野蛮的国家。

我们来看看我们怎样待小孩子。

从生产说起。我们至今还把生小孩看作是最污秽的事，把产妇的血污看作最不净的秽物。由此，使绝大多数的人民避忌产小孩的事，所以“接生”的事至今还在绝无知识的产婆手里，手术不精，工具不备，消毒的方法完全不讲究，救急的医药全不知道。顺利的生产有时还免不了危险，稍有危难的症候便是有百死而无一生。

生了下来，小孩子的卫生又从不讲究。小孩总跟着母亲睡，哭时便用奶头塞住嘴，再哭便摇他，再哭便打他。饮食从没有分量，疾病从不知隔离，有病时只知拜神许愿、求仙方、压邪。中国小孩的长大全是靠天，只是侥幸长大，全不是人事之功。

小孩子若安全过去，烧香谢神；小孩子若遇了危险，便是“命中注定”。

普通人家的男孩子固然没有受良好教育的机会，女孩子便更痛苦。女孩子到四五岁时，母亲便把她的脚裹捆起来，小孩子疼得号哭叫喊，母亲也是眼泪直滴，但这是为女孩的终生打算，不可避免的。所以，母亲忍着心肠，紧紧地捆绑，密密地缝起，总要使骨头绑断，血肉枯干，变成三四寸的小脚然后父母才算尽了责任，女儿才算有了做女人的资格!

男孩子受的教育也只是十分野蛮的教育。女孩在家里裹小脚，男孩在学堂里念死书。怎么念“死书”呢？他们的文字都是死人的文字，字字句句都要翻译才能懂，有时候翻译出来还不能懂。例如：《三字经》上的“苟不教”，我们小孩子念起来只当是“狗不叫”，先生却说是“倘使不教训”。所以叫念“死书”。

因为念的是死书，所以要下死劲去念。我们做小孩子时，天刚亮，便进学堂去“上早学”，空着肚子，鼓起喉咙，念三四个钟头才回去吃早饭。从天亮到天黑，才得回家，晚上还要“念夜书”。这种生活实在太苦了，所以许多小孩子都要逃学。逃学的学生，捉回来之后，要受很严厉的责罚；有许多小孩子身体不好的，往往有被学堂折磨死的，也有得神经病终身的。

这是我们怎样对待小孩子!

我们深深感谢帝国主义者，把我们从这黑暗的迷梦里惊醒起来。我们焚香顶礼感谢基督教士带来了一点点西方新文明和新人道主义，叫我们知道我们这样对待小孩子是残忍的、残酷的、不人道的、野蛮的。我们十分感谢这班所谓“文化侵略者”提倡“天足会”、“不缠足会”，开设新学堂，开设医院，开设妇婴医院。

我们用现在的眼光来看他们的工作，他们的学堂不算好学堂，他们的医院也不算好医院。但是他们是中国新教育的先锋，他们是中国“慈幼运动”的开拓者，他们当年的缺陷，是我们应该原谅宽恕的。

（《慈幼的问题》，1929 年，选自《介绍 20 世纪学术权威（三）胡适》，华欣文化事业中心印行）

● 苏格拉底精神

东方从前究竟有没有科学呢？东方为什么科学很不发达，或者完全没有科学呢？

对于第一个问题，有些答案似乎确然说是没有。薛尔顿教授（Prof. W. H. Sheldon）说：“西方产生了自然科学，东方没有产生。”诺斯洛浦教授（Prof. Filmer S. C. Northrop）也说：“（东方）很少有超过最浅近最初步的自然史式的知识的科学。”

对于第二个问题……答案很不一致。最有挑战性刺激性的答案是诺斯洛浦教授提出来的。他说：“一个文化如果只容纳由直觉得来的概念，就天然被阻止发展高过那个最初步的、归纳法的、自然史阶段的西方式的科学。”依照诺斯洛浦的定义说，由直觉得来的概念只“表示可以当下了解的事物，所含的意思全是由这种可以当下了解的事物得来的”。诺斯洛浦的理论是：“一个文化如果只应用由直觉得来的概念，就用不着形式推理和演绎科学。假如科学和哲学所要指示的只是当下可以了解的事物，那么，很明白，人只要观察、默想，就可以认识这种事物了。直觉的和默想的方法也就是唯一靠得住的方法了。这正是东方人的见解，也正是他们的科学很久不能超过初步自然史阶段的原因——由直觉得来的概念把人限制在那个阶段里了。”

这个理论又有这样扼要的一句话：“东方人用的学说是根据由直觉得来的概念造成的，西方人用的学说是根据由假设得来的概念造成的。”

就东方的知识史看来，这种东西二分的理论是没有历史根据的，是不真实的。第一，并没有一个种族或文化“只容纳由直觉得来的概念”。老实说，也并没有一个个人“只容纳由直觉得来的概念”。人是天生的一种会思想的动物，每天都有实际需要逼迫他做推理的工作，不论做得好做得不好。人也总会懂得把推理做得更好些、更准确些……为了推理，人必须充分使用他的理解能力、观察能力、想象能力、综合与假设能力、归纳与演绎能力。这样，人才有了常识，有了累积起来的经验知识，有了智慧，有了文明和文化。这样，东方人和西方人，在几个延续不绝的知识文化传统的中心，经历了很长的时间，才发展出来科学、宗教、哲学。

第二，我想指出，为着尝试了解东方和西方，所需要的是一种历史的看法（an historical approach），一种历史的态度，不是一套"比较哲学上用的专门名词"。诺斯洛浦先生举的"由假设得来的概念"有这些项：半人半兽，第四福音的开头一句，天父的概念，圣保罗、圣奥古斯丁、圣阿奎那斯的基督教，还有德谟克利图的原子，波尔（Bohr）和卢施福（Rutherford）古典物理学上的原子模型，爱因斯坦物理学上的时空连续。然而，我们在印度和中国的神话宗教著作里当然能够找到一千种想象的概念，足可以与希腊的半人半兽相比。我们又当然能够举出几十种印度和中国的宗教观念，足可以与第四福音的开头一句相比。所以这一套"二分法"的名词，这一套专用来渲染历史上本来不存在的一个东西方的分别的名词，难道我们还不应当要求停止使用吗？

历史的看法只是认为东方人和西方人的知识、哲学、宗教活动上一切过去的差别都只是历史造成的差别，是地理、气候、经济、社会、政治，乃至个人经历等等因素所产生、所决定、所塑造雕琢成的；这种种因素，又都是可以根据历史，用理性，用智慧，去研究，去了解的。用这个历史的看法，我们可以做出耐心而有收获的种种研究、探索……也许可以发现，东西两方的哲学到底还是相似多于相异……也许我们更容易了解我们所谓"西方式的科学"的兴起与迅速发达……绝不是什么优等民族的一个独立的、并且是独占的创造，而只是许多历史因素一次非常幸运的凑合的自然结果。

古代中国的知识遗产里确有一个"苏格拉底传统"。自由问答、自由讨论、独立思想、怀疑、热心而冷静的求知，都是儒家的传统。孔子常说他本人"学而不厌，诲人不倦"，"好古敏以求之"……"发愤忘食，乐以忘忧，不知老之将至"。

儒家传统里一个很可注意的特点是有意奖励独立思想，奖励怀疑。孔子说到他的最高才的弟子颜回，曾这样说："回也，非助我者也，于吾言无所不说（悦）。"然而他又说过："吾与回言终日，不违，如愚。退而省其私，亦足以发。”孔子分明不喜欢那些对他说的话样样都满意的听话弟子。他要奖励他们怀疑，奖励他们提出反对的意见。这个怀疑问难的精神到了孟子最表现得明白了。

知识上的诚实是这个传统的一个紧要部分。

用人的理智反对无知和虚妄、诈伪，用创造性的怀疑和建设性的批评反对迷信，反对狂妄的威权，大胆地怀疑追问，没有恐惧也没有偏好，正是科学的精神。“虚浮之事，辄立证验”，正是科学的手段。

朱子真正是受了孔子的“苏格拉底传统”的影响，所以立下了一套关于研究探索的精神、方法、步骤的原则。他说，“大抵义理，须是且虚心随他本文正意看”，“只虚此心，将古人语言放前面，看他意思倒杀向何处去”。怎样才是虚心呢？他又说，“须是退步看”，“愈向前愈看得不分晓，不若退步却看得审”。

十一世纪新儒家常说到怀疑在思想上的重要。张横渠说：“在可疑而不疑者，不曾学。学则须疑。”朱子有校勘、训诂工作的丰富经验，所以能从“疑”的观念推演出一种更实用更有建设性的方法论。

这种“精确而不受成见影响的探索”的精神和方法……造成了一个全靠严格而冷静的研究做基础的学术复兴的新时代（一六〇〇——九〇〇）。但是这种精神和方法并没有造成一个自然科学的时代。顾炎武、戴震、钱大昕、王念孙所代表的精确而不受成见影响的探索的精神，并没有引出来中国的一个伽利略、维萨略、牛顿的时代。

（《中国哲学里的科学精神与方法》，1964年，选自《胡适与中西文化》，水牛图书出版事业有限公司1984年版）

中国的经济和社会（1930）

［德］韦特福格尔（K. A. Wittfogel）

● 传统主义

中国人遵守传统，把相同的规则反复用于同一种对象，不肯迈出一步。他们缺乏超出传统类型，另辟新领域的努力。因此，曾一度具有崭新形式和装饰以及工艺技术的发明的精神几乎绝迹。

● 韧性

与其说中国人是“后天性的人种性格”，莫如说是“先天性的人种性格”。中国人以他们那种生理上稀有的劳动韧性而使科学考察者震惊。他们的食物摄入量很少，却能提供令人惊叹的劳力和气力。他们特有的宽大衣服使之难以有健美的体格和紧张的飞跃性的活动，但是，他们能够长距离搬运，耐久地持续地劳动，有强韧的筋力。

中国人有顽强的气候适应性，有抵抗瘴气的能力。

● 聪慧

中国的农业，在本质上是园艺性的，为了达到劳动目的，必须进行集约性劳动。因此，中国人爱好劳动，有劳动技能，有正确无误的、细密的施肥和灌溉程序。由于园艺性劳动过程的复杂，中国人用心深刻、深思熟虑，是聪慧的农民型。中国人有实用的悟性、平稳冷静的熟虑。

（《中国的经济和社会》，1930 年，选自大谷孝太郎《中国人精神结构研究》，东亚同文书院 1935 年日文版，沙莲香编译）

中国人经济心理（1930）

［德］威尔海姆（R. Wilhelm）

● 天性固执

就东方文化的共同点而言，同西方生活的不断机械化和合理化相反，它是“天性固执”。中国文化虽然受到外来影响，但在本质上依然没有发展，其思想始终没有离开它的生活地盘；其重心（莫如说其焦点）始终自立于极东大陆固有的疆域，在其内不断移动；其生活的光芒始终照耀着邻近诸文化。中国古代文化拥有南、北两种文化形式的发展顶峰。

● 自然归向

孔子是北方形式的鼻祖，老子是南方形式的祖师。无论是南方神秘主义的自然归向，还是北方合理主义的自然归向，都没有超脱出中国人那世俗性的地盘。他们深信现世即宇宙，悟出了调和的原理。

● 调和

孔子的根本思想是阴阳两极的调和、自然与文化的调和。一切地上的东西都基于变化这一法则，天与地相连，上与下一致，贵人治理，庶民奉仁，具有永续的和平状态。不论中国陷于何种争战和混乱，都会有“秩序人”出来利用调和的法则恢复和平。中国恰如骰子转动，不论转到哪个侧面，必定归于安定的均衡状态。道教尽管根底是神秘的，但它比印度思想更具调和性，对自然给予生活的微笑，昂扬以待。

● 纯真

古代中国的生活哲学是以孩子的纯真为动力。中国民族古老，但不带老人气。他们有着孩子特有的天真烂漫，这种天真烂漫与愚昧无知完全不同，那是从生命之泉迸发而出又深深潜入生命本源的人类的天真烂漫。因此，中国人并不认为面向外部所实行的那些事情是最重要的，而“本质力”最为重要。

（《中国魂》，1930 年，选自大谷孝太郎《中国人精神结构研究》，东亚同文书院 1935 年日文版，沙莲香编译）

● 家族式“大自我”

中国的农民意识集中在家族，其人格自我不是小自我，而是家族式大自我，家族的命运就是个人的命运。他们没有个人性的自我意识，一个个个人仅仅作为家族的一个分支被感知，作为“集合类型”被感知。他们在家族内享有的权限是由他在家族中所占地位、所具有的父或子之类关系来决定的。

● 孝心

中国人孝心极强，重视传统，崇拜长者和祖先。心理上的集合主义与尊重传统两种特性是相互结合的：一方面是对土地的爱、农耕的神圣感，另一方面又是保守主义。

● 忍耐

中国人忍耐力极强。这个忍耐常被解释成“宿命论”或“迟钝感”。

忍耐和经济上相互依存的感情相结合，产生温顺性。

中国人忍耐、温顺，但这个忍耐是有限的。当名誉遭到损害时，他们就不再忍耐。“集合感情”的结果是，他们像是嵌在“型”上，每个人都要求自己享受相应的待遇，而“勿失面子”是他们强烈的伦理动力。

忍耐力强，荣誉心也强，因此，一旦名誉受损，他们即会愤怒之至。“集合潜意识”的作用，使愤怒不可遏制。在中国人看来，名誉受损，等于最神圣的感情受辱。

● 正义感

中国人正义感甚强，对正义怀有热诚的欲求。他们对不可避免的自然条件会忍从，但是，对于应由某人负责的事却群情激昂。

● 精致的感情

常常有人说中国人残忍。这是不公平的，中国人的残忍性只是对家族以外的人的冷淡。中国人的性格特征和中国的农业经济分不开，也和中国的手工业分不开，劳动中的毅力和巧劲以及美术上精致的感情都影响着中国人的心理。

● 商才

在中国，赌博之风四起。中国人的伟大商才、踏实和诚实，使他们具有商人的性质。

（《中国人经济心理》，1930 年，选自大谷孝太郎《中国人精神结构研究》，东亚同文书院 1935 年日文版，沙莲香编译）

中华民族与中庸之道（1931）

蔡元培

● 中庸

独我中华民族凡持极端说的，一经试验，辄失败；而唯中庸之道，常为多数人所赞同，而且较为持久。这可用两种最有权威的学说来证明他：一是民国十五年以前两千余年传统的儒家，一是近年所实行的孙逸仙博士的三民主义。

儒家所标举以为模范的人物，始于四千年前的尧舜禹，而继以三千五百年前的汤，三千年前的文武。《论语》记尧传位于舜，命以“允执厥中”。舜的执中怎样？《礼记中庸篇》说道：“舜好问而好察迩言，隐恶而扬善，执其两端，用其中于民。”《尚书》说舜以典乐的官司教育，命他教子弟要“直而温，宽而栗，刚而无虐，简而无傲”；直宽与刚简，虽是善德，但是过直就不温，过宽就不栗，过刚就虐，过简就傲，用温栗无虐无傲作界说，就是中庸的意思。舜晚年传位于禹，也命他允执厥中。禹的执中怎样？孔子说：“禹菲饮食而致孝乎鬼神，恶衣服而致美乎黻冕，卑宫室而尽力乎沟洫。”若是因个人衣食住的尚俭而对于祭品礼服与田间工事都从简率，便是不及；又若是因祭品礼服与田间工事的完备，而对于个人的衣食住，也尚奢侈，便是太过；禹没有不及与过，便是中庸。汤的事迹可考的很少；但孟子说“汤执中”，是与尧舜禹一样。文武虽没有中庸的标榜，但孔子曾说："张而不弛，文武弗能也；弛而不张，文武弗为也，一张一弛，文武之道也。"是文武不旨为张而弗弛的太过，也不旨为弛而弗张的不及，一张一弛就是中庸。至于儒家的开山孔子，曾说："道之不行也……知者过之，愚者不及也；道之不明也……贤者过之，不肖者不及也。"又尝说："过犹不及。"何等看重中庸！又说："质胜文则野，文胜质则史，文质彬彬，然后君子。"是求文质的中庸。又说："君子之于天下也，无适也，无莫也，义之与比。"又说："无可无不可。"是求可否的中庸。又说："君子惠而不费，劳而不怨，欲而不贪，泰而不骄，威而不猛。"他的弟子说："孔子温而厉，威而不猛，恭而安。"这都是中庸的态度。孔子的孙子子思，作《中庸》一篇，是传述祖训的。

三民主义虽多有新义，为往昔儒者所未见到，但也是以中庸之道为标准。例如持国家主义的，往往反对大同，持世界主义的，往往又蔑视国界，这是两端的见解；而孙氏的民族主义，既谋本民族的独立，又谋各民族的平等，是为国家主义与世界主义的折衷。尊民权的或不愿有强有力的政府，强有力的政府又往往蹂躏民权，这又是两端的见解；而孙氏的民权主义，给人民以四权，专关于用人制法的大计，谓之政权，给政府以王权，关于行政立法司法监察考试等庶政，谓之治权，人民有权而政府有能，是为人民与政府权能的折衷。持资本主义的，不免压迫劳动，主张劳动阶级的专政的，又不免虐待资本家，这又是两端的见解；而孙氏的民生主义，一方面以平均地权，节制资本，防资本家的专横，又一方面行种种社会政策，以解除劳动者的痛苦，要使社会上大多数的经济利益相调和，而不相冲突，这是劳资间的中庸之道。

由此可见，孙博士创设这种主义，成立中国国民党，实在是适合于中华民族性而与古代的儒家相当。

（《中华民族与中庸之道》，选自《东方杂志》第28卷第1号，1931年1月）

国民心理（1932）

王造时

● 自私自利

自私自利最大的原因是经济压迫。我们中国是农业社会，生产方法几千年没有改变，而又时常遇到旱灾水灾的大荒年。兼之每到一个大荒年北方未开化的民族便要乘机而入，内面的游民便要揭竿而起，结果连可以耕种的也不能耕种，全国只有饥饿。我们的祖宗，总有受过灾荒穷困磨难的。在这生存竞争极强烈的情形底下，若是我们损己利人，解衣推食，那么我们一定被淘汰。反而言之，若是我们自全不管他人，自私自利，搜括钱财，预防穷困，我们生存的机会自然要多许多。在这种贫困社会里面，凡自私自利的观念愈强的，生存的机会愈多，多经一次荒年，多深一分自私自利的心理。中国社会不但荒年如此贫困，就是平时也不过勉强敷衍度日。凡是能够罗掘不顾名誉的人，的确要占一些便宜。所以大家为预防穷困起见，不能不"见利忘义"。中国社会既都充满了自私自利的心理，那么当然没有公德、仁侠种种精神而简直成了一个"强欺弱，众暴寡"的世界。在这个世界里面，欺善怕恶，趋炎附势，便是相因而至的两种堕落心理。

● 虚伪

中国所赖以维持社会，不是法律而是礼教。礼教是注重形式的，一举一动，尤其是在家庭之间，是有仪节的。当初提倡礼教的时候，或者每种礼仪，其中还有精神为之内容。到了后来，环境已变，人事已收，实在不能适应社会生活的需要，而我们死命要保持那些繁文缛礼不变。结果，只有躯壳，没精神。所谓礼教，尽是虚伪的东西。虚伪的表面是面子，因为中国人最虚伪，所以最讲面子，不讲实际。与虚伪心理相缘而至的，便是猜疑阴谋。在中国社会上披肝沥胆的场面是不容易遇着的。到处都是权谋术数，互相猜疑。这种猜疑心理，有两种结果：第一，因为不信用人家的缘故，所以为造成任何的结合，不得不引用较可信的亲戚或同乡。因此血统关系与地缘关系，便渗入一切的结合里。第二，因为猜疑心重而阴谋又多，所以较大的社会组织不易成功。

（《国民心理》，1932 年，选自庄泽宣、陈学恂《民族性与教育》，商务印书馆 1949 年版）

中国人心理（1933）

[美] 海威（E. D. Harvey）

● 有灵观

中国人的宗教生活是对精灵的有组织崇拜。有灵观是中国人性格的永恒类型，是中国人精神结构的原型。

昔日发明了纸、火药和磁石的中国人，现在无益地消费这些东西。例如，为了避开恶魔的袭击，他们年年把数 10 万吨的纸、火药和磁石做成纸钱、爆竹烧成灰烬。

在中国人这里，起支配作用的宗教价值不外是有灵主义。一个朦胧的、然而却被认为是现世的真实复写的精灵世界，被人们普遍相信着。亡魂、精灵、祖灵、物神（fetish）充满中国人想象中的环境，支配中国人生活方式的所有方面。

● 侥幸

侥幸是中国人对待现世生活的统一特征。中国人和其他民族一样，在日常生活中必须面对不可测和不可解的事，他们必须服从于暴虐的命运。能够对生活上种种不幸灾难给予质朴的、易解的说明的，就是亡灵、妖怪、鬼神的捉弄。无知的文盲者和无反省者深信一切厄运和不幸都是亵渎了神或亡灵的结果。他们无法明白不幸和不安的由来。幼稚的生活技术、稠密的人口、旱魃、饥饿、洪水、恶疫的频发、兵匪的扰乱，无一不在动荡中国大众的生活。赌博风表明了大众生活的不安定。中国人的生活是侥幸性的游戏。来自社会生活中普遍存在的矛盾、欺瞒、不诚的灾祸和不幸，属于人的“侥幸要素”。

（《中国心理》，1933 年，选自大谷孝太郎《中国人精神结构研究》，东亚同文书院 1935 年日文版，沙莲香编译）

国民精神上之劲敌（1935）

郎德沛

● 散漫

我国进步之所以迟缓，国家民族地位之所以日趋低落者，就比较观之，人能组织团体，而我如一盘散沙，实一重要症结。

● 推让

推与让各为一义，推为消极的卸责敷衍，让为积极的苟取窃夺。不幸吾多数国民，均误蹈之。素善推者恒善让。古语“胜则争功，败则居后”，不只为此二字，下一定义。今人变本加厉，凡不利于己而事较繁难者，即责无旁贷，义无容辞，亦唯恐不能推避；反之，有利于己而可以表功者，即非义所当，分所当尽，亦唯恐或后。

● 沾滞

沾滞或迟疑不决，或优游将事。迟疑由于缺乏自信（徘徊瞻顾）；优游则必因循拖延（说而不行）；小之爽约达信，大则贻误时机。

● 虚浮

重形式而不切实际，务外表而不重精神。

（《国民精神上之劲敌》，1935 年，选自庄泽宣、陈学恂《民族性与教育》，商务印书馆 1949 年版）

中国人的精神结构（1935）

［日］大谷孝太郎

● 精神结构的统一性极低

中国人的精神结构是理念型。中国国民已丧失现代国民性，不是独立的性格类型。

中国人的精神结构不完全是无结构的，但其统一程度极低。现代中国人不具有经济人、理论人、审美人、宗教人、权力人、伦理人、生命人、技术人、法律人、教育人、悲剧人、时代人、敬虔主义者、合理主义者等性格图式，而是其中一些图式的交叉、共存。当一种基本的或复合的精神因素起作用时，其余的诸作用则处于全假死状态；当另一种精神从假死状态醒来开始呼吸时，其余诸作用又陷入沉睡。热心会在刹那间成为焦点，比如崇拜祖先时，他的生活便是崇拜祖先的一个舞台；当他的经济处于穷途时，经济性的精神作用便成为他精神上的独裁君主。然而不久之后，这些热心又会刹那间转换成冷漠，他转而对之嗤之以鼻。中国人的所有精神作用都是一个个“转换”。

中国人的自我如同悬空的月亮，自我的诸精神作用如同千百条横流的小河，明月映入小河，其貌十全十美，但转瞬间又投身于另一条小河。刚刚觉得它在一种精神作用中全部产生，却立即又转而他去，在另一种精神作用下全力呼吸。无论如何，中国人的自我及其精神作用是难以辨明和捕捉的，似乎捕到，却瞬间即逝。中国人的自我像是“青鸟”。

● 归向“未发之中”

中国人的自我是一种自我保存，但所追求的是“追求”境地，表现为待机姿势。自我作为待机姿势立于其中的境地正是“未发之中”。中国人的自我始终在“未发之中”不断保存自己。从“未发之中”跳出而进入某种精神作用，即是进入所谓的“既发”境地，然而，此“既发”仍然拘泥于主观价值、自我保存价值的陋习，并未迈进真的自由和生产境地。生活的“中庸”正是从“未发之中”产生而来的。

中国人的自我意识很强，但不自信。自信是对自身力量的信仰。中国人的生活是无自信的……他们尊大，却不是富于冒险精神的尊大，他们“知足”。

● 自然归向

中国人的自我从无自信和无生产中产生出“自然归向”、宿命论和天命论。中国人自我的自然归向取决于自我保存的价值强度、自己与他人即父母兄弟姊妹这类同血者或者家庭之间的关系强度，是对自然的忍从、与自然的合体。中国人自我保存的价值由生物学上的个体价值和自己种族的价值构成。那个没有自信力和自产力的自我面对强大的自然力，只能忍从或者与天地自然结合。

中国人在自然归向上的忍从态度表现为“没法子”。这是一种消极的自信，是宿命观。这种态度被理解为迟钝或不关心的。在无数“没法子”的背后是被承认了的实体，即天。尽人事，待天命。依存于天命的态度表现为占卜、赌事的风尚。

总之，中国人的精神也具有结构。作为精神结构统一者的自我，不断地无内容地保存自己，并且由于不自信和无生产力而不断归向“未发之中”。可以说，中国人精神结构的统一性是来自“未发之中”的统一。

● 矛盾结构

有人把中国人的精神结构叫做多重结构、矛盾结构。这不是说在中国人的精神结构中有两个或两个以上的自我来统一，而是两个或两个以上的结构交叉。不是说病理现象起支配作用；而是只有一个自我，这个自我经常由一种精神作用转向另一种精神作用、由一个部分结构转向另一个部分结构，飘乎移动。也不是说结构内部有诸种方向之间的角逐、从属关系之间的动摇，而是在结构外部，即行为和表现出的态度，到处都有矛盾，包括生活观的相互矛盾。中国人精神的矛盾结构是外部矛盾结构，缺少来自内心的能够施加控制的统一。

● 尊大与脆弱

中国人不能同对方保持一体感，他不曾爱对方，也感觉不到对方的爱。因此，他对自己的肯定变得傲然尊大，而且态度顽固。本来不具自信力的他，在本国人第三者不在场时，其尊大和顽固尚达不到恶劣程度；一旦本国人第三者在场，其自信力就倍增，“面子”作为主观价值出场了，于是乎，他的傲然尊大便达到了顶点。假如对方势力居于上位，本来想反抗对方的念头便立即消逝，他的态度变得脆弱柔软。中国人的自我不断归向“未发之中”，无内容地自我保存，对什么也不深深地爱，对自己的全部存在也能抛弃，故此，在中国人的自我中彻底地隐藏着一种脆弱柔软症。与此同时，这种脆弱柔软并非自我脆弱柔软，在脆弱面前，自我是被安全地保护起来的。尊大与脆弱、顽固与柔软相矛盾着，但横在这一矛盾根底的是不拔的傲岸尊大和顽固不化。

● 道德与不道德

中国人是有道德和爱他的。被爱的他是由自然归向特别规定的具体他人，进言之，是同血者、同乡人、同国人。这里的爱，是由自我保存的价值产生的。在这种场合，他作为道德家，作为善人出现。倘若第三者在场，自信力生来，“面子”登场，他作为道德家、作为善人是十全十美的；但是，对于外国人、异乡人、异血者，由于第三者的在场，他会变为不道德的恶人。

对于同血者，中国人以道德家、善人的面貌出现的机会多，以不德汉、恶人的面貌出现的机会少。对于双亲，他常常是孝子，不能不孝。中国人的德凝结着孝。如果对方是异血者时则相反，中国人做道德家、善人的机会少，而做不德汉、恶人的机会多。对方是异乡人时如此，是外国人时更严重。中国人的不德凝结着排外。在德与不德、善与恶的矛盾的根底，不德和恶起支配作用。

- 亲切与残忍

中国人在重视纯粹的自我保存价值的范围内，看重社会关系，关心如何对待他人或社会，对事件极为敏感。在群居并且服从于群的时候，他是安心和有勇气的，此时，他有着随从的认同性，常说“对了”、“不错”，表现出沉静、亲切和温顺。但是，在他为达某种目的而不择手段之时，亲切温顺性便无影无踪，残忍性抬头。中国人对自然物亦然。他对山河草木、禽兽鱼虫虽有温顺，但也常常冷酷，像虐待儿女一样。

- 常识的、实际的与理想的、想象的

中国人的自我归向“未发之中”，而他的行为则在“既发之中”，是合理主义，最重视自我保存的价值，因而是最敏锐的目的合理主义。此时，他是常识的、实际的。又由于缺乏面向有价值的现实的冲动，中国人又常常表现为脱离现实的幻想，此时，他是理想的、想象的，但不是远大的理想。在常识的、实际的与理想的、想象的尖锐矛盾的根底，沉淀着浓厚的现实味。

- 孤独与群居

没有自信力的中国人，在没有他人的时候，精神上不能自立。孤独对于他是一种焦躁和不安。群居并服从于群，他才安心，才涌现出勇气。群居使他产生热望。

- 结社与无政府主义

中国人自我的自然归向，使他对社会关系中的同血者乃至同乡者有着最强烈的结合力，而对国民或人类的结合力微弱。因此，他们容易结成较小的社会，而不易结成大社会。从态度上看，他们对小社会的结合寄予希望，对大社会的结合给予否定。在中国人这里，结社的本能和无政府主义的倾向似乎是矛盾的。但中国人结社，是基于自己喜欢而进行的结社，不是无我的结社；是感情性的结社，不是理性的结社，在结社本能的根底潜伏着深刻的分离。结社本能与无政府主义倾向这一矛盾的底流是无政府主义。

● 轻信与怀疑

没有自信力和理解力的中国人，由于随从和认同，相信精灵，因此容易妄动、恐怖和憎恨，他们是极端的轻信家、迷信家。但他们的传统习性、因袭主义，又使其是极端的怀疑主义者、无神论者。在他们所不爱的一切地方，贯穿着怀疑主义，对什么都不信，相信的只是无内容的自我。

● 利欲与面子

中国人自我保存的精神作用中贯穿着目的合理主义和经济原则。他们的生活是经济原则支配下的经济行为的独擅场。有利就是一切，小财也不浪费。他们利欲很盛。在得与失上，他们总是希望得的最多，失的最少，因而成了节俭家。但是，在“面子”登场时，比如崇拜祖先、慈善时，他们又会合理地放弃利欲，无视钱财。然，浪费是在为了一定目的、必须采用最合适的手段时才实施的。从这个意义说，贯穿于节俭与浪费、利欲与面子的矛盾的是合理主义。

● 喜剧性结构

中国人的精神是矛盾结构。这种矛盾结构是外部性矛盾结构，不是内部性矛盾结构。正因为他们在精神内部没有矛盾，所以中国人感觉不到有矛盾，体验不出矛盾的苦恼，也就没有克服矛盾的志向。他们的精神结构是喜剧性的。

由于中国人精神结构内部的低统一性、不稳定性和阴影，才有了外部的低统一性、不稳定性和阴影。他们的行为和态度到处有矛盾，无统一，不稳定，有阴影。但他们很少感到苦恼，或在苦恼中残喘却对之微笑。中国人是喜剧人，如同古代希腊人是不知苦闷的调和性人格者。中国人精神结构的低统一性和低分化，是其精神结构小儿性的一面。

● 群的保身

在社会关系中，中国人最重视自我保存的价值。其社会性的自我保存，切实地说，莫如叫做群的保身。群的保身才是中国人精神作用的内容，在各个作用方向上最具拘着性和愈着性。

群的保身是由生命的、经济的、社会的三个基本方向的因素愈着成的一个复合体。或者说，群的保身表现在这三个方向上。

在生命方向上，群的保身是自然性的、纯生物性的自己个体保存及自己种族保存——多子多福，知足常乐，重视肉体价值。因此，在自然力面前，中国人倾向于忍从、“没法子”，明显地受约于“自然归向”，寿这个生命价值极大。

在经济方向上，群的保身也明显地受“自然归向”约束。中国自然经济是多义的、自由的，因此，货币经济和资本主义精神以及交易关系都比较活跃，它的进一步发展即是商业。但，自然归向——对自然力的忍从和因袭主义都抑制着货币经济和资本主义精神的进一步发展，资源的开发及利用同市场和流通一样的落后。中国人作为经济人是以人为中心经营小规模经济的小经济人。“发财”这种效用价值极大。“禄”同寿和福是相联系的。福、禄、寿是三愿。

在社会方向上，同样有着自然倾向。中国人的社会精神作用，始终是沿着自然运动规则进行的。与自己有着强大拘着性的他、我，不过是自我的自然性同类。自然性同类是在血或地的关系中的同类，而血比地更具有自然性。最有拘着性的就是血的同类，即同血者。因此，形成社会团体的纽带的是自然纽带，即血缘、地缘，其中最自然的是血缘，不是人为的或文化的纽带。由社会团体生成的血缘、地缘社会（其中主要是血缘社会），不是结构社会。就是说，在中国人的社会关系中，最有拘着性的是父、母、兄、弟、姐、妹这种同血者或其集团的家族，其次是同乡者或作为其集团的乡村或同乡团体。自我由以同他人、社会相拘着的东西，不过是被给予社会关系中的某种地位。这个地位就是“面子”。因此，中国人的社会精神作用是作为社会关系中自我的地位、“面子”出现的。对于中国人，社会价值是“面子”，其社会归于“面子”方向。这种方面有消极方面和积极方面：随和、认同属于前者，“扬言”属于后者。

中国有同血者群居和合群的要求，重视群中的“忠实”，以群而进，以群而退，因此，必须有“会”，也就最重视“面子”。“失面子”比“得面子”更能激起憎恨性热情，“失面子”无异于夺去社会关系中已被赋予的地位。

（《中国人精神结构研究》，1935 年，选自《中国人精神结构研究》，东亚同文书院 1935 年日文版，沙莲香编译）

民族性与民族卫生（1937）

潘光旦

● 没有领袖人才

中国人真正的弱点却在没有第一等的领袖人才，无论因反抗或因自卫而用武力，他们中间总没有人能够规划部署使全部分的势力成为有组织的、可以指挥的一个系统。

● 省俭撙节

荒年所发生的淘汰的影响不止上文所说的。还有一种和省俭撙节等品性有关系的影响。平日很撙节、总要留点余裕下来的人家，比了“一顿光”丝毫不留余地的人家，总可以多活好几天，多一些生存的机会。两千年的中国历史里，既有这许多荒年，我们就敢说现在生存的中国人的祖宗，差不多没有一个不受过荒灾的磨难，就是没有一个不时常感觉到省俭、撙节甚至于吝啬的习惯是生存竞争里很有用的条件，有了它，生存的机会就大些，没有了它，就少些。凡是穷奢极欲的人，到了这种危急的时候，一定是很不客气的被淘汰一个干净，所以在今日中国经济生活里，我们几乎看不见浪费的现象。

● 染指

中国人生活里有一件最惹厌的事，就是有一种特殊的贪小利行为，文言叫做“染指”，俗语叫做“揩油”。

他们预防灾荒或预防穷困的一种热诚，像生来就有似的，非真正有志气有毅力的人往往战胜不过这种天赋的根性。并且长时期荒年经验已经明白告诉大家，凡是能够搜括、能够罗掘的人，不爱惜前途名誉的人，的确要多占一些便宜。

● 自私自利

省俭或撙节原是美德，但是它们很容易变为吝啬和自私自利。自利和自私便是中国人中间最显著、也最可惜的品性。好比他们坚强的体格和省俭的美德一样，这种自私自利的品性似乎也成了种族血统的一部分，深深地镌在精质里面，可以说它是种族遗传的一部分，因为以前凡是能够损己利人、解衣推食之辈，在荒年的时候已经死完了。于是凡是自私自利的心越重，生存的机会就越大；多经一次荒年，人品上自私自利的心理就深一分。充其极，一个全副精神只替自己打算的独夫，在这种形势之下，便最有生存的机会。

中国人的许多特性，尤其是中国北方人的特性，恰好是一些可以在灾荒的时候帮忙的；换言之，仔细看看，真像是天造地设，专为对付荒年之用似的。两千年的长时期里，既唯有这种自私的人才受选择，中华民族虽大，我恐全部的遗传性上总不免发生一些显著的变迁吧。换言之，自私自利一类的性格，本来任何民族多少都有的，不过对于中华民族，因为选择和淘汰的关系，不免越来越深刻、越来越牢不可破罢了。这种性格究竟如何表现，如何用以对付生活上的难关，当然要看当时当地的社会习惯而定，不过这种品性的养成与维持，却是自然淘汰的能力。

● 卖妻鬻女

中国女人的生活真是愁苦极了，尤其是在北方，所以一年之中，总有不少寻短见的。女子生活的愁苦，我们一半也可以猜想得到，在灾区里面，凡是有一些人格、有相当自尊心和可以教人尊重的女子，既不免卖的卖，死的死，剩下来的当然是些比较不中用的女子，容易受人奚落，自然更见得愁苦了。就在不荒年的时候，卖妻鬻女的事情也不算希奇。有几个十年九荒的村落里的居民，看上去比朦胧好不了多少，这也许就是大原因之一，你把不论那一个社群里的最优秀的女子挑剔了出来，挑剔上五六十代，那个社群一定不免一代比一代要堕落，要愚蠢，要把女人看得不值钱。因为这种品性，到那时候，不但成为社会的习惯的一部分，并且成为血统遗传的一部分。

● 科学能力薄弱

就20世纪的需要来说，这种偏废的病象所最教我们感觉痛苦的，当然是科学能力的薄弱。一般人讲起国人的愚昧，总是把教育的不普及与文盲的充斥一类的事实抬出来，以为这便是愚昧的表现。识字教育与学校教育果然是减少愚昧的一种方法，但我们以为目前的大问题并不在此。没有受过此种教育而见事明确、处事敏捷的人，以前有，如今也还有。我们真正的愚昧并不在一般智力的不足以应付日常普通的环境，而在特殊才能与科学头脑的缺乏，以致不能应付像目前一般的特殊的科学文化环境。科学能力的缺乏，若当做一种后天失教的现象看，原是谁都承认的。但我们以为它的病根有深于后天失教者。我们以为中国的民族分子，大多数便缺少科学的兴趣，而后天兴趣的缺少往往便是先天能力薄弱的表示，所以虽施以相当的科学的教育，成绩还是不会好到什么程度。

科学能力的薄弱，时至今日，大概是谁都承认的，至少是怀疑到的。而所以薄弱的原因也可以在不良善的淘汰中求之。

两千年来的选举和科举制度也是富有淘汰能力的。选举的目的和标准异常狭窄，至后期尤甚，所有种种变异品性的极端——举凡可以促进科学的研究和发明的——都在不能维持滋大之列。

● 组织能力薄弱

中国的病在组织过于散漫，就最近数十年的形势而论，几乎等于没有组织。懒散的局面既成习惯，一旦有事，也就无法合零成整，二三十年来的政治经验便最足以证明这一点。

团结能力和组织能力的薄弱，也一半因为自然淘汰，一半因为人文淘汰。千百年来水旱灾荒的选择势力已在中国民族中间酿成了一种最不幸的心理品性，就是自私自利心的畸形发展。畸形的自私自利的人聚在一处（家庭中另有血缘关系不论）当然难望他们通力合作，打成一片。这是自然淘汰的说法。中国家制的发达与乡村中“无为而治”的精神普遍，像选举制度一样，是中国文化比较独有的特征。这种特征虽有别的好处，却最不利于领袖和有组织能力的人才的产生。大家族里，有了一位比较有力量有见识的家长或族长，一村之中有了一位年高德劭的村正或绅董，几乎一家一村的事都可以因他们的一言而决，平日用不着组织，用不着多量政治上的分工合作，几乎完全用不着法律，也用不着比较严格的领袖和随从的身份区别。在这种情形之下的团体生活，所凭借的权威是一个血缘的“亲”字，是一个年高的“长”字或“齿”字。有时候一村即是一族所构成，村正也就是族长，于是两种权威合而为一，越见得牢不可破。在这种权威之下，偶有一二富有领袖天才和组织能力的子弟产生，试问究有几分用处。

● 公私不分

但是经济生活所以落伍的最大原因还不在上文所说的种种，而在一个“私”字。私是公的反面，原来的写法作厶，厶上加一个八字，就是把厶分润开去，就成了公，所以只是私，并不是一个毛病，毛病在私的畸形发展，以至于逐渐失掉了“分润为公”的一种能力——也还是一个能力的问题。

自私之所以为中国民族的一大通病，到现在已经受人公认。西洋人对中国人表同情的，往往认为这是中国民族性里最可惋惜的一点。

私的病态所影响到的生活的方面自不止一端，但和它关系最切的总要推经济生活。一个搜刮的官员、一个揩油的仆妇，所贪者虽有大小，其目的在求经济生活的固定与安全如一。中国人的经济生活，根本是一种私人或私家的经济生活，不以一个人做单位，便以一家人做策万全的对象。所以弄得好，也不过是一人的克苦辛勤，一家的自给自足，弄得不好，就是吝啬、刻薄、贪小利、损人利己、假公济私。能“自扫门前雪”的人家，能“人不犯我，我不犯人”的人家，已经要算是弄得好的一部分，但是弄得好的究竟少，弄得不好的究竟多。在过渡、离乱或其他经济状况特别不景气的时期里，人人各奔前程，此种畸形发展的自私自利的心肠自然是更容易表现，因为在此种情势之下，唯独有此种心肠的人才最能够占些暂时的便宜。

自私自利心的畸形发展后所产生的贪污与公私不分。在家，我们想尽方法要教老妈子不揩油；为国，又想尽方法要澄清吏治，整饬官方。

贪污是自私自利的一大表示。在饥馑渐臻的自然环境里，唯独贪得的本能比较强，而平日之间能下工夫去搜刮、储藏、以备不虞的分子才最有机会生存和传种。这是自然淘汰的说法。家族的畸形发展把阖族的经济生活打成一片，人人把家族的利益看在个人利益之上，一人不生利则已，否则直接间接即负赡养阖族或全家的责任。

● 吝啬

在消费方面，在原则上各家会通的主张是一个节字，这原是一种无可非议的主张，但私的病态传播的结果，我们实际所履行的，并不是中和的节，而是两个极端，一是吝啬，二是浪掷。吝啬之风以北方为多，而浪掷之风，则以南方为盛。吝啬也许是过火的节俭，所以未可厚非，但也不尽然，许多人往往对于一己的货财十分吝啬，而到支配或消费公家的货财时便会随意浪掷；这在官场最可以看见，而在家庭里的老妈子身上也可寻出一些证据来。以前大家庭时代，一家在分家以前的支出往往很大，一到分家以后各房用度的总和反而比以前会来得小；也未始不是一个良好的证据。由此可见至少一部分中国人的节省以至于吝啬，并不是因爱惜物力而然，乃是私的通病的一种表现！至于浪掷所表现的大半不出两途，一是衣食的自奉，一是赌博与其他一切投机与侥幸万一的经济行为。华侨中间，往往有把数十年血汗换来的积蓄，在回国的旅程中完全做赌本输掉的。奢侈的衣食自奉，不用说，是一种畸形的自私的症候；而赌博与投机的行为，稍有公德观念的人自然也不屑为。

● 安土重迁

移徙的冲动与能力一天比一天的减少，也就等于安土重迁的性格一天比一天的发展，也就等于消极的抵抗环境的能力一天比一天的增加。一个民族遇到不良而又无法加以转变的环境，而不知躲避，结果，便会造成两种人，一是被淘汰的死人，二是被选择而苟延残喘、去死不远的人。这第二种人的唯一的长处，说来好像很矛盾却就是不容易死，他们在体力上与心理上都有百折不挠的耐性，也有百推不动的惰性；你若能把他们推动的话，他们倒也会“随遇而安”，要是境遇再变本加厉的恶化的话，他们也始终能“逆来顺受”。他们的生活原则是“得过且过”，是“一动不如一静”。他们所用以自己慰藉的格言是：“抵死无大难，叫化再呒穷。”

● “温炖汤”、“牛皮糖”

我们是一个江南人所谓“吃得温炖来得热”的民族。而此种“吃得温炖来得热”什么都不在乎的人，也就有了一个绰号，便叫做“温炖汤”。

消极的抵抗到这种程度的时候，其实已经没有多大抵抗的意味，大家所抵抗的，就只不过一个“死”而已，只要能不死，便什么都可以牺牲、什么都可以迁就。这一类的民族分子，就脾气而论，固然像上文所引的“温炖汤”，就体格而论，尤其是像作者在下文《民族卫生的出路》里所提出的“牛皮糖”。除了边疆与滨海区域里，我们还可以看见一些移民子孙的刚劲之气与霹雳火箭一般的性格以外，普通的中国人就多少总有几分“温炖汤”与“牛皮糖”的风格与情调。这种风格与情调，就其和久已习惯了的环境而论，也不能完全说坏；它可以息事宁人，可以守己安分，成事虽然不足，败事也并不有余。

中国人的体格显然是千百年来饥馑荐臻、人口过剩所淘汰成的一种特殊体格。说他坏，坏在没有多量的火气，以致不能冲锋陷阵，多做些冒险进取开拓的事业。说他好，好在富有一种特别的顺应力或生育力，干些、湿些、冷些、暖些、饿些、饱些，似乎都不在乎，有许多别的民族认为很凶险的病菌，也能从容抵抗。有一位西方学者说，任何民族可以寂灭，但有两个民族不会，一是中国，一是犹太，大概就因为这两个民族，饱经世故，最富有“牛皮糖”的劲的缘故。

● 耐性

我们也未始不能和环境打成一片，即使生活比较平淡些、穷苦些，我们也不大在乎，因为我们有的是“守”的本领，是“捱”或“挨”的耐性，我们能“自甘淡泊”，能“苦守清贫”。一言以蔽之，在实际生活里，我们进取的冲动极薄弱，保守的脾气极强烈，斗争的性格比较缩减，妥协的精神比较发达，也就接踵而来。

● 自馁

在以前，我们武力上尽管不如人，尽管不敢抬头，在心理上还勉强的可以自己慰藉，就是，我们的文化高人一等，只要年代一多，不怕不能把别人吞并同化。这种自慰事实上总算也没有落空。但西化东渐以后，情形便大非昔比，和别人家几番较量的结果，我们发现不但武力不如人，文化的能不能终操胜算，也就成了问题。于是于实际的虚弱之上，又加添了一种精神上的自馁。目前民族最大的危险，就是这种自馁的心理。

（选自《民族特性与民族卫生》，上海商务印书馆 1937 年版）

● 平等之哲学，消极之哲学

平等之哲学，消极之哲学也。不求己之自同于人，见贤而不思齐，而私心唯冀人之降格以同于我，即不冀人之降格，而大声疾呼，徒争平等之名，而不图祛不平等之实；若是者，我徒见其自馁心理之日益扩大而已，于实际生活之促进无裨也。今日中国社会生活，小之为人己之交谊，大之为国际之关系，几无处不呈露此种不健全之心理。只求人之不出奇制胜我，而我苟安周旋于其间，相形不十分见绌者，则于己愿足，若是者，固比比也。团体生活中领袖之难产，为今日中国社会习见之现象；或曰，是亦此种顽劣之心愿为之。

人人有不肯后人之欲望，而未必人人有可以胜人之能力，平等哲学正所以济此辈之穷者也。

● 财丁两旺

“财丁两旺”，可以说是中国中等社会的一种信仰，一种处世守身的哲学。一地方的人口中，当然中下阶级占最大多数；中下阶级，上文已经说过，多采用小殡舍的浮厝方法；而小殡舍的两头 100 个中有 99 个砌着丁字和财字；如此逐步推想，可见财丁两旺的信仰在民间有很普遍的势力。一种处世的信仰，要实现它，居然要仰仗死人的臂助，也足见它的深刻和迫切。

一家人丁兴旺，至少可以教这家的血统不至于中断，推广言之，就可以教种族永久绵延，换言之，丁字就是代表种族生命安全的一个符号。“财丁两旺”的信徒自然也就极端拘执的，他们也许是守财奴，也许以蜂窝般的大家庭为荣，但归根也无非是这两种欲望畸形发展的结果。

要是分了级层说，中国今日所缺少的却是第一级，而第二级，所谓中等阶级的却独多。

一是在知识生活方面，缺少出类拔萃的发明家或学问家，而喜欢弄弄学问或借了学问的幌子来号召的人却真不在少数。

今日中国第一级人才的缺乏，更可以从团体生活上看出来。大凡上级的人品善领袖，下级的人品善服从；中级的人品，则依违两可，视当时当地人口的成分和教育的程度而定。

事实上可能，也是今日的世界、尤其是今日的中国所极需要的，是有才的丁口要相对的加多，无才的丁口要相对的减少。这就不叫做才丁两旺，却可以叫做才丁偏旺了；才与丁在这里不是两种对等的人物，却成为一种了。优生学家说：“我们要提高优秀分子的生育率，要扩大优秀分子生存与发育的机会。”这就是才丁偏旺四字的注脚。

● 竞存力衰弱

民族是病了，民族的竞存力日就衰弱。在太平的时候，还勉强可以做一些事，到了乱世，简直是没有办法。

这个病不是比喻，是真病，是生理上先天缺陷后天失调而产生的状态。这一层，十个中国人里至少有九个不知道，给他们讲了他们也不承认；他们最多不过承认是后天失调，没有吃相当的补药罢了。

（选自《人文史观》，商务印书馆 1937 年版）

民族性与教育（1938）

庄泽宣

● 迷信

中国民族的迷信心理，实源于天命思想。天命思想本来自古就深入人心，认天意和命运，不但能够决定一切而且能够监督一切、支配一切，产生一种天定胜人的观念。中国拥有伟大的自然，已使人民产生崇拜自然的心理，更加灾荒频仍，愈使人民发生恐怖自然的心理。儒家对于鬼神，虽持敬而远之的态度，但很尊崇天命；道家对于天，虽不认为神，然以天道为自然及人生旧宿，也相信天命；墨子以为天为人生的主宰，对于天命，更为信仰；荀子虽倡"戡天"之说，但影响极微；自后汉儒盛倡谶纬，再加佛家因果报应之说，宋儒性命之理，于是天命思想乃牢不可破，把人间的吉凶都用天命来解释，更把现世人间的关系来推论天上或地下的情形，于是便天上有人性化的神仙，地下也有人性化的鬼怪，这种思想更因阴阳五行之说，获得了理论上的说明，由于方士僧尼者流的倡导，乃深入民间意识。

● 好利

中国民族自私自利的心肠非常发达，功名利禄的观念亦比较强烈。这种好利行为因由于过分重视实际思想而来，但其本身形成的原因则缘于私人或私家经济生活之畸形发达，专制政治的流毒及荒年的反选择作用。中国的经济生活不以私人为单位，就以家族为单位，畸形发达后就不免以个人或家族利益为重，乃致公私不分或贪婪自肥。中国专制政治下的官吏，奔走营私，贪污枉法，视为常事，又因中国人大多爱好享受，因此好利之心愈形深刻。中国荒年的压迫，固然养成了节俭省俭等美德，不过经历荒年的次数多了，过于热心预防荒年的结果也便产生了自私自利的心理。

在经济压迫下的人民，就是平时，也不过勉强敷衍度日，终年奔波劳碌，全为追求衣食，因为要求生存，所以不能不勤劳将事，如果荒年临头，更不能稍事浪费，非得撙节不可。在生存竞争极强的时候，解衣推食之辈，大都先被淘汰，侥幸生存者逐渐养成自私自利的品性，普遍只顾自己家庭的利益而不顾社会的利益，在生存竞争非常剧烈时，甚至只顾自己本人的利益，就是连家庭骨肉也不能顾及，养成残忍的心理。

经济组织方面以家庭为单位，完全是私家的经济生活，好的方面，可以促使刻苦辛勤，以谋全家安乐，大家“自扫门前雪”；坏的方面，就不免以家族利益为前提，不惜损人利己，假公济私。

中国民族在经济生活方面，最不注重生产，也最缺乏创造的能力；对于消费，在原则上虽然注重“节用”，不过因为自私心理的影响，有时却易流于两个极端，不是吝啬就是浪费；对于分配，虽然注重以“均”达“安”，但是有时也常易养成怠惰偷安的特性。

中国人民，向来重视家族关系，政治制度又是实行专制，所以人治主义，非常发达，人民不能获得法律的保障，养成唯祸苟安，不管闲事的态度，从事社会工作，就是多管他人闲事。本来普遍人士对于国家政事、社会公务亦很热烈注意，但是事实方面因为没有法律保障，很易动辄得咎，一般远见的人，为适应社会环境计，当然就噤若寒蝉，不谈国事，渐趋消极无为了。东汉太学生伏阙上书，对于国家政治热心参加，结果反有党锢之祸，或被杀戮，或被放逐；到了魏晋时代，学者名士，大家崇尚清谈，纯然是一种逃避现实的消极行为。以后各代类似的情形极多，于是整个民族就逐渐养成一种“各人自扫门前雪，莫管他家瓦上霜”的心理。

● 冷淡

中国民族很能洁身自好，对于公共事务常不愿自动参加，认为多一事反不如少一事，这种态度实际缘于政治制度及社会风习而来。中国向来采取人治主义，个人权利缺乏法律保障，又因帝王专制，易于动辄得咎。中国人身家观念本来看得极重，不肯冒险进取，再加这种危险，诚恐连累家族，聪明之士当然消极怕事，放逸浮夸，避人耳目。由于多年适应结果，所以产生了冷淡态度。中国人过分重视现实生活，故不愿多事兴革，不相信进步，力戒年少气盛，尊重老成持重，所以对于一切都淡然置之。

● 保守

中国民族保守性的形成，固由于顺时听天，轻视人力，不愿徒劳无益，但大部分原因还在习故安常，以当前一切为满足。中国地大物博，能过安定的农业生活，各地经济自给现象形成了无数独立自足的经济单位，所以就国内而言，各地亦可不相往来。安居乐业，再加交通不便，各地缺乏互相接触机会，亦无由较量短长，当然产生了自满自足的心理。至于中国与国外接触，在海禁以前次数极少，因地理环境既获有天然保障而文化历史又复流远久长，乃常以“华夏国”自居，对于异族讥为夷狄，漠北异族武力虽强，文化极低，即偶然入主中国，不久亦即汉化，所以逐渐养成了自夸自满的心理，认为一切典章文物均臻完善。这种心理更因历代儒家、道家等学说的影响而深入人心。儒家学说的根本主张是返于古先王之道，认为只要遵古法制就能平治天下，道家所主张的理想社会虽和儒家不同，但是主张返自然轻人力，其结果亦流于保守。自汉尊儒罢黜百家后，历代法则典例就均墨守儒家旧制，中间虽经鼎革而诸事悉尊先例，一般民众亦均保守数千年的传统风习。

农业社会生活是简单的、安定的，也是保守的。中国人民生活简单，在经济上各家族或乡村都能互相独立，所以人与人之间的接触和竞争，比较少，就是团体与团体之间或地方与地方之间亦极少密切的关系，因此养成安土重迁的特性。同时因为交通闭塞深觉迁移困难，并且迁居他乡，既得不到家族的患难相济，且易于受人歧视，名曰客籍，生活上自然不必他迁，事实上也难于他迁，所以这种安土重迁的品性，非常发达，几乎牢不可破。农业社会生活是安定的，在安定生活下，凡事都可从容不迫、徐谋应付，所以中国民族，在好的方面有“好闲暇”、“会享受”、“从容不迫”的特性；在坏的方面也有“懒惰”、“迟钝”、“不守时间”的特性。

中国历来的经济生活，只讲自给自足，维持现状，对于生产技术与生产方法，常墨守成规，不求改进；对于人口，因为自认为地大物博，取之不尽，用之不竭，便尽量繁殖，加以社会风尚，奖励生育，信仰“不孝有三，无后为大”之说，所以人口愈形繁密，受尽经济的压迫。

中国社会风尚注重保守，普通都以“先王”、“古法”、“祖传”为最可贵，并不问对于当前环境能否适合，因为保守，所以社会上常以“安静”、“持重”、“老成”一类的话赞誉人，而用“喜事”、“轻进”、“纷更”一类的话来鄙薄人。中国人的生活根本求安而不求进，中国人的古训向来是“明哲保身”，既不好活动，也不愿冒险；遇事迟疑不决，没有奋斗精神，其弊在轻视劳动，易于颓丧消沉；其长处在能享受，在能知足，安于淳朴的家庭生活。

● 和平文弱

和平是美德，但过犹不及，易于流为文弱。中国民族看重现实生活，善于享受人生乐趣，因此能够心平气和。中国有悠久的文化历史，阅世极深，所以知道和平是处世良法。古来思想就多鼓吹和平思想，厌恶武力侵伐，中国人对于异族历来亦时常采取和平的手段，即国家任用官吏，亦复重文轻武。儒家最重视“和”的原则，崇尚德化，排斥武力，赞成王道而反对霸道。道家崇尚自然，排斥人力，提倡和平更比儒家来得彻底，此外墨家亦倡兼爱非攻，主张博爱同情，反对暴力征服。几千年来中国社会重人治轻法治的结果，大家审视道德势力，随处能宽容讲情，也是促成和平特性的主因。

中国政治制度大权集于君主，他的意志，就是法律，他的行为，就是大众的表率；君主赖以维持独裁政治的全在强大的武力，不过大权在握之后，深恐武官反叛，所以常用文官治国。普通而论，在治世总是文官重于武官，同品的文武两员，文员的地位总比武员高些。俗话说得好“好铁不打钉，好男不当兵”，在这种政治制度和风习下，便逐渐养成和平文弱的精神和宽大柔懦的特性。

● 持中

儒家所谓“中”是不偏不倚的意义，也就是重在适应；“庸”是经久不渝的意义，也含有经用的真理。至于调和，一方面固须调和理性与人情，一方面更要调整人与我的关系。儒家说："恭而无礼则劳，慎而无礼则葸。"是求礼的中庸。又说："质胜文则野，文胜质则史；文质彬彬，然后君子。"是求文质的中庸。又说："无可无不可。"这是求可否的中庸。因为注重中庸调和，所以中国人最讲求情理兼顾，心平气和，凡事妥协，恶趋极端，一切不喜诉之武力，喜欢中和气象，结果中和的实际法式，归于忠恕絜矩之道，中和的实际体制，形于衣乐之道。

中国民族最讲持中之道，凡事均须适如其分，毋过亦毋不及。中国文化产生在广大平原之上，所以民族思想比较率直伟大，能够包容一切，把许多表面上不能相容或者相互抵触的事物善加调和。中国文化的根本精神在于人文主义，而人文主义的发端就在好讲情理，恪守中庸之道。"理"是道理，比较固定不易；"情"是人情，可以因人而异，如果能够推己及人，适如其分，便达到了理想的标准。中国儒家学说的根本思想便在中庸之道，讲近情近理，谈折中调和，几千年来的民族思想深受着这种观念的影响。

● 知足乐观

中国民族具有知足常乐的态度，因为中国人比较富于消受享乐的能力，对于目前生活求安而不求进，专重生活中不足以享受之处及可行之乐，所以就在忙里也想偷闲，苦中亦要作乐，这种安分知足思想，实由古来各家思想，深入民心所致。儒家学说既主张礼让不争，更提倡安分守命，教人安贫乐道，处之泰然。对于物质欲望各家的共通原则都偏重在消极的节制，求得内心的宁静，如儒家的提倡寡欲，道家的鼓吹无为，和墨家的非乐节用，都是如出一辙的。

道家既然信仰自然万能，所以只求顺应自然，人类不必活动，也不必创造，认定自然可以支配人力，而人力决不能征服自然，其结果便产生消极态度，流于定命主义。其长处固在具有知足的、乐观的、宽容的人生态度，其短处则易变成消极的、顺从的、颓堕的人生哲学。

因为积极的行为与努力都不免干涉自然，所以教人以退为进，要能积极的忍耐和坚毅。

据道家的意见，在物质生活方面要能够鲜私欲而尚朴素，除了至不可少的物质生活外，不应丝毫浪费；在精神生活方面，主张仁慈俭朴、谦下不竞、静重自持，而尤其重在以静制动，以柔克刚；凡事都能安分知足，与人不争。

中国民族最重家族的道德，讲求人伦间的关系，因为日常实际生活，处处都是对人的问题，所以重视如何奉上，如何处下，以及保持家族和睦或继续家族繁昌。这种家族的道德发达，当然足以防止家族制度的崩溃，而且一种克己、容忍、依赖或服从的特性亦随之产生。

总之凡事均以家庭融和为前提，求得彼此感情的融合，能相让则相让，能相忍则相忍，这样，社会亦认为无上的美德（唐张公艺九世同居，高宗幸其宅，问他睦族之道，公艺请纸笔，书一百个“忍”字以为进，流传至今，还传作美谈，现在张姓大都仍喜用“百忍堂张”，以乐炫夸）。

● 勤劳

中国民族大家都能勤勉惜时，恒毅自立和刻苦耐劳。这种特性大半由于农业社会所促成，儒家、墨家提倡“民生在勤”的学说亦不无影响。中国民族几千年来都在农业社会下讨生活，过于依靠天时地利的结果，造成了周期贫穷现象：因为天时地利并不能尽如人意，好的时候可以丰收，坏的时候，如果专凭自然，事先不加人力的控制，也未当不曾酿成荒歉。中国人民在丰收的年成，既不知道提高生活水准，反重视多子多孙的遗训，尽量生育，以致身受人口压迫的痛苦；等到荒歉的年份，事先既不能设法预防，事后亦无从补救，因此在中国历史上，这种贫穷现象就永远是轮转的。一般人民在如此情况之下，终年劳碌，全为追求衣食，孜孜矻矻亦仅足温饱而已。

● 撙节

中国人民的生活程度极低，对衣、食、住、行都力求质朴俭约，这种特性是缘于民族传统经济观念及荒年选择作用促成。历来民族经济思想都着重在消费方面的节俭，很少提倡生产力的增加。儒家的生计学最注重“知足”、“均平”等分配理论，道家以无为哲学作基础，极少谈到经济问题，对于物质生活认定“见素抱朴，少私寡欲”的原则。墨家虽看重生产，但中心思想仍在节用。由于各家学说影响，故普通人民主张省吃俭用，上流阶级亦多以箪瓢陋巷蔬食饮水为清高。质朴俭约的结果，至多维持自给自足，因此，一旦遭遇荒年，便难以维持生计，不过经历的荒年多了，也便产生了一种消极顺应的能力。平时比较能撙节省俭的人，比了浪费虚掷的人，在荒年时，至少生存竞争的能力总要大些，延续生活的时期也要长些，中国民族在历史期内既受尽了回环式荒年的压迫，所以大家都具有了撙节的性格。

● 放达

中国民族有放达的态度，采取乐自然的人生；对于自然热烈爱好；对于自身主张宁静淡泊。这种态度实由道家哲学和佛家思想交相影响所致。中国人对于人生目的极能确切认识，亦希望享受人生乐趣，但不幸中国是一个灾荒的国家，有时因饥馑荐臻结果又时常遭遇着内乱外患，中国人便极容易接受道家及佛家思想，求得一些精神上的安慰。道家认为自然有绝对的美，是绝对的善，故必以顺应自然为人类生活的法则，遵守柔弱能让之道，由于这种学说的诱导，就使大家养成放达态度，寻求内心的淡泊宁静，偶向自然方面找寻乐趣。中国道家思想的势力本已极大，后来再融合了佛教的出世思想，便愈使人民养成了放达的态度。

● 委婉

中国民族温文好礼，极讲谦和恭敬。中国政治向采人治主义，因此实际上维持中国社会秩序者在礼教而不在法律。儒家是最重礼的，孔子就把礼和乐看作最有价值的东西，讲求克己复礼，要能非礼勿视、非礼勿听、非礼勿言、非礼勿动，不过末流之弊，即失掉了礼教的原意，单剩下一些形式，变为繁文缛礼、刻板文章，于是就难免从温文好礼而流于虚伪文饰。中国人也最讲究正名，但务名而不务实也不免面子上固然名正言顺而实际上仍是阳奉阴违。

到后来竟演成了完密的礼教，专注重形式，变成一套繁文缛礼，凡是冠、婚、丧、祭，都有严密的规定，甚至一举一动，亦有仪节，斤斤较量登降之礼、超让之节，就是不能适应社会生活的实际需要，也要竭力保存，结果所谓礼教，尽是文饰的东西。中国民族因为喜欢文饰，所以最讲面子，不讲实际。看重名义和顾全面子的思想几千年来不断地支配了中国民族的心理，在日常生活中，随处都可表现。要顾全对方面子，有时就免不了敷衍，甚至于虚伪，因为自己对人虚伪，更容易产生猜疑心理，在任何组织中，除了血缘和地缘关系，就不能团结，不肯合作。

● 忍耐

个人方面，儒家重在内心修养，专责重自己，到处相忍相让时刻推己及人；要能“己欲立而立人，己欲达而达人”，还要能“己所不欲，勿施于人”，如果可以实行上述的忠、恕，就能达到“仁”的目标。能修身即能齐家即能治国就能平天下。中国民族忍耐的特性大概由于经济压迫和家族制度而来，同时古来提倡相忍相让美德亦不无关系。中国是一个灾荒国家，人口繁密，人民所受的压迫极为痛苦，不过相信天力胜于人力，所以凡事处之泰然，养成一种百折不挠的耐性，中国家族制度的畸形发展，产生了反选择作用，使忍耐性格更多一层保障。在大家族中，世代同居，人口众多，日常相处。关系复杂，要能维持整个家族的和睦，当然只有内省自反，交相容忍了。中国社会组织以家族为本位，伦常道德，亦以家族为中心，故古来即提倡“相忍为家”、“相安为国”等理想，鼓励人民奉行，循至“逆来顺受”变成至理名言，“弱肉强食”无异天理。

● 实际

中国民族有实际的头脑，认为人生真义，即在现世人生目的，全在享受家族幸福，安度淳朴生活。中国人凡事都讲中庸之道，可说不离实际倾向，且富于常识，尤为实际性格的表现。中国人实际性可说大部由儒家哲学提倡所致。儒家提倡伦常道德，注重切身实践，不谈高深玄理，一切行事与人事经验有关。此外道家所谈亦都为人生实用问题，但比较难于实现，墨子和荀子虽然时常讨论到天，不过始终认为“天人合一”，无非给人生一种实用上的指示而已。

● 缺乏社会意识

中国民族只有家族观念而缺乏社会意识，中国和西方的社会思想有一个根本不同之点，西方认为个人与社会是两个对立的本体，在中国则以家族为社会生活的重心。

中国人民的活动中心便是家族，所以伦理道德，亦以家族为主，注重家庭的绵延与发展，个人的努力并不在为社会服务，乃为“扬名显亲光耀门楣”而已。所以做事要能“光宗耀祖”，经济要能家族共财，婚姻生育为的是绵续血脉，立身行事，要能做成“孝子贤孙”，凡一切有利于家庭行为的道德，都值得表扬，有害于家庭行为的道德，都为社会所不齿，结果社会公德虽不发达，而家族道德非常注意。

中国人民聚族而居，有时一个乡村里面可以全是同族，有时或合数族而成，但因安土重迁的特性，所以乡村以内，变动极少；普通大家不是有亲戚关系，就有家族关系，基于共同的利害，就需要彼此互助，结合巩固的团体。乡村的结合巩固，爱乡的观念亦即亲切，而对于异乡人士，乃常以客籍相待，加以排斥。这种乡土观念愈强，社会和国家观念便愈薄弱，结果只知乡党邻里的利益而不顾到国家的利益。此外像行会，完全是为同业利益而组成的职业团体，秘密结社，则采兄弟契约的方式，重视“有福同享，有难同当”。中国人生以伦理为本位，所有一切人生关系更以家族伦理为基础，通常所称五伦，几可完全包括在家族关系中，人生问题的解决既全靠家族伦理标准，而社会关系的调整也都凭家族伦理道德，人生最大幸福即在家族的完整无缺，能够五伦和睦，至于鳏寡孤独就谓之无告。社会生活中，因推家族的血缘关系，故重宗族戚党；因扩充家族的地缘关系，故重邻里乡谊。个人是家族的附庸，当然没有独立；就是“国”亦不过是许多“家”的集合，国的生活，只是家的生活的扩大，所以中国社会组织便全以家族为骨干，把个人与社会的地位，可算完全埋没了。中国家族观念发达的结果，不但使大家缺乏社会意识，更影响到中国的宗教信仰及科学发明，因为在精神方面有快乐的家族生活来慰藉；所以用不到信赖缥缈玄虚的宗教，可以把以前的信仰寄托于祖先的保佑，现在的安慰寄托于家族的和睦，未来的希望寄托于子孙的昌盛；在物质方面既切望享受家庭融和的幸福，所以亦不必熙攘求进，能安度淳朴生活便觉心满意足。基于这种民族理想和民族性，所以从中国学术方面看，人生哲学便特别来得发达，而讨论的重心亦不外家族伦理及家族道德问题。从中国历史方面观察，“国”字本是用来代表一个部落的名称（参看《尚书》上的用法），至于整个中国则称为天下，这是因为一向少有一国能与中国抗衡并立，而疆土又非常辽阔，以为凡天下之下皆是我们的国土的缘故（西洋的国本同此义，但是后来各自独立并存始成今日所谓“国”的意义，这个意义在中国人心意中一向没有）。中国家族制度，则早成为社会组织中最基本的单位，现在虽因社会的演进而有逐渐崩解的趋势，不过因这种家族制度畸形发展而产生的家族观念，仍是根深蒂固地遗留在民间意识中。

● 缺乏宗教信仰

中国民族只有天命观念而缺乏宗教信仰，虽有迷信的举动但没有宗教的制度。中国在古代或有类于宗教的活动，不过我们可以说自从儒家得势以后，就缺乏了宗教生活。中国民族注重现实，人生目的在求今世安福，对于现世以外的问题多不理会，不管什么虚无缥缈的上帝天堂，不谈任何教义教条，因此没有教主，也没有教理。中国民族的宇宙观，始终认为是天、地、人三才的会通，其中尤以人事为中心，所以提到天道必求验于人生，在天人之间只有和谐合一的道理与西方以上帝与人类隔离为两界者完全不同。中国民族因为重视现世乃人生，所以肯定生活着重己力，和西方人的否定人生看重外力完全不同。中国人看重己力价值的判断，专赖内心的善恶，所以道德特别发达；西方人借助外力，价值的判断亦在另一世界的上帝，所以重视宗教。中国人认为人性本善，故主张修养内心，发展这种善端，西方人认为人性本恶，故须求助上帝洗涤罪恶；中国人注目在善的观念，所以认现世为快乐，应该尽情享受，西方人着眼在罪的观念，所以认现世为痛苦，必须皈依宗教，才能超升天国。中国民族中的精神亦影响到宗教的发展。中国重视感情，但不否认理智，儒家的教化，既对人生感情有所安慰但亦不背理智，如对于婚丧祭方面，若专从理智观点以待死者，断其无知，则为不仁；若专从情感观点以待死者，断其有知，则为不智，所以儒家提倡一种理智感情兼顾，仁智并存的办法。基于这种民族理想和民族性，所以从中国学术方面看中国只有伦理学而没有神学，从历史方面观察，中国几千年来并没有一种思想雄伟、组织完善的宗教出现。儒家教化，注重现实人生，儒教的教育是教育之教而非宗教的教，其后虽有道教出现亦只有一种法术而不能称为宗教。佛教本是外来宗教，输入以后在思想方面的影响似较生活方面的影响为大。基督教入中国较近，将来的影响恐亦偏于思想方面。在中国不但各教并存而且一个中国人可以同时信奉几种宗教，这是西洋人所不能了解的。

● 缺乏科学发明

中国有科学的萌芽而无正式的科学，中国也曾有过科学的发明，但是实验科学始终没有能够确立。中国民族看重自己，希望了解自身，修养内心，和西洋民族的偏重外界、探究宇宙、控制自然，态度完全不同。因为这种重大的差别，所以中国人所追求者皆为内心的和平及合理的幸福，西方人所从事者多是物质的进步和环境的克服，一在享受而一在权力。中国人目的既在享受，故脚踏实地，侧重目前可享的乐趣，不愿徒耗精力于似实似虚的将来；西方人目的既在权力，故肯努力奋进，偏重未来为求进步而进步，因此在中国就没有促进科学发明的动力。中国民族的思想是由个人内心出发，重视的是善的问题而不是真的问题；为人伦的问题而不是自然的问题。人伦注重实践而非玄想，因此中国所尊重的是实用知识，不是抽象研究；中国人最看重常识和悟性，与西方人的重视真理和分析亦完全不同。中国人思想既是具体的、近情的，所以重视道德，西方人思想因为是逻辑的、分析的，所以科学发达。中国民族缺乏科学发明主因，大概就在这种民族思想的不同。基于这种民族理想和民族特性，所以从中国学术方面看只有理学而没有科学；虽有哲学而不发达。从历史方面观察，中国历代虽亦有发明，像火药、指南针、印刷术等，不过因为太注重了利用厚生，往往就不能发扬光大；又如宋儒虽亦提倡格物致知，但是这种格物致知是属于理学的，和西方人之属于科学的完全不同，所以中国人看见乌反哺，就想到怎样事亲，看见鸿雁行列，便想到怎样敬兄，而西方人看见果子在树上落地就发明地心引力，看见热水壶盖因水沸而掀动就发明蒸汽机关。

（选自《民族性与教育》，商务印书馆 1938 年版）

中国命运（1946）

蒋介石

● 八德四维

中国国民道德的教条，是忠孝仁爱信义和平，而中国立国的纲维，为礼义廉耻。在这八德和四维熏陶之下，中华民族，立己则尽分而不渝，爱人则推己而不争。义之所在，则当仁不让；利之所在，则纠介无私。不畏强梁、不欺弱小。积五千年的治乱兴亡，以成就我民族明廉知耻、忍辱负重的德性。惟其明廉，故能循分。惟其知耻，故能自强。循分故不凌侮异族，自强故不受异族的凌侮。惟其忍辱，故民族的力量是内蕴的而不是外著的。惟其负重，故民族的志气是持久的而不是偶发的。由此种德性的推演，故中华民族的各宗派及其国民皆能为大群牺牲小体，为他人牺牲自我，而养成其自卫则坚忍，处世则和平。更进而以"存亡继绝，济弱扶倾"的仁爱之心，行"己立立人，己达达人"的忠恕之道。所以五千年来，东亚各民族或内附而融和，或相依而共保，或独立而自存，各顺其民志、民心，各随其国情民俗，各发展其文化之所长，以贡献于人类共同的进步。

● 精诚笃实

然而社会的风气仍然精诚笃实、勤劳俭朴、崇礼尚义、明廉知耻。我们中华民族所以能久存于世界，此实为其基本原因。但最近百年来中国在不平等条约压迫下，社会风气日趋于败坏。让我们分别检讨社会上的习尚，立即可以看见租界流风之所至，一般国民无秩序的恶习，则表现其放荡浪漫的行为；无条理的颓风，则表现其杂乱糊涂的现象。人人不笃实，事事不敏捷。处处皆见其轻浮虚伪，与疲玩怠惰的心理。因循苟且，徘徊瞻顾。丧失信心，不下决心，损人利己，重私轻公，不知社会国家为何物。背礼弃义，寡廉鲜耻。民族道德之堕落，可以说莫此为甚！

● 重勤劳

中国五千年来，重勤劳、尚俭朴、布衣蔬食、女织男耕的风气，在烟赌娼妓盗匪的租界流风之下，乃洗扫净尽。

● 自尊、自谦

从历史的事实上，我们可以看出中国的民族德性，是自尊而不自大、自谦而不自卑的。所谓“高而不亢，谦而不卑”，正是我们民族德性的正确说明。我们中华民族对于外来的宗教和学术，即根据这种德性来定其趋向和态度。

● 不尚法治

近百年来，我们中国不尚法治的观念所以养成，不守法律的风气所以传布，租界与外国驻兵区域以及封建割据的存在，为其重要的原因。租界驻兵区域为中国法律的力量所不及，一般人士在那里面，可以放纵恣肆于本国法律范围之外，对于国家作违法犯纪的言论和行为。相沿既久，养成了一种消极则不负责任、积极则破坏法治的习惯，流行于国民之间，犹不自觉是非，不独不以为非，而且自以为是。

（选自《中国之命运》，正中书局 1946 年版）

民族特性比较（1946）

孙本文

● 重人伦

在对人方面，重视家族伦理，由孝悌诸德推而至于国家社会。在对己方面，重视戒慎恐惧，践礼修身。其长处在提倡忠孝慎独，以奠定社会的基础；其短处在维人伦与家族，缺少国家民族观念。

● 法自然

为纯任其自然。其长处在法天自强，仁民爱物，其短处在信天安命，而不知人力可以胜天。

● 主中庸

为执两用中，避免极端。其长处在因时地制宜，不偏不倚，中正和平；其短处在调和折中，迁就事实。

● 求实质

为实事求是，力避空谈。其长处在近情近理、讲求信义；其短处在保守安分，缺乏进取精神。

● 尚情谊

为尚情无我。其长处在不计利害，爱人若己；其短处在偏重人情，事难公允。

● 崇德化

为以德服人。其长处在宽大和平，不尚暴力；其短处在忠厚放任，对顽强不率教者，感化难驯。总之，我国民族的特性，各自有其长处，短处。但其短处，毕竟不能掩其所长。

（《我国民族的特性与其他民族的比较》，选自庄泽宣、陈学恂《民族性与教育》，商务印书馆1949年版）

● 尊理性

我国人最尊重理性，凡事必求其合乎理性。所谓理性，就是是非之心、曲直之心、义利之心、善恶之心，以及邪正之心。能依此等区别者，就是理性的表现，凡人对于理性原有极强的要求。凡做事合乎理性，则坦然泰然，中心自得，所谓“心安理得”是也。若违乎理性，则往往慊恨不安、如有所失。孟子所谓“良知”，就是理性的自觉。现代语所谓“正义感”，就是良知，也就是理性的感觉。我国人自古以来，最富有理性，最富有“正义感”。所谓“穷理尽性”，所谓“读书明理”，都是表明要穷究这个理性。阳明所谓“致良知”也是要发挥这个理性。这个理性是中国社会上人与人相处的一种行为标准，每逢人们发生冲突时，我们可以听到大家要讲一个理性。社会上常常可以听到“理直气壮”、“有理讲倒人”、“有理天下去得，无理寸步难行”等话。可见我国人自古及今心目中都有一个理性作为行为的标准。这与别的社会注重“利害”关系者，正可对比。别的社会因注重“利害”关系，故可牺牲是非观念——牺牲理性。中国社会则因注重“理性”之故，宁可牺牲“利害”关系。这真可说是中国社会的特长。世间没有比理性再强的事物。尽管有人蔑视理性，置“是非”于不顾，但毕竟对理性不能不表示屈服。西方人恒言“权力即正义”。可见即使用权力牺牲正义，而还假正义之名，以欺蒙世人。故理性确为人类行为的指针。但人与人相处，必须大家尊重理性，始有效果；若一方尊重理性，而一方蔑视理性，仍不得其平；则尊重理性的一方，必致吃亏。中国在国际间常常吃亏，或即由于过分尊重理性之故。

● 主中庸

我国人极重中庸之道，所谓中庸就是不偏不倚无过不及的意思。《中庸》篇称舜“执其两端，用其中于民”。最能说明中庸的意义。孟子称“子莫执中，执中为近之”。执中就是执两者之中，是中庸之道。他又称孔子谓“仲尼不为已甚者”。不为已甚就是中庸。我国古代帝王道统的授受，其要点亦不外乎中庸之道。朱子说：“‘允执厥中’者，尧之所以授舜也。‘人心惟危，道心惟微，惟精惟一，允执厥中’者，舜之所以授禹也。”可见中庸是中国自古以来的传统思想。因此，一般社会思想行事，贵执中，贵调和，贵折衷，而恶偏倚，恶执一，恶过度，恶一切极端的事情。

中庸除上述一义外，还有因时地制宜的意思。所谓“君子之中庸也，君子而时中”。时中便是因时适中的意思。关于这点，《论语》及《孟子》二书，均有极透彻的说明，《论语》谓：“夫子时然后言，人不厌其言。”《孟子》谓：“孔子，圣之时者也。”又谓：“可以仕则仕，可以止则止，可以久则久，可以速则速，孔子也。”这都是因时地制宜的意思。蔡元培氏在《中国伦理学史》中说：“中者随时地之关系，而适处于无过不及之地者也。是道德之根本。”又说：“一家之中，父为家长，而兄弟姊妹又以长幼之序别之。”“名位不同，而各有适于其时地之道德，是谓中。”这更说明因时地制宜之“中”，便是道德的根本。

总之，中庸实包含“执中”与“适中”二义，而为我国社会自古及今崇高的思想行为的准绳。我国人所以爱好和平，实由于中庸之德的表现。但因过于偏重折衷调和，如与富有侵略态度者相处，必致大受损害。

● 重自治

我国人向重自治。所谓自治，就是自己管束自己的意思。自己管束自己，所以需要克己修身。古人所谓："躬自厚而薄责于人。"所谓："其责己也重以周，其待人也轻以约。"都是表明做人之道，首重自治。自治之要，首在克己复礼。要克己复礼必须惩忿窒欲，拘束身心。所谓"非礼勿视，非礼勿听，非礼勿言，非礼勿动"，就是这个意思。克己尤重"慎独"。所谓"戒慎乎其所不睹，恐惧乎其所不闻"，所谓"不欺暗室"、"不愧屋漏"，都是表明要使个人行为，遵循礼仪，谨慎小心，无丝毫放纵的倾向。做到了这个地步，可说已经奠定个人自治的初步基础，然犹未达到自治的圆满境界。必须一面涵养其节操，一面不为环境所屈服，这是古代大学教育的终极目的。故《礼记·学记》篇谓："九年知类通达，强立而不反，谓之大成。"孟子尝自谓："吾善养我浩然之气。"人有了浩然之气，始具节操，而能强立而不反。夫然后，"富贵不能淫，贫贱不能移，威武不能屈"，而可谓之大丈夫。至此，始能"仰不愧于天，俯不怍于人"，而成为光明磊落的人格。这样，由个人克己修身，养成谨慎小心，俯仰无愧，光明磊落的人格，古代儒家以及后世社会称为"君子"。中国社会自古迄今，以"君子"为一种公认的标准人格。鼓励一般人由修身自治以养成这样的人格。故注重修身自治，中国社会的传统思想。中国人向来重视私德，亦由于此。

● 崇德化

上面说自治是对己，现在说德化是对人。所谓德化，就是道德感化的意思。我国人对己重自治，对人——无论是个人或社会团体——重道德感化。一般社会似有一种信念，以为只要自己道德修好，便可感化他人。一个人的社会地位愈高，感化他人的力量亦愈大。《尚书》上说："惟德动天，无远弗届。"只要有道德，不畏人家不感服。所以日常生活，注重"以身作则"。孔子尚且以德之不修为可忧。政治上更注重执政者的修养道德，以为人民的领导与表章。孔子对季康子说："政者，正也，子帅以正，孰敢不正？"又说："其身正，不令而行；其身不正，虽令不从。"一方面重视道德感化，另一方面反对用权力或暴力来挟制或压迫人。所以说："道之以政，齐之以刑，民免而无耻；道之以德，齐之以礼，有耻且格。"孟子谓："以力服人者，非心服也，力不赡也；以德服人者，中心悦而诚服也。"可见中国社会在思想与行事方面，都注重以道德去感化别人。因此，在教育方面，亦重视"化民成俗"。《礼记》上说明，大学教育，在养成知类通达，强力而不反的人格；"夫然后足以化民易俗，近者说而远者怀之。"故曰："此大学之道也。"我国古代圣贤千言万语，都要人修身自治。《大学》上说："自天子以至于庶人，壹是皆以修身为本。"格物致知，诚意正心，都是修身之事，而修身则为齐家治国平天下之本。后世学者亦无不以刻苦耐劳忍辱负重助人，都是注重自治之意。但修身自治仅是第一步，第二步即在感化他人。故大学之道，首在明"明德"，"明德"既明以后，始当推以及人，使他人亦能革新其德。故其次为"新民"。"明德"与"新民"二事，以"明德"为本，"新民"为末。换言之，即以修身为本，以感化他人为末。其意以为，人必先能修身，而后始可感化他人；若自己不修身，便不能感化他人。此所谓"物有本末"。所以孔子尝谓："己欲立而立人，己欲达而达人。"可见，"修己"与"治人"二事，只说有先后不同，而其重要则无别。是知中国传统思想中，自治与感化他人，同样重要。至德化一点，尚含有一重要意义，即中国注重道德化，而不重以暴力制人。这点，孟子之意，甚为明晰。

但这种注重修身自治，以道德感化他人的德性，未免过于宽大放任，对于富有理性之个人或民族，固能发生效力，而对于顽强不率教，或心存侵略之个人或民族，必致无法控制，不仅不能感化，而且反受其侵凌。中国民族所以常受外族侵略，或由于此，但终究看来，我民族的伟大悠久，亦未始不由于此。

（选自《社会心理学》，台湾商务印书馆股份有限公司 1946 年版）

乡土中国（1947）

费孝通

● 私德

说起私，我们就会想到“各人自扫门前雪，莫管他人屋上霜”的俗语。扫清自己门前雪的还算是了不起的有公德的人，普通人家把垃圾在门口的街道上一倒，就完事了。苏州人家后门常通一条河，听来是最美丽也没有的了，文人笔墨里是中国的威尼斯，可是我想天下没有比苏州城里的水边更脏的了。明知人家在这河里洗衣洗菜，毫不觉得有什么需要自制的地方。为什么呢？——这种小河是公家的。

一说是公家的，差不多就是说大家可以占一点便宜的意思，有权利而没有义务了。没有一家愿意去管“闲事”，谁看不惯，谁就得白服侍人，半声谢意都得不到。公德心就在这里被自私心驱走。

所谓贪污无能，并不是每个人绝对的能力问题，而是相对的，是从个人对公家的服务和责任上说的。

● 家观念

“家里的”可以指自己的太太一个人，“家门”可以指伯叔侄子一大批，“自家人”可以包罗任何要拉入自己的圈子，表示亲热的人物。

自家人的范围是因时因地可伸缩的，大到数不清，真是天下可成一家。

我们的格局不是一捆一捆扎清楚的柴，而是好像把一块石头丢在水面上所发生的一圈圈推出去的波纹。每个人都是他社会影响所推出去的圈子的中心。被圈子的波纹所推及的就发生联系。

我们社会中最重要的亲属关系就是这种丢石头形成同心圆波纹的性质。

● 小圈子

在我们乡土社会里，不但亲属关系如此，地缘关系也是如此。现代的保甲制度是团体格局性的；但是这和传统的结构却格格不入。在传统结构中，每一家以自己的地位做中心，周围划出一个圈子，这个圈子是“街坊”。范围的大小也要依着中心的势力厚薄而定。有势力的人家的街坊可以遍及全村，穷苦人家的街坊只是毗邻的两三家。

● 人伦

以“己”为中心，像石子一般投入水中，和别人所联系成的社会关系，不像团体中的分子一般大家立在一个平面上的，而是像水的波纹一般，一圈圈推出去，愈推愈远，也愈推愈薄。在这里我们遇到了中国社会结构的基本特性了。我们儒家最考究的是人伦，伦是什么呢？我的解释就是从自己推出去的和自己发生社会关系的那一群人里所发生的一轮轮波纹的差序。

伦重在分别，在礼记祭统里所讲的十伦，鬼神、君臣、父子、贵贱、亲疏、爵赏、夫妇、政事、长幼、上下，都是指差等。

在我们传统的社会结构里最基本的概念，这个人和人往来所构成网络中的纲纪，就是一个差序，也就是伦。

孔子最注重的就是水纹波浪向外扩张的推字。他先承认一个己，推己及人的己，对于这己，得加以克服于礼，克己就是修身。顺着这同心圆的伦常，就可向外推了。“本立而道生。”

● 自我主义

在这种富于伸缩性的网络里，随时随地是有一个“己”作中心的。这并不是个人主义，而是自我主义。一切价值是以“己”作为中心的主义。

孔子的道德系统里绝不肯离开差序格局的中心，“君子求诸己，小人求诸人”。

我们一旦明白这个能放能收、能伸能缩的社会范围，我们可以明白中国传统社会中的私的问题了。我常常觉得：“中国传统社会里一个人为了自己可以牺牲家，为了家可以牺牲党。”

在以自己作中心的社会关系网络中，最主要的自然是“克己复礼”、“壹是皆以修身为本”。——这是差序格局中道德体系的出发点。

从己向外推以构成的社会范围是一根根私人联系，每根绳子被一种道德要素维持着。社会范围是从“己”推出去的，而推的过程里有着各种路线，最基本的是亲属：亲子和同胞，相配的道德要素是孝和悌。

孝、悌、忠、信都是私人关系中的道德要素。但是孔子却常常提到那个仁字。《论语》中对于仁字的解释最多，但是也最难捉摸。

● 团体道德的缺乏

孔子的困难是在“团体”组合并不坚强的中国乡土社会中并不容易具体地指出一个笼罩性的道德观念来。凡是要具体说明时，还得回到“孝悌忠信”那一类的道德要素。正等于要说明“天下”时，还得回到“父子、昆弟、朋友”这样具体的伦常关系。

不但在我们传统的道德系统中没有一个像基督教里那种“爱”的观念——不分差序的兼爱，而且我们也很不容易找到个人对于团体的道德要素。“为人谋而不忠乎”一句中的忠，是忠恕的注解，是“对人之诚”。“主忠信”的忠，可以和衷字相通，是由衷之意。

团体道德的缺乏，在公私的冲突里更看得清楚。就是负有政治责任的君王，也得先完成他私人间的道德。所有的价值标准也不能超脱于差序的人伦而存在了。

中国的道德和法律，都因之得看所施的对象和“自己”的关系而加以程序上的伸缩。在这种社会中，一切普遍的标准并不发生作用，一定要问清了，对象是谁，和自己是什么关系之后，才能决定拿出什么标准来。

（选自《乡土中国》，上海商务印书馆1947年版）

中国心理之分析（1949）

萧孝嵘

● 顾表面

我们在做事的时候，每每只图敷衍，而对于事物之自身则不加以考虑。

● 尚浮夸

中国现在有一种最盛的风气，就是所谓“空气作用”。空气无须购买而其作用又至大且广。

● 重形式

我们每每对于形式趋于注重，而甚至视形式与事业为一事（以上为对己态度）。

● 对内嫉妒

对于他人的意见或工作，每每抱着轻视的态度，无论其贡献如何的高或其成绩如何的好，而我们每难予以相当的认识。

我国人的互助精神异常薄弱，而甚至将他人所受之天灾人祸引以自慰，有嫉妒的态度。

● 对外惧怕

我们经过屡次的失败，所以一般的人对于外国常有几分的惧怕，盲目崇拜的态度。

（《中国人的心理之分析》，选自庄泽宣、陈学恂《民族性与教育》，商务印书馆 1949 年版）

中国民族（1949）

缪凤林

● 家族主义

远之事君则为忠，近之事君则为悌，充类至于享帝配天，原始要终，至于没宁存顺。历代之以家庭之肫笃，产生巨人长德，效用于社会国家者，虽不可胜纪，然其弊也，人以家族为重，以国为轻，甚或置国度外，唯见其家，不知有国，而戚族之依赖投靠，官吏之贪墨任私，其原皆是出焉。

● 中庸主义

中国之名，始见《禹贡》，历圣相传，皆以中道垂教，故一言国名，而国性即以此表现，我民族能统制大宇，保世滋大，其道在此，然其弊也，习于消极妥协，不能积极进取，吏多圆滑，民多乡愿，以因循为美，以敷衍为能，政治社会，奄无生气。

● 世界主义

以平天下为理想，而以国治为过程，化育异族，施不责报。故非我族类，一视同仁，拥有广土，亦不以之自私，混合殊族，此为主因。然其弊也，有世界思想而乏国家观念，外患渐臻，鲜敌忾同仇之心。

● 和平主义

以不嗜杀人为政治上至高之道德。远人不服，则修文德以来之，寇则惩而御之，去则备而守之。既服之后，慰荐抚循，交接赂遗，所费尤多。故声教之敷，不恃他力，而海陆奔凑，竞来师法，纯任其自然，遂为安国宗主。然其弊也，流于文弱，与外国遇，常致失败。

● 不干涉主义

然则其弊也，以政治为少数人之专业，民不之问，政治遂永无改进之望。

● 实用主义

其弊：重实利而轻理想，可与乐成，难与虑始。不容有远识先知之士或为求革新之事，而名理之学，研究者寡，遂鲜纯粹之科学。

（《中国民族史序论》，选自庄泽宣、陈学恂《民族性与教育》，商务印书馆 1949 年版）

中国文化与世界（1957）[①]

牟宗三等

●“当下即是”之精神，与“一切放下”之襟抱

西方人应向东方文化学习之第一点，我们认为是“当下即是”之精神，与“一切放下”之襟抱。中国文化以心性为一切价值之根源，故人对此心性有一念之自觉，则人生价值、宇宙价值，皆全部呈显，圆满具足。人之生命，即当下安顿于此一念之中，此即所谓“无待他求，当下即是”之人生境界。

唯由此放下，而后我与个人才有彼此生命间直相照射、直相肯定，而有真实的了解。此放下之智慧，印度思想中名之为空之智慧，解脱之智慧。在中国道家称之为虚之智慧、无之智慧。中国儒家称之为“空空如也”，“毋忌、毋必、毋固、毋我”，“廓然大公”之智慧。由此种智慧之运用，去看生活中之一切经验事物、理想事物，都要使之成为透明无碍。

●圆而神的智慧

西方人应向东方文化学习之第二点，是一种圆而神的智慧。上所谓一切

---

① 此文初为张君劢1957年与唐君毅在美国的谈话，后函在台之牟宗三、徐复光，征求意见后，共同发表。

放下之智慧，是消极的。圆而神的智慧，则是积极的。所谓“圆而神”，是与“方以智”对照的。我们可以说，西方之科学哲学中，一切用理智的理性所把握之普遍的概念原理，都是直的。其一个接一个，即成为方的。这些普遍的概念原理，因其是抽象的，故其应用至具体事物上，必对于具体事物之有些方面，有所疏忽，有所抹杀，便不能曲尽事物之特殊性与个性。要能曲尽，必须我们之智慧，成为随具体事物之特殊单独的变化，而与之宛转俱流之智慧。这种智慧之运用，最初是不执普遍者，把普遍者融化入特殊，以观特殊，使普遍者受一特殊者规定。但此种受某一特殊之规定之普遍者，被人自觉后又成一普遍者；再须不执，融化入特殊中，而空之。于是人之心灵，得再进一步，使其对普遍者之执，可才起即化，而只有一与物宛转之活泼周遍之流行。因此中对普遍者之执，才起即化，即如一直线之才向一方伸展，随即运转而成圆，以绕具体事物之中心旋转。此即为一圆而神之智慧。或中国庄子思想所谓“神解”、“神遇”，孟子所谓“所过者化，所存者神，上下与天地同流”。此神非上帝之神，精神之神。神者，伸也，人只以普遍之抽象概念原理观物，必有所合，亦有所不合。有不合处，便有滞碍。有滞碍，则心之精神有所不伸。必人能于其普遍抽象之概念原理，能才执即化，而有与物宛转俱流之圆的智慧，而后心之精神之运，无所不伸。

● 温润而悲悯之情

西方人应向东方文化学习之第三点，是一种温润而恻隐或悲悯之情。西方人之忠于理想，对社会服务之精神，与对人之热情与爱，都恒为东方人所不及，这是至可宝贵的。但是人对人之最高感情，不只是热情与爱。中国所谓仁人之“事亲如事天”，“使民如承大祭”，即无尽之敬。对人若须有真实之敬，则必须对人有直接的、绝对的、无条件的、真视“人之自为一目的”的敬。若有此敬，则人对人之爱，皆通过礼而表现之，于是爱中之热情，皆向内收敛，而成温恭温润之德。而人对人最深的爱，则化为一仁者恻隐之情。

● 自觉使文化悠久之智慧

西方人应向东方学习之第四点，是如何使文化悠久的智慧。我们以前已说，中国文化是世界上唯一历史久而又自觉其久，并源于中国人之自觉的求其久、而后久的文化。这个智慧不只是一中国哲学的理论，而是透到中国之文学、艺术、礼仪之各方面的。依这种智慧，中国人在一切文化生活中，皆求处处有余不尽，此即所以积蓄人之生命力量，使之不致耗竭过度，而逆反人之自然的求尽量表现一切之路道，以通接于宇宙生生之原者。

● 天下一家之情怀

西方人应向东方学习之第五点是天下一家之情怀。中国人自来喜言天下与天下一家。为养成情怀，儒家、道家、墨家、佛家之思想，皆有贡献。墨家与人兼爱，道家要人与人相忘，佛家要人以慈悲心爱一切有情，儒家要人本其仁心之普遍涵盖之量，而以“天下为一家，中国为一人”，本仁心以相信“人皆可以为尧舜”，本仁心以相信“东西南北海，千百世之上，千百世之下之圣人心同理同”。儒家之讲仁，与基督教讲爱，有相通处。

（《中国文化与世界》，1957 年，选自牟宗三等《中国文化的危机与展望：文化传统的重建》，时报文化传播公司 1984 年版）

美国与中国（1958）

［美］费正清

● 农民色彩

中国社会奠基于农民阶级。这个阶级在民间传说和风俗习惯上富于文化色彩，但是不识字，并且被排斥于政治生活以外。他们从事粮食生产，而不从事工业和贸易，生产剩余，中国就依靠它建筑了较高的文明。

● 官吏权势

在这个社会里，商人不如官吏有权势。工业上的发明和对于机器的控制，一直不如官职和对于土地以及处于土地上的人力的控制有利可图。思想上的个人主义，也没有像精通伟大的经典传统那样地被人重视。像我们在下面所要提到的那样，科学上有了一些发明，技术上也有所发展。但是，它们从来未曾成为一种有系统的、不断发展的知识体系而在社会上制度化下来。

● 人治

这部分地是皇帝和他的官吏们，是在伦理的而不是法治的基础上，在个人关系的而不是法律手续的基础上来按照孔子圣训治理国事的。因此，在中国，个人需要依靠他在等级社会中的人与人的关系，像他在家庭所保持的那样，子对父尽孝，媳对婆尽孝，妇对夫尽顺，臣对君尽忠等等。无论在政治上，工业或商业上，个人都不能在任何地方享到法律和民权制度的保障。政府既是人治的非法治，所以它是由官僚和构成官僚的地主，读书人控制的。

● 极权主义

中国生活水平的重要性，在经济方面关系到世界贸易的较少，而在政治方面关系到民主和极权主义之间的斗争多。任何一个国家中，在物质生活上不安定的广大群众，就是制造专制政治组织和可能随之而来的原料。这种专制主义同群众在经济上贫困的密切关系，在中国历史上是特别明显的。

● 天命

长江大河所流经的平原上的生活一直是艰苦的，人们依靠自然要比依靠他自己的主动性为多。“老天爷能养活人也能毁坏人”是一句老话。在广漠无垠的平原上，劳苦的中国农民受制于气候，依靠老天爷赐给阳光和雨水。他不得不忍受以传统的旱、涝、虫灾和饥荒形式出现的自然灾害。

● 五伦为法

家庭中的身份在著名的五伦之中订为法典，这是儒家所强调的一个原则。五伦是统治者与臣民（君臣）、父子、兄弟、夫妇与朋友之间的联系。在一个讲平等的西方人看来，这种原则最突出之点是五伦中有三伦在家庭之内，而四伦是上下之间的关系。

● 没有民族主义

这个社会的另一个特征是，没有民族主义思想作为公共生活中的动力。个人是这样地依赖他的家庭，使他简直不可能作为一个忠于国家的公民而活动。在家庭之上，皇帝是人民的主宰，但不是人民的代表，也不是他们的领袖，皇帝置身于人民和自然力量——或者叫作天道——之间，他以高尚的行为体现了他的德行，树立了楷模，在天人之内维持一种和谐。

● 社会观念

可是，看来似乎很矛盾，中国人尽管是这样地拥挤在土地上，他们同时却是最富于社会观念的人，一直感觉到个性与他四周的社会风俗的相互作用；因为中国人在他一生中，很少能处在与别人声息相闻之外的。

费子智（C. P. Fitzgerald）曾综括传统的中国社会观念为：（1）单一的政治权力和单一的文化；（2）一个平衡的经济，由国家从根本上来管理；（3）一个正统原则，调和并指导一切形式的人类活动，包括选拔知识分子为国家效劳。谈到 1952 年的情况，费子智指出，这些观念的传统表现方式虽然在现代遭到破坏，但在共产主义之下已重新得到表现。

● 安闲

中国的理想君子，是一个置身于生产需要之上，能够优游岁月，致力于象征安闲的学问的人。最受尊敬的人就是已经得到安闲的人，并不是那个比其余的人更能加速疯狂的商业活动步伐的人（像一个现代做大生意的企业家利用电讯交通和办公室职员日夜不停地工作那样）。这种安闲的理想，直到最近还可以在中国农村里看到。

● 官僚精神

从最早的时候起，做官就是取得财富和闲暇的钥匙，因为官吏拥有最大的机会去从已经得到的东西中增加他的份额。随着他的官吏身份带来了解决人事问题和从中取利的权力。更具体地说，官吏代表皇帝征发徭役，征收赋税，执法判刑和管理人民经济社会活动的权力。从地方缙绅中出身的中国官吏们，往往把“寄生阶级”的态度带到他们的政治生活中。他们设法营私自肥而不去追求兴办企业的机会。“官僚精神”的这一面，正是现代鼓吹“企业精神”的人们所最感苦恼的。

● 个人顺从

这些东方社会，不赞成个人主动性和个人进取的哲学，或者创造发明的无限可能性和个人的占有欲，而赞成身份等级的哲学，着重个人的顺从。

● 保守

传统的中国和共产党中国全都强调思想意识的作用，没有人不懂得一些儒家传统而能够了解蒋介石或毛泽东的。

肤浅的西方观察家们，只看见儒家的经典，对于儒家不可知论的入世思想，和他们在伦理上强调人与人的关系中的正当行为产生了深刻印象。我们曾在比较广泛的意义上，把儒家思想看做是一种人生哲学，一般地把它和林语堂在《吾国与吾民》一书中所美妙描述的恬静素朴品德联在一起，例如忍耐、爱和平，讲调和，守中庸，保守知足，崇拜祖先，尊敬老人和有学问的人等等，最重要的是它是一种醇熟的人文主义，以人而不以神作为宇宙的中心。

这一切都不必去否定它。但是我们如果把儒家的这种人生观放到它的社会和政治背景中，我们就可以看到它重老而不重幼，重古而不重今，重既有的权威而不重革新，这就在事实上为社会稳定问题提供了一个历史的大答案，它曾经是一切保守思想体系中最成功的一个。在两千年的大部分时间内，儒家思想曾在世界上最大的国家里成了主要的学问对象。别处还没有一个这样的政府肯在十多个世纪内把权力建筑在一个单一不变，来自一个古贤先圣的思想典范之上的。

● 手脑分家

自然，读书人也努力把他们的书法发展成为一种美术，可是一旦穿上了长衫，他就抛弃体力劳作，认为那是另一个社会阶层的标志。中国人的生活是如此濒临生存的边缘，学问又是如此明显地成为通往经济保障的途径，以致每一儒生不得不极其珍重他的学问的标志，他的长衫，极其珍视没有时间和机会去从事体力劳动的书生生活的规矩。用双手工作的人都不是读书人。读书人因此不会遇到作坊里的工匠和需要新技术的艺徒。这种手与脑的分家与达·芬奇以后的早期欧洲科学先驱形成截然不同的对照。

● 人文主义

这种不同的价值可以从中国丰富的艺术文学遗产中看出来。唐诗和宋代山水画代表了一个当时比欧洲更为光辉的社会，一种西方人还没有能够超过的美学的水平。但是我们只要对于中国文学艺术中的个人地位稍稍留心，就可以看出他们所处的地位不如个人在西方的那么重要。简言之，中国传统所以是人文主义的，在于它关怀处于社会中的人，在于它特别重视现实世界中的人与人的关系，特别是行为的问题。中国对于人口众多的社会和家庭生活的长期经验，造成了一个公认的行为标准体系，每个农夫首先必须接受一个以竹子和蔬食（与我们的铁与肉类相反）为物质财富标准的俭朴生活。这培养了他的勤俭品德。像在多数农民社会中一样，他崇尚个人的诚实、勤恳和节俭。他的生活中特别显著的一方面是强调礼节规矩。他承认社会习俗的力量，并且使他自己从属于它们。他特别敬老，尊重他的先代，服从自己的家庭。在这一切社会礼法中都有庄重的规矩。中国类型的人文主义虽然也包括对个人的关怀，但是它是从社会的角度出发的。“面子”是件社会的事情。个人的尊严得自行为端正和它所获得的社会赞许。“丢脸”是因为不能遵守行为的准则，别人才以不赞成的眼光来对待。个人的价值并没有像在西方那样被认为是在每个人灵魂里先天存在的，它被认为是后天取得的。中国的人文主义承认某些人比旁人有更多的天赋才能——人类虽然是性善的，可是他们的才能并不平等。中国也没有灵魂不灭的理论，相反地，行为端正就是能够同等级社会协调的行为，在这个社会里某些人由于他们的身份而可以宰制别人。儒家道德生活的中心的仁或仁爱，虽然是合乎逻辑的，却显然是非基督教的。它要求每个人以一种等级的方式，开始先爱自己的父亲、家庭和朋友，依次推及别人。诚然，中国的人文主义像是一种上层阶级的奢侈品。社会是中的行为端正的严密之处，对于未受教育的人们是要求不高的。这一切都意味着每个人的行为主要须按它对社会安定的贡献来判断。个人在这种情形之下并不可贵。他既不是唯一的、不朽的，也不是世界的中心。研究人类的适当对象就是人类本身。强调个人的自我表现很容易流于放纵和无政府主义，因此中国传统强调社会行为。中国人的讲调和、容忍、看得开和幽默感，对于人类本性的智慧，由于克己而获得的品德，全是整体结构——包括目标和承认——的一部分，这种结构给予每个人以他在社会中的动力。这种典章，就它对人事的关怀来说，肯定可以称做人文主义，可是它也培植了政府中的父道主义，并且容许了高度的专制主义。尽管有独裁统治的理论和办法，中国传统显然没有把国家放在人类之上。它不是国家至上主义。造成以上情形的主要原因是环境而不是理论，因为政府只是整个社会的最上一层，它只是处于表面上的东西。

● 修身

虽然儒家的修身不是团体的事，但是它强调人性可以从道德方面加以改正。这是一个古老的中国思想，就是通过适当的伦理训导和劝诱，人能变成一个更具有社会性的人。个人修身和小组自我批评之间的差距，事实上是极宽的，但是两者也有某些共同的地方。延安时代和以后的思想改造方法，曾利用过中国的传统术语，并且援引了儒家思想的理论依据。

● 官僚主义

在我看来，凡是要从历史远景中估计中国的将来，有三点是头等重要的。第一，官僚主义的古老流弊，正在埋伏以待北京庞大行政机构的士气衰落的时机。在中国，历史的官僚组织特别易于感染影响当权政府威信的长期的态度转变，这部分是由于施政大多是靠个人的，靠政府人员的性格和责任感的。一旦政权在公众中认为是可鄙的，施政过程中的个人关系极易造成串通舞弊和贪污腐化；由于旧社会并不怎么依靠它的法制力量维持存在，所以更容易上下其手。其次，共产党中国确保人民在态度上清一色的方法——这些方法似乎是部分地因为防止官僚主义流弊而认为有必要——比旧中国所能想出的任何办法更完备更彻底。……人口增加率是第三个而且是有决定性的考虑的，这个考虑看来已把中国人民无可挽回地锁在牺牲个人自由，通过清一色状态来增加生产的斗争中。人口的压力从古以来就影响了他们的生活方式。不管喜欢不喜欢，中国人民直到可预见的将来都不得不忍受某种性质中央集权的和专制的计划和统治。

（选自《美国与中国》，1958 年，北京商务印书馆 1971 年版）

从传统到现代（1966）

金耀基

● 传统社会中国人的性格分析

闭固性人格　古典中国是一典型的传统的农业社会，社会形态代代相传，历久不变，这形成中国人顺乎自然、行乎自然的人生观，他们把自然界与人事界的种种安排都视为天经地义，他们很少想到改变世界，借用冷纳（D. Lerner）的术语，中国人具有一种“闭固性的人格”（constricted personality）。他们与现代工业社会的“流动性人格”（mobile personality）恰恰相反，流动性人格的特征是具有一种移情能力（empathetic capacity），亦即有面对新环境重新调整“自我”的能力，可是，传统的中国人的“自我”偏于循例重俗，被动闭缩，自制自足，倾向于孤立、默从与惰性，他们鲜有主动的“参与行为”，中国传统人对政治等公共事务都较少兴趣，而不予关心，所谓“各人自扫门前雪，休管他人瓦上霜”正是此一性格的表现。只有受过“人饥己饥”、“先忧后乐”等大传统深刻洗礼的人，才能突破这种性格。此一闭固性的性格是传统性民俗社会的产物，它与现代的“参与社会”当然是不能配合的。

权威性人格　研究一般传统性社会的学者指出，在传统社会中，由于对自然之不可捉摸，常充满焦虑，而焦虑之避免与解消则唯有两个途径，一是倚赖传统，一是倚赖权威。而传统社会则是“权威的人格”与“权威的社会结构”之相互为用，这一观察正非常切合于中国的古典社会。如前所述，中国古典社会是一以伦常关系为基底的社会，每一个个体不是独立者，而是伦常之网中的一个“倚存者”。根据人类学者许烺光先生的研究：

> 中国的社会结构是以家庭为基础，家庭中的成员关系是以父与子的关系为“主轴”，其他种种关系也都以这一主轴为中心。父子的关系不但发生作用于家庭之中，而且扩及于宗族，乃至于国家。中国古代的君臣关系，实是父子关系的投射。由于中国社会的背景所孕育，中国人的性格因素首先是服从权威和长上（父子关系的扩大）。

柯莱曾说家是人格的主要塑模者，由于中国的家是建立在父子的关系上的，因此，中国社会中，人与人的关系，常非平等的关系，而是从属的关系。故中国社会具有阶层性的结构，人们都有一种“阶层性的心态”。

海根说在传统的阶层系统中，每个人均有双重地位，即他本身是一“在上者”，亦同时是一“在下者”，而随岁月之变，“在下者”总逐渐成为“在上者”；此犹媳妇之可成为婆婆，子女之可成为父母，下僚之可成为上官。而一个中国人在社会或政府上做事，首先在脑海里考虑的不是“什么是什么”的问题，而是“谁是谁”的问题。因为决定对错是非的是阶层的身份而不是事情的本身。“天下无不是之父母”的说法虽可从父母之慈爱上说明之，但亦未始不可从权威性上说明之。这种情形可见之于师生、夫妇，亦可见之于君臣、官民，在一般人的心理上，老师总是对的，君主总是不可挑战的，官老爷总是没错的。在中国先秦儒家的原典中，虽然有相对主义的精神，但此只限于理论层，而在行为层上则总为绝对的片面精神所笼制。毫无疑问，这种权威性人格具有安定传统社会的功能，但权威性人格与权威性社会结构交互影响之余，便使社会的创造力大大地斫丧了，据著名心理学者麦克兰德（D. C. McClelland）的研究，凡是在“父权控制”下长大的人，均普遍地缺少“成就”动机，中国人在父权家庭下长大，在人格心理上较倾向于权力，其对成就取向的影响值得研究。

特殊取向与人情味 凡是在中国待过一段时间的外国人，大都有如下的看法，即中国人富于人情味，欠缺公德心，这一看法是不错的，但很少人能真正指出中国人这种人格形成的原因。不过我们如对以上的种种叙述有所体认的话，我们将会发现中国人这种性格是由文化价值、社会结构等因素辐辏而成的。这何以说呢？因为中国是一家族为本位的社会，用社会学的术语说，中国社会是以“原级团体”为主的。在原级团体中，人与人的关系是基于身份的，亦即是特殊取向的，这种关系与心态可一层一层地向外推，但人际之关系总是特殊的，即或无血缘或亲属关连者，亦皆是人际间的关系，而可以亲属身份类之。如中国人之彼此称呼，不以名字，亦不曰先生，年长于己者称“老兄”，年高一辈者称“伯父”等，女性则称“大姊”、“伯母”等。凡中国人活动范围接触所及，他都会不知不觉间以“亲人”目之，因此亦以“亲人”相待，而显出殷勤与关怀，乃充满一片人情味。可是，在一个人亲属或拟亲属关系圈之外的人即属“外人”，外人则人际关系中断，而不免显出无情。此我们在公共汽车里看得最明显，凡是亲戚朋友，便热络地让位争先，而对非亲戚朋友，则争座恐后，毫不客气。反之，在西方现代社会如美国者，以“会社”为社会之本位，会社则为“次级团体”，在次级团体中，人与人的关系基于契约，亦即是普遍取向的，且是“非人际的”关系，因此人比较倾向于博爱，而于特殊的人际关系则反显得比较淡漠而少人情味。相对于儒家思想来说，基督教有浓厚的普遍取向性，故基督教在基本上是要信徒离开家的。在中国，佛、道思想活动亦不以家为单元（主张出家），而以寺庙、宗派等“会社”为单位。韦伯认为儒教之不容佛、道，而斥之为异端者，在此而不在彼，因为此一倾向足以破坏中国社会的整个结构。中国社会以原级团体为基底而产生之人情味，在某一程度上，成为一种压力，迫使脆弱的“次级团体”的角色的行为，受到歪曲，此所以中国的官员常枉“法”而徇“情”也。

形式化与面子问题　中国人在礼教的育化与社化下，不知不觉地受了礼的支配，礼的作用在好的方面说，可以使一个人成为一道德之人。但在坏的方面，亦可以使一个人的行为变成形式化。礼是中国人所特别强调的，但是礼的强调并不能保证道德的实现，而常导致形式主义，薄德（Pott）说：

> 这是一奇异的矛盾：礼的原则乃是为给予生命以德性，并以防止形式主义，但事实上却反而造成了形式主义。

我们知道，礼是一通向道德的手段，但过分强调的结果却产生了“仪式主义”，亦即手段变成了目的本身。由于礼是一强有力的规范，无人敢于违抗，因为被人称为“无礼”是一对面子极大的惩罚。不得已只好在表面上遵行以保护“面子”。这我们只需看今日红白喜丧中，有人到殡仪馆谈笑风生，如参加交游会者然。又有人参加婚礼，在交钱如仪后即各就各位，好像他来的目的就是吃饭。中国人中固大不乏内外一致、文质彬彬者，但奉行故事，有“礼”无德者亦比目皆是。礼的仪式化是有必要的，此犹之乎宗教应有仪式者然，但仪式化而过了头，则只有仪式而无内容。中国人在严格的礼教之下，因格于“非礼勿视，非礼勿听，非礼勿言，非礼勿动”之训，往往把自己的情感用强力压制下去，据亚白格（Lily Abegg）的观察，这样的压制有时会造成形式主义。这种形式主义的作用实在保护“面子”，因为没有礼是没有面子的，没有面子将很难保持自己的身份与地位，所以有些表面上看去雍容谦让，“有匪君子”，但骨子里则什么也不是。

融洽自然，当下即是　中国古典文化产生于辽阔的大地上，为一农业性文化，对土地有一种虔敬之情，同时亦把自然看做一有情体，所谓“江山如有待，天地若有情”，如前述诺索普指出中国人把宇宙看做一“圆合的美艺的生生之流”；实亦是说把天与人交感为一，因此中国的画，中国的诗皆表现出此种精神。范宽、石涛、郑板桥，乃至今日的张大千的画无不含有“人天浑合”的境界，而陶渊明“采菊东篱下，悠然见南山”，更是把人与自然相忘于无形。中国人无真正的宗教，有之，这种天人合一的情绪即是中国的宗教。中国人对自然始于欣赏，终于相忘。西方人对自然始于观解，终于征服；完全走上两条不同的道路，而中国文化此一特性乃塑造了中国人融洽自然，“当下即是”的人格，此一人格使中国人产生浑厚、圆化、与物无争的和平天性，以及欣赏生命，虔敬宇宙，与直观静省的内心生活。中国人之人格世界在这方面确是独树一帜，可惜这种人格世界在工业技术改变后的宇宙的物理结构中，已经逐渐消逝。

● 中国过渡人的画像

中国的过渡人之出现是传统解体、新思潮涌现以后的事。

中国的传统经过西方文化猛烈的冲击，逐渐地暴露了它的弱点与缺点，儒家的价值系统在工业化、都市化的过程中，一步步地丧失了它的吸引力，大众对以儒家思想为本的中国传统，由怀疑而动摇而开始绝情地扬弃。胡适之先生在1922年这样写着：

> 反抗的呼声处处可闻，传统被抛弃一旁。权威已经动摇，古老的信仰遭到了损害……廉价的反偶像主义与盲目的崇新主义（blind faddism）大量出现。这些都是无可避免的。

李维亦有如下的观察：

> 若说古老的信仰已完全地清除是不然的。但是对整个古老信仰的动摇与松弛则异常明显。整个地说被摇撼了的旧信仰并没有被任何"系统化的取向"所取代，知识分子间的一般倾向的崇拜之情虽已逐渐升高，但是并不普遍，也非深入。人们的一般趋向仍不清楚。古老的信仰，固然已松散，但仍看不到积极的信仰的涌现。

的确，中国传统的"信仰系统"虽被西方的文化冲垮，但西方的"信仰系统"仍没有在中国人的心里生根，中国人已开始欣赏西方的价值，但是古老的传统的价值对他仍然有若干的吸引力。作为一个过渡人，如前面所说，会遇到"价值的困窘"，作为一个中国的过渡人，则这种"价值的困窘"益形复杂，何以故？因为中国过渡人所面临的"价值的困窘"不止是"新"与"旧"的冲突，而且是"中"与"西"的冲突。一个人扬弃"旧"的价值而接受"新"的价值，固然需要冷纳所说的"移情能力"和一种"心灵的流动"，而一个人要扬弃中国的价值而接受西方的价值，则还需要能解消一种"种族中心的困局"。

中国的过渡人一直在"新"、"旧"、"中"、"西"中摇摆不停，他一方面要扬弃传统的价值，因为它是落伍的；另一方面，他却又极不愿接受西方的价值，因为它是外国的。他强烈地希望中国能成为一个像西方的现代的工业国家。但同时，他又自觉地或不自觉地保护中国传统的文化，他对"西方"与"传统"的价值系统都有相当的"移情之感"，但同时，他对这二者却又是矛盾犹豫，取舍不决的。这种情形，使中国的过渡人陷于一种"交集的压力"下，而扮演"冲突的角色"。有的成为深思苦虑"完善的自我"的追求者；有的则成为"唯利是图"而不受中、西两种价值约束的妄人。

诚然，中国过渡人所面临的最大问题是“认同”的问题，他们的“自我形象”是不稳定的，也不清楚的；他们的“自我认同”则交困于新、旧、中、西之间，这是两个文化发生“濡化过程”（acculturation process）中的常有现象。中国过渡人所感到最焦烦的是找不到“真我”，最迷惑的是寻不到“认同”的对象；他们最大的努力是追求一种“综合”，即企图把中国的与西方的两个价值系统中最好的成分，融化为一种“运作的、功能的综合”（operative，functional synthesis）。在某个意义上说，中国过渡人目前追求的“现代化”运动的工作就是这种心理上的要求。

● 中国现代化的障碍

中国的“现代化”已经经过了一个世纪之久，可是，中国的现代化成绩还是很难令人满意的。至少比起日本来中国的脚步是太迟缓了。问题是，为何中国的现代化成绩是这样的不理想？当然，我们可以从战争、政治、贫穷等原因加以说明。但是，这些原因还不是根本的，真正的原因还是文化问题。更具体地说，是为我们前面所指出的，乃由于中国的本土运动中具有反现代化与非现代化的两股势力。这两股势力削弱、抵消了现代化的力量。现在，我们应该深一层检讨的是中国的本土运动何以会产生反现代化与非现代化的两股势力。据我的观察，这最主要的，是由于下面四个原因：一是民族的崇古心理；二是知识分子不健全的心态；三是普遍认知的不足；四是旧势力的反抗。这四个因素，有时是独立的，但大多的时候是相结互倚的。为了清晰起见，我们有加以分述的必要。

（一）民族的崇古心理

任何一个在农业性文化中成长的民族，都是比较保守，比较安于现状，比较崇古的。而中国民族的保守性与崇古心理尤浓。远自孔子标举上古的理想文化之后，尧舜之世即成为中国的“黄金时期”，尧舜之治即成为中国的“理想的型模”，在儒家、道家的思想模态下，传统不只被怀慕，并且被圣化了，影响所及，一般人的心目中，上古是完美无缺的，他们所应努力的不在创新，而在遵循传统、维护传统与回复传统。中国人的心态，借用雷斯曼（D. Riseman）的术语，是“传统导向”的。中国人始终没有发展出一套“变的理念”或“历史的进化观”。王安石之失败在于他的“祖宗不足法”的反抗传统的措施。大儒顾亭林读到黄梨洲的《明夷待访录》，大为叹服，但他最大的恭维话是“百王之敝，可以复起，而三代之盛，可以徐还也”。可见“三代的古典型模”已成为文人士子梦寐以求的境界，狄百瑞（de Bary）举出新儒家的三大特征：基本主义（fundamentalism）、复古主义（restorationism）与历史心态（historical-mindness）实是中国民族共有之特征。尼维逊（D. S. Nivison）就指出中国的儒者，无不把眼睛往古看，企图在上古的道德遗训中获得规范现代行为制度的准绳，并且回归到经典所陈述的上古的世界去。中国人，不折不扣地是一个尊古、尚古的民族。用培根的话说，中国人是完完全全受 Knowledge of antiquity and the antiquity of knowledge（古知识及知识之古者）所支配的。他们对一切新的事物都缺少尝试的心意，至于对一切违反传统的事物更是抱持怀疑与拒斥的冲动。罗素指出，西方人的思变之切与中国人的耽于现状是中国与英语世界间最强烈的对照，实是极深刻的观察。关于这一点，严复是看得最透彻的。他在《原强》中说：

> 尝谓中西事理其最不同而断乎不可合者，莫大于中之人好古而忽今。西之人力今以胜古，中之人以一治一乱，一盛一衰为天行人事之自然；西之人以日进无疆，既盛不可复衰，既治不可复乱为学术政治之极则。

从上面这些叙述中，我们不难了解中国现代化的工作是必然会遭到阻力的，因为现代化工作在基本上需要一种创新改革、“未来时间取向”的心态与行为，而这些正是中国民族崇古心理之反面。著名的心理学者麦克兰德（D. C. McClelland）曾说现代化意含一种变迁，亦即与传统的宗教、社会习俗、政治制度的分道扬镳。他在对土耳其与伊朗两国现代化的研究中指出，要快速的经济发展与现代化，必须有一种“他人导向”的心态，此则适为“传统导向”的心态之对。中国人难于走出传统，那么，中国的现代化是不能计日程功的。

（二）知识分子不健全的心态

中国的现代化害于两种心理。一种是民族的“优越意结”与“中国中心的困局”所造成的自卫反抗。另一种是“自卑意结”与“盲目的崇新主义”所造成的虚无感。前者表现出来的是对西方文化有意识与潜意识的抗斥，后者表现出来的是对中国文化有意识与潜意识的排拒。兹事体大，特为申述。

1. 中国知识分子的优越意结

中国之现代化，如前面所说，是被迫出来的，因此，一开始，中国知识分子心理上就不很正常，中国之现代化完全是为了避免亡国灭种之祸，而欲“师夷长技以制夷”的，“师夷长技”是中国现代化的手段，“以制夷”才是中国现代化的目的。

中国知识分子在内心的深处有一种“不得不”的痛苦，他们最初接触的西方文化只是洋枪与船舰，从而，他们很自然地把“洋枪与船舰”看做了西方文化。所以，对西方文化（指洋枪与船舰）始终是认为“必须学”但“不值得学”的。“必须学”是为了保种全族，“不值得学”是因为它的价值是低于中国文化的。中国人一直没有认清楚，中国之“中”的世界观以及“天朝”的文化观完全是由于特殊的地理条件与历史条件所形成的。前面我已指出，两千多年来，中国有“万国衣冠拜冕旒”的盛况，享受了“天朝的荣光”，由于环绕于“天朝”的都是蛮、夷、戎、狄，他们都仰赖于中国文化的滋润，从而，很自然地也极有理由地，中国知识分子产生了一种“优越意结”及中国中心的文化主义。并且不知不觉地凝结了一种如赖伐生（J. R. Levenson）所指出的“我的，所以必是真的”（mine and true）的思想模态。但是，这种思想模态在中国现代化的过程中就变成了障碍，因为，有了这种心理与观念就不能正面地去理解西方文化，也就因此而不能吸收西方的文化。我们都知道怀抱“白种人的责任”的思想是阻止西方了解东方的绊脚石。而这就是一种白种人的“优越意结”与“西方中心的文化主义”的表现。可是，我们却很少了解中国人的“优越意结”与“中国中心的文化主义”也同样地会造成对中国现代化的障碍。

这种“优越意结”与“中国中心的文化主义”，当中国文化与西方文化接触后，就变成了一种“中国中心的困局”，面对着汹涌而入的西方文化，总带着半分轻蔑与半分钦佩，任何西方的新思想、新学说都不免遭到“欲迎还拒”的待遇。这是中国知识分子自觉与不自觉的一种“自卫机构”的反抗，明明是无价值的东西，虽然心里不一定喜欢，但因为它是中国的，总要找出可能的理由加以拥抱。明明是有价值的东西，虽然心里很喜欢，但因为它是外国的，总要找出可能的理由加以拒斥。我们特别应指出的是，不管是前者的拥抱与后者的拒斥，都不必是有意识的行为，也不必是绝对性的行为，同时更不必是任何个人的偏失，而是中国文化特殊条件下所塑造的心态。

我们今天常抨击张之洞的“中学为体，西学为用”的观念，但是，我们必须了解，张之洞当时能公开承认西学在“用”方面有其价值，实在是很了不得的了，至少他已经相当程度地摆脱了“中国中心的困局”，要知道当时的大臣陋儒还有“一闻修造铁路电报，痛心疾首，群起阻难，至有以见洋机器为公愤者”（郭嵩焘语）。张之洞之可憾在于认知之不足，在于对“文化”之不得真解，但这在当时实是无可奈何之事。可是，自张之洞以后，一百年来，中国许多知识分子，非但在“认知”方面没有突破张之洞的“中体西用”观，而且在心态方面越发走上褊狭之路。也即是“中国中心的困局”越来越浓，其中有一些人看到或风闻西方文化本身暴露了弱点，即欣喜于色，以为这便是中国文化的希望，这种心理实是鸦片战争以还对西方“欲迎还拒”心理的反射，完全是一种情绪反应，而非理性的思考。还有一种人，至今仍是不知今世为何世，今日为何日，他们看问题不从世界结构来观察中国，而从中国结构来观察世界，因此，他们只在一“自设”的天地里过活，而不知不觉地回到“传统的孤立”中去，形成了中国反现代化运动的主流。

2. 中国知识分子的自卑意结

由于中国对外的节节失败，步步沦陷，几乎使中国的政治思想、经济组织、社会结构无一不发生彻底的形变。在中国文化全面的失落的形势之下，孔庙已尽失昔日的光辉，中国人一面倒地匍匐在“西方之神”的脚下。从而，民族的“思想模态”如赖伐生所说，由“我的，所以必是真的”，变成了“西方的，所以必是真的”（west and true）。这是一个一百八十度的转变，这是整个“价值取向”的彻底改变，所谓“外国月亮比中国圆”的观念就是在这种价值取向转变下产生的。社会学者薛尔斯（E. Shils）在研究一般“非西方”国家的知识分子时指出，那些知识分子都希望摹仿西方的型模，对自己的文化都感到无趣，从而一般地都缺少“心智上的自信”和“心智上的自尊”，这一现象在中国尤其明显。半个多世纪以来，一些知识分子在西方的船炮的威胁下失魂落魄，遂产生一种偏激与情绪的反应，以为中国的文化一无价值。这一心态最后终于演变而走向“反圣像主义”、反传统主义、反民族化的道路，亦即开始对中国的历史全盘的否认。只要是旧的，中国的，则不问是合理的，或不合理的，一概加以“反对”，一概加以“打倒”。反之，对西方文化则想全盘地加以拥抱，亦即只要是西方的，则不问是合理的或不合理的，一概加以接受，一概加以歌颂。1921 年英国的大哲学家罗素到中国北京讲学，他在中国待了一年的光景，1922 年写了一本《中国之问题》（*The Problem of China*）的书。在书中他曾批评中国文化的一些坏传统（如孝的观念的过分强调，缺少公众精神等），但他也毫不保留地赞扬中国文化（如中国的和平性格等），他甚至说，倘若有人说中国没有文化，那么足以暴露他对文化为何物之无识，而他对于中国一些知识分子之不加选择地反对传统颇不以为然。至于中国知识分子对西方所持的奴态，他尤表遗憾。的确，这一百年来，有一部分的中国知识分子的心态，已由传统的“优越意结”转变为“自卑意结”。在一种“自卑意结”的心态下所构成的全面反逆传统的行为虽不必一定是反中国现代化工作的，但至少是无助于中国的现代化的。中国的现代化，基本上是中国传统的新陈代谢，是中国传统在合理的保守下的更新。中国的现代化工作决不能建立在虚无上，而必须建立在一个被批判过的传统上，现代与传统之间根本无一楚河汉界，传统与现代实是一“连续体”，是不应、也不能完全铲除传统的。德贝吾（J. G. DeBeus）说：“自然，反逆传统并非全是坏事。有时，反逆旧日的事物，往往是生命健康的记号，而且，要产生艺术上新的派别或形式，反逆传统是不能避免的事。可是，我们不能因此说，反逆传统即是真理。现代有许多人以为，否认一切传统，不承认任何事物，即等于创造新事物。这类想法是错误的，大家这样想，就会走上虚无主义之路。”一向对传统抱持批判态度的殷海光先生对这个问题也有极深刻的见解，他说：“近半个世纪以来，中国有许多‘新青年’厌恶旧的。有条件的厌旧是可以的，无条件的厌旧则不可，对于旧的事物保持一个合理的保守的态度，可以构成进步求新的动力。”“批评旧的价值和道德伦范是可以的，但是，批评这些东西，并不必等于一概不要，一概不要则归于无何有，完全无何有则生命飘荡，而启导性的批评可能导致价值世界的进新。”中国的现代化之所以没有理想的成绩，与中国知识分子基于“优越意结”的拥抱传统及基于“自卑意结”的反逆传统的不健全的心态是有重要关系的。

（三）普遍认知的不足

中国现代化工作之所以遭到曲折挫伤，与中国领导阶级，特别是知识分子的“认知的不足”是有根本的关系的，关于这一层，主要的可分为三点说明。

1. 中西文化本质的认知之不足

鸦片战争以还，在西方文化的挑战之下，中国社会不知不觉间发生了“解组”的趋势，中国文化不知不觉间发生了“失落”的现象，于是乎自然而然地引起了本土文化的自我检讨，以及本土文化与外来文化之争的活动。这乃是社会文化中一很自然的现象，这一情形在汉代佛学输入中国时也曾发生过。只是，当时佛学对儒学的冲击的深度较浅，幅度较狭，而基本上则由于佛学与儒学的“文化取向”在差异性上较之西方文化与中国文化的差异为小，所以，当时知识界的辩论并不曾产生太大的波澜。可是，这一次西方文化对中国文化的冲击，由于“文化取向”基本上的差别，而在深度与幅度上都是惊天动地的，几乎无人可以自外于这一运动所激起的波澜。因此，中国的知识分子都自觉或不自觉地跳进了中西文化大辩论的漩涡中。不论是基于一种保种或卫护本土文化的心意，还是基于一种探索中西文化本质的心智要求，纷纷提出个人的见解，而主要的则环绕在中西文化的特质之差异、中西文化的优劣，以及中国文化发展的方向等题目上做文章。在这里，中国的知识分子充分地发挥了做“文章”的长才，可是，在学术的认知方面却显得十分贫瘠。中国的知识分子最普遍而有影响力的看法是，中国文化的特质是精神的，西方文化的特质是物质的，这一种看法是“中学为体，西学为用”的衍绪，而二者又最易拍合，相互为用。一百年来，这种“体、用”、“精神、物质”的二分法的思想模态无形中支配了绝大多数中国的知识分子。而在这一二分法的思想模态的基础上，又很自然地发展出种种廉价的折衷主义，一厢情愿的调和主义与无所不可的和事佬主义。我们须知，把中西文化看做是“体、用”、“精神、物质”的对立固然是对文化特质的无识，而随心所欲地把中西文化的优点揉捏为一“理想的文化”则更是文字的游戏与观念的魔术，这一派思想中，有的只是“做文章”，可以不论，但有的却是有心智之真诚的，他们真正希望并且认为下面的算学公式是真的。

中国文化之长处＋西方文化之优点＝理想的文化

这一种想法是可欲的，但却是不合经验的，在根本上，抱持这一观点的人，在性质上是情绪的，因此所发的言论常真诚感人；在认同的对象上，可能自觉地是理想文化或世界文化，但不自觉地却是“乌托邦文化”。他们的最大错误在于把文化的繁复性与有机性否定了，通过个人的形上的思考，不自觉地将一切理想的文化质素都纳入到一个自设的“公式”中去。他们从不去思考，他们的“公式”是不是可以运作的，或是不是可以产生功能的。他们的努力，虽不必是反现代化的，但至少是非现代化的。

2. 社会发展的阶段的认知之不足

中国知识分子这几十年来对于中西文化的论辩，十之八九是离谱的，其基本的原因之一是，没有认识中国百年来的社会的变迁的本质。中国这一百年来社会之形变，在基调上是从农业社会转向工业社会。两千年来，中国的传统社会是建立在农业上的，中国的经济在根本上是一“自足的系统”，而相缘于此一“自足系统”的则是一非经济性的文化，不论儒、道、释的哲理以及依之型构的社会（家庭）制度伦理道德与风俗习惯，都是与农业性不能分开的。不能否认：中国传统文化的价值系统在一个农业性的社会结构里是够繁富，够具广含性，并且确是相当优越的，它不只可以成功地适应于中国的社会里，还可以同样成功地适应于中国当时的“天下”结构里，因为当时的中国的“天下”结构也是以农业为基调的。从这里，我们就不会惊讶何以许多传统的中国的价值，能为中国的“藩邦”所心悦诚服地接受，而显出了它“放之四海而皆准”的优越性。这一套价值包括了对自然的美艺的欣赏，对神祇的祈福，对贫穷的安足，多子多孙、大家庭、敬老孝亲、崇古、保守……从一个农业社会的观点来看，我们实在看不出它有什么不好的，至少是没有什么大弊病的，而根本上，这一套价值系统在传统的农业社会里是可以运作的，可以产生预定的功能的。可是，自从西方文化进入中国社会以后，整个的情势发生变化了。在这里，我必须再强调，改变中国社会的基本力量并不是西方的枪炮兵船，而是西方的工业技能。侵入中国的西方文化（近代的与现代的）在基调上是工业的。这个工业性的西方文化逼使中国的社会结构、文化价值解组与崩溃。

中国社会自从清朝末年即开始进入一社会形变的过程中，亦即中国已一步步地从传统社会走出，而趋向于一个以工业为基底的现代社会。这种变迁的动机与原因，有经济性的，也有非经济性的，可能是为了救亡图存，雪耻图强；也可能是为了增加人类生活的价值与国家的尊严。不管如何，中国现在的经济结构已经不再全是一“自足的系统”了，都市化开始了，市场化形成了，农村经济逐渐崩解了，借用罗斯托（W. W. Rostow）的术语，中国台湾地区已由一“传统社会”，通过经济“起飞的前期”而进入“起飞”阶段，并向“推向成熟”时期前进。中国目前虽不能算是一工业化社会，但中国台湾地区绝不再是农业社会了，并且永远也不可能再回到农业社会中去了。这是一个大关键，中西文化的一切论辩必须把握住这一关键，否则都将不免于隔靴抓痒之讥。

我们知道，西方文化的价值系统（本文中所指的是工业革命以后的西方文化）原是契合于工业社会的性格的，那是一套相关的意识、态度、行为系统、伦理道德、风俗习惯，如对自然的征服、对贫穷的反抗、竞争、崇新、世俗化、核子家庭……我们没有充足的理由可以说这一套价值系统一定较之中国传统的价值系统为优为高（反之亦然），但是，有一点却是可以确定的，在任何一个工业性的社会结构里，所需要的，所能运作的或产生功能的则必不是传统社会那一套价值系统。因此，今天我们如再断断于争论中西文化的优劣高下，实在是不相干的，遗憾的是，许多人到今天还在为中西社会价值之孰高孰低而辩论，他们忘了这不是“好不好”的问题，而是“能不能”的问题。中国的现代化工作，必须从认知中国社会变迁的阶段开始。

3. “现代”与“现代化”的认知之不足

中国的现代化运动，在本质上是一理性运动，而理性的第一步即是对“现代”与“现代化”之理解。不幸的是，一直到今天为止，绝大多数的人（包括讨论中国现代化问题者）还不知“现代”与“现代化”为何物？因此，这一理性运动在起步上就有了困难，我们实在很难想象一条远航的船，如果目标朦胧，目的地没有弄清，而能够完成任务的。

“现代”与“现代化”有其特殊的意义与内涵。中国人人有意识地用“现代化”一词是不太久前的事。五四新文化运动的时候，知识分子所用的是“西化”而不是“现代化”。从“西化”一词之扬弃到“现代化”一词的采用，其间颇有深刻的文化意义。这主要可以用两点加以说明。第一，由于“西化”一词本身含义之分歧与所指之不足，乃不得不加以扬弃，何以说呢？因为“西化”也者意指同化于西方文化之谓，可是，西方文化是一泛称，到底是指所有的西方文化抑或哪一支特殊的西方文化？同时，从时间的观点看，也颇滋歧义，西方文化指古典的、中古的抑或近代以后的西方文化？再者，到底哪一些要素才算是西方文化的内涵？这些都是可以产生重大的争论的，而另一更基本的问题是，西方文化本身仍在创新变易的过程中，也即在“现代化”的过程中；那么，纵使“西化”这一词不是没有意义的，至少也是不足的。中国文化的未来决不是，也不应定于西方文化的某一形态，而应该、也必是一个以世界文化为鹄的的无穷无息的创新。因此，我们所追求的是中国的现代化，而不是中国的西化。这一种自“西化”转为“现代化”的运动决不是字面的玩弄，而是具有严肃的实质意义的。现在少数清明的中国知识分子已有这样的认识与努力，他们构成了中国现代化运动的主流。第二，还有一部分的知识分子，他们之扬弃“西化”而采用“现代化”，则并不像前一种人那样的基于理性与认知的要求，而是基于一种情绪的心理反应。他们之反对“西化”，主要的有两种原因，一种是历史性的，一种是种族性的。就历史性的原因说，中国这一百年来，可以说吃尽西方人的大亏，中国的“光荣的孤立”是被西方人用枪炮击碎的，中国的“天朝的意象”是被西方人的兵舰打破的，中国这一个世纪诚如罗斯托所说是一“屈辱的世纪”。基于这一深久的历史的背景，中国人从心底厌恨西方，而反对“西化”毋宁是一极自然的事。再就种族性的原因说，人类学者告诉我们，任何一个民族，都多多少少具有“种族中心主义”的色彩，这种色彩像日耳曼民族、大和民族、盎格鲁-撒克逊民族都非常浓厚，而中国民族也一样不能全免，严格说来，“中国种族中心主义”的色彩还不及“中国文化中心主义”的色彩浓。许多新兴的国家，近一二十年以来，基于种族中心主义所产生的“自卫机构”的反射，已开始公开反对、扬弃“西化”，而改采“现代化”，而中国近年来透过中国种族中心与文化中心主义所产生的自卫机构，下意识与潜意识地更是不能容忍“西化”，而如获得救似的抓起了“现代化”这个招牌。当他们坐汽车、住洋楼的时候，再不为被讥为“西化”而不安，而可以理直气壮地为“现代化”而自豪。我们似乎可以说，中国人基于历史性的与种族性的原因而反对“西化”，赞成“现代化”，虽然是情绪的反应，但却不是可诅咒的。其实这种情绪又岂是你我所能全免呢？问题是，这一类型的思想，却自觉与不自觉地阻却了中国现代化的前进，何以说呢？因为“现代化”是以工业化、都市化、世俗化、普遍参与等为内涵的，而这些却又恰恰是现代的西方文化的特质，“现代型模”固不等于“西方型模”，但二者是非常接近，而几乎重合的。因此，反对“西化”，其实质意义，“几乎”

是反对“现代化”。我们一方面要想向“现代化”进军，一方面又反对“西化”，这就不啻要你所不要的，赞成你所反对的，其情形之尴尬是不难想象的，这就无怪乎中国像许多新兴的国家一样，由因拥抱“现代化”所产生的“满怀希望的革命”，而变为因反对“西化”所产生的“满怀挫伤的革命”。这种因中国知识分子对“现代”与“现代化”认知之不足，所引起的反中国现代化的逆流，实在不是可恨，而是十分可悲的。

（四）旧势力的反抗

中国现代化运动，在基本上，是一批判传统、改革现状、创造新文化的运动。这样的一种运动，几乎注定就是要遭到旧势力的反抗的。何以说呢？因为这样的运动，除了上述的民族崇古心理、知识分子不健全心态以及普遍认知之不足等原因不谈外，它必然地会对旧的势力构成一挑战，更具体地说，它必然地会使某些权力、财富、声威等阶级价值的现有既得者遭到被否定、冷落、剥夺的命运。因此，他们基于本身利害的关系，一定会结合在某种虚伪的口号或权力人物之下，构成一或明或暗的反现代化的力量。清朝末年，康、梁维新运动之所以流产，主要的便是由于旧党的反扑。因为康、梁的改革运动，如废除八股，即会使成千成万的儒生根本地遭到打击，他们的“十年寒窗苦”将要白受，他们存在的价值将要大大打折扣，以此，他们乃自然地投奔到慈禧的脚下，而慈禧也必加以障护，因为慈禧与他们的利害关系是一致的。当享有流行的阶级价值的清代知识分子，获得权力皇室的支援时，则现代化运动的推动者，所面临的已不是一场思想的论战，而是十十足足的实力的角力。那么，失败的命运（至少暂时的），几乎是很难避免的。而最后终逼出国父孙中山先生的共和革命，得以扫荡旧势力，而使中国的现代化推进一大步。所以，中国现代化运动之所以未能顺利展开，推究起来，也着着实实是由于一批社会上政治的、经济的、文化的既得权益者的把持与反抗。他们惧怕改革，因为他们怕失去所有，他们反对创新，因为他们担心自己没有在新时代生活的资本。有人口口声声维护传统文化；实则不过是维护本身的权益。这种人你要他接受现代化的观念，并非绝不可能，但你要他放弃现有的权益，则万不可能。所以，有许多争论中西文化问题的人，表面上是争学术之是非，实际上是争身家之利害，这样的人物，他们自觉与不自觉地成为阻碍中国现代化脚步向前的绊脚石。这种人，说穿了是一种“匮乏心理”的作祟，在一个机会贫乏的社会里，他们惯于把守既得权益，可是，他们没有想到，在一个现代化的中国社会里，最令人向往的便是机会有无穷扩充之希望与可能。

（选自《从传统到现代》，1966年，中国人民大学出版社1999年版）

中国家庭制度（1968）

吴自甦

● 孝思

封建制度的主要精神，寄托于宗法之中。而宗法的主要意义，则为社会伦理之确立。因之，得使此政治制度，受社会伦理之控制，然中国社会伦理乃奠基于家庭。而我国家庭的人文基础，实发端于个人内心自然之孝思。由孝思而奠定宗法，以行封建，此亦为儒家修、齐、治、平之一贯大道。

宗法有百世不迁之大宗，有五世则迁之小宗，人有孝思，乃一本自然之心情，知有父、知有祖。言孝必须“善继人之志，善述人之事”，故中国文化得创立人之史观，中国家庭能发扬人文精神。

由上而论人文思想的理念在“仁”，而实践的核心乃在于“孝”。孝是中国家族的传统美德，亦为建国的最大精神力量。

● 仁

孝既出于人子对父母之爱，亦即是“仁”的根苗。而孝的实践，则是对“仁”德的自觉，换言之，孝乃以父权为中心所渐渐形成的巩固家庭组织与秩序的道德观念，盖孝原为建立外在的家庭间的，人与人之间的关系。而孔子则将其转化为人人内心的天性之爱，也是这种内心的天性之爱所不能自已的自然流露；孝思原本为善事父母，为每人所必能亦当行的社会行为，然孔子则将其通向人生最高原理之“仁”，并与之融洽，而成为“为仁之本”的社会伦理。

● 礼

中国社会道德的“礼”，亦有其传统的规范性，如《礼序》称：“礼者，体也，履也，统之于心曰体，践而行之曰履。”而“道德仁义，非礼不成”。“礼就是人类社会共同遵守的行为标准……又为人类行为的伦理标准。”故中国家族受制于“宗法”，奠基于“礼”者，如前所述。

中国人文思想特重秩序，亦即请求“中道”，“中”为道德根本，而所以助成者，乃功在中国家庭制度。

● 人性

至于儒家伦理特别重视个人对家庭之责任，然重视家庭并非等于忽视个人，孔子伦理之所以重视家庭，其目的即在实现个人，亦即实现个人之人性或仁心、仁性，尽每一人之仁心仁性，其最直接的发源地为家庭，人既由家庭获致人性，亦悉由父母所生，故在家庭中尽孝悌的责任，即可培养与发展人性，换言之，重点仍在个人，而不在家庭。故中国伦理并非仅重家庭意识。

（选自《中国家庭制度》，台湾商务印书馆股份有限公司 1968 年版）

汉民族（1968）

吴主惠

● 乐天性

一般人借“对矛盾漫不经心”这句话来表示中国人的乐天性。这是不把矛盾直接当做矛盾看，同时，又把矛盾当做矛盾接受下来。既不想抗拒矛盾，但又不想依从矛盾，只想耐得住矛盾的心情罢了。而这种对矛盾的放任性，是深深地含有乐天性。

乐天性所具有的第一个思想根据，是天命思想。天命思想展示了宿命思想，而这思想亦即保守意识之根据。

中国人的天命观本身，自古便由经书代代相传所形成。不管中国人有没有意识到它，它总是在原则上支配了中国人的精神生活。

乐天性所具有的第二个思想根据，为知足的思想。知足思想乃宿命观所派生，我们从老子的无欲思想更可求取它的概念。……儒家的乐贫思想在某种意义上对乐天性也附与了伦理的要素，乐天性所以会受到伦理的制约，无非表示乐天性自身附与有意识的目的性，从此我们可以发现出所谓贫乐思想之作用力。而且，如果不受其制约，就会陷于享乐思想，终会招来放荡主义。

中国人的这种天性的、资性的乐天性，透过汉民族在历史上所看到的天灾地变——洪水、旱灾、蝗虫害——屡次自然威胁中，愈被锻炼、被强化，且形成了自信的传统。

盖中国人的人生观是“为活着而活着的，如果要活着或能活着的话就要彻底地活下去”，我们从这里的所谓乐天性中同时能发现毅力和达观的两个相反性格。

乐天性所具有的第三个思想根据，是神仙思想。因为乐天性可以说是神仙思想所派生的民族个性之一。

中国人的思想上常见的神仙之人生观，与其说是彻底地否定了生，不如说是彻底地肯定了生所造成的结果。而它所到达的境地总有“解脱”的意味构成其内容。中国人这个“解脱”的看法便是产生乐天性的来源，而这个现象也是人性所必经的常则。可见，在充满仙味的境地里我们就能理解所谓乐天性的正态。

- 传统主义

所谓中国人重传统，具有传统主义，也即表示中国人在脑海里，不断地思考着五千年的悠久历史性和文化性，而且有意识地透过历史体验，来维持这个形式。

- 忍从性

连续的自然威胁，将一个不可抗拒的观念与宿命的意识种植在农民的心里，终于在精神状态上造成了神经的感觉迟钝性。

忍从性上，可以说含有中国人的生存欲抵抗自然力所蓄积下来的精神血浆。在这个意义上，我们可以把忍从性视为中国人处世术的一个要领。

中国人在忍从性的意识里，以期待、希望、成果等为志向对象。……中国人的忍从性，可以“隐忍自重性”这句话代替。这情形下的自重是与自尊有关联性的词，从内容说，这是有主观性的忍从，跟单纯的忍从相异。这种性格不问个人与团体，均有作用。但在后者的情况下，就显示了所谓革命的性格了。换言之，个人的忍从性成为集积体，发生了作用便是。

● 形式主义

忍从性超越不了其心理界限时，常有一种方便的表现形态出现。为维持面子的形式主义便是。在这种场合下，虚礼在心里头发生作用了。因此虚礼的对外调和与妥协的态度就出现，为了避免忍从性之破坏，就有所谓尊重面子的问题发生。尊重面子的心理作用之一，便是自大思想。同时，这也是自尊心的强力表现，自我至上主义成其思想根据，强烈地作用在凡事个人为先的人生观上。

形式主义，是将儒家的教诫利用在个人主义这一面上，是想表现在“无为主义”这个生活方式之心理作用上所造成。因此在这意义上所能理解的调和性和妥协性，就包含了逸乐的观念和偷安的心理。

现实主义在心理上具有通达形式主义的一条路。而现实主义离不开打算的心情，打算的心情以利为中心时，就会变成功利主义而出现。这些一连串的心理作用形成了中国人的性格。

● 实利主义

中国人的心理现象上，常常被冠上实利主义之辞，但这并不是从中国人在商业经济上以利益第一主义的动机所得的证据，而是一般常见的人生观之一面罢了。

我们尤得对孔子所主张的利从大利、小利及公利、私利上加以区别去理解才行。兹列举如下：

利
- 以义为内容之利——公利（社会利益或国家利益）——大利——治，君子所取
- 不以义为内容之利——私利（个人利益或利己的利益）——小利——乱、小人所取

● 夸张性

中国人那夸张的性格是传统性、古典性的。例如称赞“结拜”为“金

兰之契”，这是从《易经》“二人同心，其利断金，同心之言，其臭如兰”这一句所引用来的。再如“内助”一词，系《魏书·郭后传》“不惟外辅，亦有内助”的古典所引用。称旧友为“旧雨”乃由苏轼诗“旧雨来人不到门”这一句所出。

儒教有不少句子用来诲诫这种夸张性，促使中国人在道德上反省它。诸如“巧言令色，鲜矣仁”便是。

当我们要论中国人的个性时，必得先规定支配汉民族的客观价值——支配其全部构造的一个共通价值——才行。那么，这个客观的价值是什么呢？著者以为是“客观的自我保存本能”。因此，汉民族的个性均可由此理念演绎说明。

客观的自我保存本能能够表现利他的人类主义思想。这一点从规定汉民族本质的血缘文化说上，也可以找到另一个论据。亦即从人的环境所造成的血缘主义及历史背景所造成的文化主义之综合价值上可以求得。例如，在血缘主义上所出现的家族思想中，我们可以发现中国人的孝行与崇祖的精神作用，又从文化主义所出现的平等思想中能看到中国人自治独立的精神作用便是。为了要分析它，我们不得不采取还原法，同时又不能失去其统一的关联性才行。兹举其大纲如下：

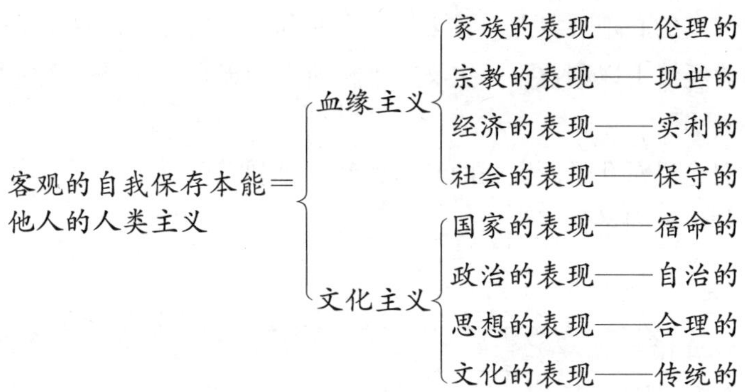

（选自《汉民族的研究》，1968年，台湾商务印书馆股份有限公司1982年版）

明日之中国文化（1970）

张君劢

● 专制

吾国政治上之特点为人所共见者，是为君主专制政治。以一人高拱于上，内则有六部九卿，外则有封疆大吏与府县新民之官；此一人而贤明也，则一国治，一人而昏愚也，则一国乱。

政治上因君主制度连累以起者，有篡弑之祸、有宦官之祸、有宫戚之祸、有王室子弟相残之祸、有流寇之祸、有群小包围之祸。其所造成之国民，则四万万人中有蠢如鹿豕者、有奴颜婢膝者、有各人自扫门前雪者、有敷衍塞责者。凡西方所谓独立人格，勇于负责与为国牺牲之精神，在吾绝无所闻，绝无所见。

然秦后之两千年来，其政体为君主专制，养成大多奴颜婢膝之国民。子弟受大家族之庇荫，依赖父母，久成习惯。学术上既受文字束缚之苦，又标“受用”、“默识”之旨，故缺少论理学上之训练，而理智极不发达。此乃吾族之受病处。

● 家族主义

中国社会上之特点，可以“家族主义”名之。自周秦以降，久已确立敬宗尊祖之习；更以丧服之制定其亲疏之差；以姓以氏为社会分子团结之唯一基础。

一家中婆媳姑嫂妯娌之不和，殆为各地同一之现象；名为同堂，实则彼此相待如仇敌。各族祠堂中积有财产，以培养其同族子弟之能读书者，不可谓非互助之一法。惟既以家族为单位，而个人失其独立之价值。

● 缺乏伦理思想

吾国学术或可不至如今日之落后。然其所以有今日者，不外二故：一曰文字之障碍；二曰伦理思想之缺乏。

欧洲学术因有伦理学而后促成科学之进步，亦因有科学之事实，而后尤能确定伦理学中之精密方法。

吾国战国时儒墨各派有一段正名定义工作，宋儒在理学中，又有一段正名定义工作；此可谓伦理学之应用，而非伦理学自身之发展。

● 以人事为中心

吾国儒墨道法诸家，从其发端之始，即以人事为中心，即以君臣父子之关系如何归于正当为目的。此等人事问题以善恶为标准，与数学论理学可以甲非甲数量之大小表而出之者，完全不同，换词言之，数学与论理学可表现于外形，而人事问题则存之于内心。吾国人所注重者，为善而非真；为人伦问题，而非宇宙问题自然界问题。吾族思想局促于人事问题，不知有所谓自然问题者，殆亦由于无论理学有以改之。此论理学思想之缺乏，影响于吾国学术者四也。

● 天人合一

自宗教方面言之，孔孟以前已有所谓“天人合一”之思想。

吾国人习于天人合一之观念，合之于阴阳五行之说，于事物之一阴一阳一动一静之两面，皆认为可以并存而不可偏废，故民族兼容并包之量最大。

吾人对于宗教之态度，在好的方面言之，谓其兼容并包；在坏的方面言之，可谓杂乱无章。此其所以然之故，由于平日言天事不离乎人事，因而缺少事天之诚敬，陷于信仰上之不专一。

盖吾国人之思想之中心为“天人合一”。在宗教方面，以天道迁就人事，则天道流于浅薄。而在艺术方面，以天地纳入于山水之中，则山水自具有一种穆然意远，与天地为韦侣之意。

（选自《明日之中国文化》，台湾商务印书馆股份有限公司 1970 年版）

中国民族特性（1970）

项退结

● 具体化倾向

中国人的具体化倾向，和印度文化接触时已经表现无余。正如日本人中村元所指出的，中国人把来自印度的佛教名词往往用具体的字来表示，譬如宗教团体被称作“业林”，化缘到外面四处奔走的和尚被称为“云水”，修养到家被称为“圆满”，真实姿态则被称为“本来面目”或“本地风光”，本质被称为“眼目”、“眼睛”、“中心”和“皮肉骨髓”。

简言之，中国语言尽可能是运用具体的形状、印象和声音来表示。因此中国语言中，要把一个字弄清楚，往往非注意上下文不可。

中国字可以说是实物的代表：我们日常所看到的实物是整个的，领会是一瞬间的，而不加分析，读一个中国字也就是这样。

中国的文字经过数千年还依旧保存着，这件事实表示出中国文字与中国人的性格多少有些相配。另一方面，持久地利用这种文字也自然而然养成一种思想习惯；这就是说：中国人从小就养成全面性观察的习惯，而不大习于分析。

中国文字、语言与思想方式，可以说已经足够证明中国人倾向于具体与整个的观察；这两个倾向可以说是中国人性格中的“常数”，至于思想的整个性也在所谓“精细的精神”中表现无余；这种“精细的精神”就在于直观地去理解事物，而比较不太注意分析与逻辑的精密系统。

● 类比性思考方式

中国思想家的一个特点是喜欢用格言式的句子。无论是上古时代的思想家，如老子、孔子，也无论是宋时以后至现代的思想家，都喜欢用格言的形式来表达思想；《论语》差不多就是孔子的格言全集，与西方同时代的思想家大异其趣。

中国人推理时也不大用分析，而喜欢用类比的思考方法。这种思考的特点是先直觉到某一种真理，以后用各种具体比较和形象，尤其是取用历史的例子来加强这个真理的力量。利丽·亚白格（Lily Abegg）称这种方法为圆周性的思考方法，因为是把一个主题放在中间，用各种比喻来解释它，加强它的力量；那个主题根本不需要证明，一开始说出它时可以说已经非常明显。这种圆周性的思考方式，与西方的推理方式相对立。亚白格称西方的推理方式为直线方式，这句话的意思是，西方的思考方式是以已知粗浅的起点慢慢以直线方式进入未知领域中。

中国的类比思考方式在八股文中得到了一个固定的形式；这种文体从明朝到清朝300多年的漫漫长期，支配了所有年轻有为的知识分子。

由于中国人喜欢具体类比的推理方式，因此就缺少逻辑的系统思想，许多西方人都指出这一点。哈克曼认为“中国人缺少宽与广的力量。不能用一个原则来包括许多现象，系统地加以整理”。正因此，中国人虽然有许多发明，但是没有发展成一个完整的科学系统。

● 深刻的理解力

另一方面，中国的思想方式却也有许多优点，例如对一件事理解的迅速与深刻，想象的灵活等等。在人与人之间的关系中，这些优点格外显得可贵。对此，诺特罗伯的见解值得我们考虑，他说：“我怀疑是否还有第二个民族有中国人一样的本领：中国人一与另外一个民族相处，很快就会直观到这个民族的文化与心灵生活。一个中国学生如果在巴黎塞纳河左岸生活了一个时期，往往会比法国人更表现出典型的法国风度；同样的，如果他住在美国，也会完全与美国人同化：他会领略到美国人所特有的幽默感和语调，而原来和美国人言语相同的英国人，却始终达不到这样的理解的程度。”

在中国，一个对自己估价过高或装腔作势的人很快就会被发觉，因为中国人深黑而似乎毫无表情的眼光是安静、客观而又毫不留情的。用这个眼光，中国人比任何别人都更快地知道，站在他面前的是怎样的一个人；他自己也不知道究竟是怎样一回事，干脆称为是一种天赋。一个处处要翻箱倒柜，什么都要记录、什么都要说清楚的欧洲人，在这里他很快地就会被人看穿，而且是静悄悄地，任何表示也没有。正因着这种本领，中国人很早就已经是出色的商人。

● 情感上的间接性

我们可以概括地说：中国文化史中的产品，几乎都有直接在心灵中起作用的倾向，因此，几乎都有赖于情感性的因素。

以上已指出中国文化从文字到诗与哲学，都与情感的因素相关。中国人在数千年的历史中之所以没有向其他方面发展，并不是因为中国人缺乏智力；相反地，中国人的智力，全世界的人都公认是很高的。中国人之所以不会发展到系统化的科学，我们可以说是因为中国人从古代就选择了情感这条路，而拒绝向纯理性方面发展。这种抉择当然并没有直接指出，而是一种自然的倾向——向同一方向推展的文化传统又加强了这种倾向。

这种对于情感因素的倾向，替我们指出中国人性格中很重要的一点，那就是非常敏感；而这种敏感格外在中国画与音乐中表示出来。

但是其他许多外国人与中国人相处时，往往会以为中国人情感麻木、迟钝，本文开始时所提及的史密斯等就是如此。当然，他们这种论断非常肤浅，但却也指出一件事实。那就是中国人对于情感的表示非常矜持。这所谓矜持，在于把有关个人内心生活的一切，都很严谨的保卫起来，而这“有关个人内心生活”的范围，对于中国人非常之广。凡是与内心生活有关的一切，都能够间接地或者以暗示方式说出；但正因此，这种表示却又非常深刻。

其实中国文字中不但可以把“我”、“你”、“他”省掉，必要时许多连接词都可以省去。禅宗达到了这种倾向的最高峰。他们尽可能避免用言语表达思想，而主张用直观方式去“以心传心”。

上面我们曾见到中国人性格中的一种矛盾的因素：一方面他非常敏感，另一方面他对于情感的表示又极端矜持。在中国绘画与音乐中，我们也会遇到这种奇特的矛盾。本来，这两种艺术，一般来说都格外容易无所保留地表达出艺人的心胸，音乐尤其是如此。但是中国音乐却是一个例外，中国音乐从开始到现在，始终具有自我控制的成分。《史记·乐书》里一段话，很可以代表这种特征："满而不损则溢，盈而不持则倾，凡作乐者，所以节乐。"

● 面子

中国人的脸的保卫作用或面具作用格外重要。正因此中国人一向非常注重礼貌；另一方面外国人也会觉得中国人不容易看透，不容易了解，始终如同一个谜，令人不安等等。

中国人处世的态度和心理，可以说已经刻画很细腻深刻。其实，这种态度也正是要在自身和自己情感之间做一种距离。这样的距离可以用两种方法达到，同时也会有两种不同的效果。一方面，中国人可能把自己的情感用强力压制下去，这样的压制有时会造成形式主义，感情麻木，对人家不关痛痒，即使对人家的痛苦也是如此，有时甚至于会成为残忍。另一个可能性，是中国人由于需要持久地控制自己，把情感力量向艺术、大自然……发展，久而久之，会养成一种无入而不自得的乐天态度。在中国社会中，这两种典型都可以找得到，但后者似较前者普遍。凡是真认识中国人的外国人，对此都有同感：他们都感觉到中国人比任何其他民族更会乐天知命，即使在物质条件很起码的情形中，也会把生活安排得很有意思。可能这件事和生理条件有些关系：其他民族的人，年幼时和长大以后心胸腺有比较显著的缩小，中国人却不然，即使在长大以后，他们的胸腺还不怎样缩小。无入而不自得的乐天态度的最高表现，就是中国人的文人画，这种画格外喜欢以大自然为主题。

中国自古以来最尊重"仁义"的道德理想，也就与中国人对人格的尊重有关，亦即与"脸"有关。一个人无仁无义，就失去了他人格的尊严，也就是失去了"脸"。中国人之怕"丢脸"，实在也就是内在道德意识的表现，值得我人培养。另一方面，中国人之爱好面子，也是世所共知的，而且往往为世所诟病。其实爱荣誉是人之常情，并不限于中国人，而且是促使人有所行动的重要动机之一。但如果过于爱好“面子”，而忽略了“脸”的培养，就容易造成爱虚荣而不务实际的恶现象。我国社会中的不景气往往就因此发生：只爱面子而不要脸的人，表面上看去雍容谦让，“有匪君子”，骨子里什么都不是。因此我国今日一方面固不应忽略“面子”——荣誉感，另一方面格外应致力于脸的培养，也就是培养对人格价值的尊重。

● 人情

除去“脸”和“面子”以外，我国人所格外喜欢强调的是“人情”或“人情味”。

由于中国人对“面子”与“脸”格外重视，上述各种“人情”也就占非常重要的位置。给人面子容易争取“人情”，伤人面子则极易伤害人情。上文曾指出，中国人一般说来侧重情感，不大注重逻辑的分析；因此受创的“面子”与“人情”也往往会产生严重的后果，往往会发生公私不分甚至因私废公的现象。很多人意识中缺乏放诸四海皆准的责任感，心目中只有和人的感情或利害的小圈子，圈子以外，他们对谁都淡然漠然。

正因为中国人格外注意面子，所以他的商业性或事业性的“人情”，往往会表现得过火一些，造成“送礼”、“歌功颂德”的普遍现象。“人情”与“面子”受伤时，中国人不但会消极地不合作，并且会积极报复。但如中国人为“无私的人情”所动时，这时他往往会比西方人更体贴入微，发挥出意想不到的力量。

（选自《中国民族性研究》，台湾商务印书馆股份有限公司1970年版）

中国人哲学思想之特性（1971）

成中英

● 内在的人文主义

中国哲学第一个重要特征是它的内在的人文主义。人文主义通常被了解为一种观点与态度，也即人在一切事物中是居于最重要的地位，人的任何活动，必须朝向人的种种价值。人文主义虽然可有许多不同的说明，但我们却可以把人文主义分为内在的与外在的两种。在西方大部分的人文主义都是外在的，然而中国哲学中的人文主义却是内在的。在希腊哲学和在文艺复兴时代的西方哲学中，人的存在和理性的能力在事物的架式中是具有独一地位的。但由于超越经验的宗教的背景（不论是基督教或希腊神教）及思辨的形而上学（不论是柏拉图的或阿奎那的），都是以一绝对的意义来分别自然与超自然、人与神、主体与客体、心灵（灵魂或精神）与肉体的。肯定人的价值就要牺牲与人不同的价值，不论是自然的或超自然的都得予以牺牲。这也就是说肯定人的价值就招致弃绝或中立与人不同或与人价值不同的意义。

就中国哲学来说，自然被认定内在于人的存在，而人被认定内在于自然的存在，这便是中国的人文主义的基础。这样在客体与主体之间，心灵与肉体之间、人与神之间，便没有一种绝对的分歧。在中国哲学所有大的传统和宗派中，都认为将人与自然或实在视作一和谐的统合是非常重要的，因为人自己就是一种肉体与心灵的和谐统合。尤其进者，如果我们能看到先秦帝、天与道的概念为超自然的概念，那么自然和超自然之间就没有分隔。肉体与心灵彼此相互决定和界定来构成人的存在，人上下与天万物同流，发展为一种极具理想和圆满的境界，使人具有人类学的也具有宇宙论的意义。

简短的说来，分辨中国人文主义的内在性是：人是道或天最高的创造活动之结果，人是可与天地合其德、与日月合其明，与四时合其序，与鬼神合其吉凶的。儒家圣人、道家真人和中国佛学中的佛，都在证明着一种信仰，那就是人有一种宇宙的潜能来实现在自然中的价值和使自己成为完人。因此我们可以说中国人文主义的内在性一开始就认定人与终极的实在和人与自然之间是没有分歧的：这一点也说明了在中国哲学中缺少绝对的分离和超越经验的观念，因为在事物的相互关系作用中是不能有这些观念的。在以儒家、道家和中国佛学作基础的中心活动中，缺少这些观念也许是中国没有发展纯逻辑和科学的重要原因。但无论如何，中国的儒家、道家和佛家却使中国的社会、政治、道德在理知生活，能够获得秩序与安定。

● 具体的理性主义

中国哲学的第二个特征是其具体的理性主义。理性主义相信透过人的理性可以得到有关实在的真理。相对于西方哲学，中国哲学之为理性主义并不是从一个抽象的意义来说，而是从具体的意义来建立理性精神。中国哲学家承认人是一种理性的动物，具有理性的功能来认识真理。这种信仰是从相信人与自然统合和自然的最高发展在人中表现充分的创造潜力而来的。在中国的哲学中没有怀疑主义和智识独我论的理论。

有三种根本的意义，可用来界说在中国哲学中使用理性的意义：首先人应该将其视线置诸实在之上，观察事物的种种活动与形态。其次，在儒家哲学中具体的理性并不是单单地符合康德所使用的实践理性，也不是单单地符合康德所使用的纯粹理性的抽象理性，因为在中国哲学中所示范的具体理性，不仅要处理人的实际问题，而且要保证在人生的实践中自始至终与理性相连结，这样就导致具体理性主义的第二种意义。中国哲学一般是朝向在社会与政府中的行动和实践的，目的在成己成人，使每一个人变为完人。中国哲学更进一步的强调理论必须应用到实践上，否则徒为空言。具体的理性主义，就是要透过自我教育和在实际具体实现的知识之历程来成就道德上的圆满。最后具体理性有下列一层的意义。中国哲学主要在朝向道德与政治的目的。即使在本体论和本体论上的思辨也是有着道德和政治意义的。

● 生机的自然主义

中国哲学的第三种特性为其生机的自然主义。自然主义是中国哲学重要内容，因为中国的世界观是建基在现实世界而不是另一世界上的。中国哲学认为实在的每一形式都是一种变的历程和自然发展的。我们已经知道道家认为事物在自然中有一种变动和变化的潜力。这也就是说个体事物并没有一种静的实体，各个事物之间彼此都是有着关系的。各事物都是在一种变的动性历程和互为关系的生机脉络中相互决定和界定的。

最后我们可以说到生机关系的终极模式。中国哲学中的生机自然主义是与《易经》中的变的哲学相关的。在《易经》和有关《易经》的注释中已充分地发展了阴与阳的相互变动的概念，并给予一种象征的和形而上学的意义。以这些范畴，各种殊异的辩证历程以及实在的普遍性作基础，我们就可以简单的基础来解释许许多多的事物。我们可以说在本质上各个事物的生机关系，分析到最后必须基于道或终极实在变动活动的辩证历程上。

● 自我修养的实效主义

中国哲学一开始就特别关注，促进个人的幸福和社会及国家的和谐与秩序。儒家的道德观念和儒学的许多思想家都清晰的表示了这种心灵。值得注意的是，在中国并没有一派哲学或思想家认为哲学只是一种思辨的活动，而是严肃地注意到实际训练、教育或改变人（或哲学家本人），使人成为一较好的存在和具有较佳的了解。易言之，我们可以说中国哲学有一种特殊的向度，这个向度就是透过哲学的修养或自我修养来实现自己。

在儒家和道家中曾经发展了一种特别的研究，那就是自我修养的理论或自我实现的理论。特别在儒家的《大学》与《中庸》中形成了自我修养八重步骤——格物、致知、诚意、正心、修身、齐家、治国、平天下。在这历程中有两种主要的内容。第一，此种历程为成己然后扩大为成人；第二，将人内在的成就与外在的效果统合起来。这种使一个人有由内发乎外的修养历程的统合就是“内圣外王”。

由于中国哲学极力关注自我修养的实效主义，就比较少有兴趣来发展任何有关拯救人的外在和超经验的力量的理论。

在中国哲学中一般认为人能止于至善而无须超越他自己所处的世界。因此在中国哲学中的自我修养就代替了宗教的膜拜和至高的神。

（《中国哲学的特性》，1971 年，选自杜维明等《中国文化的危机与展望——当代研究与趋向》，时报文化出版事业公司 1981 年版）

中国家族主义与国民性（1971）

杨懋春

● 家族主义

在我国，以孔子为首的儒家创立了家族伦理。以后由此家族伦理产生了各种传统的国民性格。试先述儒家家族伦理的创立。中国人的祖先和别民族的人一样，也对人的生、老、病、死等现象十分关心，对人死后究竟如何有迫切的询问。但中国儒家的创始者既不说人死后一切归于乌有。也不愿意接受有灵魂常存于天堂或地狱的说法。他们创立了第三答案。他们的答案是，人如能在死前留下自己亲生的子女或后代，就是自己生命及祖先生命的延续。这就是儒家的"永生"之说。人有了自己的亲生子女，虽然自己的血肉身体仍然要死，但他和她或父和母的生命是在子女的生命中继续存在。这种说法或观察是圣贤和常人都能肉眼看到；心中了解，感情上接受的事实。有了这个看法和信念，就能减少人对死亡的忧惧悲哀。

中国人极注重生命的延续。他们所讲延续生命的方法也很切合实际，可以顺人之性而进行。此即人生至合宜年龄时必须结婚，结婚之后必须生养子女。生养子女之目的有二，一为继续自己与祖先之生命，一为纪念死去之人并为先人供给其在另一世界所需各种物品及感情。结婚也，生养子女也，纪念先人也，供应先人之需求也，均为家族中事，为家族的重要功能。也可以说必须在家族中，此各事方能顺利进行。因此，成立家族，经营家族，维持家族，成为中国人生命及生活中最重要之事。此外几无他事。但中国人与其他文明人类相同，其所重视之生命不仅为生物性的，更重要者是个有社会、文化及道义等意义的高级生命。这个概念的解释是，人生此世不应仅是生物性存在而已。其生命必须能由纯动物情况进而为社会人，有高级的社会化与高级的文化修养；更进而为良心人，有合于永恒道义的生活规范。今世生命要进步到这个程度，死后即以此遗留于后代人之怀念之中。子孙之延续我生命，其所延续者，除生物性的部分外，更是此社会的、文化的及道义的生命。

子孙如何延续此高级生命？一方面使其经常怀念先人高级生命，另一方面教养子孙使他们自己的生命也达到此高级阶层。此寥寥数语，听之甚为简单，其实施进行却包括无量用心，千万种行动，与不可计算的努力。也可以说，中国人的生活有 90%是用在此高级生命的培养上与此高级生命的怀念上。中国人又自古至今相信，此高级生命的培养与怀念，都是家庭与家族中之事。其在家庭或家族以外之用心与行动，也直接或间接为维护家庭与家族，为助成其培养与怀念高级生命的功能。因此，自古至今，绝大多数的中国人都倾全力以建立发展家庭与家族，维系其继续存在，使其完成延续与怀念家中人高级生命的功能。人人都以此为其生命及生活理想，面向此理想而努力。虽然不能说一切家庭与家族都能在其家人中培养成本段所说的高级生命；也不是每个家庭或家族都能对已故高级生命做有效的怀念，但这是我们最重要的传统理想，或传统伦理，则是毫无问题的。

● 爱好和平

由此家族主义，中国人养成了数种国民性格。这些国民性格又反转过来对我们的家族主义有保持与加强的作用。其作用不是偶然的，而是有心的。我们第一个与家族主义有密切关系，互为因果的国民性格是爱好和平。不但在平时及日常生活上要和平，甚至在非常时期，面临危机，也会不惜在道义和气节上作重大牺牲，以求维持和平。所谓和平就是没有冲突，没有战争，没有破坏。为何要和平？为何希望没有战争与破坏？倒不是因为广大范围的人道主义，而是为保持家庭与家族。如果战争与破坏能不波及我的或我们的家庭与家族，则其有或没有就不关重要了。如能用屈辱换来家族的安全，则宁忍受屈辱，避免战争。必须确知敌人的行动一定会毁坏家族，与家族所代表的一切，才会在不得已时，有勇气奋起抗战。

● 勤俭

我们的第二种传统国民性格是勤俭。勤俭也与家族主义有直接密切关系。可以说是家族主义迫使我们勤俭。信奉改革基督教伦理的西洋人，他们实行勤俭是为生产大量经济货财、济助人民、造福社会，以求来生得救。我们实行勤俭则是家族的生存。

中国人的传统勤俭与西洋人的勤俭，无论在旨趣上或结果上都有重大差别。前文曾经指出，西洋人实行勤俭，其旨趣在扩充发展经济生产。其所经营生产或贸易，可能是个人的或公司企业的。多生产货财可以多办社会福利事业，多资助基督教会的各种事业。办社会福利或资助教会，目的都是为积阴德。积阴德是为来世得救的保证。西洋人勤俭的结果是经济大量发展，资本主义由而完成。中国人的传统勤俭，其旨趣是使那种匮乏经济的生产得以原样维持，绝少想到由此结果以作大规模的发展。西洋人在早期，其经济也会经过匮乏期，其勤俭也会为解决此匮乏情形。但至匮乏情形解决了，他们立即以勤俭扩充其经济生产的规模。我们的勤俭是使那种匮乏经济的消费得以继续，不是希望积聚财富以扩大生产资本，或用以举办社会福利事业。有些家族，其先世克勤克俭，经过若干年，不但消除匮乏，也积了不少财富。但其后代子孙不用以发展经济事业，或用以举办社会事业，反用以挥霍浪费，不久又变成贫苦之家，过匮乏的经济生活。我们固然也有些家庭或家族在经济事业上有大发展。但其发展多靠别种财源或别种途径而成，甚少出于个人的勤俭者。

年代久远之后，勤俭不但成为家庭经济生活上所必须实践的，也是一种重要家庭道德，治家格言，家庭生活的价值。这样，在匮乏经济中的家庭固然要勤俭，在小康或富裕之家，父母或老年人仍要勤俭。连那些高级士大夫家，也要以勤俭训教其子女，虽然实际上他们的家可以常年丰衣足食，气派万千。不必须勤俭之家仍然以勤俭为家教，可能是“未雨绸缪”的行为，目的在防备预料不到的荒年或灾害，其含义仍然是经济的。却任其财富埋在地下，生锈腐烂。总之，无论是为维持在匮乏经济中的生活，为预防出乎意料的冻馁，或为信奉一种生活美德，绝大多数的传统中国人或中国家庭都实行勤俭，以勤俭教训家人。勤俭成了中国人的性格。

● 孝

讲中国人的传统家族主义时，一定要提到儒家所最注重的孝。只要有本文所观察到的那种家族主义，其人民就一定要讲孝，并实行孝。照作者的观察，在传统的中国家族主义下，人自然会，也必然要实行孝。孝不必一定是一种美德，而是一种当然的事，也是做子女者的一种义务，或一种应当扮演的家族角色。可以说行孝是中国人的第三种国民性格。孝是延续父母与祖先的生命。其整个涵义可大约分为三层。第一层，即最基本的一层，是延续父母与祖先的生物性生命。这一层孝道的实践就是结婚、成家、生育子女。只要生有子女，就算尽了这基本一层的孝。不要以为这一层不重要。人不论是贤愚智不肖，都极关心自己的生命是否被延续下去。孝的第二层涵义是延续父母与祖先的高级生命。高级生命即具有社会、文化、道义等方面的生命。延续生物性的生命不难，只需结婚生子，就可完成使命。但要延续父母与祖先的高级生命就不很容易。要完成或实践这一阶层的孝，就必须培养教育所生子女，使他们的生活与生命具有社会、文化、道义等部分。这种对子女的培养与教育是些极艰巨复杂的用心与努力，时间需要数十年，要费无量的心血，提供难以计算的资本与条件。更重要者，父母自己须先具有社会、文化、道义等方面的见识、理想与修养。因为这样艰巨复杂，需要这样尽心努力，一旦有成，就算延续了父母祖先的高级生命，具有甚高的家族与社会价值。有了教化的人类，都企求自己的生命是生物性以上的高级生命，更企求后代子孙所延续者不仅是生物性的生命，也是此高级生命。如此延续父母祖先的生命是上乘的孝道。

孝的涵义还可再高一层，就是第三层。第三层的孝是做子女者能实现父母或祖先在一生中所不能实现的某些特殊愿望，或补足他们某些重大而特殊的遗憾。举例言之，在士大夫家庭中，父亲或祖父读书多年，参加过多次科举考试，但终未得到个起码的，或所渴望的功名。如果他们家中新起的子孙，读书成绩好，发誓要考取举人或进士，最后也实在考取了。这就是此子或孙把他父或祖的最大特殊愿望实现了。其父或祖的快乐将难以言喻。做子孙者能使父母及祖先有这样属他们自己所特有的满足与快乐，是孝行的最高乘。

（《中国的家族主义与国民性格》，1971 年，选自《中国人的性格》，桂冠图书公司 1988 年版）

从中国传统价值看国民性（1971）

文崇一

● 权威性格

儒家的领导地位，一直要等到汉武帝的行政命令下达以后才算确立，于是它统治了中国的思想界两千多年。中途虽小有波折，然而比起杨墨之言来，就算不了什么。以后，我们所理解的传统，就是儒家传统；权威，就是由儒家思想所设计的一套行为法则。

所谓儒家传统，主要是指孔子所建立的以“仁”为中心的道德规范，而后由孟子、董仲舒、韩愈、朱熹等人加以扩充或解释。人和人群是表现这种规范的主体。权威的渊源远一点，应该从周人的天道思想和宗法社会说起，但春秋战国的思想家对这方面的讨论相当混乱，没有定于一尊的痕迹，《论语》也没有具体的建议，只用二分法把社会人群分为两类：君子与小人，即统治者与被统治者。

中国这种权威结构是直线的“等级式”的控制，但把政治、社会、和家族三种途径结合在一起，便变成了金字塔式的，每一个边代表一种意义。天是这个权威塔理想上的塔尖，实际的塔尖则为皇帝。但每一条边又有一个实际的主宰者，政治上是中央政府的最高官吏，或宰辅；社会是入选中央的知识分子，最高是圣贤；家族则为族长。中国人的权威性格就是在这样的教养和学习环境中养成的。它的特征是：(1) 服从天（也代表宇宙)、皇帝、长者、和有政治、社会地位的人;(2)尊重过去的知识和经验;(3)顺从已有的社会规范;(4)看重集团的名誉和利益,忽视个人,个人的生活方式必须接受集团的安排,它的极端就是“君要臣死,不得不死;父要子亡,不敢不亡”。

这种权威态度,一部分是认知的,因为它表现了对宇宙,对人生的认同取向,虽然是只有服从,甚至是道德式的服从;另一部分却是“非认知的”,因为它不允许对既存权威做任何批判性的检讨或评价。用韦伯的话,即所谓神性权威,但这种神性权威是与传统权威合并存在于传统社会中。

儒家所建立的这种权威性格,在中国历史上经过了两千多年而不衰。算得上真正挫折的,最多也不过三次:一次是魏至南朝,那时曹操标榜反传统,又碰上佛教盛行,儒家思想的确走了一段下坡路,直至韩愈等卫道之士出来;第二次是元代统治中国的几十年间,把儒生压到与乞丐、娼妓为伍;第三次是五四时代,教授、大学生们高唱打倒“孔家店”,并想把儒家所支持的“孔教”一并推翻。这次很危险,儒家的地位差一点给挤掉了。

权威的反面就是服从,服从久了或惯了,人就很容易变成一种驯服、依赖、缺乏勇气和创造力的性格。如果整个社群都如此,看起来就缺乏生气。可是,这种性格支配着大多数的中国人达两千年之久。这种性格多半由长期的传统和权威价值取向所造成。

● 顺从性格

传统中国人的成就观念就是从这种阶层关系上表达出来:第一种观念是,爬得越高,表示成就越大,皇帝代表最大的成就。最好的说明是“胜者为王,败者为寇”。第二种观念是,皇帝已经定了,谁再要爬上去便是造反,而造反可以杀头,因此人民只能在官吏以下各层流动。代表官吏的最高成就是首相;要不然就停留在第4级,士。第三种观念是,实在爬不进任何一层,可以设法挣一个地主,较好的是大地主。这与西方社会的成就观念不很相同,西方人着重在本质上的成功,如一个成功的医生、律师等;传统中国社会着重在社会地位,必须在地位上高一级才表示更成功。

在以农业为基本经济结构的中国传统社会,要达到上述目的决不是件易事。发财固须经过长期的资本累积;往上爬也须一层一层经过长期的磨练。换句话说，无论是农人盼望成为地主，或知识分子盼望成为官吏或圣贤，虽不能否认都具有一种成就的意向，但多半不是出于个人内心的创造欲，只是一种顺从，对家族、社会或社会规范的顺从。顺从的框框早就摆在每个人面前，评价也几乎是固定的，只要占着那个位置，如县太爷，谁来都没有太大的差别，除了偶然的例外。这种价值取向就造成传统中国人的一种忍耐和顺从的性格。

这种顺从性格也替知识分子塑造另一种行为模式，即所谓“三不朽”：太上有立德，其次有立功，其次有立言。由于中国传统社会强调家族式的集体生活方式，人际关系特别重要，所以道德情操被列为首要。因此，就忽略了功与言两方面的发展。事实上，三不朽中的“立功”局限于政治上和军事上的功，非一般属于创造性的事功；立言则偏重于圣人之言。所以三不朽的观念实际是把知识分子顺从的道路规划得更窄了。

从这些过程，我们可以得到几个比较具体的意见：其一是顺从。顺从也存在于别的社会，但传统中国人表现得特别强烈，因为所有的成就价值均必须顺从现存的社会规范和制度，如农人走向地主阶层，读书人走向官吏阶层，造反者想做皇帝，等等。造成这种顺从的环境，与重农轻商政策及权威态度也有关系。在轻商政策影响之下，人民如果不愿终生做农民而又想获得社会地位，就只有读书或让子弟去读书，去做官；然后就有机会获得较大的权力，并且较有权威。如果他不顺从既定的方向走下去，就可能徒劳无功。

● 勤俭性格

其二是勤俭。勤俭在儒家传统中虽然发展得较晚，后来却一直为中国人所强调，在许多的格言和家训中都指为一种美德。于是，好皇帝须示天下以勤俭，好家庭也必须以勤俭为本。如庞尚鹏说，“孝友勤俭四字，是为立身第一义”，在传统中国社会是一种非常普遍的想法，也是主要行为法则之一。农民群中具有影响力的几句格言，如“欲求生富贵，须下死工夫”，“勤俭持盈久，谦恭受益多”（俱见于《增广贤文》），也是倾向于这方面。原因是生活在一种所谓“匮乏经济”的社会中，物质条件也不容许人民懒惰、奢侈；另一方面，如要满足成就动机，就必须长时间付出金钱与精力，很容易养成勤劳与节俭的性格。

● 保守

无论是顺从、勤劳，或节俭，本质上均属于保守的性格。因为他们不是要为自己或社会开创一个新的世界，而是在旧世界里替传统尽责。我们只要从下面几个例子就可以了解是怎么一回事：赵武灵王胡服骑射，秦始皇筑长城，汉武帝开拓边疆，隋炀帝开运河，对于军事或政治或交通均属创举，然而一直为后世所诟病；颜渊好在哪里？耐得住穷和寂寞而已，却被喻为圣人；一般人所引以自豪者，不一定是自己有多了不得的成就，而是"不失祖宗旧业；家资不在多或少，只要儿孙守得牢"。总之，在传统中国社会，鼓励进取、创新的事非常少，保守、退缩以及安分知命的言论则非常多。举个例子，像陆游那样的家庭，也是不能免俗，他说："先君（时）……家人有少变其旧者，辄不幸……呜呼，仕而至公卿，命也；退而为农，亦命也。""吾家本农，复能为农，策之上也。"可见保守和认命的观念深入人心，尤其是农村人民。

很明显，依照"顺从的框框"而获得成功的只是极少数；许多人试过而没有成功；更多的人也许连考虑的机会都没有。因为在一个传统社会里，不是任何个人想做什么就可以做什么。这些人往往就发出怨言，或者对社会采取一种消极和不信任的态度，如"黄河尚有澄清日，岂可人无得运时"，"但将冷眼观螃蟹，看你横行到几时"，"诗书必读，不可做官"，"贫穷自在，富贵多忧"（俱见《增广贤文》）。这些谚语，看起来有点陈腔滥调，却的确代表了一部分人的心声。

● 谦让

一般而论，传统中国社会是一个泛道德主义的社会：政治上赞扬德治，社会上赞扬德行，经济上要求别义利，个人从小就被灌输忠孝一类的伦理思想，等等。这些观念的主要来源是儒家经典，如《论语》、《孟子》、《孝经》、《礼记》，以及若干依据儒家思想而产生的"家训"之类的作品，如《颜氏家训》（北齐）、《放翁家训》（宋）、《郑氏规范》（元）、《庞氏家训》（明）、《孝友堂家规》（清）。

传统中国人的基本道德规范，除极少数外，《论语》差不多均提到了。

但讨论最多，解释也最多的是“仁”。有人说，“仁”是孔子的一大发明，不无理由。也因此，当儒家伦理思想成为中国的传统以后，如何实践“仁”就成了一个争论的问题。孔子对于仁的处理，实际不是从定义着手，而是从行动的实践来表现它的内涵。许多次他的弟子“问仁”，他都不是回答什么叫做仁，而是告诉他们怎么做就是仁。也可以这样说，孔子似乎在尽量避免用抽象的字眼去说明仁，而着重于用行动来表达个人实践“仁”的诚意。这种“仁”实际就是建立于永久价值上对人的态度。归纳起来说，可得以下几种解释：

（1）节制自己，遵从社会规范。如非礼勿视、勿听、勿言、勿动，忠孝诚信等。

（2）处处替别人着想。如“己所不欲勿施于人”，己欲立而立人，己欲达而达人等。

（3）用谦和的态度去建立人际关系。如爱人、恭敬、宽大、诚实、施惠、刚毅等。

（4）要勇于实践。为“仁”由己，不由人。如伯夷、叔齐、管仲、微子、箕子、比干。

归纳上述几种道德价值，我们可以这样说：孔子的价值焦点是仁，孟子是善（以仁义为本），孝经是孝，礼记是礼与诚。事实上，它们的来源都是孔子的“仁”，只是各人所强调的重点稍有差异。这些价值本质上是互相连贯，不是孤立存在。

我们还要提出来讨论的一个问题是“忠”。论语有四个地方谈到忠，最值得注意的是孔子答定公的话“君使臣以礼，臣事君以忠”（《八佾》），颇有点像后世忠君爱国之忠，但细察起来，这个“忠”仍然是“为人谋而不忠乎”（《学而》）以及“孝慈则忠”（《为政》）一类的“忠”，即忠于事而非人。这种忠的意义也为孟子、礼记所承续。如“教人以善谓之忠”（《孟子·滕文公上》），“我必不忠，自反而忠矣”（《离娄下》），“忠信，礼之本也”（《礼记·礼器》），“忠臣以事其君，孝子以事其亲”（《礼记·祭统》），没有任何新义。但《孝经》作了进一步的解释，它说：“故以孝事君则忠。”（《士章》）这就是后来所谓“移孝作忠”的忠君思想的最早根据。上面几种主要道德价值很明显的可以说明：他们都喜欢用二分法来解决问题，这样，所遭遇的困难固然比较少，然而问题本身却得不到彻底的解决，并且往往产生新的问题。

这些价值取向，就它积极的一面来说，也只是鼓励人去建立一种和谐的、谦让的、和诚实的人际关系，并不教人去突破旧有藩篱，而创造合理的新规范。所以经常在重要关头把人往老路上拉，如见利必须思义；勇者不必有仁；无恻隐之心就不是人；等等。都使一些对社会有远见的人裹足不前，只得在旧有的规范中因循下去。这也使个人的性格受到更大的压力，因为忠或不忠，孝或不孝把个人在社会上的地位划分得非常明显，似乎是非此即彼，毫无其他选择的办法。于是，个人只得对既存的社会规范屈服，也就是表现更大的谨慎与顺从。

（《从价值取向谈中国国民性》，1971 年，选自《中国人的性格》，桂冠图书公司 1988 年版）

● 农民性格

中国是一个农业国家，具有农业社会的古老传统，这种传统表现在行为与态度上的，如：缺少成就动机，接受命运安排，辛勤、节约而安于贫困，对人生的消极，行动谨慎，等等。这可以说是一种农民性格。

农民的物质生活是贫乏的，精神生活也是贫乏的，于是养成一种知足、安贫、认命的价值取向。

土地在人民心目中变得无比的重要。

● 宗族主义和地方主义

构成中国传统社会的两个主要因素是宗族主义和地方主义，也即是两个大团体，同族与同乡。个人扮演的特殊角色不是从个人，而是从团体、同族或同乡的社会价值上表现出来的。

传统的中国社会是一种集团取向，仁、爱一类的行为准则是在集团内建立起来的，很难实行于集团外。

● 祖先崇拜

祖先崇拜不仅表示尊敬祖先和请求保护，也表示家族中内聚力和“慎终追远”的孝思。

传统中国社会的泛孝思想，表现于死后的比生前还重要，生前还可以用“处境”观念来解释一些不能及时实践孝的行为，如移孝作忠；死后就必须“尽哀”，必须服三年之丧。用宗教仪式来表达孝行，正是一方面想借以延续祖先的生命，一方面想达到整合的目的。所以，在中国历史上，人民不容易表现宗教的狂热，却相当理性。

● 多神

多神是中国宗教思想的另一面，不管是神性人物，自然神，或鬼怪，都相信它有一种力量，这种力量是人力无法克服的，只有祈祷。对于这类神，人民只是为了满足某种社会需要，或达到特定的目的。这类神，除了“天神”外，多半是属于地方的，对地区有整合功能，虽然它的功能不像祖先神对家族那么大。

● 泛道德主义

中国是一个泛道德主义的社会，任何行动或言论都很容易受到道德价值的牵制，而不用理性去解决问题。

道德价值发展到后期所谓“四维八德”，实际在孔子时代已经提出来了，孔子以仁为纲领，后期却把仁与其他德目摆在同等地位，这一差别使传统中国社会的道德标准变得非常散漫。道德规范本来是用以约束人的行为，规范太多，就使人的行为处处受到约束，而显得呆板了。

● 言行难以一致

过强的道德约束力所造成的另一种现象是言行难以一致，不要说后世，就以孔子当时来说，就使人有“动辄得咎”的感觉。于是有些人就不免“满嘴的仁义道德，私下里男盗女娼”。这是中国农村社会流行甚久的一句俗语，这句俗语也说明了德目太多的反作用。

● 立德、立功、立言

传统中国社会成就的理想形态是：立德、立功、立言。立德是指道德上的成就；立功是指事业上的成就；立言是指学术上的成就。三种成就是有高低层次的：最上立德，其次立功，其次立言。所以立言是知识分子的末路，前两阶层都爬不上去，只好写点文章发泄发泄，当做欲望上的满足。

（《中国传统价值的稳定与变迁》，选自杜维明等《中国文化的危机与展望——当代研究与趋向》，时报文化出版事业公司1981年版）

从历史看中国人（1979）

钱　穆

● 重和合

我认为中国人的天性，所谓我们的国民性，是“和合”的分数比较多过“分别”的。

自然人生必有男女长幼的分别，而人文社会则必有男女长幼的和合，就组成了家庭。也可以说，整个人类，各个社会，都有家庭。这个家庭就是男女长幼的和合。而中国人的家庭则比较和合性更多过了分别性。

中国人讲人，不重在讲个别的个人，而更重在讲人伦。人伦是人与人相处有一共同关系的。要能人与人相处，才各成其为人。若人与人过分分别了，便就无人伦。而中国人比较最看重人与人的关系。这关系是两个，一个是先天的分别（如男女的自然差异），一个是后天的和合（如家庭）。中国人看重后天人文，所以说中国人比较更多看重和合，因而家庭占了社会重要的第一位。

西洋史从希腊开始。有了希腊人，就有希腊的社会，希腊的民族，亦可以说有希腊的文化，然而始终没有一个希腊国。希腊的半岛很小，然而他们有一两百个城市。他们不能组合成一个国家，或许不喜欢组合成一个国家。而中国呢？中国到了秦汉，说是统一了，但不能称为秦国、汉国，他还是一个中国。帝国是西方的名称，如罗马帝国。汉代、唐代不能称为汉帝国、唐帝国，因为汉代、唐代都是中国人向心凝结所组成的政府名称。重要的还是一个和合性。那么中国有没有分（即分裂）呢？当然有。但这个分是中国历史之变。中国分成两部分，或分成两部分以上，这是变。而中国史之常是合。

再看历史人物。凡属一时代的人物，都带有时代性，人物与时代应该凝结而成一体。但理想的人物，还有其超时代性的存在。从宗教的信徒们来讲，并不能用时代来限制耶稣。在中国古代文化里，并无宗教，而孔子亦非一教主，但孔子并不能以时代来限制。而其间仍有一分别。他们把教主和其他人作分别看，而中国人则把孔子和其他人仍作和合看。

耶稣、穆罕默德乃从天与人的分别观来讲，孔子则从天与人的和合观来讲。因此在中国社会里，尚可容有耶教与回教，而在耶教与回教的社会里，耶稣与穆罕默德便互不相容，而孔子则更不易被包容。

今天的人批评孔子，批评中国儒家，说凡是读孔子的书，相信孔子的人，即儒家，都要帮国君，帮专制政府，没有一种反抗性、革命性。对不对呢？孔子和儒家是这样。你用我，不论是贵族，是皇帝和宰相，我这套道理拿出来。你不用我，亦并不即说要反抗，要革命。

墨子反对贵族社会的理论与态度，比孔子更极端，更强烈。孔子等于是个右派，墨子等于是个左派。对不对呢？对。但是墨子还是在帮助当时的贵族阶级。他发表非礼非乐的理论，古代贵族阶级的全部生活就是这礼乐两个字，而他都反对了，这可算是彻底的反对贵族阶级了。然而他仍还是要帮贵族阶级的忙，并不是要来推翻打倒贵族阶级。只劝他们改变这种生活，并不主张革命。

孟子态度亦然。孟子见梁惠王，见齐宣王，他同孔子一样，到这里，这里不用，到那里，那里又不用。不是不用你，梁惠王、齐宣王都很看重孟子，想要用他，不过你不听我意见，我便不为你所用，我跑了。孟子是这样一个态度，不是无条件的帮你忙，是有条件的。而这些条件又是为你着想，不是为我自己着想的。

先秦时期的贵族阶级对平民学者的礼貌，可算仁至义尽。他们固不曾重用孔子、墨子、孟子、荀子等人，一一听从他们的意见，但礼貌则无微不至，始终如一。我们果能平心来读中国史，当时这些贵族阶级多少和气，多少能同人家和好和合，礼让相处。贵族阶级既如此，自不会有平民阶级再起来反抗。贵族平民的分别，以后亦就自然没有了。

吕不韦广招宾客，有儒家，有墨家，有道家，有法家，有阴阳家，有名家，各家各派的学者。把各家的思想汇通起来，写成了一部《吕氏春秋》，是主张天下主义的。并不是为秦国，是要为此下的天下一统开先路，先求思想上的统一。此下如西汉初的淮南王书，乃及汉武帝的表彰五经，排斥百家，都为的是想求思想统一来配合政治统一。这里是更深一层的来表现出中国人的和合性。

秦、汉以后，中国走上统一了，封建政治变而为郡县。除却皇帝一家是世袭外，政府的一切行政人员，都从全国各地的人口和财富标准来平均分配。由各地群凑到中央，再由中央分配赴各地。各地区的行政首长，都得由其他地区的人来担任。全国各地，像赋税制度、兵役制度等，都全国一律，不让有不平等的待遇。试问，即此一现象，秦、汉以下中国人的传统政治还不是一种和合性的政治吗？

至如在政府里，由臣下来批评君上，由下僚来批评上司，由在野来批评在朝，由下代来批评上代，一部中国二十五史中，可说随处皆是，举不胜举，讲不胜讲。这还不算是一种思想自由吗？惟其和合性超过了分别性，才能许人自由。惟其人人得有自由，才能和合胜过了分别。

● 集团性

西方历史似乎近是一种“英雄性”的。如讲政治，古代从亚历山大到罗马恺撒，到了近代法国的拿破仑，这不过是举几个有代表性的例子讲。这是由一领袖，领导一个集团，而成功了那时的一番事业。这都带有一种英雄性。而中国呢？“集团性”更重于英雄性，所以好像不见英雄性。

楚汉之际，项羽与刘邦两人争天下。显然项羽带有英雄性，而刘邦好像没有英雄性。两人相比的话，项羽是一英雄，刘邦不是一个英雄。刘邦以平民为天子，出身卑微，而成为一个统一中国的大皇帝。这一事业的完成，主要靠的不是刘邦个人的英雄性，而是他善于领导，发挥集团的作用。

东汉光武帝刘秀，也以一平民为天子。我们如拿他个人的全部历史来看，只有昆阳一战，表达了他的英雄性。但他的全部事业的完成，还像汉高祖，重要的还在他的集团性。

三国之际，曹操、刘备、孙权各霸一方。刘备平生多不曾表现他的英雄性。曹操好像是个英雄，然而亦不是。曹操手下猛将如云，谋臣如雨。每一件事，都由他手下人来表现。曹操亦并不曾十足表现出他个人的英雄性来。只比刘备、孙权两人，他更见其似一英雄人物而已。再下边就更没有什么英雄了。在中国历史上，作为领袖的，太多英雄表现，就不易成事业。

拿唐太宗个人的全部历史来看，开始有他的父亲在上，还有他哥哥。在他独当一面时，又有他的幕府，特别重要。

宋太祖更无英雄性的表现。明太祖是僧寺里一个小和尚，后来得了天下。拿明太祖得天下的历史来看，文的武的，有一个大集团。明太祖虽有个人表现，亦不过是在这集团中的一份表现而已。不能说尽由他一人在领导。

在中国一部二十五史，最主要的便是各人的传记。譬如读《史记·高祖本纪》内，只把开国事件逐年提一纲领。一切事件的详细情形，都分别叙述在同时各人的列传中。如萧何、张良、韩信，此外还有曹参、陈平等几十篇合起来，才见汉高祖的开国事业。《史记》如此，以下各史全如此。开国事件如此，其他一切重大的事件都如此。可见中国人认为事业以集团性为重。集团必有一领导，但领导性的重要，次于集团性。所以每一集团中的领导人，不易见其英雄性。而英雄性的表现，常在领导人之下。在中国人的观念里，英雄不宜为领导人，亦不易成大事业，如项羽即是一例。

《水浒传》中，晁盖为初创梁山泊七人中的领袖。然晁盖在七人中，反而像是最无用，最不见英雄性，但他却成为一领袖。后来宋江上梁山，做了正式的领袖，同样最不表现有英雄性，而像是一无用的人。这些描写的确把握到中国历史传统文化精神在集团性与英雄性的比重上的甚深妙义。

又如《西游记》。唐僧是个最无用的人，至今几乎人人皆知。孙悟空神通广大，一摇身七十二变。其他如猪八戒、沙和尚，亦还有一点用。但唐僧是他们三人的领袖。

又如中国的象棋，车、马、炮、士、相、兵，都各有各用。而车、马、炮又见有英雄。但一最高将帅，独无用，让一切有用的来保护它这无用的。岂不即是一项游戏，亦十足表现着中国人的传统观念吗？

中国的传统政治，只可说是君主立宪，而绝非君主专制。君主专制这种政治制度是违反我们中国人的国民性的。中国这样大，政治上一日万机，怎么可由一人来专制？中国人不贪利，不争权，守本分，好闲暇，这是中国人的人生艺术，又谁肯来做一个吃辛吃苦的专制皇帝呢？

按照中国人的传统观念，学问是集团的。中国人做学问是集团性的。当然集团中还是有个人，只是一个人不能成家。诸子百家的家，即不指个人言。

《论语》不只是孔子一人言，乃是孔门一家言。即如《孟子》七篇亦非孟子一手所成。中国人重和合性，孔子儒家言直传到今两千五百年，中间自然有时代分别，但其精神大义还是一线相承的。其他如墨家、道家、名家、阴阳家、法家等，只是传世有久暂，但至少亦得传三四世，百年以上，才成家。

中国人讲学术，又必牵连到师生间的情感上，一门讲学又如在一个家庭中过生活。所以要讲学就必得成家。而讲学成家的大师们，如孔子、墨子、庄子、孟子皆称"子"，此是当时封建贵族公、侯、伯、子、男五爵之子。普通家庭只是五口八口，讲学成一大家，如贵族家庭般，所以称子。这证明中国人学术上的所谓家，是一个学术的集团。而其集团的亲情，则可比私人家庭更过之。这不是中国人和合性的又一表现吗？

孔子将他门下的七十弟子都当作朋友看待。国人说独学而无友，则孤陋而寡闻。中国人旧观念，做学问不应由一人做，应和朋友会合中做。来学的学生们既如子弟，亦如朋友，这又是中国人的观念。

中国人讲学问，述而不作，信而好古，不仅孔子这样，这是中国人做学问一套主要的，可称为是一种生命哲学。人有自然生命，有人文生命。后人的自然生命，人文生命，全从古人来。生命是一脉相承的。孔子称述的古人是尧、舜、禹、汤、文、武、周公，墨子则称述夏禹。庄老道家在孔子前加上一个老子，在尧舜前加上一个黄帝，还是述而不作。道家外有名家，惠施、公孙龙，他们不托古，只自己创说，这就有些像西方的哲学家了。其他如阴阳家，他们还是托古，只是羼杂着道家、名家言，性质又不同。

秦汉以下的中国学术界可分为儒道两大派。道家站在反面，儒家站在正面。儒家言则全是述而不作，信而好古的。秦汉以下的大儒莫如朱子，只称述周濂溪、程明道、程伊川、张横渠，上接孔孟六经，如像他自己没有讲过一句话。其实他并非没有讲，只是他所讲的，据他自己说，我还是在称述古人而已。他真可说是孔子以下述而不作、信而好古一个最好的榜样。

佛教各派也是如此。佛教传入中国，经过魏晋南北朝一段长时期，下到隋唐，佛教已成中国化。当时天台、华严两宗，都有所谓“判教”，即把千年以上长时期的佛教经过，释迦怎么讲，马鸣怎么讲、龙树怎么讲，一路下来，中国的僧侣们把事分别判定，都认为是释迦牟尼一人的说法。天台、华严，判法有不同，所以各自为一余，但显然是中国人的观念，还是一个述而不作、信而好古，认为一应佛说都属释迦牟尼一人所说。再说禅宗，亦是佛教中国化之一大宗。远自南朝梁代达摩东来，称为始祖，衣钵相传至六祖慧能，以下五宗七叶，势力掩胁全中国，直迄明清，中国佛教几乎全成为禅宗的天下。其间尽有各种不同说法，但完全是六祖宗旨和合一体。这其十足代表了中国学术思想之集团性的一面。

再看一看经济领域。古代中国社会经济早就发达。当时的资本家，有与政治家、学术家融为一体而无大分别的。如先秦的陶朱公、吕不韦都是商业巨子。陶朱公由政治舞台转入商界，吕不韦由商界转上政治舞台，两人皆是一世有名人物。而吕不韦广招宾客，编撰《吕氏春秋》一书，尤在先秦学术界有其重要的地位。这些资本家除了拥有大批劳力者外，还集中了大量的专门技术人才，称为“宾客”，形成货殖集团。这种集团是靠情谊维系的，与现代资本主义社会中的大公司大工厂不同。

《史记·货殖列传》外，又有《游侠列传》。中国社会只要有群众会合，便会有集体组织，集体中亦自会有领袖，这是中国的国民性。“货殖”、“游侠”在当时都是一经济大集团。

● 守旧

中国人观念常说，木有本，水有源，本源二字是中国人最所看重的。一个民族是一个大生命。生命必有它的本源。思想是生命中的一种表现，我们亦可说，思想亦如生命，亦必有它一本源。有本源就有枝叶，有流派。生命有一个开始，就必有它的传统。枝叶流派之于本源，是共同一体的。文化的传统，亦必与它的开始，共同一体，始成为一生命。这是中国人观念。现在我们讲新讲变，但从中国人观念讲，从旧的变出新的，那新的中仍该有那旧的存在着，一线相承，还是那一体。譬如说，王阳明是明代一儒家，他的学说渊源于以往儒家。由他本人又分出他的弟子们，各家各派，似乎普遍及于全国。主要的如浙中王门、江右王门、泰州学派等，都是王阳明门下的。我们可以说，把他各家的思想会合起来，都是共同尊奉王阳明一人的。宋代有宋代的儒家，唐代有唐代的儒家，汉代有汉代的儒家，在他们那时，亦还是各有所宗的。

直到今天，印度人没有历史观念。西方人的历史观念，亦要到现代国家起源后才有。古代西方人亦没有历史观念。而中国人的历史观念，则起源甚早。

我们要研究中国思想，需懂得有一统会。不能说没有读过《论语》、《孟子》，随便来读一朱子或阳明，讲他们的思想，他们的思想是有来历的。亦不能没有读过《老子》、《庄子》，便来讲道家的思想。下边随便挑一个人，挑一本书来讲。

王弼、朱子是中国儒道两家的大师，但他们好像不自用思想，专来注古人的书。亦可说中国的思想家，很看重传统。

西方重开新，中国重守旧。我们中国人今天不能再像佛教判宗这样来判西方思想，于是才把西方思想来判中国，想从我来反对孔子，反对老子，反对儒、释、道之家，说我来创作，我来开新，怕不容易。从历史来看，中国的国民性似乎不喜欢这样。

● 偏向内

大概西方文化比较重要的是宗教与科学，而中国文化比较重要的是道德与艺术。这是双方文化体系结构的不同。宗教与科学两部门有一共同点，都是对外的。宗教讲天，讲上帝，科学讲自然，讲万物，都在人的外面。而道德与艺术都属人生方面，是内在于人生本体的。道德是由人生内部发生。中国文化里讲艺术，亦由人生内部发生，与道德是大致相同的。所以西方文化精神偏向外，中国文化精神则偏向内。

（选自《从中国历史来看中国民族性及中国文化》，联经出版事业公司1979年版）

● 讲道理

道，便是指的人生，而是超出人生一切别相之上的一个综合的更高的观念，乃是指的一种人生之共相。政治要有道，外交也要有道，军事也要有道，法律也要有道，一切别相人生，都要有一道。男女相交也有道，就是结婚为夫妇。成了夫妇以后，夫有夫道，妻有妻道。养了儿女，父母有父母之道，儿女有儿女之道。

道是人所行的路，那是形而下，可见的。但人为何该行这路，必有一所以然，那所以然是形而上，不可见的。我们讲话常说道理，中国人最重讲道理，便是不识字人也懂要讲道理。如说："你这人讲不讲道理呀!""这是什么道理呀!"这道理二字，中国人最看重。

● 重性情

中国人最看重这个性字。孔子讲性相近，孟子讲性善，荀子讲性恶，《三字经》开始便说人之初性本善，中国人特别看重这性字，因此有许多探讨，许多争辩。

但人性不是专偏在理智的，理智只是人性中一部分，更重要还是情感，故中国人常称性情。情是主要，智只是次要的。中国人看性情在理智之上。

● 讲人伦

中国人认为人应该在人群中做一人。人一定要跑进人群社会中去做个人，这就是人生大道。而且人要在人群中做人，也即是人的天性。

中国人把一仁字的观念来看人，所以说："四海之内皆兄弟。""民吾同胞，物吾与也。"又说："中国一人，天下一家。"用中国人的话来讲，如说中国人、外国人，人总是人，不该有不同，又如说日本人、英国人、美国人、印度人，岂不大家都是人?

要讲人与人相处，便要讲讲人伦，又称伦理。人伦的伦字，也如丝旁的纶字般，两条丝以上始有纶，两个人以上始有伦。伦是人与人相配搭。

一个人跑进社会，不能不与社会中其他人发生关系。中国古人把此种关系分作五伦，即是说人在社会上大致有五种配搭，或说五种搭档。

● 重报本

中国人很重报本，亦即是报恩。父母对我有恩，我该报。不仅在父母生存，死后还有祭，这是表示我自己一番情意。父母已死，我的祭究竟对他们有什么好处，我不管。我只自尽我心。祭父母、祭祖宗，乃至祭天地，皆是我这一番报本报恩之心而已。禽兽无此心，人性与禽兽性不同，因此人道也与禽道兽道不同。由于慈孝而推广到人与人相处的一番亲爱之情，人群中必须有此一番亲爱，始能相处得好。此一番亲爱的心需要培植，最好从家庭父母对子女、子女对父母的情意上培植起。子女对父母能孝，才会对其他人有亲情爱意。从人道上讲，孝不尽是为孝，不专是为自己的父母，这乃是人道之根本所在，这是中国人的观念。

● 敬老

中国人讲长幼有序。如进食堂，后到的让先到的先吃。上车让女人、让老弱先上。社会该有个秩序。教人守秩序，最好从小孩时在家庭中教起。中国的礼教，小孩吃一块糖，总是告诉他们，小的让大的先，以他幼小纯洁的心灵里就培养这种长幼有序的观念。有人说，美国社会是年轻人的天堂，中年人的战场，老年人的坟墓。照中国人想法，人到老年，快近坟墓，他已经奋斗过一场，该让他舒服些。人生有一好收场，这也是人人内心所要求。中国人总是讲要尊敬老年人，老年人舒服些，也不见得小孩会进地狱。

● 重品德

中国人讲道德，都要由性分上求根源。此所谓性，乃指的人性。如饥寒饱暖是身体上的事，此乃人兽所同。道德行为在外面固能深入人心，更有把握的是在内部深入己心。因道德由己心发生，还能深入己心，在心里再生根，就有了生命，成了德。中国人分人的高下，不在吃饭穿衣上，不在做官营业富贵贫贱上，只在其人之品德上。若抹去了品德，仅在法律上求平等，则有财富强力就是优，没有财富强力就是劣。达尔文的生物进化论主张物竞天择，优胜劣败，这一套理论，只能应用在生物界，却不该应用到人类。

中国人是不是过分看重了品德，便不看重事业呢？这也不然。人总是要死，我们不能要求不死，但死了而犹有不死者存。又不是存在于另一世界，仍存在于此社会上。此种不死，中国人称之曰不朽。人有三不朽，即立德、立功、立言。这三不朽的顺序如何排定的呢？立功只是一时贡献，立言始是万世教训，更高过了立功。立德则只在一己，只是反求诸己，自尽我心。如岳飞、文天祥，也只是立了德，并没有立到功。立功须有外面条件，有机缘配合。立言更难，所以说孔子贤于尧舜，又说是天纵之大圣。那亦有条件，不是人人可能。天生聪明且不讲，如你是一个生在乡村的小孩，没有机会进学校，有的进入小学不能进中学，进了中学不能进大学，大学毕业不能留学，在这些条件下，一步一步被淘汰，难道在外面条件下被淘汰的便是下级人，或不算人了吗？若你是要做一个大哲学家、大思想家、大教育家，社会固然需要，但不能人人能之。做一个大政治家、大军事家、大外交家、大科学家，为社会造福利，建功业，也都要外在条件，但比较容易一些。只有立德，是没有条件的，人人能之。所以中国古人把立德奉为第一位。

若我们把世界人类历史细细地读，作一统计，究竟哪一个民族包涵此种崇高品德的人最多些，只有推中国。这也是中国文化传统提倡立德之所致。

● 重心身生活

中国文化关于心生活和身生活两面，采用了一种中庸的看法。佛教教义和科学家们的发明，在中国文化大系统之下，两者都得要。我们对于佛教，可以接受它们所说许多身生活是空的没有意义的说法。我们对于科学家，可以接受其所发明来增进身生活方面之作用和享受。可是最重要的，应该注意我们的心生活。读过《论语》、《孟子》，读宋明理学家的书，以为他们在心的方面讲得太多，只注意精神文明。其实中国人也极重物质，更是看重此身体，因为没有此身，便不能有此心。因此中国人以前也能欣赏佛教，此刻也知重视科学，把来取精用宏，对我们所要讲的心生活都有用。

如说西方文化是物质的，中国文化是精神的，这句话就有毛病。中国文化未尝不讲物质，如这性字，也不能不包括身体在内。如说“食色，性也”，饮食男女，都是自然的，中国文化绝不抹煞了一切物质而只重精神。

● 生活艺术化

中国人生活上的最长处，在能运用一切艺术到日常生活中来，使生活艺术化，便也是一种心生活。纵使吃饭喝茶，最普通最平常的日常人生，中国人也懂讲究。所谓讲究，不是在求吃得好，喝得好，不是在求饭好、菜好、茶好、酒好，而更要是在一饮一食中有一个礼。中国古人讲的礼，其中寓有极深的艺术情味。即在饮膳所用的器皿上，如古铜古陶古瓷，其式样，其色泽，其花纹雕镂，其铭刻款识，其品质，乃至其他一切，旨是一种极深的艺术表现。直至今天，此等器物几乎为全世界人类所宝爱。然而其中却寓有一套中国传统的文化精神，寓有中国人心的一种极高造诣，这些都超出于技术艺能之上。

中国古人说：“智者乐水，仁者乐山。智者动，仁者静。智者乐，仁者寿。”人的德性和自然融合，成为一种艺术心灵与艺术人生。中国文化精神便要把外面大自然和人的内心德性天人合一而艺术化，把自己生活投进在艺术世界中，使我们的人生成为一艺术的人生，则其心既安且乐，亦仁亦寿。如中国人的亭园布置，只在家里庭院的一角落，辟出了一个小天地，一花一草，一亭一阁，莫非艺术世界。甚至亭阁中所陈设一桌一椅，一杯一碟，一花瓶，一竹帘，种种皆见艺术心灵。

中国人总要把你整个日常人生尽量放在艺术境界中，而使你陶醉，而使你不自觉。

中国戏剧中最难说明的是锣鼓，一片喧嚷嘈杂，若论音乐，那却很像粗野，但此乃象征着人生外面的一切。一道歌声在此喧嚷嘈杂中悠扬而起。甚至演员跑进跑出，每一台步，每一动作，每一眼神，都和那锣鼓声无不配合。中国人正是要在此喧嚷嘈杂的尘世中而无不艺术化。

中国人一向讲究的礼乐，也是一种艺术。礼乐可以陶冶人性，使人走上心生活的理想道路上去。礼乐并不与生活脱节，也不是来束缚生活，乃是把礼乐熔铸到生活中间而成一种更高的人生艺术化与道义化。

中国人信奉多神，却是艺术意味胜过了宗教意味。

● 没有狭隘的民族观念

中国史上很少讲到民族问题，使人不易看清楚中国民族究竟从哪里来，又如何般生长形成。我们只能粗略地说，正因为我们中国人向来不看重民族区分，因而很易成为一个大民族。西方人正因为太看重了民族区分，因而民族和民族间遂致不易相融合。

中国古代有民族之分，却没有氏族之分。在中国古代，未尝不是有许多异血统的部落同时存在。如炎黄相争，亦未尝不是中国古史上一种民族斗争，但后来我们则自称为炎黄子孙，至少此一民族界限早已泯灭了。古时的夷夏界限之分主要在文化，不在血统。楚国自称蛮夷，后来亦渐被认为诸夏了。吴越皆诸夏血统，在春秋初年不与中原诸夏相通，当亦在蛮夷之列，到春秋末年，亦为诸夏之盟主。可见讲春秋的学者所谓诸夏而夷狄则夷狄之，夷狄而进乎诸夏则诸夏之，此说决不错，而夷夏界线在文化不在血统，即此可证。

依照中国人想法，天时、地理、血统不同，民族性不同，均不碍事。

中国人又有一理想，认为地域太远，行政上教化上有许多不方便，则只求其能文化融合，不必定要合成一国。如越南，周初早已和中国有来往，秦代将其列为中国之一郡，此后不断有中国人前去，但中国人只求对它有文化传播，不想有政治统制。在明清两代，还有不断的海外移民，他们随带着自己的一套文化前去，传宗接代，但对其所居之地之异民族异文化也能和洽相处，既不抱蔑视心，也不抱敌视心，处处没有一种狭义的民族观念之存在与作梗。

（选自《中华文化十二讲》，东大图书股份有限公司 1985 年版）

文化超越前进论（1980）

胡秋原

● 乡土观念

我们认为今天中国要国民有一种纯民族主义的精神，一种绝对的民族主义的精神，一种彻底的民族主义之精神。

因为我们没有坚实的近代民族国家之基础。民族主义的精神，爱国主义的精神，一般确是非常缺乏。地方主义常压倒民族主义。两村两县之械斗，也许能勇于对异族之战争。个人之恩怨，党派之敌忾，家族与帮口朋友之利害，每易超过对国家民族的关心。这一方面，自然是因为没有近代的物质条件，铸成一个民族的共同体；一方面也因为一向国家没有一个完全坚实健全的中心力量与清明的政治，来凝结和情系那一盘散沙；而也因为，我们也缺乏一种彻底的爱国精神的教育与宣传。中国人之一般的爱国观念，与其说是一种鲜明的民族意识，毋庸说是一种扩大的乡土观念，文化的和种族的自尊性。

● 民族虚无主义

我们还有一种民族虚无主义。其旧的标本，就是所谓“抚我则后，虐我则仇”。现在有许多汉奸，也是以这种思想作辩护。其实在今天，特别是在日寇之前，这是根本错误的思想。不知道亡国奴之惨苦者，才以为顺民可为。种族相残之惨酷，固然从历史上可以知道，而日寇对于外族之凶残，更是古今中外所没有的。

● 创造的才能

其实中国不仅有历史的光荣，地理的伟大，而民族性也有其特殊优秀之点，特别是其创造的才能。中国人是有创造天才的，只要看我们的祖宗。我们不行只是因为技术落后了一步，而特别是受到日寇之阻抑。解除了日寇这束缚，中国一旦能自由独立发挥其人力物力，中国将为世界上一个最文明而最富强的国家。我们要自尊、自重、自强、自己奋发。

● 自由平等的精神

而中国之哲学思想，其精华的部分和优秀传统，可说是和从来人类最优秀的思想相通，足为治国和指导世界的最高原理的。

第一是自由平等的精神。中国历史上有可自豪者二大事：一曰无宗教思想之残杀，二曰无阶级制度之抑压。重思想自由，重万民平等，此为中国文化之一大特色。我不是说中国无思想压制与阶级制度，然较之欧洲平和多了。“民为邦本，本固邦宁”，“防民之口，甚于防川”，这是先圣之训，也是世界最古的自由主义与民本主义。

● 尊重劳动的精神

第二是尊重劳动的精神。尊勤俭，戒佚豫，鄙视不劳而食，是中国精神之第二大特色。男耕女织，帝后亦当躬亲，中国民族之始祖黄帝不是天神而是民族的战士和科学家，嫘祖不是女神而是养蚕缫丝方法的发明者；这较之其他民族之传说，以及祖先为妖怪为魔王者，更可看出我炎黄子孙是由如何伟大而艰苦精神所培植起来的。

● 正义自尊与坚毅精神

第三是正义自尊与坚毅精神。孔子言仁义。仁是人道。义是完成人道之方法——完成责任。义之所在肝脑涂地而不悔。孔孟对于个人要求为君子，为大丈夫。君子有立身之准绳——仁义礼智信。大丈夫有处世的风俗——不淫、不移、不屈。舍我其谁，这是何等抱负？至大至刚，这是何等精神？民胞物与，这是何等理想？“知其不可而为之”，这是何等气概？惟其执著正义，所以自强不息，弘毅任重而道远；而甚至杀身成仁，舍生取义。中国在异族凌夷内忧外患之余，其鼓励我们守正不阿，气节凛然，不惜牺牲以全道者，就是这种伟大精神传统之感召，是这原则精神责任精神之感召。

● 现世求实务精神

第四是现世与求实务精神。孔子不言忧与天道，孔墨都非命，他们都是热诚奋斗的改革家。孔子的理想是文质彬彬，其教育是文事武备兼重。墨子的理想是刻苦节约，摩顶放踵谋国家之利，生民之福。惟其如此，才有中庸之至德。中庸就是正道。这种公明平实精神，一坏于黄老之虚无，再坏于腐儒之心性，章句之空疏与支离。

● 博爱与和平精神

第五是博爱与和平精神。以力服人，中国最所反对。即对于异族，未闻主征服者。孔子说：“远人不服，则修文德以来之。”墨子主兼爱非攻，至比侵略者为盗贼，其“非攻”可说是世界上非战文献中最光荣的一篇。不仅如此，他是实际组织非战运动以义战制止不义战之人。

中国并不主张屈辱的和平，我们是以自卫国家为大义的。

● 文化独立创造的精神

最后……必须说到中国文化独立创造的精神。世界有四大文化之摇篮，即西亚，爱琴海，印度及中国。如前之区域在最古之时尚有交通，得互相砥砺之益；中国文化则是拔地倚天，尤尤独造的。最显明的一点，即是中国之语言文字。中国语言文字，自成系统；在很古时候，复音变为单音；而简明合理之文法，欧洲文字中唯有英文足与相比。中国落后者，在于技术，不在语言。恰恰相反，中国简单合理之语言，是我们最当自豪的创造之一。

● 人格观念与理性观念

此处所要特加论列的，只是有关中国文化兴衰及在世界地位的一面。兹简略的指出几点：

其一，中国文化源远流长，中经兴衰起伏，但自周监于二代，孔子普教于民间，经先秦诸子，汉唐宋明以迄清初诸儒，其一贯精神，是基于人格观念和理性观念的现世主义、人文主义、合理主义、实证主义；虽未达到西方18世纪以后之盛大，根本精神与欧洲文化之主流实相同。中国知识分子之一贯传统，是自尊其人格之尊严，尊重生民之乐利，而与一切专制倾向相抗的。这尤与世界任何国家之伟大思想家一致。中国文化之创造力是很强的。许多人以为中国文化理智色彩较薄。须知理智之最高源泉非他，即是价值之判断力。知是非，知善恶，是一切“知”之本。孔子之“知人”与苏格拉底之“自知”，是一个知。未有此知不讲，而技艺之知，可得长久的（即所谓小有才未闻大道者）。孔子之“知仁勇”，释迦之“悲智双修”，苏格拉底之“知德合一”，正表示东圣西圣之同心。因此凡对中西文化有所得者，都是通于大道的。

● 对内统一与对外开化

其二是中国文化对内促成民族统一，对外开化东亚之功。这是一个和平扩张的过程。这也是文化向上发展力的明显证据。中国民族最初以夏（诸夏）为号，其后秦楚相率夏化，合为汉族，由汉至唐，中国民族进一步统一和扩大。在这过程中，中国文化也向东北向西北，向西南，以及整个东亚辐射。如史汀生所言：“中国文化是亚洲安宁力”。

● 坚韧与复生力

其三，中国历史可以分为四大阶段。一，自三代至秦，华夏文化普及扩大，变为统一国家。二，两汉文化由发展而衰落，至汉末而崩溃。三，三国以降，五胡入侵，终于汉代，释道并起，儒学终复兴于北方，而有隋唐统一。四，唐宋以来，中国文化大体是一贯相传的，中经唐末、宋末，明末，几度之衰落，及有辽、金、元、清之侵入，但中国民族文化之坚韧，终使蛮族同化，而中国文化亦得进一步大发展。中国文化之复生力是很强的。

● 包容性

其四，创造力，复生力，和平性，坚韧性，与中国文化之包容性，宽大性有关。——宽容性亦即感受性与弹性，是一种文化有生命力的证据。“有教无类”之说，使中国人将文化的价值，放在民族区别之上。中国在文化上不如西亚与欧洲有各种文化交流。其孤立状态，与印度相似。但中国人不是自甘孤立的孤立主义者。虽然良师益友不多，最能吸收外来文化之长。

这便是说，孤立主义不是中国文化精神。汉、唐、宋、明是中国文化向上发展期，最表现泱泱大国之恢弘气度，文化上中外之见，不是盛世之胸襟，恰恰是衰世之喧哗。

● 创造精神

其五，若将中国一国文化与整个所谓西方文化作一比较，我们可以说，在古代，中西并美。西洋的希腊罗马时代，即我国周汉时代，在任何方面，我们可与他们并驾齐驱，毫不逊色。不是我们祖先不如人，而是后人不如人，近一二百年不如人。也可以说不是我们不如人，正是不如我们的祖先；不如我们祖先精思大力规模宏远的创造精神，这是我们苦难的原因。

（选自《文化复兴与超越前进论》，学术出版社 1980 年版）

假面的告白（1980）

陈其南

● 虚假和人为

在汉字里头，所谓伦理或义理的用法中已蕴含了虚假和人为的成分，两面之义相生相随。将这种虚假和人为的义理发挥到极致的是深受汉文化影响的日本社会。

与日本同样使用汉字，为汉文化之起源的中国社会在处理两义的伦理秩序时，所采取的驱力方向刚好与日本相左。在中国社会，伦理秩序和义理不是超然存在的东西，而是依附在现实人生的情境里面。日本性格是以虚统实，因此日本人在现实生活中必须遵循虚拟的义理；中国性格是以实统虚，因此义理不断地迁就现实，现实不断地败坏义理，演变成另一个极端。即在潜意识里或在不知不觉中，认定伦理秩序成规章制度不是用来遵循的，而是定来供现实人生操纵和利用的。这种意识形态表现在具体的社会行为上便产生两种症候群：一种是不考虑可行性而任意订定规范；一种是对订定或共认的规范视如敝屣，不肯彻底实行。

如果我们想知道“假面”的哲学在中国文化中的特殊发展，那么应该先看看中国所流行的太极拳传统。

中国传统文化的性格实际是一直环绕在虚与实，即名与实的关系上。

名与实的分离也充分反映在国民的法律和经济行为中。

● 暧昧性

“云门”就是这样一个游离于精致和通俗化之间的东西，作为一种文化活动，“云门”的此种暧昧性质是一个很有意思的特征。

“云门”有另一层更令人感到眩惑的暧昧性，它是宗教和艺术娱乐两种特性的融合。中国古典里面到处是充满着这一类宗教和艺术娱乐互相重叠，模棱两可，混沌不明的作品。

我们偶然地在“云门舞集”里看到宗教和艺术娱乐活动间暧昧不明的巧妙融合。“云门”的人不自觉地以回溯者的姿态，在艺术性的舞蹈和中国传统歌舞剧的宗教信仰气氛之间搭上了一条线，使我们豁然地从“云门”的背后，看到了人类的宗教信仰和艺术娱乐活动，在起源的过程和移情作用上的共通性。

● 亲疏远近

中国人的传统观念往往会把一个私人企业内的员工划分为“自己人”和“外人”两大类别，并按系谱的亲疏远近而有家人，族亲、近亲、远亲、同宗、同乡、同学及其他等等次要类别。至于哪里才是自己人和外人之界限则依情境而定，并无绝对的标准。费孝通用“差序格局”来形容这种如一轮轮波纹状，以自己为中心向外推，愈推愈远，关系也愈薄的人际网络。

差序关系的维持动力是来自一种特有的社会价值观——个人永远以自己和家属之利益为最优先的考虑。

● 不透明性

在中国文化里，戏与人生都是不透明的。如果不是借着英文字，我们实在很难充分表达这两个范畴的透明关系。也许是因为中国情境里的此种“不透明性”，使得中国戏剧的内容和表达方式，在先天上必须从现实生活中隔离出来，孤立在不实际的舞台背景上。不论是对白、唱腔、动作、衣饰，以及脸部化妆等，均讲求与现实的脱节或转形。

● 房意识

中国是以“房”为中心意识的社会，房就是父子关系。

中国人的“房”意识固然衍生出许多心理的情结，但这个情结却也激起大部分中国人肯定其生命意义和工作伦理的原动力。在近代历史上，举世皆知中国人的勤奋和节俭。我们都看到许多在贫困中挣扎的中国人，不计自己个体的享受，甚至不顾性命的安危，卑微地拼命工作、工作、工作。显然，他们不是为了个体的存在而生活工作的。对这种奴隶般的草芥生活，当时的外国人很少能够理解，反而加以曲解和鄙视。然而，中国人却甘之若饴，毫无怨言，甚至满心欢喜。

中国人对于现世生命和工作意义的肯定，则来自同属宗教信仰领域的房意识之召唤。

来自房意识的工作精神，其努力的成果当然也要由房意识来承袭，不具备房身份的人，原则上当然是被排除在外的。

房地位的优越性也可普遍见于民间的生活安排中。同样的情形也见于财产的分房。

房不仅关涉到现世的生活，同时也完整且纯粹地表现在宗教信仰的意识形态中。祖先与我们活人之间并不是绝然隔开的，他们就住在厅堂里，由我们服侍照顾。因此，中国儒家发展出一套堪称世界最精致的丧礼和祭祖仪式。民间更深信祖先风水与后代子孙有直接的关系。

房的情结明显地存在于传统中国人的潜意识中，而曲折地表现于祖先崇拜和宗教仪式上。换言之，中国人不但透过其礼的社会行为，而且也需要一些不具现实意义的符号，来交代自己内心思考所创造出来的“房”世界。

（《假面的告白》，1980年，《云门深处》，1980年，《传统家族制度与企业组织》，1984年，《戏如人生，人生如戏》，1985年，《中国人的“房”事情结》，1985年，均选自《文化的轨迹》，允晨文化实业公司1986年版）

孔子仁学（1981）

杜维明

● 道德理性

概略而言，仁学的道德理性是立基于主体决断和存在考虑两个相辅相成的原则上。首先，孔子确认“为己”之学的内容必须通过学者本身自反自修的克己工夫来证验、来展现、来完成。“不愤不启，不悱不发”的教育方法和“不怨天，不尤人”，“内省不疚，夫何忧何惧”，以及“岁寒，然后知松柏之后凋也”的人格修养都是凸显自发性的例子。孔子肯定“为仁由己，而由人乎哉”，又申称“仁远乎哉，我欲仁，斯仁至矣”！正是要说明为己之学的基本动力不假外求。但是这种强调个体独立（“当仁不让于师”）和人格尊严（“三军可夺帅也，匹夫不可夺志也”）的思想并没有“个人主义”的色彩。这是因为尽己之忠的主体决断必须通过推己及人的恕道才可落实。

推己及人的恕道即是仁学中道德理性的存在考虑。它的实际内容是根据“能近取譬”的模式，从修身扩展到齐家、治国、平天下。有子所说“孝悌也者，其为仁之本欤”即指学习做人的根本途径应以“亲亲”为起点。儒家认为，如果连尊敬父母和友于兄弟的意愿都不存在而直接宣传兼爱天下的道理是一种不切实际的空谈，因此孟子指出“仁之实，事亲是也”。但是，如果为人只停留在“孝悌”的阶段而不能发扬“己所不欲，勿施于人”的“爱人”精神，向达到“老者安之，朋友信之，少者怀之”

乃至“博施济众”的境界迈进，那么恕道的推行也就滞泥不前，结果也许连“孝悌”等基础德行也不能维持了。

严格地说，以忠恕为主轴的一贯之道绝非静态的折衷主义，而是动态的、发展的“过程哲学”。人的成长是生生不息的，学习做人的道理也应是连续不断的。在永无休止的过程中，以弘毅的精神来完成自己堂堂正正、顶天立地的人格，才是任重而道远的真实意义：“仁以为己任，不亦重乎？死而后已，不亦远乎？”固然，才智的高低，环境的优劣和生命的夭寿都因人而异，因此在道德实践和人格发展的道路上，如何根据具体情况作变化气质的努力也有各种不同的形态。但是克己待人的修养工夫既可适用于“戒之在色”的少年时代，也可适用于“戒之在斗”的壮年和“戒之在得”的老年时代。一贫如洗而又短命早死的颜回，能在极困苦的条件下勇猛精进，达到“不迁怒、不贰过”的修养水平，赢得孔门弟子中唯一堪称“好学”的美名，这正显示忠恕一贯之道不足从效验和结果上论成败，而是一种把品题人物的重点摆在动机上和过程上的学说。

这种学说重视人伦日用间的生活实践，和罗马斯多葛学派有相似之处；不过黑格尔把孔子哲学看成只是一堆和西塞罗的处世格言一样乏味的道德教条，那就大谬不然了。这种学说和康德的“实践理性”也有不谋而合之处。但康德因为强调客观标准的绝对性，未能重视道德的主体性；又因受神学的影响而提出“上帝存在”和“灵魂不灭”的必要条件，忽略了宋明所谓心性之学的问题。因此和孔子仁学所提出的道德理性毕竟异趣。近年来好几位欧美和日本的学者认为这种学说有存在主义的性格。可是存在先于本质的人生哲学常流于王畿所谓“气魄承当”的格套。仁学的主体决断虽然是一种“存在的决定”，但儒家的立志必然引发“毋忌毋必毋固毋我”的道德修养，和以个人脾性为归趋的选择绝不相同。

所以，由孔子仁学所规定的道德理性虽有保罗·田立克指称的“终极关切”，但其“宗教性”不走向灵魂的超升和理想的天国，而是依循“天命之谓性，率性之谓道，修道之谓教”的中庸路线，落实到广大社会和日常人生之中。同样的，这种道德理性虽然也有极丰富的知识内涵而且特别强调学思并进的求知态度：“学而不思则罔，思而不学则殆。”但它的“智性”不表现在纯理思辨的欣趣，而是以“正德、利用、厚生”为原则，集中在解决现实生活的具体问题上。从批判的眼光来衡断，孔子的仁学因不向超越的神学致思而有堕入庸俗的危险，因不究心于抽象的推理而可能阻碍了认识论的发展。这个问题牵涉到孔子仁学中与忧患意识紧密联系的文化关切。

● 文化关切

孔子仁学中的文化关切可以从历史使命与礼乐教化两个层面来理解。孔子曾以“述而不作”自况，说明他的学术事业主要是以继承的形式表现出来的。这固然是不敢自居“参天地之化育”的圣王而以绍述制礼作乐的周公自勉的谦辞，但也刻画了孔子仁学中历史使命的特殊性格。

继承传统，特别是重新建立业已断绝的传统，可以导致新文化和新思潮的发展，这点是可以肯定的。欧洲的文艺复兴即是一例。

孔子所处的时代是“礼坏乐崩”的前奏。在那个“觚不觚”的时代，孔子主张维护周礼，好像是一种不能顺应历史潮流的抱残守缺的落伍心理在作祟。其实，站在文化传承的立场，孔子的“吾从周”有极丰富的思想内涵，不能只从政治层面的复古复辟来评判。

孔子的用心所在也许不仅是仪式本身而且是它背后所代表的文化意义——从礼让到攻伐、从“整合”到“分化”的大变动。借用政治学的术语，孔子是想通过礼乐教化的努力，彻底转化现实政治的权力结构，让互信互赖的道德意识取代强制性的统治模式而成为社会稳定的基础。

他在政治上的挫败，不但没有灭杀他的文化理想，而且更增强了他的使命感。在大难临头之际他说出“文王既没，文不在兹乎”、“天生德于予，桓魋其如予何”之类的壮语即是例证。孔子这种“天将降大任于斯人”的使命感，固然受到不少同期隐士们的讥讽，但是相信“天将以夫子为木铎”的知音也大有人在。

文化发展至少是物质条件、生活习惯、集体意识和自觉奋斗在多层次的复杂关系中交互影响的结果；文化遗产则意指在特定的自然环境中的社会风气、日用而不知的行为典范以及向真善美的理想境界勇往直前所获致的成就。从这个角度来看，孔子所宣扬的礼乐教化，一方面肯定了周公以来华夏民族的“生命形态”确有其合理性与可续性，同时又严厉地批判了当权者因远离“其身正，不令而行”的基本原则，使得华夏文化丧失了理想性，变成了僵硬的形式主义。另一方面又从源头处反省人文世界的存在意义，提出仁的哲理来充实礼的内容。根据这个观点，孔子独立于现实政权之外主动承担发扬周礼的使命是自觉性的高度表现，而他“克己复礼”

的仁术不仅是继往也是开来。

他通过全面的、整合的深思熟虑，自觉地承继了他认为周朝文化传统中最合理、最真实、也最精美的人文价值。

然而，在“道术为天下裂”的时代，孔子的忧患意识终以“行道”为对象。他的文化关切——由历史使命与礼乐教化交织而成的学统——从未脱离“行道”的意愿而独存。尽管这种意识和关切有时引发“知我者其天乎”的叹息，有时还激起“乘桴浮于海”的遐想，孔子从未放弃置身“斯人之徒”的权利和义务。

● 入世精神

孔子的仁学既无教堂又无庙宇，连“慎终追远”的祭祀祖先也和“民德归厚”的社会价值相提并论。

孔子既非独创儒家的教主也未必是儒家传统中尽美尽善的人格形态。他在儒家的地位和耶稣在基督教或释迦牟尼在佛教的地位有本质的不同。美国哲学家赫伯·芬格芮把孔子定义为“以凡俗为神圣”的思想家，是有见地的。

他对自己的国家、社会、文化以及在他所生存的时空交会点上影响他的其他条件和因素都抱着一种关切和担当的态度。这便是孔子“无终日之间违仁”的人生态度了。

固然，孔子仁学的兴起象征古代中国人文意识逐渐取代宗教神学而成为中华民族的主导思想；把认识对象从虚无缥缈的鬼神之乡转到伦常日用的生命世界，正反映这一以“知人知生”为中心课题的哲学动向。不过，如能严格区分反理性的迷信无知与牺牲自我以拯救世人的大慈大悲实代表两种互不相容的宗教形象，那么孔子的仁学确有和以身殉道的奉献精神相通之处。“朝闻道，夕死可矣”即是体现这种精神的证道语，而且也只有从此基础发心，才可能提出“无求生以害仁，有杀身以成仁”的教言。

有了这一层认识，仁学的入世精神更不能和政权的现实势力混为一谈了。归根究底，孔子根本不从权力和控制的立场论政。也许，在他眼里，只从耕战或祭戎的角度来认识政治不仅是片面的而且是错误的，因为政治的目的除了在维持社会安定和提高经济水平外，还在教化。孔子在政治上不得志，为了道之不行，学之不讲而忧心忡忡，有时连获一栖身之处尚且艰苦，更说不上什么恢复周公盛世了。这是历史真相，毋庸赘述。所以，批评孔子不能顺应时代潮流、无法和春秋后期新兴的社会势力结合，以达到夺取思想和政治领导权的目标，是有客观事实根据的说法。至于孔子是否真以夺权为目标那就另当别论了。不过，从动机和结果两方面，也就是从孔子的用心所在以及仁学的历史作用来立论，孔子在政治上的失败实和他的道德理性以及文化关切有紧密的联系。

孔子既然不从权力和控制的立场论政，他对政治的理解势必不同于当时实际参加权力斗争和控制人民的“肉食者”。有人认为，孔子在官场上一再失意是因为不识时务的缘故。这个推想值得商榷之处至少有三点。第一，孔子凄凄惶惶想要用世的心理来自他的历史使命。他所要争取的不是一时效验而是百世楷模，不是一家一世的兴盛而是天下太平。他的政治构想和执政者以一己之私的利害为前提的现实考虑自然大相径庭。用“官场”的得失来评价孔子是犯了分析范畴错置的错误。第二，说孔子“不识时务”是从前面所提孔子不能顺应时代潮流的说法而来。应当分明：站在历史发展有必然性的立场来批判孔子的保守性是一种学术观点，而揣测孔子在政治上的失败，乃至沦落到“丧家之犬”的田地，是因为他对当时的具体情况认识不清，那就难逃主观臆想的偏差了。孔子何尝不知“今之从政者”的心理？不过他坚决反对专以富强为目标的政策：“季氏富于周公，而求也为之聚敛而附益之，子曰：非吾徒也，小子鸣鼓而攻之可也。”同时他认为政治和以身作则的道德修养不可分割：“其身正，不令而行；其身不正，虽令不从。”而且只有从最基础的人伦教育着手才可一窥政治的实意。第三，即使断定孔子念念不忘行道的意愿是顽固的，而他以道德理想从政的行为是迂腐的，我们仍应承认：孔子不能和新兴的社会势力结合主要是因为他的文化关切不允许他摒弃实现政治理想的希望和努力而把从政的焦点集中在控制人民的权力结构上。因此，说他的政见在本质上包含了落伍的因素是不正确的；说他不自觉地为统治阶级服务，走向开倒车的歧路也背公允。孔子不顾政治上的失败，甘愿忍受不识时务的讥讽，以“知其不可而为之”的悲愿行道是忧患意识的体现，而非“假仁”、“伪善”，这点倒是可以肯定的。

（《孔子仁学中的道学政》，选自杜维明等《中国文化的危机与展望——当代研究与趋向》，时报文化传播公司 1981 年版）

农民性格的蜕变（1981）

吴聪贤

● 重农思想

我国的重农思想，可以说是起源于春秋战国，而成熟于汉朝。汉朝重农主义大致认为：（1）唯有农业才能生产财富，商业则除了为商人制造利益以外，对国计民生没有贡献；（2）商业利润超过农业利润，商人得利后，往往购置田宅，从事土地兼并，造成贫富不均，剥削农民，促使农业趋于萎缩；（3）商业损害社会道德，商人往往不择手段达到赢利目的。

古人重视孝悌而主张力田，可以说是受了儒家思想的影响。这些论调，可以从下列两则见证。王桢说："孝悌力田，古人曷为而并言也？孝悌为立身之本，力田为养身之本，二者可以相资，而不可以相离也。"又说："圣人使天下之人，莫不衣其衣而食其食，视其亲而长其长，然而教之者莫先于士，养之者莫重于农，士之本在学，农之本在耕。"

中国社会虽然重视农业而受它的影响很大，可是农民却一直没有真正被重视过。中国的重农思想可以说是重视农业而没有重视农民。

● 乡民性格

农业与传统中国社会既然存在着唇齿相依的关系，对于社会成员的行为模式也就产生巨大的影响，形成所谓“乡民性格”。

如果农民把生产看成是为生活，而不是获利手段，那么他们是具有浓厚的乡民性格。

以农业为生活的农民，对于农业经营采取保守作风，遵循前人的遗训与经验，不事前计划，不敢为利润冒险。

从乡民社会与城市间的关系来分析，乡民不只是在物质上依赖城民，在精神上，也无不以城民的生活方式为马首是瞻。乡民不只是贫穷，对自己的环境也一知半解，常任人摆布。乡民知道控制他们的力量是外来的，往往把它看成神秘莫测，捉摸不到的东西。

第四个“乡民社会”的特点是强烈的家族意识与亲属关系。在中国社会里，无论城市或乡村，至少家族关系显得一样重要。为了增加家庭劳动力的需要，便有“生之者众，食之者寡……则财恒足矣”的说法。这个需要，又与重男轻女，早婚生子的习俗及“多子多孙多福寿”及“不孝有三，无后为大”的观念有密切的关系。

跟强烈的家庭观念有关系的另一个乡民特征是深厚的乡土观念。农民习惯于住在固定的地方以后，对乡土产生一种密接力，不管喜欢不喜欢，总是不肯轻易背井离乡。农民对于土地的爱着力，可以从三方面解释：一为农民视农业为生活之一部分，无形中对土地产生一种亲密感，把它看成传家宝，不肯也不能轻易离手。二为各种产业中，只有土地是最安全可靠，既不怕天然灾害，又不担心盗贼抢劫。第三个原因是，所有农业中，只有土地是有形而看得到，土地无形中变成社会经济地位的指标。

第六个“乡民社会”特征，而最能说明农民性格的是“有限资源”。所谓“有限资源”，是乡民视社会、经济和自然等环境，如同土地、财富、健康、友谊、爱情安全等事物，不但是有限度的存在，而且是短暂的存在，同时认为乡民本身没有什么力量能增加这种有限度的资源。“有限资源”的行为意识，可以在下列的几个情形里，相得益彰。

（1）资源固定的观念：农民认为一切生产资料，就像土地那样有限。有限资源的观念，常使农民嫉妒他人发财，因为他人致富，对他来讲是一种威胁，使他致富的机会减少。中国社会里嫉妒他人成功的观念，常常阻碍一个团体的合作行为。许多落后地区农民，对土地以外的投资不感兴趣，便是有限土地资源观念作祟的一个例证。

（2）勤俭节约的习惯：乡民既然认为经由投资致富的机会有限，唯一可行的办法是依赖勤俭节约来增加财产。

(3) 缺乏革新的动机：乡民只知道循规蹈矩，按照历代相传的耕作方法从事生产，鲜有尝试创新的动机。

(4) 缺乏合作的意识：乡民在亲属关系下，的确具有强烈的效忠意识，但是对陌生人或血缘关系不浓厚的人，是有排斥意识。

第七个乡民社会的特征是缺乏计量较酬的习惯：乡民虽然在物质上，饱受贫穷的生活，可是他们却不重视经由计量方式换得利润。最明显的例子，是农民认为自己田里生产出来的东西，可以免费赠送给别人，不该接受货币代价，认为接受有形代价是不够慷慨。另外一个情形是农民很少在买卖行为上积极地先开价。

(《现代化过程中农民性格之蜕变》，1981 年，选自《中国人的性格》，桂冠图书公司 1988 年版)

中外社会思想之比较（1984）

谢　康

● 宗教观念弱

历代的真儒（正统派知识分子）是很少信宗教的。

虽有不少读书人信佛，但他们也多是信佛学，而不一定是信佛教。

有很多人喜欢道家老庄哲学，但不信道教。

中华民族宗教观念比较薄弱，与儒家对鬼神敬而远之的态度，而以礼教代替宗教，重理性不重信仰，是有关系的。

● 崇敬三不朽

中华民族对死而不朽的历史人物的崇敬，也是历史上并世各民族对其本国的不朽人物的崇拜礼节所不及的。中国人对圣哲及民族英雄的崇拜，都认他们为聪明正直的神而拜祭他们，纪念他们，但不承认他们为一种宗教性的天神上帝，而确认他们为“死而不朽”的人物（与天神、地祇并称，则为“人鬼”），借此表示永久崇敬之意，他们之所以不朽，是对于德、言、事功有所建立。

● 重道德

家庭教育和学校教育，特别注重道德（良好品德）的培养。

叔孙豹将立德视为三不朽之首。

孔门四科中列德行为第一。

● 祖宗崇拜

盛行祖宗崇拜的民族（如中国），除对祖先坟墓经常祭扫外，并在宗祠、家庙或自己家中的“神坛”上供奉祖先的神主牌位，写明“历代昭穆、宗亲之神位”而按时举行祭礼，毕恭毕敬，至少从几千年来已成为传统的习俗（例如传统式的中国大家庭）。

政治人物借重或利用死者在生时对于本国或全民族留下的德望或号召力，假借死者的遗嘱或他的愿望和意旨，捧着他的神主牌位，以达成某种政治的或社会的目的。

● 人本位

中国民族性注重实际而不重空想，重道德不重宗教，讲理性而少迷信，以人为本位而不以神为本位。

孔子不多谈鬼神及人死后的事，“未知生，焉知死”。

（选自《中外社会思想之比较研究》，台北中央文物供应社 1984 年版）

中国人的人格发展（1984）

孙隆基

● 重“和合性”

中国文化的一个至为基本的原理就是“和合性”，因此，总是认为“合”是好的“分”是不好的。这个偏向，也势必反映在对儿童的教养与人的发展之上。它的外在表现就是与原生的家庭保持较密的关系，在一般人事交往方面也会出现“念旧”的倾向。身处国外的华人，纵使已经受到了西方影响的冲击，在这些方面比较趋于淡薄，但仍然会保持一个外在的形式，纵使是言不由衷，也会继续这样地去“做人”，否则就会受到中国人社会的谴责。

从外在的表现，可以如此推论：中国人的内在的人格开展，多半也会呈现出各阶段之间的“和合”局面，一个阶段与另一个阶段之间的断裂，不致像西方人那般尖锐，在每一个人身上保留的人生早期的内容也必定是特别的多。

● 缺乏自制

笔者曾经指出：中国人之缺乏自我控制，依赖外力来组织自身的倾向，甚至必须让国家具有了管理个人最“私”一面的权力。在国外资本主义底下生活的华人，自我组织的能力固然是提高了，但是，缺乏自制这样一个文化深层的因素，仍然是相当具体地存在，例如，过马路从无遵守红绿灯的习惯，电梯与地铁的门一打开，也不等里面的人出来就死命往里冲。像这类情形在西方与日本的现代社会皆少见。此外，国外的华人之获得“自我组织”的能力，也主要是表现在“揾食”方面，而不在于去开展个人独特的存在方式。在后一方面，个人之“自我”意识仍然不发达。

● 口腔化

至于中国人身上保留过多的人生早期阶段内容之最典型的表现，莫如对“食”之特别强调，以及对母亲之过分依赖。这两方面其实是同一种因素之表现，因为在人生最早阶段上老母是最主要的喂食者。这个倾向在国内表现得最强烈，不少人到了成年仍无法自力物色婚姻对象，必须由老母代劳。这样安排底下的人，自然是没有了成人的内容，性爱的因素纵使在生理方面存在，也无法成为一个全面盛开的“人”可以表现的内容。因此，一个人身上，可以搞到毫无感官性可言。再加上上述的那种“肛门化”倾向，整个人就搞得像“霉干菜”一般。这样的“人”真可以说是“被斩去了一截的人类”。

然而，纵使在“口腔化”与“母胎化”并没有像在国内那样被制度化了的华人地方，这类因素仍然是存在于文化深层之中。一个泛中国文化性的现象就是用“吃”来形容人际关系，例如：将人分“生”、“熟”，人情讲究“味”，在“熟人”面前比较“好开口”，也“吃得开”，“生人”之间就彼此“不吃那一套”，而“熟人”如果不让“吃”，就变得“寒酸”，即如“生”的一般。因此，中国人拉交情最有效的方式莫如“请客吃饭”，而“吃人”者也必定会变得“嘴软”，易受制于人，甚至有吃一顿饭就可以被人收买者。

可以“吃”的“熟人”就是“自己人”，也就是“母胎”的代用品。中国人是很少没有了娘胎而能够自存者。这一个倾向在到了美国念书的华人身上至为明显。不论是港、台、内地来的人，在美国的校园中，都有自己人抱成一团的倾向，而其主要活动则仍然是围绕着一个“吃”字。本来，交友是无可厚非的，但必须建立在彼此欣赏对方的个性基础上，而不应该是一种没有了选择的攀附，此外，就是不应只往熟悉的堆中钻，而排除了一己开展新境界的可能性。

像上述的这类自己人的“母胎”，在提供“吃”之余，却是用泛道德主义的压力将成人的性爱活动窒息掉的。因此，纵然是没有了传统的大家族，也不出现国内的国营单位，个人仍然是被斩去了一截。来美留学的香港青年，与其他各国人士比较，都更呈现出“超龄儿童”的形态，在他们身上，似乎 manhood 与 womanhood 从未萌芽。

● 母胎化

然而，外在道德制约力量的强大，个人自身独特之形态之不开展，却只是整个人格发展过程拖泥带水、阻滞不前的反映。如果个体是一直向前开展的，那么外在规范多么强大，也不能将他框限住。但如果个体是很软弱的，那么纵使没有了这个外力的指导也不行。因此，中国人之甘愿服膺这个外力的指导，还有个人无力作自我开展这一个因素。

我们曾经说过：中国文化的基本原理是“和合性”，是求“安”，因此在人格发展的各阶段之间也不过分要求断裂。这个文化的总意向，其实即已表现在中国式的共产主义革命中，它躲避了现代的资本主义，使个人无需去面对市场的无政府状态，以及冷冰冰的法权关系，而是将他安适地包在如“母胎”一般的国营单位中。但如此的个人，却就只能满足于“吃”的阶段，在“铁饭碗政策”以外的整个发展就整个地被截掉。这好比亚当假使不愿自己操劳，遂永不脱离伊甸园式的童年状态一般。

处于资本主义底下的国外华人，就必须面对很多不安与压力。据笔者观察所得，这些中国人面对生产程序压力的能力并不亚于西方人，反而是较少出现焦虑、不安之现象，情绪之稳定、心平气和实有胜于西方人，而更为接近日本的文化模式。这自然与中国人倾向于逆来顺受、要求不高、容易满足有关，但至为紧要的一个因素仍然是“母胎化”，它使个人无需独力地去面对这些焦虑与不安，而多获人际关系的支持。

因此，“母胎化”的倾向，对东方式的资本主义发展来说，并不是一个负值的因素。不过，在中国人（尤其是香港人）身上，这个因素却仍然只限于对“揾食”有利。然而，经济发展并不等于是“人”的开展。如果一个人越出常轨去作独异的开展形式，确又唯有凭独力去面对由此导致的焦虑与不安，别无他法，至于面对这类焦虑与不安的能力，“现代化了的”

中国人身上又有多少?

的确，一个人如果以自我的方式去开展生活，就必须用硬性的方式去面对世界，然而，究之中国又种种面对世界的态度，却证实是失之过“软”。

只能吃“软”，不能吃“硬”，在人事交往上，就仍然只往“熟”悉的人堆中钻，避免自己去面对这个生硬的世界。例如，有东南亚来美留学的华人，在找宿舍的同住时，即使找不到本国的人，也会选择香港人。因为，与同文化背景的人同住，自己或者可以像在家中一样，对方或者仍会像妈妈一样对待自己。与不同文化背景的人同住，就没有了这种“温暖”感。和生活习惯不同的人住，自然必须作出互相调整，但也会将自己暴露于新的事物之下。但是，一个人如果是不好意思“开口”，从不敢表明自己之好恶因而不懂得如何应付这个层面的话，就唯有往“熟”的堆中钻，而排除了开展新境界的可能性。

只能“吃”软的作风，其实与求“安”，避免单人冒险的意向息息相关。中国人一般强调“安身”，一生都将自己包在家庭之内，少有个人冒险式自我扩张，因此，除了国家摊派的集体任务之外，从无听说个人为了测验自己的能力极限而攀险峰、乘浮筏渡巨洋、到非洲狩猎、往南极探险，或者去破“世界纪录”之类。

一般来说，中国人强调的是“保重身体”，除了“揾食”（亦即是养活身体）必须承受的压力与不安之外，很少会愿意为了自我扩张这类“不现实”的目标来自寻额外的不安，如果有人这样去做，会被大家当傻瓜。

这种软性的对待世界的态度，也反映在中国人对待自己的“身体”方面。一般来说，中国人并非是不能“吃”苦的民族，“逆来顺受”甚至可以说是传统的“美德”之一。但是，在另一方面，这种挨苦也只限于为了“揾食”与“安身”。如果已经做到了劳心的位置，中国人就很少像西方人那般为了发展自己而再去劳苦筋骨。这基本上涉及两者对待“自然”的态度：中国人是顺乎自然，不想过分勉强自己，西方人是克服自然，因此也将自己的肉体当作是自然的一部分予以克服。在北加州一带，华人众多，但绝少在健身院遇见他们，偶然出现一两个，做起健身操来的姿态也像打太极拳一般，不会尽量用力。这与美国人的态度刚好相反，后者认为既然花了时间付出了钱，又欲短期内见效，就必须做到肌肉出现痛楚为止。事实上，美国人的国技就是讲究冲撞力的美式足球，至于中国人的“国技”

恐怕要推太极拳了！因此，一般来说，中国人男性的体魄与女人差不多，两性之间的差距并没有西方人的大。

● 自私的人情

中国人的“人情”，有很大一部分是造成一个人的软性状态的因素。

例如，上一代过分关心下一代，怕他一个人“吃”苦，就事事拉他一把，结果反而是迟缓了后者的成长，造成依赖感，不相信自己的能力、缺乏雄健性。这与西方人从小令孩童与自己分开睡，大了以后不过分帮他的作风刚好相反。

中国人一般来说比西方人更为“敬老”。

中国人的作风是总喜欢扶别人一把，也希望别人扶自己一把。西方人（尤其是新教文化的）则强迫自己自立、也强迫别人自立，没法自立的人则让他被淘汰掉。

因此，西方人（尤其是美国人）的社会是达尔文主义式的，它强迫个人具有能力，即使原来没有的，也被强制去获得。因此，西方文化可以说是同情强者的，这样的文化自然是相当硬性的。相反地，中国文化则倾向同情弱者。如果从人道主义出发，同情弱者自然是好事。但是，如果只是一种软性的态度，使原本可以不弱的人也使他的能力被瘫痪掉，对待能自力出头的人则用“群众”的标准将他铲平掉，那么，就是不折不扣反淘汰。

中国人的这种同情“弱者”法，往往是使幼者迟缓成长，长者未老先衰，归根到底，它是将一个人一生都包在“母胎”中。这样，自然使一个人被包在温情脉脉的氛围中。也正因为这样，令中国人给人一种温暖的感觉。中国人的老年人尤其是甜蜜，不像西方的老人那么苦涩与干枯。后一种情形在美国人身上尤其严重。美国人因为不重人情的缘故，因此个体吸引人的因素全赖体质上的青春，一过了这个阶段，整个人就很容易随着肉体之枯皱而干掉。但是，另一方面，它却是迫使一个人的青春阶段全面盛开的。至于中国人，青春阶段基本上并不像一个高峰那般突起，但一个人一生却是平稳地包在一个温情的氛围之中。

我们在这里只想就中国人本身的“人情”现象，指出它内里的问题，那就是：这个“人情”，不只是使人安适的因素那么简单，它还是人控制人，人被控制，使个体的自我意识萌长不了的主要因素。

中国人的“人情”，往往必须做到“毫不利己、专门利人”，但被施恩的一方，自然也会被期待作出毫不利己、专门利于对方的回报，因此事实上就被控制住。一个人如果是自主的，也有这个自主能力的，基本上就会去避免这样的“人情”。但是，如果双方都必须对方作自己的“母胎”的，就会宁可没有了自主性，也要这样的“人情”。

这种名为“无私”其实是最大的“自私”的做法，也表现在中国人的国家与社会这一对“二人”关系之中。我们不能否认，共产党的“为人民服务”，也曾经有过真实的内容，在中共革命期间，出现过许多为人民牺牲的烈士。但这种“服务”，其要求回报的方式，却是要求对方“交心”、“一生交给党安排”。这样被“服务”的社会，就是永远不会自立。于是，国家等于是用“铁饭碗政策”的养育之恩，使社会永不成长。问题在于，这样的“服务”，却又是中国社会自寻的。

即使在所谓“最现代化”的香港中国人身上，仍然会出现这样的倾向：认为有恩于人者，就可以干预对方的生命，例如说被干预的对象之行为脱离“常轨”太远，所谓“脱离常轨”，多半是指对方未能像他那样“揾食”与“安身”，自然也不可避免地包括泛道德主义的标准。

中国人的“人情”，往往也包括将原本应该是真实的感情“杂种化”的因素。以前在台湾大学时，曾看到这样的现象：某系主任每年都组织筵席，替文学院院长做寿，目的固然是为了讨对方欢心，以巩固自己的地位，但对那些没有出席的教授，则故意引起院长的注意，或者是为了表明并非自己办事不力，或者甚至是去挑拨他们之间的关系。

笔者觉得：人的真情的总量在世界各地的人身上应该都是大致上相同的。因此，如果将中国人的“真情”以外的依赖感、控制别人、愿意受人控制、情之“杂种化”等等因素通通去除掉，剩下来的真情是否一定比西方人丰富，也大为值得研究。

（《中国人的人格发展》，选自《巨变中的中国》，香港专上学生联会集贤社 1984 年版）

丑陋的中国人（1985）

柏　杨

● 窝里斗

中国人的窝里斗，可是天下闻名的中国人的重要特性。中国人在单独一个位置上，譬如在研究室里，在考场上，在不需要有人际关系的情况下，他可以有了不起的发展。但是三个中国人加在一起——三条龙加在一起，就成了一头猪、一条虫，甚至连虫都不如，因为中国人最拿手的是内斗。

中国人不但不团结，反而有不团结的充分理由，每一个人都可以把这个理由写成一本书。

中国人不习惯认错，反而有1万个理由，掩盖自己的错误。

● 酱缸

说到酱缸，也许年轻朋友不能了解。我是生长在北方的，我们家乡就有很多这种东西，我不能确切知道它是用什么原料做的，但各种在中国饭馆吃烤鸭的那种佐料就是酱。酱是不畅通的，不像黄河之水天上来那样澎湃。

由于死水不畅，加上蒸发，使沉淀的浓度加重加厚。我们的文化，我们的所谓前生因，就是这样。

在这种长期酱在缸底的情形下，我们中国人变得自私、猜忌。

中国人因为长期生活在酱缸之中，日子久了，自然产生一种苟且心理，一面是自大炫耀，另一面又是自卑自私。

夫酱缸者，腐蚀力和凝固力极强的浑浊社会也，也就是一种被奴才政治，畸形道德、个体人生观和势利眼主义长期所丧，使人类特有的灵性僵化和泯灭的浑沌社会。

酱缸产品之一，是对权势的崇拜狂。之二是自私与不合作。之三是淡漠、冷酷、猜忌、残忍。之四是文字诈欺。之五是对僵死的迷恋和肤浅虚骄。

（选自《丑陋的中国人》，艺文图书公司 1985 年版）

中国传统文化之分析（1986）

张岱年

● 重视和谐

关于人与自然的关系：中国文化比较重视人与自然的和谐，不把自然界看成是一种敌对力量，而把它看成是和人类相辅相成的，即相互依靠、相互成就的两个方面。所谓天人合一，就是讲天人有统一的关系。这种观点有其现实基础——它是农业社会的反映。靠天吃饭、不把天人看成是敌对的关系。西方工业较发达，强调征服自然、战胜自然，强调人与自然的对立，把自然看成是敌对的力量。可见，东西方文化在此问题上有不同的倾向，当然，这些倾向也是相对的，不是绝对的。

● 爱好和平

关于民族关系：中国有一个传统，就是既要维护自己民族的独立，又不向外扩张。即所谓“协和万邦”。我不去打你，你也别侵犯我，你要是侵犯我，我就奋起抵抗。这是中国爱好和平的优良传统。西方在民族方面讲究竞争、讲究斗争，就是要征服别的民族。本世纪初，在西方有一个口号，叫做“白人的负担”，意思是白种人的历史使命就是征服世界，征服别的民族。20年代，英国著名哲学家罗素来中国讲学时曾说过，中国是爱好和平的，不像西方人那样好勇斗狠。

● 家庭本位

家庭关系方面：中国是家庭本位，认为家庭非常重要。在家庭中，有父子关系、夫妇关系、兄弟关系，要各有职责、各尽义务，即“尽伦”。圣人是“人伦之至”（孟子语），要互尽义务，这是正常的、必要的。但是，封建社会强调子女对父母的服从，幼小者对年长者的服从，到宋以后干脆讲绝对的服从，其中也包含妻对夫的服从，结果出现了很大的偏差和错误，对文化的发展起了很大的消极作用。中国强调家庭本位，对个人自由比较忽视，而西方强调个人自由。在西方有一种观点，叫做“社会原子观点”，个人就是一个原子，不依靠任何人而存在，我有我的权利，任何人不能侵犯。强调个人自由、个人的独立性，这有其长处，但也有缺点。西方国家近年出现的家庭危机正是其表现之一，家庭很难维持，人们结婚后不愿生孩子，生了孩子不愿养孩子，孩子大了不愿养老人。当然，中国强调家庭本位，有其长处，也有缺点。

● 道并行

中西文化的区别还有一个问题比较显著，这就是对于宗教关系的态度。在这方面，中国与印度、西方大不一样。在西方，不能同时信两个教，甚至在一个教中不能同时参加两个教派，基督教与伊斯兰教势不两立；在印度，婆罗门教和佛教也一直势不两立。在中国，可以既信佛教，同时又信道教，还要尊孔，各个教可以同时信仰，不相违背。《中庸》上讲“道并行而不相悖”，这是中国的一个特点。

● 自强不息，厚德载物

中华民族也有自己的民族精神，在社会主义现阶段对它要加以认识、加以改造、加以发扬。中华民族的传统文化中，既有主动的思想，也有主静的思想。但是，能够引导、促进文化发展的还是主动的思想。主动的思想主要见于《周易大传》(简称《易传》),它讲“刚健”,刚健就是永远运动,永远前进。过去认为,《易传》是孔子的著作,现在多数学者经过考证,认为《易传》是孔子的二传、三传弟子写的。虽然这样,《易传》过去打的是孔子旗号,因此,影响很大。《易传》中有两句话,对中国过去的民族精神有决定性的影响。一句是:“天行健,君子以自强不息。”(乾卦)。这是说,那包括日月星辰的天体永远在运动,永不停息,有道德的人应效法天的“健”,努力向上,绝不停止。另一句是:“地势坤,君子以厚德载物。”(坤卦)地势是坤,载物就是包容许多物类;有道德的人就应胸怀宽大,包容各个方面的人,能容纳不同的意见。一方面是自强不息,永远运动,努力向上,决不停止;另一方面也要包容多样性,包容不同的方面,不要随便排斥哪一个方面。这两句话,在铸造中华民族的民族精神上,起了决定性的作用。

自强不息、厚德载物的思想在民族关系方面表现得特别明显。自强不息,就是坚持民族独立,决不向外力屈服,对外来的侵略一定要抵抗,保持民族的主权和独立。自强不息用现在流行的话说,就是“拼搏精神”。同时还要厚德载物,胸怀广大,不去侵犯别人,保持国际和平。这些都是中华民族的优良传统,我们应该加以肯定。这两句话在个人生活上也有表现,但在民族关系上表现得特别明显。

● 缺乏实证科学,缺乏民主传统

中国传统文化中有两个最大缺点,一个是缺乏实证科学,中国古代确实有科学,但没有近代的实证科学。实证科学不发达,其中的原因之一是中国过去工业很不发达。没有实证科学,同时也就没有关于科学方法的精密理论,在这些方面确实要向西方学习。西方近代实证科学 15、16 世纪就开始出现了,有三个伟大人物,即哥白尼、伽利略、培根,是他们奠定了西方近代实证科学的基础。可是,中国的社会环境就产生不了自己的哥白尼、培根和伽利略。这里有深刻的原因,需要反省。既然人家已经有了,我们就应该好好学习。当代西方的科学更进了一步,更需要我们好好学习。中国传统文化的另一个缺点是缺乏民主传统。在中国封建社会后期,虽然有过资本主义萌芽,但始终没有比较成熟的资本主义生产关系。

因而，在中国历史上也缺乏民主传统，占统治地位的始终是专制主义、家长制。民主传统需要慢慢地养成，需要长期的斗争，西方经过两三百年的努力，才建立起了资产阶级民主传统，我们现在要建设的是社会主义民主，任务更加艰巨。

（《中国传统文化的分析》，选自《理论月刊》，1986 年第 7 期）

个人既是载体也是实体（1993）

费孝通

●"文革"实验室

在比较这一生中前后两个时期对社会本质的看法时，发现有一段经历给我深刻的影响。我在前半生尽管主张实地调查，主张理论联系实际，但在我具体的社区调查中我始终是以一个调查者的身份去观察别人的生活。……尽管这个社会结构也在变动中，这种变动是逐步的，而且是通过主动能适应的变动。我并不觉得自己和社会是对立物。

但是在新中国成立之后的一段时间里，我自己所处的社会结构发生了革命性的变动，那就是说构成这个结构的各种制度起了巨大变动，在各个制度里规定各个社会角色的行为模式也发生了巨大变动。表演得最激烈的例子发生在"文革"的高潮中。作为一个教授的社会角色可以被他的学生勒令扫街、清厕和游街、批斗。这种有着社会权力支持的行为模式和"文革"前的教授角色的行为规范是完全相悖的。当然"文革"这种方式的革命是很不寻常的，但是在这不寻常的情景中，社会的本来面目充分显示了出来。我觉得仿佛是置身于一个目的在显示社会本质和力量的实验室里。在这个实验室里我既是实验的材料，就是在我身上进行这项实验，同时，因为我是个社会学者，所以也成了观察这实验过程和效果的人。在这个实验里我亲自感觉到涂尔干所说"集体表象"的威力，他所说的集体表象，就是那“一加一大于二”的加和大的内容，也就是我们通常说的社会的本质。这个试验证实了那个超于个人的社会实体的存在。

但就在同时我也亲自感觉到有一个对抗着这个实体的“个人”的存在。这个“个人”固然外表上按着社会指定他的行为模式行动：扫街、清厕、游街、批斗，但是还出现了一个行为上看不见的而具有思想和感情的“自我”。这个自我的思想和感情可以完全不接受甚至反抗所规定的行为模式，并做出各种十分复杂的行动上的反应，从表面顺服，直到坚决拒绝，即自杀了事。这样我看见了个人背后出现的一个看不见的“自我”。这个和“集体表象”所对立的“自我感觉”看来也是个实体，因为不仅它已不是“社会的载体”，而且可以是“社会的对立体”。这个实验使我看到了世界是可以发生这种不寻常的社会结构革命性的变动。这种变动可以发生在极短的时间里，但是极为根本地改变了社会结构里各制度中社会角色的行为模式。为期十年的“文革”在人类历史上是一次少见的“实验”，一次震度极强烈的社会变动。我的学力还不够做更深入的体会和分析，但是我确是切身领会到超生物的社会实体的巨大能量，同时也更赤裸裸地看到个人生物本性的顽强表现。

从这次大震动中恢复过来，我初步体会是做个社会里的成员必须清醒地自觉地看到社会结构的不断变化，尽管有时较慢较微，有时较快和较为激烈。处在社会结构中的个人，应当承认有其主动性。个人的行为既要能符合社会身份一时的要求，还得善于适应演变的形势。学术工作也是个人的社会行为，既不能摆脱社会所容许的条件，也还要适应社会演进的规律，这样才能决定自己在一定历史时期里应当怎样进行自己的学术工作。这种自觉可说是一方面既承认个人跳不出社会的掌握，而同时社会的演进也依靠着社会中个人所发生的能动性和主观作用。这是社会和个人的辩证关系，个人既是载体也是实体。

● 人和社会结成一个辩证统一体

潘光旦先生给我《生育制度》写的序言里所提出的中和位育的新人文思想，依我的理解就是要承认社会是实体。它是个人在群体中分工合作才能生活的结果，既要分工就不能没有各自的岗位，分工之后必须合作，岗位之间就不能不互相配合，不能没有共同遵守的行为规则。有了规则就得有个力量来维持这些规则。社会是群体中分工合作体系的总称，也是代表群体维持这分工合作体系的力量。这个体系是持续的超过于个人寿命的，所以有超出个人的存在、发展和兴衰。社会之成为实体是不可否认的。但是社会的目的还是在使个人能得到生活，就是满足他不断增长的物质及精神的需要。而且分工合作体系是依靠个人的行为而发生效用的，能行为的个人是个有主观能动性的动物，他知道需要什么，希望什么，也知道需要是否得到了满足，还有什么期望。满足了才积极，不满足就是消极。所以他是个活的载体，可以发生主观作用的实体。社会和个人是相互配合的永远不能分离的实体。这种把人和社会结成一个辩证的统一体的看法也许正是潘光旦先生所说的新人文思想。

我回顾一生的学研思想，迂回曲折，而进入了现在的认识，这种认识使我最近强调社区研究必须提高一步，不仅需看到社会结构，而还要看到人，也就是我指出的心态的研究。而且我有一种想法，在我们中国世世代代这么多的人群居住在这块土地上，经历了这样长的历史，在人和人中和位育的故训的指导下应当有丰富的经验。这些经验不仅保留在前人留下的文书中，而且应当还保存在当前人的相处的现实生活中。怎样发掘出来，用现代的语言表达出来，可能是今后我们社会学者应尽的责任。

（《个人·群体·社会》，1993年，选自《费孝通集》，中国社会科学出版社2005年版）

中国人的社会取向（2004）

杨国枢

在中国人的传统社会中，人们之生活圈内的运作形态主要是一种社会取向。

综合过去的有关文献，参酌个人长久的研究与观察，作者认为中国人的社会取向有四大类主要的特征或内涵，即家族取向、关系取向、权威取向及他人取向。社会取向的这四类特征或内涵，并非互相独立，而是彼此关联，分别代表中国人之社会取向的四种次级取向。这四种次级取向所表现的是个体如何与团体融合（家族取向），如何与其个体融合（关系取向），如何与权威（与团体有关之重要个体）融合（权威取向），如何与非特定他人融合（他人取向）。

● 家族取向

中国人之社会取向的第一类重要次级特征是以家族主义为基础的运作方式。在传统中国社会里，社会的基本结构与功能单位是家族，而不是个人。家族是传统农业社会之经济生活与社会生活的核心，其保护、延续、和谐及团结便备极重要，因而形成中国人几乎凡事以家为重的家族主义。

在家族主义的取向下，人们生活圈内的运作是一切尽量以家族为重，以个人为轻；以家族为主，以个人为从；以家族为先，以个人为后。更具体地说，是家族的生存重于个人的生存，家族的荣辱重于个人的荣辱，家族的团结重于个人的自主，家族的目标重于个人的目标。在此种历程中，个人不得不屈从或融入家族，其个性或独特性自然不受重视。这种团体或集体重于个人的运作方式与原则，显然是一种集体主义（collectivism）的倾向。不过，家族主义所强调的个人迁就集体的原则，主要限于自己的家族，因而应是一种“内团体的集体主义”（ingroup collectivism），而不是一种“普遍性的集体主义”（universal collectivism）。

在家族取向之下，家族成为中国人之生活圈中的社会环境的主要部分。社会环境中的其他部分，也会有一些团体，但其重要性则远不如家族。这些家族以外的团体，可以称为非家族性团体（如私塾、诗社、行号、会馆、村庄、乡党、郡县、国家、天下）。在传统中国社会里，非家族性团体为数甚少，而且大多数人一生之中都无机会参与这些团体的活动。此处的问题是：中国人一旦参加家族以外的团体，是否也会采取重团体而轻个人的集体主义运作方式？我们的答案是：中国人在非家族性团体中所表现的，并不是一种直接而单纯的集体主义，而是一种由家族取向或家族主义延伸而来的准家族集体主义，也就是一种“泛家族主义”（杨国枢，1985a）。这种延伸之所以可能，主要是透过一种“家族化”或“家庭化”（familization）或“泛家族化”的历程（杨国枢，1981，1985），也就是一种以家族为结构与运作范式（model）的历程（Lin，1988）。

总之，在个人与团体或社会的关系方面，无论就家族而言，或就家族以外的团体或集体而言，中国人的主要运作方式都是以家族主义或取向为基础：在家族中，采取的是家族主义或取向；在家族以外的团体或集体中，采取的是泛家族主义倾向。在强度上，泛家族主义或取向总是不如家族主义或取向。因而，当家族的利益与非家族的利益有所冲突时，中国人的解决方式常是牺牲后者，而迁就前者。

● 关系取向

关系取向是中国人在人际网络中的一种主要运作方式，它具有以下几项重要特征。

1. 关系形式化（角色化）

中国人以关系来界定身份，实际上也就是以角色来界定自己。在传统的中国社会里，人与人的主要社会关系是相当形式化的（甚至是仪式化的），不是可以依个人意兴而随便变动的。关系形式化是以关系角色化来落实——将环境中两造的角色行为加以相当程度的定型化。在人际关系与社会网络中，使角色进一步落实的是名分的给予。名分一方面是社会角色的具体而简要的标示，一方面它又能转而使角色分化更为明确，使角色内涵更为坚实。

在这一方面最有代表性的是五伦的关系。五伦所涵盖的是传统中国人所最重视的五种办理关系，其中父子、夫妻、兄弟（长幼）三者是家族之内的关系（即家人关系），君臣、朋友二者是家族以外的关系（即熟人关系）。其中君臣一伦多少是由父子一伦概化（经由泛家族化历程）而来的，而朋友一伦多少是由兄弟一伦概化而来。因此，五伦中可说只有三种基本关系，即父子、夫妇及兄弟关系。经过千百年的教化与实践，五伦的对偶关系（dyadic relationship）业已分别形成各自的对偶性角色基型（prototype），即君仁臣忠、父慈子孝、夫和妻柔、兄友弟恭等等，以供扮演这些角色的人认真遵循，务使其达到君臣有义、父子有亲、夫妻有别、兄弟有序、朋友有信的境界（芮逸夫，1985）。关系的角色化使每个人在家庭内外都有其适当的位置或位子，只要在自己的角色位置上各守本分，依礼行事为人，就可以进退有据，相安无事。

事实上，五伦的角色内容并非如此简单。在教化与实践的日常生活中，除了简要的角色基型的强调以外，还分就每种关系中的角色行为提出更详细的规范，以要求角色的扮演者遵循。但在每一对偶关系中，对两种角色行为的规定，详细或具体的程度并非相等，通常是对子女角色的规定或要求远多于父母角色，妻子角色远多于丈夫角色，弟妹角色远多于兄姊角色，臣子角色远多于君子角色。

当然，在传统的中国社会里，社会关系的形式化或角色化，并不限于五伦。其他如师生关系、主仆关系及上司下属关系等，也有同样的倾向。形式化或角色化的种种关系，编织成一套坚实的社会网络或社会迷津，限定了个人之社会生活的主要范畴与内涵。个人置身于这一由形式化的各种关系所构成的迷津中，只能努力包藏自我，依社会角色的规范行事。

2. 关系互依性（回报性）

中国人之关系取向的第二项特征是关系的互依性。在传统中国社会内，社会关系的界定特别强调两造角色的对偶性。每一角色的界定，都是与其对应角色密切关联的；也就是说，每一人伦角色的行为规范，都与对应角色的行为规范密切配合。而且，在现实生活中，社会关系的对偶角色是互惠的。

社会关系的对偶角色既然是互惠的，彼此就自然会互相依赖。当然，对应角色之间的互惠互依，在程度或内涵上会因关系类别的不同而有异，也未必全然遵循社会交换的法则（黄光国，1985；Hwang，1987）。人际关系中对应角色的互惠互依，会使人际关系成为一种共生的系统。在此共生系统中，关系中的两造是互补的，而不是平等的。

与对应角色的互惠性与互依性密切相关的是回报性。互惠性与互依性都是比较基本的社会逻辑，依据这些逻辑原则，同一关系中的对应角色之间在给与取两方面应该达到某种程度或方式的平衡状态，虽然平衡的程度与方式都会因关系类别的不同而有异。要达到这种平衡状态，彼此回报的法则必须建立。

在日常生活中，人们追求人际平衡状态所运用的资源，总不外物质性与精神性两大类。在传统中国社会内，有两种比较特殊的人际资源，与人际间的角色关系的平衡或失衡极为有关，此即人情与面子。人情与面子这两种在传统社会中甚为重要的社会资源，在性质与功能两方面虽然都很复杂而不同……但两者却都有五项共同特性：（1）它们都是在人际关系的网络中运作；（2）它们都有数量上的大小与增减；（3）它们都可储存、透支或赊欠；（4）它们都可给出或撤回；（5）它们都可转嫁或转让第三者。这五项特性使人情与面子成为传统中国人以相互回报的方式恢复人际平衡时最灵活有用的筹码。不过，人情资源的运用可能是以家族以外的关系为主，面子资源的运用则是在家族内外的关系中兼而有之。

3. 关系和谐性

中国人之关系取向的第三项特征是关系和谐性。……中国文化的和合性落实在社会关系上，便是强调与追求所有人际关系的和谐，特别是五伦关系的和谐。经由强调和谐观念与行为之家族教化与社会教化历程，传统中国人对不和谐或冲突会形成一种焦虑甚至恐惧，可以称作“不和焦虑”或“冲突恐惧”。在现实生活中，社会关系想要和谐，关系中的两造便必须各按角色规范行事，以满足对方根据角色规范所形成的期望。

传统中国人之追求人际和谐，已经到了为和谐而和谐的地步。谁先破坏和谐，不管有理无理，都是不对的。为了维持关系的和谐，个人必须努力去做对方期望他做的事，不去做对方期望他不做的事；他必须在做人方面处处小心，尽力保护他人的面子，避免可能的冲突（杨国枢，1982）。

不幸破坏了和谐，应当立即设法予以弥补，以尽快恢复和谐。

4. 关系宿命观

对以务农为主的传统中国人而言，人际关系的稳定与和谐（至少是表面的和谐）十分重要，因为有了大致稳定与和谐的关系，才能有安定及持续的家族与社会；有了这样的家族与社会，人们才能安心而有恒地守在土地上照顾成长缓慢的农作物，获得赖以生存的物质资源。安定而有秩序的家族与社会，既是建立在稳定而和谐的人际关系之上，则如何使人们不致因对彼此关系的不满而轻易脱离关系，便成为一个极重要的问题。传统中国人为了解决这个问题，特别演化出一种极为有效的办法——认定一切关系都是早已命定的，是逃脱不了的。为此，中国人发明了"缘"的信念（李沛良，1982；杨国枢，1988；K. S. Yang&Ho，1988）。缘是指一种宿命的因素，强调远在关系发生之前，缘即已前定了某种特定人际关系的必然出现，而且还决定了关系的形态、久暂及结局等。

传统中国人是用缘的信念来强调各种现实人际关系之必然性或不可避免性。缘所前定的关系既然是命中注定的，便只有逆来顺受，以认命的态度好好或勉强守在现有关系之中。人只有忍受现有的关系，走完或"受完"全部的关系，才能真正了却有关的缘分，不管是良缘或孽缘，不管是长久之缘或短暂之缘，也不管是报答之缘或报应之缘。在传统中国人的观念里，个人常不是关系之主动的创造者，而只是被动的承受者。个人所造之"业"，无论是积善或造孽，都可能在冥冥之中促进某种缘的形成，但当初之造业却往往不是为了缔造某种特殊关系。某种缘分一旦形成，则此缘所决定的某种关系必将依时、依地、依人而出现，当事人是无可逃避的。在传统中国人的观念中，这是宿命的必然，非个人能力可任意改变。

5. 关系决定论

在任何社会中，都会有各种不同的关系，而且其关系的亲疏各有差等。中国人的人际或社会关系，依其亲疏程度可以分为三大类，即家人关系、熟人关系及生人关系。家人关系是指个人与其家人（父母、子女、兄弟、姊妹及其他家人）之间的关系，熟人关系是指个人与其熟人（亲戚、朋友、邻居、师生、同事、同学及同乡等）之间的关系，生人关系是指个人与生人（与自己无任何直接或间接的持久性社会关系之人）之间的关系。中国人特别强调自己人与外人之别。与熟人及生人相比，家人是自己人，熟人及生人是外人；与生人相比，家人及熟人是自己人，生人是外人。在中国人的日常生活里，与自己人的关系大不同于与外人的关系。家人关系中可依对象的不同进而分为亲疏不等的关系，熟人关系与生人关系亦然。这种以自我（ego）为参考点，向外圈圈扩散（越向外关系越疏）之类似同心波纹的人际或社会关系网，称为“差序格局”（费孝通，1948）。上述各种不同关系类别的区隔化（compartmentalization），有其重要的社会的与心理的意义——在不同类别的关系中，个人是依不同的人际互动原则而运作的。

中国人之关系取向，在日常生活中最富有动力的特征是“关系中心”或“关系决定论”（relational determinism）。在社会互动中，对方与自己的关系决定了如何对待对方及其他的相关事项。在中国人的心目中，家人关系、熟人关系及生人关系三者间，不只是亲疏程度之量的差异，而且也有截然不同之质的区别。这些基本的区别决定了当事人互动的方式。就此一意义而言，关系的类型好像是一种干预或节制因素（moderator factor），它可以决定两造之间的对待方式与反应类型。

● 权威取向

中国人之社会取向的第三项重要次级运作特征是权威取向。……权威取向有好几项特征，其中最主要的有以下三者。

1. 权威敏感

传统中国人对权威的存在非常警觉与敏感。他们到了任何一个场合，总会细心观察或留意，看看有无现成的权威在场，并要弄清楚谁是超乎自己的权威。中国人见面，总要花费相当的时间，用各种机巧来相互探查或打听，以获知每人的辈分、年龄、职位、级别等，好据以排列高低或尊卑。在辈分、年龄或职位方面高于或尊于自己者，即是自己的权威。

而且，为了避免有眼不识泰山的尴尬或危险，或在不知情的情形下冒犯了权威，中国人对初次见面的人总是相当客气或尊敬；等到进一步探查发现对方不如自己之高之尊，再看情形逐渐转变态度也还不迟。

2. 权威崇拜

传统中国人所崇拜的权威并不限于活人，死去的祖先（祖先崇拜）与要人（如关公、岳飞）也在其内。无论是以在世者或去世者为对象，中国人对权威的崇拜都有明显之绝对化的倾向。

3. 权威依赖

中国人既然认为权威是可信的、全能的、永远的，当然在心理与行为上会对权威彻底地依赖。这种依赖所常呈现的第一种现象是：面对权威，人们会产生一种暂时性的心理无能（psychological disability）的征候，经验到不同程度之突发性的心思迟滞与行动笨拙。……彻底依赖所常看到的第二种现象是：面对权威，人们会绝对而无条件地服从。权威既是全能的，自己又是无法与之匹敌的，无我的（甚至是投降式的）顺从自然是必然的结果。而且，权威总是家族资源或社会资源的控制者或支配者，以恭顺的服从作为一种自我呈现（self-presentation）的方式，未尝不是有效产生逢迎或讨好效果，以使权威对自己增加好感与赞奖的好办法。

● 他人取向

中国人之社会取向的第四项重要次级运作特征是他人取向。这里所说的“他人”既不是指对偶的人际关系中的对方，也不是特定的角色关系中的他造，而是泛指非特定对象的他人。

他人取向是指中国人在心理与行为上甚易受到他人影响的一种强烈趋向——对他人的意见、标准、褒贬、批评特别敏感而重视，在心理上希望在他人心目中留下良好印象，在行为上则努力与别人相一致。他人取向所强调的，不是当事人与他人的关系，而是在消极方面要尽量避免他人的责罚、讥笑、拒绝、尴尬及冲突，在积极方面要尽量获得他人的赞同、接受、帮助及欣赏。更具体地说，中国人的他人取向至少有以下几方面的特征。

1. 顾虑人意

传统中国人对他人的意见非常敏感，往往要花很多时间来留心与打听别人的看法，特别是他们对自己的看法。在角色关系的运作范围以外，中国人之特别在意或重视他人的看法或想法，主要是为了能避异趋同，达到保护自己的目的。

2. 顺从他人

无论在感觉上或行为上，传统中国人都有很强之避异求同的心理，也就是有很强的社会顺同（social conformity）的倾向。在现实日常生活中，中国人一向是尚同而贬异，对循规蹈矩者大加赞誉，对标奇立异者则不惜挞伐。在尚同的社会文化中，自少及长都是接受尚同的训练，久而久之，便自然养成尚同的习惯。

3. 关注规范

在传统中国社会内，社会规范与标准极为重要，它们好像代表他人的共同意见，是大众言论及行为的主要依据。在中国人的心目中，当地的社会规范与标准，已经不是相对的参考原则，而是绝对的社会权威。社会规范与标准的权威化，使它们不再成为分析、怀疑或批评的对象，而是盲目地、无条件地墨守或遵行的法则。权威化的社会规范与标准，是传统社会中人们判断一切言行好坏的唯一根据，也是褒贬人物的主要依凭。在言行上违悖规范与标准者，必将受到他人的严厉批评或惩罚。因而，在日常生活中，大家都对社会规范与标准十分关注及顾虑。

4. 重视名誉

传统中国人相当重视名誉，因为他们不只是靠角色关系来界定自己，而且也要用名誉（自己在他人心目中的良好形象）来界定自己。对中国人而言，名誉主要不是指在家人心目中的形象，而是指在熟人及泛泛知道他的人心目中的形象。好的名誉使当事人感到他是一个有面子的人，甚至是一个有头有脸的人。作为一个人，他在家族中的价值取决于他扮演家人角色的成败，他在社会中的价值则取决于他的一般名誉的好坏。

顾虑人意、顺从他人、关注规范及重视名誉，是他人取向的主要运作特征。从这些特点的说明中，我们得到一种印象：对传统中国人而言，自己与他人这两个系统之间的界限相当有渗透性，也就是孙隆基（1990）所说的“人我界限不明朗”。不过，这种人我间之渗透性的大小却有方向的差异，则他人系统中的事件极易影响自己系统的变动，但相反方向的影响则比较困难。因此，在日常生活里，中国人对他人系统的注意程度远高于对自己系统的注意程度。而且，由于自己系统随时会参照他人系统的情况而改变，因而其内涵与形态的固定性偏低，而伸缩性则颇高。不过，人的自己系统也不能改变过多过大，否则个人在内心世界中便会缺乏稳定感、一致感或连续感，甚至难以感到自己在时间的转换中还是同一个人。

社会取向使中国人不能不时常改变自己，个人之主观同一感的维持却又不宜使自己改变过于频繁。为了解决这种基本的冲突，中国人只得将自己进而分为两个层次，即“公我”或“公己”（public self）与“私我或私己”（private self）（杨中芳，1991b；Baurneister，1986；Tedeschi，1986），然后让公己尽量随他人的影响而调节，私己则不必因他人的影响而轻易改变。对中国人而言，公己主要是对他人“演戏”的自己，私己是对他人“保密”的自己；公己是与他人对话的自己，私己是与自己对话的自己。公己重应变，私己重稳定，两者在内容上常有很大的差异。传统中国人从小就要学知公己与私己的不一致，且要习于这种面子与里子互相失调或矛盾的状态。也就是说，传统中国人从小就懂得表现的言行是一回事，心里想的是另一回事，即使言行与心意严重脱节或矛盾，也能泰然自若，面不改色。更进一步说，中国人视言行与心意不一致为正常，甚至认为是修养好或识大体。由此观之，Festiner（1957）的认知失谐论（theory of cognitive dissonance）可能并不适用于中国人，特别是传统中国人（Hiniker，1969）。

此处应该再度提醒：中国人的社会取向可分自两种不同观点加以分析及探讨，其中之一是社会互动的观点，另一是人格特质的观点。本文所做之系统性的分析与讨论，主要是从前一观点出发。此处所要强调的是：将中国人的社会取向视为一套社会互动的系统，与将之视为一套人格特质的模式，两者是同一组复杂心理与行为历程的两个主要层次，而且其间互有密切的关系。更确切来说，两者的关系是双向的或互为因果的。在传统中国人的日常生活中，社会取向之互动方式的一再重复，终将形成社会取向的人格特质；所形成的此等人格特质，又会转而使人在类似的社会条件下采取更为社会取向的互动方式。只有从这种相辅相成的复杂历程中，才能窥知中国人之社会取向的全貌。

最后必须提及，在现代化的社会变迁过程中，中国人之社会取向的互动方式与人格特质已经产生改变。中国人的社会取向主要是传统中国农业经济与社会的产物，它的形成是为了便于有效地适应务农的经济与社会生活。在传统农业社会逐渐转变为现代工商社会的过程中，中国人的社会取向势必失去其原有的强度，改变其本来的特征。从以往的实证研究所得的资料看来，无论作为一套社会互动方式，或是一套共同人格特质，社会取向的强度都在逐渐减低，而个我取向的互动方式与人格特质则逐渐形成及加强。个我取向的互动方式与人格特质，有助于有效适应现代工商社会的生活。在社会变迁的过程中，社会取向的不同互动方式或人格特质会以不同速率变迁。

（选自《中国人的心理与行为：本土化研究》，中国人民大学出版社 2004 年版）

中国人对现代化的反应（2004）

杨国枢

为了有效说明与分析中国人对现代化的各种反应，必须先行说明人类面临外来之变迁压力或挑战的基本适应方式。“适应”（adaptation）一词的含义颇不明确。从心理学的观点来说，我们可以将之界定为：环境变动或变迁所引发之个体心理、行为及生活或群体运作与文化的改变或拒变。在一般情况下，个体或群体遭遇外界环境中的变动或变迁（特别是比较重大的变动或变迁），可能采取各种方式加以适应。

● 适应变迁的基本反应方式

从心理学有关的理论分析与实证研究看来，人类对环境变迁的基本适应方式主要有以下四种：

1. 拒变反应

此种适应方式是一种在自己的想法、做法或文化上不做（或不愿做）任何明显改变的反应方式。采取此种适应方式的个体或群体，只是肯定与固守自己原有的（或传统的）想法、做法或文化，而不思改弦更张。这种适应方式是人类在强烈情绪下最易采取的反应。

2. 迁就反应

此种适应方式与第一种反应方式相反，其特点是自愿放弃自己原有的想法、做法或文化，接受变迁及引起变迁的人或事物，亦即自愿接受外界的外来的新想法、新做法或新文化。此种适应方式所代表的是一种认同对象的转变——从认同原来的想法、做法或误会转变为认同外来的或新生的想法、做法或文化。

3. 因应反应

"因应"是指针对所面临或遭遇的变迁问题或困境，以主动积极的态度，采取理性思考的方法，寻求有效的解决之道。因应反应通常是策略性的。

4. 退避反应

如果环境变迁的压力太大，或有关的人、事物太复杂，有些个体便会因为承受不了而采取退缩或逃避的反应，以减除来自环境的压力或事物变迁的烦恼。退避反应实即 Horney（1945）所说遁去（moving away）行为。这种适应方式也是人类在强烈情绪反应下所最易采取的反应之一。

● 适应变迁的主要心理机制

现代化所引发的社会变迁是一种极其重大的环境变迁，因而人类对现代化及其社会变迁也会采取这些主要的反应方式。不过，以上所说的四种适应方式，主要是从个体或群体与环境变迁的关系来看的，其涵盖范围颇广，因而在层次上比较笼统。除了这四大类型的适应方式，在现代化之社会变迁历程中，人们还会采用一些层次较低的适应方式。在较低层次的反应方式中，有两类适应现代化变迁的心理机制颇为重要，此即心理区隔化（psychological compartmentalization）与心理解离化（psychological dissociation）。

心理区隔化 人类虽然未必如20世纪50年代与60年代各种一致性理论所说的那样强调心理及行为的一致性，但自相矛盾的情况则是人人厌恶的，尤其是持久性的矛盾。心理区隔化便是一种可以避免或防止持久性矛盾的自我防卫机制。

在日常生活中的各方面，都可看到各类心理区隔化的情形。在对现代化变迁的适应方面，有两种主要的心理区隔化现象特别值得注意。

第一，精神文化与物质文化的心理区隔化。在同一国家中，精神文化（如纲常、名教、伦理等）与物质文化（如器用、技术、物品等）之间，或精神生活与物质生活之间，原应具有相当的一致性，即精神文化与物质文化皆较高或皆较低。在现代化过程中，西方的高度物质文化使中国的物质文化相形见绌，如果继续认为两种文化具有一致性或属于同一大范畴，则中国人势必承认中国的精神文化也不如人，同时又不得不承认中国的物质文化不如西方的物质文化，于是便产生了矛盾感及相关的不快情绪。为了去除及预防这种矛盾感，个体便会在心理上将精神文化与物质文化分隔为截然不同的两个范畴，使两者不必具有一致性。经过这样的心理区隔，便可一方面承认西方的物质文化较优，另一方面坚持中国的精神文明较佳，原先的矛盾感及不快情绪于焉消失，心理平衡乃可达成。但经由心理区隔的保护，精神文化范畴内的改变便更加困难。

第二，不同生活范畴的心理区隔化。就同一个体而言，生活的各个方面应具有相当的一致性，至少不应有明显的相互矛盾。在现代化的变迁过程中，个体心理、行为及生活的蜕变是逐渐的，开始之时可能只有生活的某些方面发生改变，其他方面则仍然处于传统状态。同一个体之生活的不同方面，有的已经相当现代化了，有的却仍是传统性的，自然会有不一致甚或是矛盾的感觉。为了减除及防止这种不快的感觉，个体便会将生活中比较现代化的方面与比较传统化的方面在心理上区隔为两个或两个以上的生活范畴，使自己在其中一个范畴中生活或运作的时候，尽量不去想到其他范畴中的事情。这样，个体便可在各个生活范畴中都能保持心理的平衡。

心理解离化　心理解离化，则是一种在心理上将个别行为或事物之不同部分或方面加以分解与剥离，以使其各自独立存在与运作的作用或历程。在正常情形下，同一行为或事物的不同部分或方面原是密切统合，以一整体单位在变迁历程中，行为或事物的整体一时不易改变，便只好将不同部分或方面加以剥离，使能各自独立，自行运作与发展。心理解离化可使行为或事物的有些方面“松绑”，获得先行改变的机会，以及早达到适应新环境、新生活的目的。

日常生活中，心理解离化的情形屡见不鲜，但在现代化的适应过程中，最可能出现的心理解离化现象则主要有以下三大类：

第一，观念与行为的心理解离化。在一般情形下，个别行为及其相关观念至少在个体心理上应是具有相当的一致性或统合性。但在有些特殊情形下，个体心理会让行为及其观念相互分离，从而至少其中之一可以获得较大的改变可能。在现代化过程中，社会变迁对个体行为构成了改变的压力。但由于行为具有性、习惯性及其他因素，直接改变行为颇为不易，个体乃不得不有意无意地让观念自其行为剥离，使“松绑”后的观念较大之顺应现代化方向改变的“自由”。

第二，行为与功能的心理解离化。在特定的社会文化环境中，特定行为及功能是密切关联的。但在现代化过程中，社会变迁的压力会使个体不得不在心理上将某些行为与其功能加以背离使两者互相“松绑”，获得各自改变的“自由”。

第三，器物与用途的心理解离化。在特定的社会文化环境中，特定器物与其用途（亦为功能）是密切关联的。但在现代化过程中，社会变迁的压力会使个体不得不在心理上将某些器物与其用途加以背离使两者互相“松绑”，获得各自改变的“自由”。

上述三种解离化大致可以分为两类，第一种自成一类，第二、三两种另成一类。在第二类中，行为、仪式、手段、器物、典章及制度都有特定的形式或内涵，也各有其功能或用途。在现代化过程中，由于心理解离化的结果，使有些行为、仪式、手段、器物、典章及制度与其功能或用途之间丧失了应有的对称性，旧的形式或内涵可能具有新的功能或用途，新的形式或内涵可能担负旧的功能或用途。在正常情形下，人们会以功能或用途为重，而以形式或内涵为轻。但在对能否产生特定功能或用途缺乏信心或不愿担负成败责任的情形下，个体便会照做照搬旧有的行为、仪式、手段、器物、典章或制度，而不管是否产生预期或应有的功效；这种只拘泥于形式或内涵而不管其实质功效如何的做法，即是一种形式主义。在形式主义的情形下，所做的行为或仪式，所采用的手段、器物、典章或制度，都是徒有其名（依特定形式或内涵而定名）而无真实（应有的实质功效），因而也是一种名实分离及名存实亡的情形。

● 中国知识分子对现代化的思想反应

在几乎所有进行后发外生型现代化的国家中，知识分子都扮演着现代化之启蒙者、指导者及推动者的关键性角色，中国知识分子当然也不例外。

在中国近代史中，知识分子对现代化的基本反应是民族主义，不同知识分子对现代化的各种思想或意识形态，几乎都是以民族主义为基调。甚至可以说，近代史中的各种主要思潮（如自由主义、保守主义、马克思主义）都是以民族主义为原动力的（曹跃明，1992）。从社会心理学及人格心理学的观点看，民族主义是一个国家或民族的成员对自己的国家或民族及其相关事物所持有的一套复杂的态度征候群（attitudinal syndrome），其中同时包含了对自己国家或民族的认识内涵、感情成分及行动意向（杨国枢，1980，1981）。

为了从事进一步的讨论，特将中国近代史中知识分子对现代化问题的几种主要思想反应简述如下：

（1）传统主义的思想：这是一种全面反对西化的思想，其特点是厌变与拒变。

（2）中体西用的思想：此类思想所代表的是一种勉强改变的倾向，其特点是只肯从事外表的局部改革。

（3）存优择良的思想：此类思想已打破“体”与“用”的分别，改以优劣或良窳之分代之。

（4）西体中用的思想：此类思想并非“中体西用”思想单反面，而是重新界定“体”与“用”的意义，并以此新的观点透视现代化问题。

（5）全盘西化的思想：此类思想不承认“体”、“用”之分有何意义，所强调的是“中学”与“西学”的基本对立性。

在近代史中，有关现代化的思想言论甚多，主要者即以上五说。此五说组成中国知识分子有关思想的全部续谱。这五种思想代表中国知识分子对现代化的五种主要反应，这五类知识分子对（文化）认同与变迁的相对重要性的感受与看法各不相同。

综合而言，中国知识分子对现代化的五种思想流派中，传统主义派所采取的适应方式主要是拒变反应，全盘西化派所采取的适应方式主要是迁就反应。其他三者（中体西用派、西体中用派及存优择良派）则皆是采用因应反应的适应方式。上述五种思想流派之适应方式的讨论，并未涉及退避反应的适应方式，但在中国近代史中长期投入有关现代化之国事而深感挫折无奈而终于退隐江湖不问世事者颇不乏。大体而言，与传统主义、全盘西化两者相比，中体西用、西体中用及存优择良三者之间问题解决的取向较强，其中尤以存优择良之理性化与弹性化的程度最大。只有存优择良这种因应性的适应方式，才能挣脱百多年来传统与西化在情绪上加诸中国知识分子的羁绊，在心灵上获得足够的自由分析与裁量的空间。也只有在这样的精神基础上，中国知识分子才能公平对待中国文化与西方，进而为中国社会文化的创造性转化（creative transformation）（林毓生，1989；Lin，1979）筹思划策；才能“逼真理解”西方的现代文化，进而依据中国社会的内在需要，从事本土化之文化的“生根创造”活动（余伯泉，1993）。

● 中国人在日常生活中的应变方式

在现代化过程中，中国人在日常生活所可能表现的心理解离化现象主要有三大类，即观念与行为的解离、行为与功能的解离及器物与用途的解离。

（一）观念与行为的解离化现象

在当代中国人的现实生活中，我们可以看到三种主要之观念与行为解离化的现象。一种情形是行为脱离了原来与其相配的传统观念而逐渐消失，而且并无新的行为取代其位置，以与原来的传统观念相联结。这种情形可以称为“旧观念、无行为”。例如，在传统中国社会中，“守寡”的观念与行为甚为重要而普遍，但在当前的内地、台湾及香港，很多人仍然知道“守寡”的传统观念，但大多数丧偶的妇女已不再受此观念的影响而做出拒绝再婚的行为。

第二种情形是行为脱离了原来与其相配的传统观念而逐渐消失，并逐渐由新的行为取代其位置，而与原来的传统观念相联结。这种情形可以称为“旧观念、新行为”。例如，在传统中国社会中，“忠君”的观念与行为甚为重要而普遍，而在当代社会中，仍然持有这种传统观念的人也不愿直接对他们的“君”表现出愚忠的行为，而是强调他们所做的是“忠于事”（上司所交代的职务）的行为。

第三种情形是观念脱离原来与其相配的传统行为而逐渐消失，并逐渐由新的观念取代其位置，而与原来的传统行为相联结。这种情形可称为“新观念、旧行为”。例如，在过去四十多年来，传统中国社会中的“夫妻”观念与行为在祖国大陆发生快速的解离现象——以“爱人”的观念（及名称）取代传统的夫妻观念，以与既有的夫妻行为相联结（目的可能是想引起夫妻行为及关系的改变）。

在以上的分析中，我们只是就观念与行为的解离化现象加以讨论，实则，在现实生活中，解离化现象可能发生在名称（或名词）、观念与行为三个层次之间。也就是说，解离化现象不仅发生在观念与行为之间，而且也发生在名称与观念之间或名称与行为之间。例如，对古代中国人而言，“忠”这一名词所指谓的“忠于君”的观念与行为；对很多当代中国人而言，“忠”这一名词所指谓的“忠于民”观念或“忠于事”的行为。“忠”之传统名词未变，但它所指谓的传统观念与行为则与之解离，而终于为新的观念与行为取代。在有些实例中，也可以看到名称、观念及行为三者间同时发生解离化的情形。

（二）行为与功能的解离化现象

在传统中国社会中，为了有效适应农业社会的生活，每一功能性行为都有其特殊的功能，也就是说每一功能性传统行为都与其所具有的传统功能密切结合。但在现代化的过程中，变迁的压力使日常生活中的很多功能性行为与其功能的联结发生动摇，其间关系的松散则有助于互相的脱离，两者或其中之一便于有所改变。在当代中国人的现实生活中，我们可以看到两种行为与功能的解离化现象，即“旧行为、新功能”与“新行为、旧功能”两种配合。

（三）器物与用途的解离化现象

在现代化的社会变迁过程中，中国社会的民众所表现的第三类解离化现象涉及器物与其用途。器物与其用途的解离化是一种“基型”（prototype），“准器物”（如典章、制度、仪式、风俗等）与其用途的解离化，亦颇类似器物与其用途的解离化。器物与准器物都涉及行为，而且都以行为为核心——器物与准器物都是行为的产物，而且其用途都是靠行为的运作。就这一意义而言，器物和用途的关系及其间关系的解离化，应与行为和功能的关系及其间关系的解离化有相当的类似性。

在当代中国社会中，正如行为与功能之解离化情形，器物（或准器物）与其用途解离化之后所产生的结果也可以分为两类，即“旧器物、新用途”与“新器物、旧用途”两种配合。

此处必须指出：每类解离化的两种情形，可能都是现代化历程中的过渡性心理及行为反应方式。观念与行为之解离化的两种不同情形，可能是以下步骤的两种过渡性配合："旧观念、旧行为"（解离前）→"旧观念、新行为"，"新观念、旧行为"→"新观念、新行为"。行为与功能之解离化的两种不同情形，可能是以下步骤的两种过渡性配合："旧行为、旧功能"（解离前）→"旧行为、新功能"，"新行为、旧功能"→"新行为、新功能"。器物与用途之解离化的两种不同情形，可能是以下步骤的两种过渡性配合："旧器物、旧用途"→"旧器物、新用途"，"新器物、旧用途"→"新器物、新用途"。在上述三套变迁步骤中，两种过渡性配合之先后顺序不易确定，很可能两者并无先后关系，故其间不用箭头连接。再者，我们虽以"过渡"形容"旧、新"与"新、旧"两种配合，但两者未必一定会变向最后的"新、新"配合；在有些情形下，这两者也可能从此稳定下来，成为现代中国人生活中的持久文化单元。然而，在观念与行为、行为与功能或器物与用途的解离及重组过程中，观念与行为解离之后，其中之一未必一下子就为一全新者所取代，而是为一由新旧成分（或部分）组合而成之混合行为或功能所取代；器物与用途解离之后，其中之一未必一下子就为一全新者所取代，而是为一由新旧成分（或部分）组合而成之混合器物或用途所取代。由此观之，更准确地说，在上述三套变迁步骤中，在"旧、旧"配合与"旧、新"或"新、旧"配合之间，还应插入"旧、混"与"混、旧"两种配合。不过，"旧、混"与"混、旧"两种配合未必一定会变向"旧、新"与"新、旧"两种配合；在有些情形，前两者也可能从此稳定下来，成为现代中国人社会生活中的持久文化单元。

（选自《中国人的心理与行为：本土化研究》，中国人民大学出版社2004年版）

传统价值观与现代价值观能否同时并存(2004)

杨国枢

首先，我们利用 1984 年以来在台湾所完成的实证研究资料，分析五类个人传统性心理成分（遵从权威、孝亲敬祖、安分守成、宿命自保及男性优越）与五类个人现代性心理成分（平权开放、独立自顾、乐观进取、尊重情感及两性平等）之间的关系，结果发现：(1) 五类传统性心理成分之间有些关系颇为微弱，显示个人传统性并不是单向度的，而是多向度的。(2) 五类现代性心理成分之间有些关系也颇微弱，显示个人现代性也不是单向度的，而是多向度的。(3) 个人传统性的总分与个人现代性的总分之间仅呈中低程度的负相关，因而应将传统性与现代性视为两套不同的心理成分，而非同一双极续谱的两半。(4) 遵从权威、安分守成、男性优越三项传统性心理成分，皆有与之呈明显负相关的现代性心理成分（主要是平权开放与两性平等）。由此推论，在现代化历程中，它们以原有强度与现代观念（特别是平权开放与两性平等）同时长期并存的可能性不大。(5) 孝亲敬祖与独立自顾呈负相关，与乐观进取则呈正相关。宿命自保与独立自顾呈正相关，与乐观进取则呈负相关。在现代化过程中，独立自顾增强幅度应微小，而乐观进取增强幅度则颇大。由此可以看出孝亲敬祖减弱的幅度应微小，宿命自保减弱的幅度应颇大，而事实确乎如此。孝亲敬祖减弱幅度微小的事实显示：在现代化过程中，孝亲敬祖能与现代性心理或观念同时长期并存．宿命自保减弱幅度颇大的事实则显示：在现代化过程中，宿命自保不易以较高的强度与现代性心理或观念长期并存。(6) 作为一项现代性的心理特质，尊重情感与所有五类传统心理成分都无明显的抵触。因而，在现代化过程中，它应可与传统性心理与行为并存。

为了将上述研究发现放入一广阔的概念架构来讨论，文中进而从文化生态互动论（cultural-ecological interactionism）的观点，试行建构了一套新的理论。从此一有关现代化过程中之心理与行为变迁的理论看来，各类传统性共同心理及行为都可能与现代性共同心理及行为同时并存相当时间，只是过去具有适应功能之传统性特殊共同心理及行为（为同类社会的民众所共有）与独有共同心理及行为（为单一社会的民众所独有）会减弱其强度或改变其内涵，而具有适应功能之现代性的特殊与独有心理及行为则会增加其强度或改变其内涵。依据此一理论，遵从权威、孝亲敬祖、安分守成、宿命自保及男性优越五种传统心理特质，平权开放、独立自顾、乐观进取、尊重情感及两性平等五种现代心理特质，都是功能性之特殊的与独有的共同心理及行为，因而在现代化过程中前五者强度的减弱与后五者强度的增加，皆是可以理解的。

总而言之，从理论推论与实证结果两方面来看，在现代化历程中，非功能性的传统性共同心理及行为可以与现代性共同心理及行为并存，而不致被后者所取代；功能性的传统性共同心理及行为中之属于特殊性者与独有性者，在强度上会减弱，在内涵上会改变，但却未必完全消失；也就是说，此两类功能性传统心理及行为虽不能以原来之强度及内涵与现代性心理及行为并存，但却可能以弱势的强度及改变的内涵与现代性心理及行为并存，而不致完全为后者所取代。

从本身所提出的论点分析与研究发现看来，“全盘西化”之说在现实层次上显然是不可能的。我们即使一面倒地全面学习模仿西方的现代工商社会与生活（属于手段或过程的“全盘西化”），也只是加速传统农业社会的崩溃与现代工商社会的过程建立，但影响所及，也只能加速部分传统性心理与行为（过去具有适应功能的特殊性者与独有性者）之强度的减弱及内涵的改变，并加速现代性心理与行为（特别是现在具有适应功能的特殊性者与独有性者）之强度的增加及内涵的改变。但中国人的各类传统性心理与行为（特别是非功能性者）仍会以或大或小的强度继续长久存在于现代工商社会，而不致在心理与生活上达到“全盘西化”的境地（属于结果或目的的“全盘西化”）。甚至，在超越个体之经济、社会及文化的层次上，很多传统特征（特别是非功能性者）也会以或大或小的强度继续长久存在于现代工商社会，而不致在经济、社会及文化上达到“全盘西化”的境地（亦属结果或目的的“全盘西化”）。

又从本身所提出的理论分析与研究发现看来，“中体西用”之说在现实层次上也就是显然不可能的。我们所探讨的五类传统性心理与行为（遵从权威、孝亲敬祖、安分守成、宿命自保及男性优越），都是传统中国文化的主要思想态度、价值观念及行为模式，应是属于中国文化之“体”的部分，但在现代化的社会变迁过程中，这五类传统性心理与行为却都在减弱之中。我们所探讨的五类现代性心理与行为（平权开放、独立自顾、乐观进取、尊重情感及两性平等），都是现代西方工商文化中的主要思想态度、价值观念及行为模式，应是属于现代西方工商文化之“体”的部分，但在现代化的社会变迁过程中，这五类现代性心理与行为却都在增强之中。换言之，我们在台湾所获得的实证研究结果显示：现代化的社会变迁是一种“体”的变迁，而不只是“用”的变迁。变“用”不变“体”的说法，只是一种一厢情愿的妄想，在现实生活中是不可能的。

（选自《中国人的心理与行为：本土化研究》，中国人民大学出版社2004年版）

儒家的人文精神（2006）

杜维明

● 儒学是为己之学

《论语》提出了“为己之学”，“古之学者为己，今之学者为人”。1985年，我在北京大学担任了儒家哲学的课程。我第一次上课就先问我的学生，说儒家的思想是为己，还是为人？绝大多数的北大学生，包括研究生都说，当然是为人，为人民服务，儒家是为人之学。我说这与《论语》里面说的正好相反，《论语》里讲得非常清楚，儒学是为己之学，不是为了师长，不是为了家庭，不是为了简单的社会要求，而是为了发展我们自己的人格，为了发展我们自己内在的人格资源，是为己之学。但是这个“己”不是孤立绝缘的个体，而是一个关系网络的中心点，从中心点来讲人的尊严，从关系网络来讲人的社会性、感通性和沟通性。所以儒家在《论语》里提出的基本价值，“仁”的基本价值，有两个向度，一个是“为仁由己”，每一个人都可以阐发他的内在道德资源，每个人都可以发现他的独立人格，同时人一定要感通，一定要通过同情，逐渐地展现儒家，从这个角度来看，儒家所体现的不是一般我们说的道德说教。

● 宏观的人文精神

我觉得在五四以后，有一种很极端的思潮。首先我们对敌人残忍，甚至痛打落水狗；慢慢地，即使我们的朋友不够前进，观点不够全面，我们也能残忍地对待他人；后来甚至我们的亲戚朋友，乃至我们的父母、兄弟，我们也能残忍对待，这和儒家传统就有了非常大的差距。儒学从不忍慢慢向外推，所有的情在这里面都有价值，不是简单的温情主义。真正的情是有价值的，但情要向外推，假如不向外推，它就变成自私自利、狭隘的家族主义，乃至人类中心主义。如果向外推，它可以成为与天地万物为一体的、宽广的人文精神。很多国内第一流的学者到晚年发现了这种精神价值。例如，冯友兰先生认为"仇必和而解"，突出"和"，突出沟通的价值，甚至要回到他早年所理解的张横渠的四句话，这就是大家非常熟悉的"为天地立心，为生民立命，为往圣继绝学，为万世开太平"。这种宏观的人文精神，在《中庸》里体现得特别突出。《中庸》里有一个非常有明确价值的信念，如果我充分了解自己的人性，我就可以了解一般人的人性；如果可以了解一般人的人性，我就可以了解物性；假如我能真正地了解物性，我就可以"参天地之化育"，参加天地大化流行的创生性。也就是说，如果我们参加天地之化育，则我可以与天地为参。这也就是说，天地人可以成为一个全面的、整体的人文关怀，这是人文精神全部的开展。

● 人文精神的四个向度

人文精神有四个不可分割的向度，或者说不可分割的侧面。第一是个人，如果你还记得那个同心圆的话，那个同心圆，一个是个人，一个是群体，一个是自然，还有另外一个是天道，它们是四个基本原则。第一个原则是每一个人要通过修身使自己的身心灵神成为一个有机的整体，这是我们每一个人的工作，每一个人的事业。所以在《大学》里面说"自天子以至于庶人，壹是皆以修身为本"。这个根本，就是我们每一个人的责任，是我们的义务，使得我们的身心和谐，使得我们的身体、心知、灵神能够配合，成为有机的一个整体。第二个原则，个人和社会要进行互动，社会应从家庭一直到人类社会，这中间是错综复杂的，特别突出家庭的重要性，不是说要回复到简单的家族主义。近现代儒学家对家族，就是礼教吃人的家庭现象进行了严厉的批判。康有为认为儒家的“五伦”都可以归为朋友一伦，甚至父母、夫妇、兄弟这些伦常都不重要，要打破家庭的困境。熊十力先生甚至讲得非常极端，家庭为万恶之源。在很多家庭里面，对妇女的歧视，对于年轻人的暴力，对于弱势团体的不重视，这些坏的事情都出现了，我们要彻底消除。这些现代情绪的观点，当然有它的价值，但是个人如何和家庭、社会，与更宽广的社会群体进行健康的互动，这是每一个人要通过自己的修身哲学来发展的。第三个基本原则就是人类全体和自然能够进行持久的和谐。再一个呢，就是人心与天道能够相辅相成。

● 文明对话的人文资源

我们认为儒家具有涵盖性的人文精神，可以为文明对话提供丰富的人文资源。

现代以来，西方一些核心的思想家，对于西方的启蒙心态也开始进行非常深刻的反思。从生态环保的角度来看，人类中心主义，完全以人为中心，这是西方所代表的人文精神，一定要超越。从多元宗教的角度来看，怎么样让启蒙以来的文明多元开放，而不是狭隘的西方霸权；从社群伦理来看，怎样突破极端主义，西方学者在进行深刻的反思。中国的学者、日本的学者、朝鲜的学者，也就是儒家文化圈的学者，100 多年来，对自己传统文化的阴暗面，进行了严厉的批判。现在一个新的对话条件已经出现。

这次回到祖国之前，我在首尔参加了联合国教科文组织举办的全球伦理的研讨会。这个全球伦理的研讨会在韩国举行，主要是想通过全球文明的对话，来了解能不能够建构一个全球社群，讨论假如全球社会已经形成以后的核心价值。……学者们在讨论这些问题时得到下面的结论。在 1993 年宗教学术大会的时候，有 6 000 个学者参加，最后也得到两个共同信念。人类社会要发展，两个基本原则我们必须要推进，这两个基本原则和儒家基本价值是可以配套的，一个基本原则“己所不欲，勿施于人”，即“恕道”，最近张岱年先生在人民大会堂讨论儒家伦理时也提出这个。这个“恕道”，不仅是儒家伦理，也是犹太教的伦理，和基督教的“己所欲施于人”不大一样，但也是可以配合的，也和伊斯兰教价值有密切的关系。也就是说，我以“恕道”待人，对我来讲很好的东西，对我的亲友就不一定很好，设身处地想一想其他人的情形是如何，这就是推己及人的基本价值。这个价值的后面还要有一个价值：“己欲立而立人，己欲达而达人。”“己欲立而立人，己欲达而达人”不是利他主义，不是说我现在掌握了足够的资源，想要和其他人分享，而是要发展我自己的人格。但我是关系网络的中心点，我不能只是自私自利地发展自己，那样到最后我就没有办法发展自己了。我如果要发展自己，就一定要发展我周围的人，和我有关系的人，圆圈逐渐要扩大。另外更值得注意的是，儒家中有一种为千秋万世考虑的意识，比如张载所谓的“为万世开太平”，也就是说我们人类在考虑问题的时候，不能只考虑我们这一代人，我们要为我们的子孙考虑问题。非洲有一个谚语，说地球不是我们的祖先所付给我们的财产，地球是我们千秋万代的子孙委托我们保护的财富。我们考虑伦理的问题，不能只考虑我们这一代，不能只考虑过去，要考虑未来。儒家思想在这一方面有很多资源可以发展。

（《儒家的人文精神与文明对话》，选自《儒家传统与文明对话》，河北人民出版社 2006 年版）

● 作为“体证之爱”的“孝”

作为一种“体证之爱”（embodied love），“孝”既是别异（differentiation）的原则，也是沟通的原则。作为一种别异的原则，它以宗亲的纽带，最明显的是家长与子女之间的双向关系，作为自己的出发点。在这个意义上，儒家伦理要求对父母的关爱优先于社会的责任以及政治的忠诚。但是，作为沟通的原则，儒家伦理则要求我们不仅要超越自私自利，而且要超越对我们的家庭、社群、社会、国家甚至族类的私人关怀。因为我们是而且应当是天地的孝子。这种“孝”的观念在社会学的意义上是有效的，在生态的意义上是健康的。对于现代形形色色的意识形态，包括过度的个人主义、过度的种族中心主义、沙文主义的民族主义、宗教排他主义以及自我解构的人类中心主义，这种“孝”的观念都可以作为一种有力的批判。

尽管就历史的层面而言，由“孝”所体现的儒家的特殊主义为启蒙的普遍主义所拒斥，但就哲学的层面而言，儒家传统的文化资源，尤其是对于“体证之仁道”的侧重，却能够以一种前瞻性的方式深化并拓展启蒙的事业。这一论证基于这样一种信念，即：启蒙心态如今正处于危机之中；并且，如果其普遍主义最终植根于具体的人类境况之中，它就能在全球社群之中持久。启蒙的困境的一个明确的标志，就是其进取性的人类中心主义如今已经行不通了。培根“知识就是力量”的观念或许曾经在工业化早期一度成为现代西方探索、征服以及控制自然的浮士德式的动力。然而，随着我们意识到我们的自然资源是有限的，理解自然并使我们的生活方式与自然所能够提供的彼此和谐，这种需要就变得显而易见了。同样，随着有关进步和发展的放纵、浪漫的乐观主义的正在衰落，我们必须学会欣赏和实践可持续性发展。能够指导我们朝向21世纪的全球伦理必须将人类物种的可生存性（viability）作为其自身的出发点。我们只有超越人类中心主义，如此才能充分欣赏我们身在其中的宇宙，这一点是定然无疑的。

儒家对于孝的重视所基于的仁爱观与启蒙运动对于人的理解截然不同。不过，吊诡的是，启蒙运动需要克服其抽象的普遍主义所产生的危机，就此而言，儒家具体的特殊主义恰恰是其哲学基础。由我们的时代精神来看，启蒙心态的困境有两个方面：第一，其世俗性过于人类中心主义，以至于无法容许仁道的充分繁荣；第二，其工具理性过于强调自我利益，以至于无法发展一种人类的有机、整全的视野。

作为“体证之爱”，仁道支撑着我们生存的所有向度，包括自我、社群、自然以及天道。对于那些使我们的生活美好和富有意义的“天人合一”的各种动力，我们由衷感谢。

“体证之爱”自身的表达，不仅仅在抽象的普遍主义之中，更是在生活的具体性之中。它由最为亲近的家庭成员自然地扩展到外围，最终将仁道包容为一个整全。事实上，作为一种实践，“体证之爱”决不会停滞不前。诚然，既然其终极性的体现是天人合一，它就必须会超越人类中心主义，以便同样体现自然与天道。这样一来，如此理解的“孝”就始终处在内在与超越之间动态和辨证的互动之中。它植根于自我，但又超越了自我中心；植根于家庭，却又超越了裙带关系；植根于社群，但又超越了地方主义；植根于族类，却又超越了种族中心主义；植根于国家，但又超越了沙文主义的民族主义；植根于世界，却又超越了人类中心主义。将“孝”视为一种“体证之爱”的真正体现（authentic manifestation），这样一种命题就是儒家的感恩。

（《作为“体证之爱”的仁道：全球伦理视野中“孝”的探索》，选自《儒家传统与文明对话》，河北人民出版社 2006 年版）

儒家的困境及世界伦理重建（2006）

刘述先

● 儒学的边缘地位

五四时代打倒孔家店，一切坏事都归之于儒家传统。旧道德伦理彻底崩溃。儒家被逐出中心，越来越边缘化，所谓儒门淡薄，收拾不住。然而就在这样的处境之下，当代新儒学崛起，用黑格尔的术语可说是“反之反”的表现。然而一直到今日为止，无论大陆、台湾，儒学仅占一边缘地位，这是当前我们必须面对的实际情况。

回顾 20 世纪当代新儒学的发展，首先对西化派做出回应的是梁漱溟。接着张君劢挑起了科玄学论战。终于熊十力开创了他的精神世界，成为狭义当代新儒家的开山祖师。虽然这些所谓第一代的当代新儒学被贴上保守主义者的标签，其实这样的称号是误导的。

抗战胜利之后，人心厌战，国民党政府迷信武力，终于失败，被逐出大陆，流放岛隅。第二代新儒学的唐君毅、牟宗三、徐复观拒绝留在大陆，逃亡到香港、台湾，甘做孤臣孽子。不想朝鲜战争爆发，两岸成为长期对峙局面，乃转归学术道路，埋首著述，为往世继绝学，而开创了港、台海外新儒学的道路。

第二代新儒学面对存亡继绝之际，现实越低沉，理想越高亢，格外突出正统意识。到第三代新儒学，大多留学海外，从事学术事业，上不在天，下不在田，保持一边缘人的地位，了解儒学成为“游魂”的困境。而现在西方也有了巨大的转变，多文化主义流行，知识分子狠批启蒙理性的霸权，世界演变成为了一个地球村。如何在各宗教、文化传统的频繁接触之下彼此和平相处，乃成为了一个切身的大问题。儒家被尊为世界主要精神传统之一。重要的是把自己的立足点与特性阐发出来，如何与其他传统交流互济，并无须证明儒家传统比其他传统更为优越。大家平等互待，而预设一个多元架构，通过对话，增进彼此间的理解，互相扶持，共同努力，面对世界问题，以寄望于未来。

● 现代危机

一个超稳定的结构却因现代西方文化的入侵而彻底崩溃了，以致产生了精神、意义的危机。其实这一危机并不是中国人所独有的。它是由西方的科技、工业革命所造成的翻天覆地的剧变所触发的危机。只不过中国人是受到帝国主义的侵凌，而被迫要面对现代化与西方压迫的双重危机，故情势更为严峻，要不奋发图强，就不免亡国灭种的厄运。这是现代中国人越来越走向激进主义的根由。而现代西方的危机，最简单也最戏剧化的表述，可以用萨特（J. P. Sartre）“上帝死亡，人无本性”的说法来展示在我们的面前。

在这一意义下，儒家所要面对的处境与基督教并无差异。传统的道德伦理到了今天已无法维持下去。由汉代以来建立的三纲——君臣、父子、夫妇都有了根本的变化。民国创建取消了君臣一纲，而大家庭制度的瓦解令父子、夫妇间的关系出现了以往无法想象的变局。晨昏定省的礼固然无法继续下去。而结婚组织小家庭是恋爱成熟的结果，并不是为了传宗接代。如今女权高涨，男女教育机会平等，理论上同工同酬。离婚率骤升。这些都是无可阻挡的趋势。新的道德伦理与传统确有矛盾冲突，有很多还是通过艰苦奋斗争取得来的结果。此所以我在年轻时爱看巴金的《家》，这部小说正是传达了这方面的信息。人权的普遍原则更是世界潮流，绝不容许倒退回去。

由分殊的视域来看，古今殊途，不容逆转。但激情过去，回顾历史，并没有人真正要否定过去的一切，即如陈独秀也没有否定孔子的历史地位。问题在像孔子那一套到现在还有意义吗？无可讳言，现代的科技商业文明、自由主义与马列思想都是舶来品，而我们又不能全盘西化，那么究竟该何去何从呢？可见重建道德伦理乃是我们当务之急。就在这样的处境之下，我们接触到世界伦理建构的呼吁，要在传统与现代之间觅取平衡点，那么我们要怎样着手这一艰巨的工作呢？

●“理一分殊”规约原则的指引

由新儒学的视域看，“理一分殊”作为规约原则正可以给予我们一些指引，立足本土，面对世界，以走向未来。

众所周知，“理一分殊”是程颐答杨时对张载《西铭》的质疑所提出的片语。他指出张载所谓民胞物与的精神绝不是墨子的兼爱，儒家的基本立场是“理一而分殊”，不同于墨家的“二本而无分”。我认为“理一分殊”是贯串先秦儒、宋明儒与当代新儒家的观念，略加申论如下。

程颐的回答明显的是根据孟子与墨者夷之的辩论（《孟子·滕文公章句上》）。夷子的说法是，“爱无差等，施由亲始”。由孟子的立场看，爱无差等是在概念上缺少分疏，而实际行为施由亲始既不是根据这样的概念，显然另有所本，故批评之为二本而无分。但孟子“老吾老以及人之老，幼吾幼以及人之幼”所根据的理是同一个，身份不同则责任有异，行为也不一样。故儒家的立场是理一而分殊，既不是墨家的集体主义，也不是杨朱的个体主义，而采取了一种合情合理的中庸之道。

我认为如果能对“理一分殊”作出崭新的解释，对于世界伦理的建构应可作出一定的贡献。当然，我们对“理一分殊”的了解，在内容涵义上，不可能同朱子的了解，但在精神上却是自觉地继承朱子，并作出进一步的发挥。当代的处境与宋代截然有异。那时儒、释、道三教有许多相通处，为了防止流于异学而不自知的情况，所以儒者把重点放在分殊方面，突出道统观念，却仍然难以阻挡晚明“三教合一”的趋势。由今日的视域看来，这样的走向未必是负数。与西方的历史对较，中国除了三武之乱那几个孤立的事件之外，基本上缺少宗教战争。这充分显示了儒家的开放性格，适足以为今日的世界借鉴之用。同时儒家传统中确可以找到资源来面对现时流行的宗教多元论的趋势。而今日的问题与昔日恰好倒转了过来，多元主义强调分殊，不免有堕入相对主义的危险。这种新的处境可以说是："分不患其不殊，所难者理一耳。"现在各个精神传统都有意放下身段，真心平等互待，指望收到交流互济之效，独霸真理的态度则备受各方的责难与批判，自然而然正统意识无可避免地日益减弱了。在这种情形之下如何可以谈"理一"，乃成为我们这个时代的一个大问题，必须努力探索新的可能性。

● 道理伦理重建的方向

当然，正因为道德伦理的重建是实际之事，不可能临空想一套东西来强迫人接受，否则就会产生灾祸。故此世界伦理只能提供一些宽广的指令，给予我们一些不完全的指引，其他细节必须针对在地的情况加以补足、完成，并且不断在修改的过程之中，才能得到较好的效果。也正因此，没有一个传统，包括儒家在内，可以去宰制其他传统。这些传统已都是"分殊"的表现，超越的"理一"绝不能由任何传统所独占，而只能是理想向往的目标。同时正因为世界伦理是低限度的，它并不限制人去作进一步的追求，或者取消不同传统、不同文化间的差别。故每个人尽可以站在自己传统的立场，努力不懈去追求真理，既可以向别人学习，也可以对之提出异议，在辩论中加深对于问题的理解，只是必须秉持一种开放、合理的态度，去听取别人的意见。很明显的，作为一个儒家学者，我绝不可能接受基督宗教的原罪，或者印度教的种姓制度。但我们却可以承认自己传统的限制乃至缺失，也乐意吸收别人的长处。最重要在基于合情合理的考虑，而不是一味盲从，并无碍于批判精神的活用。正因为我们相信，世界各大传统均指向"理一"，而现实的表现不能不"分殊"，所以我们才能立足本土积极参与世界伦理的建构而做出一定的贡献。

当然，重建工作绝不限于世界伦理的建构一事。由于世界伦理宣言必须强调趋同性质的限制，在建构的过程中，为了策略性的考虑，不能不跳过一些富于争议性的题目，如堕胎、安乐死、同性恋、女性主义等，也还不足以对付一些新发展的领域，如生命伦理涉及的复制生命、器官，基因图谱一类的问题。然而这些棘手问题却不能遗留在儒家伦理重建的范围以外，其建构必须依赖德性与知识的结合，也一样需要放在不断反思、不断修正、不断创发的过程中与时并进。

我自己自不可能对所有的问题提出答案，但对部分问题则已形成了一些己见。譬如就堕胎问题来说，我会毫不犹疑地支持“赞选”（pro-choice），而反对“赞生”（pro-life）的态度；就安乐死的争议来看，我会无保留地支持经过深思熟虑的、经病者要求的、为了减轻极大痛苦的见死不救措施，也反对无限期地用人工方法去延续植物人的生命，乃至会赞许久病无医者安乐死的决定。我的理由同样是基于人道的考虑。像基本教义派那样的保守主义者则无条件支持“赞生”的态度，认为受精卵已是生命，堕胎是违反上帝的旨意，他们甚至反对避孕，认为是违反自然的措施。基于同样的理由，他们坚持，只要一个人一息尚存，就必须运用一切资源维持其生命，而不问存活着的亲人的痛苦与负担。对我来说，这是犯了把人的意念误读为上帝的意旨的谬误。上古出生婴儿的存活率偏低，人的寿命也不长，故一切委之于命。但上帝既容许人发明帮助存活与延长生命的医药与器械，也就该容许人在经过理智的考虑下，作出结束生命如堕胎或安乐死的决定，只要法律严谨足以防止谋杀或滥用的行为，就该让合格的医院做这样的措施。保守主义者不明白，生而不养是更大的罪恶，也是造成更长久更大的痛苦的来源。一个仁慈讲道理的上帝绝不会为了坚执一个意念，就不顾现实的情况，而造成人间的罪恶与痛苦。“理一分殊”的原则容许古今异俗，但反对抱残守缺，在实际上做出一些类似五四时代所谴责的“吃人的礼教”的勾当。“礼”是顺应人情为人而设的，它是可以容许变化、与时推移的部分。总之，我相信“理一分殊”的规约原则，透过创造性的阐释，可以帮助我们找到道德伦理重建的道路。而这样的尝试当然绝非儒家所专有，印度教、基督教之中也有类似的“差异中的统一”的资源可以运用。各个传统都可以不断努力，超越往昔的领域，凝聚新的共识，来帮助我们面对新的千禧、新的挑战。

（《“理一分殊”的规约原则与道德伦理重建之方向》，选自《全球伦理与宗教对话》，河北人民出版社 2006 年版）

中国文化的内倾性格（2006）

余英时

● 重内过于重外

我们可以说中国文化比较具有内倾的性格，和西方式的外倾文化适成一对照。内倾文化也自有其内在的力量，只是外面不大看得见而已。内在力量主要表现在儒家的“求诸己”、“尽其在我”，和道家的“自足”等精神上面，佛教的“依自不依他”也加强了这种意识。若以内与外相对而言，中国人一般总是重内过于重外。这种内倾的偏向在现代化的过程中的确曾显露了不少不合时宜的弊端，但中国文化之所以能延续数千年而不断却也是受这种内在的韧力之赐。《大学》说“知止而后有定，定而后能静，静而后能安，安而后能虑，虑而后能得”，这段话大致能说明内倾文化的特性所在。这里止、定、静、安等本来都是指个人的心理状态而言的，但也未尝不适用于中国文化的一般表现。18 世纪以来，“进步”成为西方现代化的一个中心观念。从“进步”的观点看，安定静止自然一无足取。黑格尔看不起中国文化的主要根据之一便是说中国从来没有进步过。五四时代中国人的自我批判也着眼于此。我个人也不以为仅靠安定静止便足以使中国文化适应现代的生活。中国现代化自然不能不“动”、不“进”，在科学、技术、经济各方面尤其如此。但是今天西方的危机却正在“动”而不能“静”、

"进"而不能"止"、"富"而不能"安"、"乱"而不能"定"。最近二三十年来，"进步"已不再是西方文化的最高价值之一了。如果说在现代化的早期，安、定、静、止之类的价值观念是不适用的，那么在即将进入"现代以后"（Post-modern）的现阶段，这些观念则十分值得我们正视了。

● 人与天地万物为一体

就人与自然的关系而言，我们大概可以用"人与天地万物为一体"来概括中国人的基本态度。……这可以说是中国各派思想的共同观念。

但是天地万物（包括人在内）都不同，何以能成为一体呢？这就要说到中国特有的"气"的概念。天地万物都是一"气"所化：在未分化以前同属一"气"，分化以后则形成各种"品类"，至于分化的过程，则中国人一般总是以阴、阳、五行来作解释。

那么"气"又是什么？这是无法用现代西方观念来解说的一个名词，简单地说"气"是有生命的，但既非所谓"心"，更不是所谓"物"。希腊人虽把自然看作有机体，但这个有机体是由"心"（或"灵魂"）"物"两种元素合成的。这与中国"气"的宇宙观仍然大有区别。中国人是相信"天地之大德曰生"、"生生不已"的，因此天地万物的运行，便是一"气"的聚散生化的无穷过程。人也在天地万物之内，不过他是万物之"灵"，所以能"赞天地之化育"。所谓"人与天地万物一体"或"天人合一"，其比较确切的含义即在此。

这种宇宙论若严格地用哲学尺度去检查当然会有种种困难。但是我们在此可不必细究。值得注意的是，两千多年来中国人大体上都接受了这种看法。从这一看法出发，中国人便发展出"尽物之性"、"万物并育而不相害"的精神。中国人当然也不能不开发以求生存，因而有"利用厚生"、"开物成务"等观念。但"利用"仍是"尽物之性"，顺物之情，是尽量和天地万物协调共存，而不是征服。这是与西方近代对自然的态度截然相异之处。

庄子说："有机械者必有机事。有机事者必有机心。机心存于胸中则纯白不备，纯白不备则神生不定。神生不定者，道之所不载也。"这里所说的机械是指汲井水用的桔槔，是一种最简单的原始工具。道家非不知其便利，但他们要预防的是"机心"。"科技"主宰了人便正是"机心"代替了"人心"。人虽发明了"科技"而终于变成"科技"的"后备队"，这便是我们现在常常听到的所谓“疏离”或“异化”（alienation)。道家对文化采取否定的态度，“科技”更不在话下。我引《庄子》上这段话当然不是无条件地拒斥现代“科技”，因为那是不可能的，而且也是愚蠢的。但是在“戡天役物”的观念已濒临破产的今天，庄子的话却大足以发人深省。“人与天地万物一体”的态度诚然不是“现代的”，然而却可能具有超现代的新启示。

● 个人主义

表面上看，“礼”好像倾向“特殊主义”，但“礼”本身仍是一个具有普遍性的原则，是适用于每一个个人的。……“礼”虽然有重秩序的一面，但其基础都在个人，而且特别考虑到个人的特殊情况。从这一点说，我们正不妨称它为个人主义。不过这里所用的名词不是英文的 individualism 而是 personalism，我认为前者应该译作个体主义。社会上的个体是指人的通性，因而是抽象的。个人则是具体的，每一个个人都是特殊的，即所谓“人心不同，各如其面”，“物之不齐，物之情也”。“礼”或人伦秩序并不否定法律和制度的普遍性和客观性，但却不以此为止境，法律和制度的对象是抽象的、通性的“个体”，因而只能保障起码的公平或“立足点”的“平等”。“礼”或人伦秩序则要求进一步照顾每一个具体的个人。这一形态的个人主义使中国人不能适应严格纪律的控制，也不习惯于集体的生活。这种精神落实下来必然有好有坏。从好处说是中国人爱好自由，但是其流弊便是“散漫”，是“一盘散沙”。自由散漫几乎可以概括全部的中国人的社会性格，不但文人、士大夫如此，农民也是如此。……一个具有自由散漫的性格的文化绝不可能是属于集体主义的形态的。秦代法家曾企图用严刑峻法来建立一个完全服从统治阶级的农民与战士的社会，其失败可以说是注定了的。

● 权利意识被压缩在义务观念之下

价值之源内在于人心，然后向外投射，由近及远，这是人伦秩序的基本根据。在政治领域内，王或皇帝自然是人伦秩序的中心点。因此，任何政治方面的改善都必须从这个中心点的价值自觉开始。这便是“内圣外王”的理论基础。孟子对梁惠王、齐宣王讲“仁心仁政”、朱子对宋孝宗讲“正心诚意”，这显然都是从人伦关系的观点出发。在人伦关系中，“义务”（duty）是第一序的概念，“为人臣止于敬”、“为人子止于孝”、“为人父止于慈”都是“义务”概念的具体表现。尽了“义务”之后才谈得到“权利”。此即“父父、子子、君君、臣臣”，从反面看则是“父不父则子不子，君不君则臣不臣”。子的义务即父的权利，臣的义务即君的权利；反之亦然。这和西方近代的法律观点适得其反。中国人的权利意识一向被压缩在义务观念之下。以人伦关系而言，这是正常而健康的。西方的道德哲学家（如康德）也以“义务”为伦理学的中心观念。但是伦理与政治在现代生活中都各自有相对独立的领域，彼此相关而不相掩。所以分析到最后，中国人要建立民主制度，首先必须把政治从人伦秩序中划分出来。这是一种“离则双美，合则两伤”的局面。分开之后，我们反而可以更看得清中国人伦秩序中所蕴藏的合理成分及其现代意义。新加坡近年来提倡“儒家伦理”正是由于这种分离的成功。中国文化把人当做目的而非手段，它的个人主义（personalism）精神凸显了每一个个人的道德价值；它又发展了从“人皆可以为尧舜”到“满街皆是圣人”的平等意识以及从“为仁由己”到讲学议政的自由传统。凡此种种都是中国民主的精神凭借，可以通过现代的法制结构而转化为客观存在的。法制是民主的必需条件而非充足条件；第二次大战前的德国和日本都有法制而无民主。然而上列种种精神凭借，尽管远不够完备，却已足为中国民主提供几项重要的保证。从长远处看，我们还是有理由保持乐观的。

● 对“自我”保持整体的观点

大体言之，西方人采取了外在超越的观点，把人客观化为一种认知的对象，人既化为认知对象，则多方面的分析是必然的归趋。这种分析一方面虽然加深了我们对“人”的了解，但另一方面也不免把完整的“人”切成无数不相连贯的碎片。中国人则从内在超越的观点来发掘“自我”的本质；这个观点要求把“人”当作一有理性、也有情感的，有意志、也有欲望的生命整体来看待。整体的自我一方面通向宇宙，与天地万物为一体；另一方面则通向人间世界，成就人伦秩序。孔子通过“仁”来认识“人”，便是强调一个整体的观点。所以他从各种不同的角度来随机指点“仁”的丰富含义。这就表示人对自我的认识和人对外在万物的认识不能采用相同的办法。对于万物的认识，我们主要是依赖“知”，但对于“人”（包括自我在内）的了解，我们不仅需要“知”，而且还需要“仁”。《中庸》所谓“成己，仁也；成物，知也”，似乎正是表现此一分野。“仁”可以概括“知”，“知”并不能穷尽“仁”。

● 免于极端怀疑论困扰

中国人因此对于自我以及天地万物常能保持一种整体的观点，而比较免于极端怀疑论的困扰。中国人对自我的存在深信不疑，由自我推至其他个人，如父母兄弟夫妇，则人伦关系的存在也无可怀疑。人与天地万物为一体，由自我的存在又可推至天地万物的真实不虚。自我在与其他人的关系中存在，也在与天地万物的关系中存在，此存在并不是悬空孤立的。因此自我的存在，一方面是外在客观世界存在的保证，另一方面外在客观世界的存在也保证了自我存在的真实性。这是一种互相依存的关系。庄子因己之“乐”即可推出鱼之“乐”，邵雍由“以我观物”即可推到“以物观物”，程明道“万物静观皆自得，四时佳兴与人同”的诗句也表现了同样的观念，儒、道两家在这一方面并非分道扬镳。即使佛教那种精微的“空”的理论也未能动摇中国人的信念。西方怀疑论者否认客观世界的真实，最后只剩下一个“我思故我在”的孤悬的自我。这种态度对于中国而言，始终是相当陌生的。中国人也不能像他们那样认为自我必须斩断与外在世界相维系的锁链才能享有真正的自由。这又是外在超越与内在超越截然相异的一点。在中国思想中，自我对外在世界的肯定以及对内在价值之源的肯定都不是知识论和逻辑所能完全保证得了的。人的认知理性终究是有它的限度的。康德的批判哲学穷究“理性”的限度，断定本体界和道德法则都在经验知识的范围之外。康德的断定在中国人看来是顺理成章的，但在西方思想界却并未获得普遍的承认。

● 强调自我修养

中国人相信价值之源内在于一己之心而外通于他人及天地万物，所以翻来覆去地强调“自省”、“自反”、“反求诸己”、“反身而诚”之类的功夫，这就是一般所谓的“修身”或“修养”。孟子和《中庸》都说过“诚者，天之道也；诚之者，人之道也”的话。所以“反身而诚”不是“独善其身”的自私或成为佛家所谓“自了汉”。自我修养的最后目的仍是自我求取在人伦秩序与宇宙秩序中的和谐。这是中国思想的重大特色之一。

● 自我态度大体适应现代性

我们现在要问：中国人对自我的态度能够与现代生活相适应吗？我可以十分肯定地答道：中国人这种“依自不依他”的人生态度至少在方向上是最富于现代性的。

我所要郑重指出的是中国传统的自我观念只要稍加调整仍可适用于现代的中国人。在外在超越的西方文化中，道德是宗教的引申，道德法则来自上帝的命令。因此上帝的观念一旦动摇，势必将产生价值源头被切断的危机。在内在超越的中国文化中，宗教反而是道德的引申，中国人从内心价值自觉的能力这一事实出发而推出一个超越性的“天”的观念。但“天”不可知，可知者是“人”，所以只有通过“尽性”以求“知天”。中国人对自我价值的肯定不但碰不到“上帝死亡”问题的困扰，而且也不受现代基督教神学中所谓“消除神话”（demythologization）的纠缠。

中国人由于深信价值之源内在于人心，对于自我的解剖曾形成了一个长远而深厚的传统：上起孔、孟、老、庄，中经禅宗，下迄宋明理学，都是以自我的认识和控制为努力的主要目的。中国传统社会中的个人比较具有心理的平衡和稳定，不能完全以外缘条件来解释（如农业社会和家族制度之类）。我们也不能完全根据社会学的观点，认为这是中国人对社会规范和价值的“内化”推行得较为成功所致。至少中国人特别注重自我的修养，是一个值得注意的文化特色。这当然不是说中国人个个都在精神修养方面有成就。但两三千年来中国社会能维持大体的安定，终不能说与它的独特的道德传统毫无关系。社会上只要有少数人具有真实的精神修养，树立道德风范，其影响力是无法低估的。

中国人的自我观念大体上是适合现代生活的，但是也有需要调整的地方。传统的修养论过于重视人性中“高层”的一面，忽略了“低层”与“深层”的一面。而且往往把外在的社会规范和内在的价值之源混而不分（即弗洛伊德所谓“超自我”与“纯罪感”混而不分）。近代的行为科学，特别是深层心理学正可补充中国传统修养论的不足。现代西方人遇到自我精神危机时往往向外求救，而心理分析又有偏于放纵本能的流弊，“自由”、“解放”反成为放纵的借口。从这一点说，中国的修养传统正是一种值得珍贵和必须重新发掘的精神资源。

● 诚实面对死亡，肯定人生

大体说来，中国人的生死观仍是“人与天地万物为一体”的观念的延伸。以民间信仰而言，在佛教入中国以前，中国人并没有灵魂不朽的说法。中国古代有“魂”与“魄”的观念，分别代表天地之“气”。“魂”来自天，属阳；“魄”来自地，属阴。前者主管人的精神知觉，后者主管人的形骸血肉。魂与魄合则生，魂与魄散则死。这是一种二元的灵魂观，在世界各文化中颇具特色。

佛教东来之后，天堂、地狱的想象当然变得更丰富，也更分明了。但轮回的观念仍使人能在死后不断地重返人世，中国民间之所以易于接受佛教的死后信仰，这也是关键之一。在现代化的冲击之下，中国民间关于生死的信仰虽没有完全消失，却毫无疑问的是日趋式微了。所以我们不必过分注意这一方面的现代演变。但是中国知识阶层关于生死的看法则大值得我们重视。

孔子“未知生，焉知死”、“未能事人，焉能事鬼”的话是大家都知道的。这种说法曾被一些西方学者（如 Jacques Choron）误会为“逃避问题”的态度。其实孔子并不是逃避，而正是诚实地面对死亡的问题。死后是什么情况，本是不可知的，这种情形一直到今天仍然毫无改变。但有生必有死，死是生的完成，孔子是要人掌握“生”的意义，以减除对于“死”的恐怖。这种态度反而与海德格尔非常接近。

中国思想家从来不看重灵魂不灭的观念，桓谭论“形神”、王充的“无鬼论”、范缜的“神灭论”都是最著名的例子。但是中国思想的最可贵之处则是能够不依赖灵魂不朽而积极地肯定人生。立功、立德、立言是中国自古相传的三不朽信仰，也是中国人的“永生”保证。这一信仰一直到今天还活在许多中国人的心中。我们可以毫不迟疑地说，这是一种最合于现代生活的“宗教信仰”。

（《从价值系统看中国文化的现代意义》，选自《中国思想传统的现代诠释》，江苏人民出版社 2006 年版）

附录1 韦伯谈中国人的性格[①]

王容芬

一、中国人性格的特征

马克斯·韦伯在《儒教与道教》(1915年)一书中鞭辟入里地分析了中国人的性格。他研究了到过中国的传教士们提供的大量一手资料，虽然他与这些人具有完全不同的价值取向，但他相信这些资料中蕴藏着相对可靠的经验数据。中国人的性格体现出如下的特征：强韧，中国人的忍耐是无限的，“克己复礼”，固着于传统和习惯；勤勉，无休止的工作能力；对于单调无聊的生活绝对麻木不仁，对不习惯的刺激反应迟钝；对巫术骗局有一种善良无知的轻信，谨小慎微；非常惧怕未知的和不能直接看到的东西，这种恐惧超出了正常范围，表现为无法打消的怀疑；排斥或根本没有关系不太近的东西或不是直接有用的东西的知识；严重缺乏同情心，即使对最亲近的人也缺乏恻隐之心；世上绝无仅有的不诚实，彼此间缺乏起码的信任；没有一种与内心，即由一种独立的中心立场出发来调整自己的生活方式的统一性，这同产生于一系列惯例约束形成了鲜明的对比。凡此种种，使韦伯得出了这样一种认识：中国人显然没有欧洲人今天赋予了特殊含义的那种“神经系统”。

① 此文是作者1987年12月应邀为中国人民大学部分研究生授课的录音稿，其后作者作了部分修改。

二、中国人性格的形成

何以解释中国人性格中的这些特点或矛盾呢？韦伯认为：没有禁欲的宗教信仰和狂热的麻醉品崇拜不会对中国人的神经结构和心理结构毫无影响。自秦始皇统一中国以来的两千多年间，中国人一直属于世界上那种相对“未醉”的民族之列。尽管酒还是可以用的，但兴奋、狂热的酒神精神一直被视为受恶魔控制的表现。中国人的信仰中没有酒神成分，这是官僚制度有意识地在祭祀活动中保持清醒状态所致。无论是礼拜天地大神的国祭中，还是供奉祖宗的家祭以及民间的泛灵论信仰中，都没有任何一点使灵魂失去平衡的东西，因为任何激情都会造成恶魔之力，搅扰鬼神。神不安，便不能保护社稷，鬼不宁，便不能佑福子孙。对任何革新的畏惧，都来自这种保守的传统信仰，因为革新会招来恶魔，使鬼神不宁。也正是这种传统的畏惧说明了中国人为什么轻信巫术。任何疾病和灾难都会引起中国人奥秘的心理反应，他们认为这都是得罪了鬼神的征候。正是出自对鬼神的自私的敬畏，所以他们自己谨小慎微以避灾祸，对别人，甚至骨肉至亲的不幸也不敢有恻隐之心。中国人能够非常冷酷地控制博爱之心，使韦伯震惊不已。

然而，韦伯并不认为，中国人的心理结构生来就如此，或者如某些西方人士所说的“生物遗传”影响所致。他越是追溯历史，就越是发现，中国人及其文化在秦统一以前酷似今天欧洲的情形。古代的民间信仰、战争君王、隐士、《诗经》中的民歌、诸子百家以及战国时期的资本主义萌芽，在韦伯眼中，同西方类似现象之间的亲缘关系，远远胜过了同中国传统的儒家文化之间的关系。据此，他认为，所谓中国人的性格特征，是纯粹由历史决定的文化影响的产物。

这里所说的历史，是两千多年来基本上处于停滞状态的中国的政治和经济史——中央集权制与自然经济的奇异的“统一”，其间当然有努力挣脱这种非理性结合的地方分权。这里所说的文化无疑是指被视为中国传统文化的儒教文化。韦伯对中国历史上的集权与分权有鲜明的毁誉，他非常欣赏春秋战国时期的分权政治，看到了存在于各国竞争中的走向理性化的动力，即使在后世的所谓“分裂”、“动乱”时期中，他也看到了超出“统一”、“安定”时期的经济发展水平。他对秦始皇统一之举对中国历史的影响提出了独到的见解：阻止这个幅员辽阔的国家行政管理理性化的食俸禄阶层，正是战国时期曾经推动这种理性化的最强大的动力。随后，这个动力就消失了。就像争夺市场的竞争迫使私人企业理性化一样，争夺政治权力的斗争则迫使古代西方和中国战国时期的国家经济和经济政策理性化。在私有经济中，集中只会削弱理性的计算，这种理性的计算却恰恰是资本主义的灵魂；各国之间的权力竞争没有了，行政管理、财政经济和经济政策的理性化也就没有了。在战国时代的竞争中存在的走向理性化的动力，后来在这个幅员辽阔的国家中不复存在了。① 维护这种非理性的静态历史的文化是维护大一统的统治阶级独创的儒教文化，韦伯清醒地看到，所谓“孔夫子主义”——这是儒教的德文译名——并不是孔夫子的学说，也不是战国时的儒家学派，它是维护大一统的皇权卡里斯马的产物。儒教并无彼岸的信仰，而是把此岸的希望寄托在皇权卡里斯马上。韦伯用专门的章节分别分析了儒教的处世之道和儒学教育的特殊产物——士等级，用以说明儒教文化对中国人性格的影响。

三、儒教对中国人性格的影响

韦伯把儒教看成受过儒学教育的“士”的等级伦理，这种伦理又深刻地规定着全部中国人的生活方式，塑造着他们的性格。韦伯把人类社会分为阶级社会和等级社会，前者主要以生产方式和交换方式来划分人类群体，后者主要以生活方式来划分人类群体。他把中国社会看成典型的等级社会，士就是这个社会的统治等级。自汉朝以来，中国成为一个独尊儒术的国家，隋以来，由儒学教育，特别是科举制规定的入仕资格，远比财产重要地决定着人们的社会地位。读书—考试—做官于是成为出人头地的必由之路，韦伯详细地考察了士成长过程中的这三个环节，从而揭示了士性格的形成过程以及这种性格对平民百姓的影响。

儒学教育在教育类型学中处于一种十分特殊的位置。儒学教育的目的既不是唤起卡里斯马式的英雄气质，也不是传授专业知识，而是系统地灌输儒家生活方式。家庭教育主要是灌输礼仪，特别是对父母、长辈的孝道和敬畏，除此之外便只有自我克制的规则了。初等教育十分重视舞蹈与音乐，将它们视为陶冶性格的重要手段。正乐、雅舞有遏制鬼神之力，是中国人自我控制的基础。高等教育有两种特点，其一是非军事性的纯粹文献

① M. 韦伯：《宗教社会学论文集》，德文7版，第1卷，348～349页，1978。

教育；其二是舞文弄墨，文字性极强。人们把受过儒学高等教育的人称为儒、文人、读书人，就是出自这些特点。儒学教育是地地道道的世俗教育，没有任何神职人员参与教学活动。这种教育打上了礼仪和传统伦理的双重烙印。任何教育阶段都不教数学、自然科学、地理、语言理论和经验哲学。

韦伯详细地考察了中国的科举制度。在他看来，初级考试——取得生员资格的童生试——出题的性质，大体上相当于德国文科高中毕业班的作文题目的性质，确切地说，相当于德国高等女校尖子班的作文题目，这是从考试对学生提出的任务来讲的。中级考试——考举人（韦伯称之为“学士”）的乡试——的论文题目经常要求从文献史和语文学的角度对有关经典著作进行学术分析。最高级的考试——考进士（韦伯称之为“博士生”）的殿试——中，皇帝往往亲自出题并决定金榜名次，常见的题目多是行政权宜问题。各级考试都考书法、文风以及对经典著作的掌握，还要考观点是否合乎规定。这种考试制度一方面是纯世俗的，另一方面又束缚于正统地诠释“圣人”的规范。中国的科举考试是士大夫文化考试，它要决定的是与社会约定好了的资格。只要通过了考试，不论是否入仕，都取得了等级特权，开始享受特权待遇，包括免服徭役、免除笞刑和享受俸禄津贴，更重要的是，取得了候补官员的资格。

受教育、参加一级又一级的考试和等待补缺占去了人生惊人的时间，真正做了官的仅仅是被录取者中的极少数。在一般老百姓眼里，文字、考试都有神力，识文断字的人都受到尊敬，通过考试的人更被认为有某种神奇的卡里斯马。官员，尤其是高官备受崇敬。书写的东西、印章、证明文件似乎天生有消灾灭病的作用。有些官员死后甚至生前便成为膜拜的对象。候补官员和官员凭着他们的神奇卡里斯马，在他们家乡宗族的一切事务中充当了“忏悔神父”和顾问的角色。

由儒学教育培养起来的整个士等级的生活方式成为中国人生活的规范，塑造着中国民众的性格。韦伯说：“这个阶级在本身的宗族以外……对民众的影响之大，几乎近于古埃及的文书和祭司合起来的影响……儒学教育本身的威信在被近代受到西方教育的本阶层的成员破坏之前，在民众中一直坚如磐石。”[①] 这话符合从汉初独尊儒术到五四运动打倒孔家店的两

① 《宗教社会学论文集》，424 页。

千年间的中国历史。

四、两种伦理的比较：儒教与清教

《儒教与道教》的结论部分对儒家伦理与清教的伦理进行了比较，韦伯是从理性主义的高度来比较这两种典型的东、西方文化的。为了进行比较，他首先提出了理性主义的两条重要标准：其一是宗教脱掉巫术的程度，也叫“脱魔度”；其二是宗教将神同人世的关系以及与此相对应的宗教同人世的关系系统地统一起来的程度。

从第一个标准来看，儒教显然不如清教进步。韦伯认为清教根除了巫术，“甚至在圣礼和符号的升华形式中，也从原则上根除了巫术，以至于严格的清教徒本人为了破除‘迷信’——指对任何巫术性质的处置的依赖——能够不拘任何形式埋葬亲人、爱人的尸体。只在这里才完全贯彻了世界的彻底脱魔”[①]。清教视巫术为恶魔般的东西，唯理性的伦理有宗教价值。儒教却容忍巫术，这是儒教中非理性的驻留。儒教从私密的动机出发，维护形形色色的占卜师控制的魔园。中国人性格中的谨小慎微、冷酷无情等成分都出自对巫术的畏惧。

从第二个标准来看，儒教中根本没有神同人世之间的紧张关系，儒教本身同人世之间的紧张关系也减少到了最低限度。这同清教形成了尖锐的对照：

清教承认有一位超凡的伦理神；儒教中没有这样一位神。

清教承认原罪，认为世界是罪恶的容器，人生而戴罪；儒教中无原罪说，认为现实世界的秩序是最完美的，人性本善。

清教徒同上帝之间处于高度的紧张关系中；信儒教的中国人从来不认为自己欠了遥远的上帝什么债。

清教主张救赎，人的宗教机会不平等，只有少数人可以蒙召得救；儒教中根本没有救世说，人人可以自我完善，成为在各方面都保持和谐平衡的人。

清教伦理要求自我克制，是为了把调整的标准统一于上帝的意志，人同上帝的关系远比人际关系重要，着重同自然属性与自己最近的人的关系，会危害灵魂；儒教伦理要求的自我控制则是把人有意识地置于血缘的

① 《宗教社会学论文集》，513页。

或社会的人际关系中，除了由人际关系造成的忠、孝义务以外，它不承认别的社会义务。

清教徒把自己看成上帝的工具，完成人世的工作——上帝交办的工作，是为了增加无上光荣的上帝的荣誉；儒教则强调“君子不器”。

清教的禁欲是严格的意志伦理理性化的产物，有其积极的内容；儒家“慎独”的出发点则是保持外表仪态举止的尊严，举止本身并无特定的内容，因此“慎独”在本质上是美学性质的、消极的。

清教徒之间彼此信任，特别是从经济上信任教友的无条件的、不可动摇的正当性，因为这是受宗教制约的；儒士之间则无信任可言，彼此的交流是优雅的姿态、华丽的词藻，其深层内容则是“防人之心”。

清教徒视占有、消费为崇拜被造物和被诱惑的堕落；儒士则视财富为尊严地生活并致力于自我完善的重要手段。

针对宗教理性主义的第二个标准，韦伯指出：“没有任何一种伦理，包括同人间秩序如此配合默契的基督教伦理，能够像激进的现世乐观主义的儒教体系那样坚定不移地彻底清除现世同个人的超现世规定之间的悲观的紧张关系。”[①] 正因为如此，韦伯把儒教列入清醒的宗教，把中华民族列入未醉的民族。但他也由此看到了，中国人的灵魂从来没有被哪位先知革过命，中国人的性格丝毫不受哪位超凡的伦理神的影响。担任这种角色的只有受传统与习惯制约的精神势力——家孝，而这又是以鬼神信仰为基础的，于是又同宗教理性主义的第一个标准联系了起来。

两种伦理都有其非理性的系留：儒教伦理系于巫术，清教伦理则系于超凡的伦理神的最终不可探究的旨意。除此之外，两种伦理都是入世的、理性主义的。它们之间最本质的区别在于：儒教伦理主张理性地适应世界，清教伦理则着眼于理性地把握世界。

在这种比较的基础上，再回过头来看儒教文化对中国人性格的影响，就清楚多了。

① 《宗教社会学论文集》，522页。

附录2 关于中国国民性的10种见解

梁漱溟

梁漱溟在谈到“中国文化个性极强”时，总结了历史上比较公认的观点，认为有10种：

1. 自私自利

身家念重，不讲公德，一盘散沙，不能合作，缺乏组织能力，对国家及公共团体缺乏责任感，徇私靡公及贪私等。

2. 勤俭

习性勤俭，刻苦耐劳，孜孜不倦，好节省以至于吝啬，极有实利主义、实用主义之精神等。

3. 爱讲礼貌

一面指繁文缛节，虚情客套，重形式，爱面子以至于欺伪；一面亦指宁牺牲实利而要面子，为争一口气而倾家荡产等。

4. 和平文弱

温顺和平，耻于用暴，重文轻武，文雅而不免纤弱，喜调和妥协，中庸及均衡不为已甚，适可而止。

5. 知足自得

知足安命，有自得之趣，贫而乐，贫而无怨，安分守己，尽人事听天命，恬淡而爱好自然风景，不矜尚权力，少以人力胜天之想。

6. 守旧

好古薄今，因袭苟安，极少冒险进取精神，安土重迁，一动不如一静等。

7. 马虎（模糊）

不求精确，不重视时间，不讲数字，敷衍因循，不彻底，不大分彼此，没有一定规律等。

8. 坚忍及残忍

残忍指对人或对物缺乏同情，坚忍则谓自己能忍耐至甚高之程度，克己、自勉、忍辱，吃亏等皆属于此，对外对内两面实亦相连之事。

9. 韧性与弹性

不独于其个人生命见之，全民族全历史恰亦证明如此，不独其心理精神方面为然，于其体质及生理现象亦证明如此，固有“温炖汤”、“牛皮糖”等称喻。

10. 圆熟老到

悠悠然不慌不忙，稳健，老成持重，心眼多，有分寸，近情近理，不偏不倚，不露圭角而具有最大之适应性及潜力。

（选自《中国文化要义》，路明书店 1949 年版）

附录3　中国17省人的性格特点

利希霍芬在《中国——亲身旅行和据此所作研究的成果》一书中，详细地描述了中国17个省的性格特点。他是德国地质学家，1861年首次来华，1868—1872年再度来华。后得上海英国商会赞助，在中国内地作了七次考察，走遍了大半个中国。他在中国旅行，最早涉足也是接触最频繁的地区是中国的东南部。东南部的中国人总的说来是指居住在长江流域及其支流流域的人。这一地区孤立自存、自给自足，各流域的居民对外界一无所知，把自己流域以外的地方看作是另一个世界，想象那里是野蛮未代之地，住着虎和山贼。

1. 浙江人

浙江省人，由杂种多样的人组成，只是近几百年才服从中国的统治。山地风土各异，沿海较为整齐，与福建相同。沿海有特殊种族，如宁波人。宁波人在勤奋、奋斗努力、对大事业的热心和大企业家精神方面较为优秀。一般的浙江人性格柔软，给接触者以好感。绍兴居民与宁波及宁波附近的居民人种不同，下颚明显突出，容貌丑陋，年轻人尤其如此，上年纪的人则不甚明显。居住在从桐溪到杭州的钱塘江流域的人比其他地区的中国人穿着更漂亮，居室也绮丽，样式美观，几乎没有窗，里面肮脏。墙涂成白色，远望甚是好看。吃食比北方人好，但谈不上干净。皮肤病患者多得惊人。街道用精心打制的石块铺成。居民很能干，善于背东西，女人和男人一样干活、撑船。年轻女子和老婆婆把裤腿卷起，在水中拉纤，与男子无二。邻省——江西，干这种活的都是男子。在中国，相邻的地区也会存在巨大的差别。

宁波人是浙江人中的特殊分子，宁波人在上海的势力很大，船夫、水手的大部分都是宁波苦力，宁波出身的男佣正驱逐着广东出生的。然而势力更大的是买卖人，尤其是商业中的宁波人，完全可以和犹太人媲美。广东商人作为大商人，要求和欧洲人一样的价格，而宁波商人则更看重小的、零碎的利润。宁波人中最值得注意的是宁波北部的慈溪人。

绍兴人，有着和慈溪完全不同的精神倾向，下阶官吏辈出。

2. 江苏人

江苏人和安徽人可以看作是中国人的平均型。农耕、小工业和渔业是下等阶层人的主要生计，在上等阶层中发育着精致的文化，如苏州那样的柔弱文化。江苏省和安徽省一起享有学问之乡的美名。

3. 安徽人

前面说过，安徽人与江苏人有相通之处。

4. 江西人

江西人与邻省的湖南人明显不同，几乎没有军事倾向，在小商业方面有很高的天分和偏爱，掌握着长江中游、下游地区的大部分小商业。湖南人没有商人精神，而军事精神十分突出。江西人则缺乏军事精神，取而代之的是对计算的兴趣和追求利益的念头发达。江西人和山西人、广东人一样善于算计，但仅限于做小商人，开杂货店。金融业属山西人，大商业属广东人，江西人在做小买卖方面才能卓越。他们没有湖南人的那种刚健，也缺乏可以博人好感的浙江人的柔软，他们最明显地表现为“心胸狭窄的利己主义和冷酷的小家子气”。

5. 山东人

山东人是黑瘦体型的人种，比起商业来，他们更专心于农耕、工业和陆上交通业。他们伶巧、和善，在山东旅行特别愉快。山东人具有后面要谈到的中国工人所具有的一切特征，他们缺乏家仆的机敏，但再没有比他们更优秀的铁路工、矿工了。作为单个的人来说，欧洲人也不会超出其上。和南方人相比，山东人微黑，眼睛丰满，不似广东人那样平陷，体格瘦长。山东人就其精神来说，能成为好官吏，学问也精湛。不太适于商业，但不是没有利欲的念头。利欲之念是中国人的普遍属性。

6. 奉天人

利希霍芬称1932年后归“满洲国”的奉天省为盛京省。他对奉天人的印象如下：对到“满洲”来旅行的人来说，区分“满洲”人和中国人几乎是不可能的。如果仔细观察，“满洲”人的一般特征似乎倾向于明显的通古斯（Tungus）型。汉人大都单身一人移民到“满洲”，多数人和“满洲”女子结了婚。这种杂婚生出的男孩在某些方面仍是汉人，而在女子身上似乎保留着稍稍纯粹的固有的“满洲”型。女孩学习母亲的习俗，不缠足，勤于农事，不待在家里，与汉族女子不同，她们以开放的态度和别人打交道。

7. 河北人

直隶人，作为一般的中国人，尤其是更靠北的中国人，显而易见，其特征与山东人一样，是缺乏商业精神。

8. 广东人

在广东，居住和杂居着语言、相貌、肤色、社会地位千差万别的不同种族。广州市及其附近的开化种族，在所有的智能、企业精神、美术情趣方面优于其他所有的中国人。广东人几乎掌握着中国所有的工业，其工业制品数百年前就传到了欧洲，说不定这个种族是当年海洋殖民者中有才能的人种的后裔。当地居民有客家和土生土长的广东人。客家有特殊的方言，客家话完整保存着太古的语言形式，除北部和东部的若干地方外，省内大部分地区说客家话。客家人是劳动人民，从事农耕，在城市和港口从事交通和劳动。省内都市、商市中，没有客家人，或者说，处于上层的是广东人。广东人对经营大商业和大交通业有卓越的才能，他们生长在自古形成的氛围中，受其熏陶，形成了一个典型的人种。广东人活跃在其他各省，尤其是沿海诸省的大城市中。他们受过良好的礼节和学校教育，肤色淡黄、有色，体格健壮、肥硕，这种肤色和体格，在客家中是看不到的。

9. 湖南人

湖南人，是长期保持独立的一个种族的后裔。中国的军人主要出生于此地，尤其是很多的官员也出生在湖南。忠实、正直、强烈的自我意识加上粗犷、反抗心更是该省居民的性格特征。中国军队的主要兵源来自湖南，相反，在银行业、商业界则看不到湖南人。

另外，尽管在省内有很多人从事航运业，却没有去省外从事航运的人。

利希霍芬开始并未受到湖南人的好招待，但后来对湖南人的印象越来越好了。首先，他接触了湖南人中比较有教养的人，他们的贤明、诚实、率直，不仅表现在嘴上，在行为上也是诚恳的。他们维持着中国人中最保守的古老的习惯和信念，重视家庭内的培养，对犯了过错的人所处的惩罚，比未开化的人更严酷。他们极度厌恶对事物马上革新，他们认为那是受外国人影响的缘故。

如上所述，不仅中国最优秀的军人大都出于湖南，而且这里还是政治家的摇篮。近代历史上扮演主角的人物有好几个都出于湖南。

10. 湖北人

湖北的居民主要是农民，其商业委之于山西人和江西省人，运输业让给了浙江人和湖南人。

11. 河南人

在洛阳发现了早年犹太人殖民此地的证据。

12. 山西人

山西人具有卓越的商才和大企业精神，当时居于领导地位的金融机关——山西票号，掌握着全中国，支配着金融市场，可以说计算的智能劳动是该省唯一输出的商品，这也是财富不断流入该省的原因。这种财源也受到鸦片的极大损害。在所有中国人中，对中国特有的尺度、数、度量观念以及基于这种观念的金融业倾向最发达的要数山西、陕西两地的人，作为最古老文化的保持者，他们获得了对邻人或周围国家居民的精神上的优越感，保持了这种优越感的种族，即使在其后代丧失了政治势力以后也能通过发达的数量意识和金融才华显示精神优越的成果来。这种在西南亚洲明显出现的现象，在此地又出现了。山西人作为最古老文化的保存者，他们的优越感能以其他形式存续下来。利希霍芬把中国人一般地比作犹太人，而山西人更像犹太人。山西提供的官吏只有很少的几个。其军事精神在征服了土著居民以后也消失殆尽了，但是反过来，他们的学校教育，也许是因为有识之士的倡导，比其他的大部分省都普及。

13. 陕西人

在陕西人中，和甘肃人一样，注入了中亚的尤其是东方土耳其的要素。前面说过，陕西人和山西人一样，在中国人特有的尺度、数、重量观念和基于这种观念的金融业精神倾向方面表现出了最高度的发达。但是，陕西人的性格不可与山西人同日而语。山西大盆地中居民的金融才华，陕西渭水盆地的居民可比，但是在数量观念的发达程度上，陕西人就稍显逊色了。他还说，陕西人的金融才干也比山西人逊色几分，全国大的金融业都让给山西人，而他们却非常热心于贸易和小本买卖。

14. 四川人

在人口过剩的四川，居民作为相邻所有省份移民的子孙组成的混合体，集中了他们一切优秀之处，他们有高度发达的文化和强烈的自尊心，热情而温顺，但没有继承先祖的商业精神。另外，引人注目的是，东西部的高山地带，居住着蛮子、西蕃、猡猡等异民族，他们有的正在被汉族同化，有的还保持独立。四川人的性格详述如下：

"正如四川的山水是中国各省中最美的一样，其居民除了局部以外，以其生活方式的精醇和性格的和蔼，都是卓越的。与一般的中国人相比，其穿着较为清洁，保有秩序和礼仪的人较多。虽然他们对外国人有不少的偏见，但可以看出，他们决不是轻率浅薄地形成自己的见解，而是根据亲身的体验作出正确的判断。……居民的生计主要靠农业、家庭工业、小商业、舟船运输业。"他们也和全体中国人一样爱钱，但他们所具有的不过是微弱的商业精神，于是，不得不把棉的输入和绢、麝香、药材、白蜡的输出这种大宗买卖让给有大商业精神的陕西人和江西人，把钱庄和当铺让给山西人。四川人在军阀中也无大名声，官场势力也很微弱，但他们和18省的有识阶级处于同一水平上。他们对中国固有书物学问的熟读程度虽不突出，但理解力一点也不差……这个省的人安土重迁，在其他省份，很少能见到四川人。

四川的城邑与农舍截然不同，在其他任何省，农村与城市的差别都没有这么大。中国人喜欢聚居，城市与农村相距不远，其差异没有性质上的，只是大小不同。但四川的居民是分散居住，或者成为一个个小的群体。

下面几个省，利希霍芬没去过，只是间接的考察。

15. 福建人

福建人由各种各样的人组成，在近几个世纪才臣服于中原主权。在福建内地，隔山就会有不同的风俗习惯，沿海较为统一，与浙江同。

福建省民常有械斗。

16. 广西人

他推想，广西人文化程度低，反抗心强，富于叛乱倾向。此地居住的只有原来的异族人，在广大的山中居住的异族人有的半臣服于汉人，有的保持独立。当年传教士未入此地，一方面由于交通，另一方面也可能是居民反抗心强的缘故吧。

17. 云南人

在称作云南的地方，居民有多种称呼。一部分是保持独立的原有民族，另一部分是中国各省的移民。据说，由于伊斯兰教教徒叛乱，移民显著减少了。

此外，贵州人口稀少，大部分为独立的苗族占据，没有可开拓的东西。和陕西人相似，甘肃人吸收了中亚的，尤其是东土耳其的要素。

对中国人性格的省与省的不同，利希霍芬提出了什么根据呢？

首先，看出人种差异的根据之一，是由于所到之处居民有混血现象。如在江苏北部，黄河古道边看到的匈奴人聚居点，关于广东人工艺和商业精神的假说，就是代表，但最重要的应该是地理环境的影响。中国东南山谷中的居民，独立自存，自给自足。而长江及其支流地区的居民则不是这样。江西人因地势的原因，发展到了统一的阶段，成为一个孤立的群体。另外，由于江西介于中国南北之间，掌握着交通，很明显是小商业精神发达。在山东旅行的印象是，一般说来，在肥沃的平原上生活水平、文化程度最低，越往山区人越清洁，秩序越好，房屋的建造越好，随之而来的是性格也越来越善良了。从西安到嘉陵江流域山中居民举止平静，是中国旅行最愉快的地方。平原居民绝对不会这样，比如汉中人的好奇心就叫人很不愉快。正如四川的山水是中国最美丽的，四川居民也以其醇风美俗和和蔼性格而超出其他省份，说四川人的定居状态，可以归结为丘陵性，就是基于这种观点。

另外，中国人的社会结构对性格的决定作用也是显而易见的，即是说，以地域划分的中国人个人性格特征“一方面可以看作是上古封建国家的残余，另一方面是不愿离开家庭所在地的保守势力”。这种有关中国人性格的地域异质性的说明值得注意。

（《独立种族》，1877 年，选自大谷孝太郎《中国人精神结构研究》，东亚同文书院 1935 年日文版，袁方编译）

主题索引

（括号内数字为本书页码）

A

爱好和平　服部宇之吉《中国研究》1916年（85）
　杨懋春《中国的家族主义与国民性格》1971年（290）
　张岱年《中国传统文化的分析》1986年（340）
爱好自然　林语堂《人生的盛宴》1988年（170）
爱脸皮　斯密斯《中国人的特性》1894年（50）
暧昧　梁漱溟《中国文化要义》1949年（131）
暧昧性　陈其南《云门深处》1980年（320）
安分知足　梁漱溟《东西文化及其哲学》1922年（125）
安命不争　胡　适《我们对于西洋近代文明的态度》1926年（181）
安土重迁　潘光旦《民族特性与民族卫生》1937年（215）
安息为本　陈独秀《东西民族根本思想之差异》1915年（80）
安闲　费正清《美国与中国》1958年（250）
傲视外国人　斯密斯《中国人的特性》1894年（53）

B

八德四维　蒋介石《中国之命运》1946年（230）

包容性	胡秋原	《文化复兴与超越前进论》1980年（318）
保护老幼	林语堂	《人生的盛宴》1988年（170）
保守	斯密斯	《中国人的特性》1894年（53）
	林语堂	《机器与精神》1929年（159）
	庄泽宣	《民族性与教育》1938年（221）
	费正清	《美国与中国》1958年（251）
	文崇一	《从价值取向谈中国国民性》1971年（297）
保守与形式	渡边秀方	《中国国民性论》1929年（156）
保守主义	罗　斯	《变迁中的中国——东西方文化在中国的冲突》1911年（78）
	奥　特	《中国：地理、经济、政治》1926年（143）
卑怯	鲁　迅	《随感录三十八》1918年（73）
被动的民意	陶行知	《主动的民意》1925年（109）
避世	林语堂	《中国人》1935年（164）
博爱与和平精神	胡秋原	《文化复兴与超越前进论》1980年（316）
不懂装懂	唐　钺	《吾国人思想习惯的几个弱点》1923年（134）
不干涉主义	缪凤林	《中国民族史序论》1949年（244）
不敢为主人	孙中山	《建国方略》1917年（33）
不敢行	孙中山	《建国方略》1917年（33）
不讲卫生	劳　德	《中国人——人种地理学的心理论》1929年（175）
不洁	陈独秀	《我之爱国主义》1916年（82）
不紧张	张君俊	《中国民族之改造》1929年（172）
不精确	柏赐福	《中国》1916年（94）
	劳　德	《中国人——人种地理学的心理论》1929年（177）
不肯创造	胡　适	《信心与反省》1934年（182）
不落实	梁漱溟	《中国文化要义》1949年（131）
不能协作	陶行知	《无锡小学之新生命》1926年（110）
不求准确	斯密斯	《中国人的特性》1894年（39）
不尚法治	蒋介石	《中国之命运》1946年（231）

不尚自由	孙中山	《建国方略》1917 年（34）
不守纪律	劳　德	《中国人——人种地理学的心理论》1929 年（176）
不透明性	陈其南	《戏如人生，人生如戏》1985 年（320）
不团结	梁漱溟	《中国文化要义》1949 年（131）
不完全、命分式的人	陶行知	《学做一个人》1925 年（110）
不卫生与洗衣服	庄延龄	《中国：从远古到今日的历史、外交和商业》1916 年（89）
不系统	唐　钺	《吾国人思想习惯的几个弱点》1923 年（133）
不信任	柏赐福	《中国》1916 年（94）
不知耻	胡　适	《信心与反省》1934 年（184）
不知法治为何物	梁启超	《敬告国中之谈实业者》1910 年（65）
不知国家与朝廷之界限	梁启超	《中国积弱溯源论》1901 年（60）
不知国家与国民之关系	梁启超	《中国积弱溯源论》1901 年（61）
不知国家与天下之差别	梁启超	《中国积弱溯源论》1901 年（60）
不知民权	陶行知	《如何教农民出头》1927 年（111）
不知有对于公众之责任	梁启超	《敬告国中之谈实业者》1910 年（66）

C

财丁两旺	潘光旦	《人文史观》1937 年（217）
残虐	鲁　迅	《1918 年 8 月 20 日致许寿裳信》1918 年（71）
	麦华陀	《在遥远中国的外国人》1872 年（18）
残忍	劳　德	《中国人——人种地理学的心理论》1929 年（174）
“差不多”	胡　适	《差不多先生传》1919 年（185）
常识的、实际的与理想的、想象的	大谷孝太郎	《中国人精神结构研究》1935 年（207）
诚实	麦华陀	《在遥远中国的外国人》1872 年（17）
	罗　素	《中国国民性的几个特点》1922 年（120）
诚实面对死亡，肯定人生	余英时	《从价值系统看中国文化的现代意义》2006 年（384）

持中	庄泽宣	《民族性与教育》1938年（222）
崇德化	孙本文	《我国民族的特性与其他民族的比较》1949年（233）
		《社会心理学》1946年（235）
崇敬三不朽	谢　康	《中外社会思想之比较研究》1984年（330）
传播小消息	麦嘉温	《中国人生活中的明面与暗面》1909年（76）
传统社会中国人的性格分析	金耀基	《从传统到现代》1966年（255）
传统主义	韦特福格尔	《中国的经济和社会》1930年（191）
	吴主惠	《汉民族的研究》1968年（274）
创造的才能	胡秋原	《文化复兴与超越前进论》1980年（315）
创造精神	胡秋原	《文化复兴与超越前进论》1980年（318）
创造能力薄弱	勒津德	《现代中国文明》1926年（137）
纯真	威尔海姆	《中国魂》1930年（194）
慈善	约翰逊	《东方宗教及其与世界宗教的关系》1872年（15）
聪慧	韦特福格尔	《中国的经济和社会》1930年（191）
粗手粗脚	陶行知	《手脑相长》1933年（115）
“寸阴是竞”	斯密斯	《中国人的特性》1894年（41）

D

“当下即是”之精神，与“一切放下”之襟抱	牟宗三等	《中国文化与世界》1957年（245）
盗公肥私	陈独秀	《中国式的无政府主义》1921年（83）
道并行	张岱年	《中国传统文化的分析》1986年（341）
道德低浅	胡　适	《再论信心与反省》1934年（184）
道德理性	杜维明	《孔子仁学中的道学政》1981年（322）
道德伦理重建的方向	刘述先	《“理一分殊”的规约原则与道德伦理重建之方向》2006年（376）
道德与不道德	大谷孝太郎	《中国人精神结构研究》1935年（206）

德成而上，艺成而下　梁启超　《科学精神与东西文化》1922 年（63）
独断主义　远　生　《国人之公毒》1915 年（84）
读书人不生利　陶行知　《目前中国教育的两条路线》1932 年（112）
对内嫉妒　萧孝嵘　《中国人的心理之分析》1949 年（241）
对内统一与对外开化　胡秋原　《文化复兴与超越前进论》1980 年（317）
对外惧怕　萧孝嵘　《中国人的心理之分析》1949 年（242）
对“自我”保持整体的观点　余英时　《从价值体系看中国文化的现代意义》2006 年（381）
对宗教漠不关心　古伯察　《中华帝国——鞑靼、西藏旅行追想续编》1854 年（5）
多妻主义　朱希祖　《中国古代文学上的社会心理》1921 年（117）
多神　文崇一　《中国传统价值的稳定与变迁》1981 年（300）
多神论、泛神论、无神论　斯密斯　《中国人的特性》1894 年（55）
多生主义　陶行知　《胡适捉鬼》1931 年（111）
多子主义　朱希祖　《中国古代文学上的社会心理》1921 年（116）
惰性　鲁　迅　《这个与那个》1925 年（70）

E

恶性　梁启超　《新民说》1902—1903 年（65）
尔诈我虞　斯密斯　《中国人的特性》1894 年（49）

F

发明能力　孙中山　《三民主义》1924 年（32）
乏独立之德　梁启超　《十种德性相反相成义》1901 年（58）
乏利己之德　梁启超　《十种德性相反相成义》1901 年（59）
乏自由之德　梁启超　《十种德性相反相成义》1901 年（58）
法自然　孙本文　《我国民族的特性与其他民族的比较》1949 年（232）
反躬修己　梁漱溟　《给中华孔子研究所二届年会的贺词》1987 年（132）

反应能力贫弱	勒津德	《现代中国文明》1926 年（137）
反政府态度	孙中山	《三民主义》1924 年（26）
泛道德主义	文崇一	《中国传统价值的稳定与变迁》1981 年（300）
房意识	陈其南	《中国人的“房”事情结》1985 年（321）
放达	庄泽宣	《民族性与教育》1938 年（225）
非功利主义	密迪士	《中国人及其叛乱》1856 年（8）
非好战	约翰逊	《东方宗教及其与世界宗教的关系》1872 年（15）
福、禄、寿	亨利·查尔斯·萨	《中国和中国人》1849 年（2）
复仇心	勒津德	《现代中国文明》1926 年（141）

G

感觉迟钝麻木	勒津德	《现代中国文明》1926 年（138）
感情本位	陈独秀	《东西民族根本思想之差异》1915 年（81）
感受性	劳　德	《中国人——人种地理学的心理论》1929 年（174）
个人顺从	费正清	《美国与中国》1958 年（251）
个人主义	毛泽东	《关于纠正党内的错误思想》1929 年（145）
	余英时	《从价值系统看中国文化的现代意义》2006 年（380）
各自相安	杜亚泉	《静的文明与动的文明》1916 年（87）
公私不分	潘光旦	《民族特性与民族卫生》1937 年（214）
公私混杂	陶行知	《尊重公共财产》1926 年（109）
功利主义	劳　德	《中国人——人种地理学的心理论》1929 年（176）
孤独与群居	大谷孝太郎	《中国人精神结构研究》1935 年（207）
固执	麦嘉温	《中国人生活中的明面与暗面》1909 年（75）
顾表面	萧孝嵘	《中国人的心理之分析》1949 年（241）

关系取向	杨国枢	《中国人的心理与行为：本土化研究》2004 年（348）
官吏权势	费正清	《美国与中国》1958 年（248）
官僚精神	费正清	《美国与中国》1958 年（250）
官僚主义	费正清	《美国与中国》1958 年（253）
归向“未发之中”	大谷孝太郎	《中国人精神结构研究》1935 年（205）

H

好古而忽今	严　复	《论世变之亟》1895 年（56）
好利	庄泽宣	《民族性与教育》1938 年（219）
好色	劳　德	《中国人——人种地理学的心理论》1929 年（175）
好色淫逸	庄延龄	《中国：从远古到今日的历史、外交和商业》1916 年（90）
好伪	梁启超	《中国积弱溯源论》1901 年（62）
好行小慧	傅斯年	《心气薄弱之中国人》1919 年（100）
合理近情的态度	林语堂	《人生的盛宴》1988 年（168）
和平	孙中山	《三民主义》1924 年（29）
和平文弱	庄泽宣	《民族性与教育》1938 年（222）
和平主义	林语堂	《中国人》1935 年（165）
	缪凤林	《中国民族史序论》1949 年（244）
恒守古法，不思变通	孙中山	《上李鸿章书》1894 年（23）
宏观的人文精神	杜维明	《儒家的人文精神与文明对话》2006 年（368）
忽视推理能力	勒津德	《现代中国文明》1926 年（138）
怀疑主义和无为主义	柏赐福	《中国》1916 年（94）
活易死难	斯密斯	《中国人的特性》1894 年（36）
获利	亨利·查尔斯·萨	《中国和中国人》1849 年（2）

J

极权主义	费正清	《美国与中国》1958 年（249）
疾天才	鲁　迅	《文化偏至论》1907 年（68）
集团行动本能	倭　纳	《记述社会学——中国人篇》1919 年（103）

集团性	钱　穆	《从中国历史来看中国民族性及中国文化》1979 年（304）
集约耕作	柏赐福	《中国》1916 年（92）
记忆力好	罗　斯	《变迁中的中国——东西方文化在中国的冲突》1911 年（79）
家观念	费孝通	《乡土中国》1947 年（237）
家庭本位	张岱年	《中国传统文化的分析》1986 年（341）
家庭伦理	杜　威	《杜威五大讲演》1920 年（105）
家庭纽带	利希霍芬	《独立种族》1877 年（21）
家族本位	陈独秀	《东西民族根本思想之差异》1915 年（80）
家族取向	杨国枢	《中国人的心理与行为：本土化研究》2004 年（347）
家族式“大自我”	威尔海姆	《中国人经济心理》1930 年（194）
家族意识和家族荣誉感	林语堂	《人生的盛宴》1988 年（169）
家族主义	缪凤林	《中国民族史序论》1949 年（243）
	张君劢	《明日之中国文化》1970 年（277）
	杨懋春	《中国的家族主义与国民性格》1971 年（289）
家族主义和宗族主义	孙中山	《三民主义》1924 年（25）
坚强	麦嘉温	《中国人生活中的明面与暗面》1909 年（76）
坚韧与复生力	胡秋原	《文化复兴与超越前进论》1980 年（317）
简朴	林语堂	《中国人》1935 年（161）
讲道理	钱　穆	《中华文化十二讲》1985 年（309）
讲礼节	古伯察	《中华帝国——鞑靼、西藏旅行追想续编》1854 年（4）
讲人伦	钱　穆	《中华文化十二讲》1985 年（309）
讲信用	柏赐福	《中国》1916 年（94）
酱缸	柏　杨	《丑陋的中国人》1985 年（338）
侥幸	海　威	《中国心理》1933 年（200）
节俭	柏赐福	《中国》1916 年（93）
节制	庄延龄	《中国：从远古到今日的历史、外交和商业》1916 年（90）

结社与无政府主义	大谷孝太郎	《中国人精神结构研究》1935年(207)
金钱万能主义	勒津德	《现代中国文明》1926年(141)
精诚笃实	蒋介石	《中国之命运》1946年(230)
精力充沛	柏赐福	《中国》1916年(93)
精神不团结	陶行知	《中华教育改进社第二届年会社务报告》1923年(108)
精神结构的统一性极低	大谷孝太郎	《中国人精神结构研究》1935年(204)
精致的感情	威尔海姆	《中国人经济心理》1930年(195)
竞存力衰弱	潘光旦	《人文史观》1937年(218)
敬老	钱　穆	《中华文化十二讲》1985年(310)
具体的理性主义	成中英	《中国哲学的特性》1971年(286)
具体化倾向	项退结	《中国民族性研究》1970年(280)
绝对平均主义	毛泽东	《关于纠正党内的错误思想》1929年(145)

K

看重读书	陶行知	《空前之全国教育大会》1924年(109)
科学能力薄弱	潘光旦	《民族特性与民族卫生》1937年(213)
客气	斯密斯	《中国人的特性》1894年(52)
空谈	唐　钺	《吾国人思想习惯的几个弱点》1923年(134)
口腔化	孙隆基	《中国人的人格发展》1984年(333)
夸张性	吴主惠	《汉民族的研究》1968年(275)
快感	唐　钺	《吾国人思想习惯的几个弱点》1923年(133)

L

懒惰放纵不法	陈独秀	《中国式的无政府主义》1921年(83)
老成温厚	林语堂	《中国人》1935年(162)
老滑	林语堂	《中国人》1935年(164)
老奸巨猾	利希霍芬	《独立种族》1877年(22)
老衰	梁漱溟	《中国文化要义》1949年(130)
乐天性	吴主惠	《汉民族的研究》1968年(273)
类比性思考方式	项退结	《中国民族性研究》1970年(281)
冷淡	庄泽宣	《民族性与教育》1938年(220)

礼	吴自甦	《中国家庭制度》1968 年（272）
礼节与省麻烦	庄延龄	《中国：从远古到今日的历史、外交和商业》1916 年（90）
“理一分殊”规约原则的指引	刘述先	《“理一分殊”的规约原则与道德伦理重建之方向》2006 年（375）
立德、立功、立言	文崇一	《中国传统价值的稳定与变迁》1981 年（301）
利己和无情	勒津德	《现代中国文明》1926 年（140）
利欲与面子	大谷孝太郎	《中国人精神结构研究》1935 年（208）
吝啬	潘光旦	《民族特性与民族卫生》1937 年（215）
灵巧	庄延龄	《中国：从远古到今日的历史、外交和商业》1916 年（91）
笼统	梁启超	《科学精神与东西文化》1922 年（63）
	远　生	《国人之公毒》1915 年（84）
伦理本位	梁漱溟	《中国文化要义》1949 年（127）
M		
卖妻鬻女	潘光旦	《民族特性与民族卫生》1937 年（212）
瞒和骗	鲁　迅	《论睁了眼看》1925 年（70）
矛盾的块	格尔巴特	《中国的祸根》1926 年（136）
矛盾结构	大谷孝太郎	《中国人精神结构研究》1935 年（205）
矛盾性	渡边秀方	《中国国民性论》1929 年（157）
没有创造性	倭　纳	《记述社会学——中国人篇》1919 年（102）
没有公正	亨利·查尔斯·萨	《中国和中国人》1849 年（2）
没有领袖人才	潘光旦	《民族特性与民族卫生》1937 年（211）
没有民族主义	费正清	《美国与中国》1958 年（249）
没有排外精神	孙中山	《中国问题的真解决——向美国人民的呼吁》1904 年（23）
没有“神经”	斯密斯	《中国人的特性》1894 年（37）
没有狭隘的民族观念	钱　穆	《中华文化十二讲》1985 年（313）
没有主义	傅斯年	《心气薄弱之中国人》1919 年（100）
没有宗教感情	吉伯察	《中华帝国——鞑靼、西藏旅行追想续编》1854 年（6）

迷信	古伯察	《中华帝国——鞑靼、西藏旅行追想续编》1854年（6）
	陶行知	《新旧中国之军师》1931年（112）
	勒津德	《现代中国文明》1926年（142）
	庄泽宣	《民族性与教育》1938年（219）
迷信和怀疑主义	劳　德	《中国人——人种地理学的心理论》1929年（176）
免于极端怀疑论困扰	余英时	《从价值系统看中国文化的现代意义》2006年（382）
面子	麦嘉温	《中国人生活中的明面与暗面》1909年（77）
	罗素	《中国国民性的几个特点》1922年（119）
	格尔巴特	《中国的祸根》1926年（135）
	劳德	《中国人——人种地理学的心理论》1929年（176）
	项退结	《中国民族性研究》1970年（283）
蔑视个人权利	杜　威	《杜威五大讲演》1920年（105）
蔑视胜利	杜亚泉	《静的文明与动的文明》1916年（88）
民权思想	孙中山	《中国之革命》1923年（25）
民为邦本	陶行知	《中华平民教育促进会宣言》1923年（114）
民主精神	陶行知	《中国的抗战是不自由就受奴役的斗争》1938年（115）
民族黏着性	罗　素	《中国国民性的几个特点》1922年（120）
民族思想	孙中山	《中国之革命》1923年（24）
民族虚无主义	胡秋原	《文化复兴与超越前进论》1980年（314）
明黑白	鲁　迅	《沙》1933年（71）
母胎化	孙隆基	《中国人的人格发展》1984年（334）

N

耐性	潘光旦	《民族特性与民族卫生》1937年（216）
耐性太好	斯密斯	《中国人的特性》1894年（38）
难改变	鲁　迅	《娜拉走后怎样》1924年（68）

内在的人文主义	成中英	《中国哲学的特性》1971 年（285）
能吃苦	亨利·查尔斯·萨	《中国和中国人》1849 年（3）
凝滞不前	孙中山	《建国方略》1917 年（34）
农民色彩	费正清	《美国与中国》1958 年（248）
农民性格	文崇一	《中国传统价值的稳定与变迁》1981 年（299）
农民之苦	毛泽东	《关于正确处理人民内部矛盾的问题》1957 年（149）
奴才主义	鲁　迅	《1918 年 8 月 20 日致许寿裳信》1918 年（72）
奴性	梁启超	《中国积弱溯源论》1901 年（61）
懦怯	罗　素	《中国国民性的几个特点》1922 年（121）

P

怕父母	庄延龄	《中国：从远古到今日的历史、外交和商业》1916 年（90）
偏长于理性而短于理智	梁漱溟	《中国文化要义》1949 年（129）
偏见	利希霍芬	《独立种族》1877 年（20）
偏向内	钱　穆	《从中国历史来看中国民族性及中国文化》1979 年（308）
贫	陈独秀	《我之爱国主义》1916 年（82）
平等之哲学，消极之哲学	潘光旦	《人文史观》1937 年（217）
平和	罗　素	《中国国民性的几个特点》1922 年（121）
平和消极	林语堂	《中国人》1935 年（160）
破坏与成立	梁启超	《十种德性相反相成义》1901 年（60）
破坏欲	鲁　迅	《记谈话》1926 年（70）

Q

欺诈	亨利·查尔斯·萨	《中国和中国人》1849 年（2）
谦让	唐　钺	《吾国人思想习惯的几个弱点》1923 年（133）
	文崇一	《从价值取向谈中国国民性》1971 年（297）

强调自我修养	余英时	《从价值系统看中国文化的现代意义》2006年（382）
强韧	柏赐福	《中国》1916年（95）
怯懦	梁启超	《中国积弱溯源论》1901年（62）
亲切与残忍	大谷孝太郎	《中国人精神结构研究》1935年（207）
亲疏远近	陈其南	《传统家族制度与企业组织》1984年（320）
勤奋	庄延龄	《中国：从远古到今日的历史、外交和商业》1916年（91）
勤俭	杨懋春	《中国的家族主义与国民性格》1971年（291）
勤俭性格	文崇一	《从价值取向谈中国国民性》1971年（296）
勤劳	斯密斯	《中国人的特性》1894年（42）
	庄泽宣	《民族性与教育》1938年（224）
勤劳、和平、守法	孙中山	《中国问题的真解决——向美国人民的呼吁》1904年（24）
轻信与怀疑	大谷孝太郎	《中国人精神结构研究》1935年（208）
情感上的间接性	项退结	《中国民族性研究》1970年（282）
求实质	孙本文	《我国民族的特性与其他民族的比较》1949年（232）
趣味性	渡边秀方	《中国国民性论》1929年（156）
权利意识被压缩在义务观念之下	余英时	《从价值系统看中国文化的现代意义》2006年（380）
权威取向	杨国枢	《中国人的心理与行为：本土化研究》2004年（352）
权威性格	文崇一	《从价值取向谈中国国民性》1971年（294）
缺乏独立精神	张君俊	《中国民族之改造》1929年（172）
缺乏法治思想	光　升	《中国国民性及其弱点》1917年（96）
缺乏公德	梁漱溟	《中国文化要义》1949年（126）
缺乏好奇心	劳　德	《中国人——人种地理学的心理论》1929年（177）
缺乏合作传统	毛泽东	《反对党内的资产阶级思想》1953年（148）

缺乏集团生活	梁漱溟	《中国文化要义》1949年（126）
缺乏科学发明	庄泽宣	《民族性与教育》1938年（229）
缺乏礼节	库　克	《中国》（通信集）1858年（11）
缺乏伦理思想	张君劢	《明日之中国文化》1970年（278）
缺乏民治思想	光　升	《中国国民性及其弱点》1917年（97）
缺乏努力性	勒津德	《现代中国文明》1926年（139）
缺乏肉体活动力	勒津德	《现代中国文明》1926年（139）
缺乏社会意识	庄泽宣	《民族性与教育》1938年（227）
缺乏实证科学，缺乏民主传统	张岱年	《中国传统文化的分析》1986年（342）
缺乏同情心	罗　素	《中国国民性的几个特点》1922年（121）
	张君俊	《中国民族之改造》1929年（172）
缺乏先见之明	勒津德	《现代中国文明》1926年（137）
缺乏阳刚之气	罗　斯	《变迁中的中国——东西方文化在中国的冲突》1911年（79）
缺乏职业精神	罗　斯	《变迁中的中国——东西方文化在中国的冲突》1911年（79）
缺乏自由	光　升	《中国国民性及其弱点》1917年（96）
缺乏自制	孙隆基	《中国人的人格发展》1984年（332）
缺乏宗教信仰	庄泽宣	《民族性与教育》1938年（228）
缺公德	梁启超	《新民说》1902—1903年（64）
缺少抱负	勒津德	《现代中国文明》1926年（140）
缺少度量	陶行知	《南京安徽公学创学旨趣》1924年（109）
群的保身	大谷孝太郎	《中国人精神结构研究》1935年（209）

R

染指	潘光旦	《民族特性与民族卫生》1937年（212）
人本位	谢　康	《中外社会思想之比较研究》1984年（331）
人本位的经济态度	奥　特	《中国：地理、经济、政治》1926年（143）
人格观念与理性观念	胡秋原	《文化复兴与超越前进论》1980年（317）

人鬼心理	朱希祖	《中国古代文学上的社会心理》1921年（116）
人和社会结成一个辩证统一体	费孝通	《个人·群体·社会》1993年（345）
人力代替畜力	柏赐福	《中国》1916年（92）
人伦	费孝通	《乡土中国》1947年（238）
人情	项退结	《中国民族性研究》1970年（284）
人人需要改造	毛泽东	《关于正确处理人民内部矛盾的问题》1957年（150）
人文精神的四个向度	杜维明	《儒家的人文精神与文明对话》2004年（368）
人文主义	费正清	《美国与中国》1958年（252）
人性	吴自甦	《中国家庭制度》1968年（272）
人与天地万物为一体	余英时	《从价值系统看中国文化的现代意义》2006年（379）
人治	费正清	《美国与中国》1958年（248）
仁	吴自甦	《中国家庭制度》1968年（271）
仁爱	孙中山	《三民主义》1924年（27）
忍从性	吴主惠	《汉民族的研究》1968年（274）
忍耐	林语堂	《机器与精神》1929年（159）
		《中国人》1935年（163）
	威尔海姆	《中国人经济心理》1930年（194）
	庄泽宣	《民族性与教育》1938年（226）
忍耐力	罗　素	《中国国民性的几个特点》1922年（119）
忍受	劳　德	《中国人——人种地理学的心理论》1929年（175）
韧性	韦特福格尔	《中国的经济和社会》1930年（191）
容让	梁漱溟	《东西文化及其哲学》1922年（125）
柔和而又顽固	斯密斯	《中国人的特性》1894年（53）
肉体性	约翰逊	《东方宗教及其与世界宗教的关系》1872年（13）
儒学的边缘地位	刘述先	《“理一分殊”的规约原则与道德伦理重建之方向》2006年（373）
儒学是为己之学	杜维明	《儒家的人文精神与文明对话》2004年（367）

入世精神	杜维明	《孔子仁学中的道学政》1981 年（325）
软弱性	古伯察	《中华帝国——鞑靼、西藏旅行追想续编》1854 年（4）
	劳　德	《中国人——人种地理学的心理论》1929 年（175）
S		
散	陈独秀	《我之爱国主义》1916 年（81）
散漫	郎德沛	《国民精神上之劲敌》1935 年（202）
骚动	罗　素	《中国国民性的几个特点》1922 年（121）
善笑	罗　素	《中国国民性的几个特点》1922 年（118）
善综合	服部宇之吉	《中国研究》1916 年（85）
商才	约翰逊	《东方宗教及其与世界宗教的关系》1872 年（16）
	利希霍芬	《独立种族》1877 年（19）
	威尔海姆	《中国人经济心理》1930 年（195）
商业性	古伯察	《中华帝国——鞑靼、西藏旅行追想续编》1854 年（7）
尚浮夸	萧孝嵘	《中国人的心理之分析》1949 年（241）
尚鬼神	孙中山	《上李鸿章书》1894 年（23）
尚空谈	张君俊	《中国民族之改造》1929 年（173）
尚情谊	孙本文	《我国民族的特性与其他民族的比较》1949 年（233）
少勇气	张君俊	《中国民族之改造》1929 年（172）
社会观念	费正清	《美国与中国》1958 年（250）
身体化观念	约翰逊	《东方宗教及其与世界宗教的关系》1872 年（14）
深刻的理解力	项退结	《中国民族性研究》1970 年（281）
生活艺术化	钱　穆	《中华文化十二讲》1985 年（312）
生机的自然主义	成中英	《中国哲学的特性》1971 年（287）
省俭撙节	潘光旦	《民族特性与民族卫生》1937 年（211）
十景病	鲁　迅	《再论雷峰塔的倒掉》1925 年（69）

实际	和辻哲郎	《中国人的特性》1929 年（158）
	庄泽宣	《民族性与教育》1938 年（226）
实利性	渡边秀方	《中国国民性论》1929 年（155）
实利主义	吴主惠	《汉民族的研究》1968 年（275）
实用而精明的思想	林语堂	《人生的盛宴》1988 年（167）
实用性	柏赐福	《中国》1916 年（94）
实用主义	缪凤林	《中国民族史序论》1949 年（244）
食言和伪瞒	勒津德	《现代中国文明》1926 年（140）
世界主义	孙中山	《三民主义》1924 年（25）
	缪凤林	《中国民族史序论》1949 年（243）
适应变迁的基本反应方式	杨国枢	《中国人的心理与行为：本土化研究》2004 年（356）
适应变迁的主要心理机制	杨国枢	《中国人的心理与行为：本土化研究》2004 年（357）
适应力	麦华陀	《在遥远中国的外国人》1872 年（18）
适应性	柏赐福	《中国》1916 年（93）
手脑分家	费正清	《美国与中国》1958 年（251）
守旧	钱　穆	《从中国历史来看中国民族性及中国文化》1979 年（307）
守知奴和守财奴	陶行知	《新中国与新教育》1936 年（114）
束身寡过主义	梁启超	《新民说》1902—1903 年（64）
恕、絜矩	严　复	《论世变之亟》1895 年（57）
衰老	陶行知	《小先生与民族教育》1934 年（113）
顺从性格	文崇一	《从价值取向谈中国国民性》1971 年（295）
说谎	库　克	《中国》（通信集）1858 年（10）
	麦嘉温	《中国人生活中的明面与暗面》1909 年（76）
说谎与小利	庄延龄	《中国：从远古到今日的历史、外交和商业》1916 年（89）
私德	梁漱溟	《东西文化及其哲学》1922 年（125）
	费孝通	《乡土中国》1947 年（237）
私心	服部宇之吉	《中国研究》1916 年（86）
思想切实	杜　威	《杜威五大讲演》1920 年（104）
似是而非	傅斯年	《心气薄弱之中国人》1919 年（100）

苏格拉底精神	胡　适	《中国哲学里的科学精神与方法》1964 年（188）
宿命	亨利·查尔斯·萨	《中国和中国人》1849 年（3）
T		
他人取向	杨国枢	《中国人的心理与行为：本土化研究》2004 年（353）
贪婪	罗　素	《中国国民性的几个特点》1922 年（119）
贪污	孙中山	《建国方略》1917 年（34）
	胡　适	《我们走哪条路》1930 年（182）
体面	鲁　迅	《马上支日记》1926 年（69）
天命	渡边秀方	《中国国民性论》1929 年（153）
	费正清	《美国与中国》1958 年（249）
天人合一	张君劢	《明日之中国文化》1970 年（278）
天下一家之情怀	牟宗三等	《中国文化与世界》1957 年（247）
天性固执	威尔海姆	《中国魂》1930 年（193）
调和	鲁　迅	《无声的中国》1927 年（70）
	威尔海姆	《中国魂》1930 年（193）
调和与顺从民意	罗　素	《中国国民性的几个特点》1922 年（119）
听天由命	陶行知	《攻破普及教育之难关》1935 年（110）
偷窃与有用	庄延龄	《中国：从远古到今日的历史、外交和商业》1916 年（89）
头脑怪异	劳　德	《中国人——人种地理学的心理论》1929 年（176）
团体道德的缺乏	费孝通	《乡土中国》1947 年（239）
推让	郎德沛	《国民精神上之劲敌》1935 年（202）
退化	林语堂	《中国人》1935 年（160）
妥协	劳　德	《中国人——人种地理学的心理论》1929 年（177）
W		
婉转	斯密斯	《中国人的特性》1894 年（51）
为我	梁启超	《中国积弱溯源论》1901 年（62）

唯人主义	陶行知	《办公原则》1922年（108）
伟大的勇敢的勤劳的民族	毛泽东	《中国人民站起来了》1949年（147）
萎靡	张君俊	《中国民族之改造》1929年（171）
委婉	麦嘉温	《中国人生活中的明面与暗面》1909年（75）
	庄泽宣	《民族性与教育》1938年（225）
未成熟	罗　斯	《变迁中的中国——东西方文化在中国的冲突》1911年（78）
“温炖汤”、“牛皮糖”	潘光旦	《民族特性与民族卫生》1937年（216）
温润而悲悯之情	牟宗三等	《中国文化与世界》1957年（246）
“文革”实验室	费孝通	《个人·群体·社会》1993年（344）
文化独立创造的精神	胡秋原	《文化复兴与超越前进论》1980年（316）
文化关切	杜维明	《孔子仁学中的道学政》1981年（324）
文明对话的人文资源	杜维明	《儒家的人文精神与文明对话》2006年（369）
文弱的和平主义	渡边秀方	《中国国民性论》1929年（154）
稳定	林语堂	《中国人》1935年（160）
窝里斗	柏　杨	《丑陋的中国人》1985年（338）
我们将以一个具有高度文化的民族出现于世界	毛泽东	《中国人民站起来了》1949年（148）
无恻隐之心	斯密斯	《中国人的特性》1894年（47）
无道德	库　克	《中国》（通信集）1858年（11）
无动	梁启超	《中国积弱溯源论》1901年（63）
无感动	和辻哲郎	《中国人的特性》1929年（158）
无国民	陶行知	《师范教育之新趋势》1921年（108）
无坚信心	张君俊	《中国民族之改造》1929年（173）
无力量	陶行知	《中华民族之出路与中国教育之出路》1931年（111）
无思无虑	胡　适	《我们对于西洋近代文明的态度》1926年（180）
无团结力	张君俊	《中国民族之改造》1929年（171）
无为	杜　威	《中国人的人生哲学》1922年（106）

无信仰	勒津德	《现代中国文明》1926 年（141）
无学识	陶行知	《生利主义之职业教育》1918 年（111）
无毅力	张君俊	《中国民族之改造》1929 年（172）
无远见	张君俊	《中国民族之改造》1929 年（172）
无责任心	张君俊	《中国民族之改造》1929 年（171）
无政府脾气	陶行知	《介绍一件大事》1928 年（112）
无宗教信仰	库　克	《中国》（通信集）1858 年（10）
五伦为法	费正清	《美国与中国》1958 年（249）
武断	梁启超	《科学精神与东西文化》1922 年（63）
物质享乐	胡　适	《读梁漱溟先生的〈东西文化及其哲学〉》1923 年（179）

X

喜剧性结构	大谷孝太郎	《中国人精神结构研究》1935 年（208）
戏剧性	格尔巴特	《中国的祸根》1926 年（136）
现代危机	刘述先	《“理一分殊”的规约原则与道德伦理重建之方向》2006 年（374）
现世求实务精神	胡秋原	《文化复兴与超越前进论》1980 年（316）
乡民性格	吴聪贤	《现代化过程中农民性格之蜕变》1981 年（327）
乡土观念	胡秋原	《文化复兴与超越前进论》1980 年（314）
享乐	罗　素	《中国国民性的几个特点》1922 年（118）
向里用力	梁漱溟	《中国文化要义》1949 年（130）
向内	杜亚泉	《静的文明与动的文明》1916 年（87）
向上之心，相与之情	梁漱溟	《中国文化要义》1949 年（129）
消极	梁漱溟	《中国文化要义》1949 年（131）
小打算	和辻哲郎	《中国人的特性》1929 年（158）
小经济人	奥　特	《中国：地理、经济、政治》1926 年（144）
小圈子	费孝通	《乡土中国》1947 年（238）
孝	亨利·查尔斯·萨	《中国和中国人》1849 年（1）
	库　克	《中国》（通信集）1858 年（11）

	柏赐福	《中国》1916 年（92）
	杨懋春	《中国的家族主义与国民性格》1971 年（292）
孝道	渡边秀方	《中国国民性论》1929 年（154）
孝顺	斯密斯	《中国人的特性》1894 年（54）
孝思	吴自甦	《中国家庭制度》1968 年（271）
孝心	威尔海姆	《中国人经济心理》1930 年（194）
信义	孙中山	《三民主义》1924 年（28）
形式主义	吴主惠	《汉民族的研究》1968 年（275）
性格矛盾	服部宇之吉	《中国研究》1916 年（85）
修身	费正清	《美国与中国》1958 年（253）
虚浮	郎德沛	《国民精神上之劲敌》1935 年（203）
虚假和人为	陈其南	《假面的告白》1980 年（319）
虚伪	梁启超	《科学精神与东西文化》1922 年（64）
	王造时	《国民心理》1932 年（199）
需要知识分子	毛泽东	《在中国共产党全国宣传工作会议上的讲话》1957 年（151）
玄学精神	梁漱溟	《东西文化及其哲学》1922 年（123）
学术不分	梁漱溟	《东西文化及其哲学》1922 年（123）

Y

言而无信	斯密斯	《中国人的特性》1894 年（48）
言行难以一致	文崇一	《中国传统价值的稳定与变迁》1981 年（300）
眼光不远	鲁　迅	《两地书》1925 年（71）
要勤俭	毛泽东	《做革命的促进派》1957 年（152）
野蛮	胡　适	《慈幼的问题》1929 年（186）
一对妖怪	陶行知	《一对妖怪》1934 年（114）
一盘散沙	孙中山	《建国方略》1917 年（33）
	傅斯年	《心气薄弱之中国人》1919 年（101）
以道德代宗教	梁漱溟	《中国文化要义》1949 年（128）
以个人为中心	杜亚泉	《静的文明与动的文明》1916 年（88）
以静为本位	李大钊	《东西文明根本之异点》1918 年（98）
以人事为中心	张君劢	《明日之中国文化》1970 年（278）

易走极端	古伯察	《中华帝国——鞑靼、西藏旅行追想续编》1854年（4）
	孙中山	《三民主义》1924年（26）
因袭	梁启超	《科学精神与东西文化》1922年（64）
因循守旧	林语堂	《中国人》1935年（167）
忧愁	孙中山	《在广东第一女子师范学校校庆纪念会的演说》1924年（35）
幽默	麦嘉温	《中国人生活中的明面与暗面》1909年（75）
幽默滑稽	林语堂	《中国人》1935年（166）
悠然自得	麦嘉温	《中国人生活中的明面与暗面》1909年（76）
有结合力	柏赐福	《中国》1916年（93）
有灵观	海　威	《中国心理》1933年（200）
有生命力	罗　斯	《变迁中的中国——东西方文化在中国的冲突》1911年（78）
有私无公	斯密斯	《中国人的特性》1894年（46）
有信仰	密迪士	《中国人及其叛乱》1856年（9）
幼稚	梁漱溟	《中国文化要义》1949年（130）
	林语堂	《中国人》1935年（162）
愚	陶行知	《从守财奴想到守知奴》1934年（112）
愚昧	梁启超	《中国积弱溯源论》1901年（61）
	胡　适	《我们走哪条路》1930年（181）
圆而神的智慧	牟宗三等	《中国文化与世界》1957年（245）
圆滑	陈独秀	《我之爱国主义》1916年（82）
圆熟老到	梁漱溟	《中国文化要义》1949年（392）

Z

早熟	倭　纳	《记述社会学——中国人篇》1919年（102）
沾滞	郎德沛	《国民精神上之劲敌》1935年（202）
贞节	亨利·查尔斯·萨	《中国和中国人》1849年（2）
正义感	威尔海姆	《中国人经济心理》1930年（195）

正义自尊与坚毅精神	胡秋原	《文化复兴与超越前进论》1980 年（315）
知恩与情	庄延龄	《中国：从远古至今日的历史、外交和商业》1916 年（90）
知识程度不足	孙中山	《建国方略》1917 年（33）
知识分子气	毛泽东	《我们党的一些历史经验》1956 年（149）
知识分子与工农相结合	毛泽东	《在中国共产党全国宣传工作会议上的讲话》1957 年（151）
知足	利希霍芬	《独立种族》1877 年（19）
	胡　适	《东西文化之比较》1930 年（178）
知足常乐	斯密斯	《中国人的特性》1894 年（45）
	林语堂	《中国人》1935 年（165）
知足乐观	庄泽宣	《民族性与教育》1938 年（223）
知足自得	梁漱溟	《中国文化要义》1949 年（391）
执拗心理	约翰逊	《东方宗教及其与世界宗教的关系》1872 年（13）
止足、相安	严　复	《论世变之亟》1895 年（56）
智慧	柏赐福	《中国》1916 年（93）
智能	孙中山	《三民主义》1924 年（29）
智仁勇	陶行知	《育才学校教育纲要草案》1939 年（115）
中国过渡人的画像	金耀基	《从传统到现代》1966 年（258）
中国人在日常生活中的应变方式	杨国枢	《中国人的心理与行为：本土化研究》2004 年（361）
中国现代化的障碍	金耀基	《从传统到现代》1966 年（260）
中国知识分子对现代化的思想反应	杨国枢	《中国人的心理与行为：本土化研究》2004 年（359）
中国资产阶级的两面性	毛泽东	《关于正确处理人民内部矛盾的问题》1957 年（150）
中流阶级的精神文化	利希霍芬	《独立种族》1877 年（21）
中庸	约翰逊	《东方宗教及其与世界宗教的关系》1872 年（15）
	蔡元培	《中华民族与中庸之道》1931 年（196）
中庸的哲学	林语堂	《人生的盛宴》1988 年（168）
中庸主义	缪凤林	《中国民族史序论》1949 年（243）

忠孝	孙中山	《三民主义》1924年（26）
重报本	钱　穆	《中华文化十二讲》1985年（310）
重道德	谢　康	《中外社会思想之比较研究》1984年（331）
重感情	倭　纳	《记述社会学——中国人篇》1919年（102）
重和合	钱　穆	《从中国历史来看中国民族性及中国文化》1979年（302）
重“和合性”	孙隆基	《中国人的人格发展》1984年（332）
重礼	服部宇之吉	《中国研究》1916年（86）
重名誉	麦华陀	《在遥远中国的外国人》1872年（17）
重男轻女	朱希祖	《中国古代文学上的社会心理》1921年（117）
重内过于重外	余英时	《从价值系统看中国文化的现代意义》2006年（378）
重农思想	吴聪贤	《现代化过程中农民性格之蜕变》1981年（327）
重品德	钱　穆	《中华文化十二讲》1985年（310）
重勤劳	蒋介石	《中国之命运》1946年（231）
重人伦	孙本文	《我国民族的特性与其他民族的比较》1949年（232）
重儒教	利希霍芬	《独立种族》1877年（20）
重视和谐	张岱年	《中国传统文化的分析》1986年（340）
重心身生活	钱　穆	《中华文化十二讲》1985年（311）
重刑罚	古伯察	《中华帝国——鞑靼、西藏旅行追想续编》1854年（6）
重形式	萧孝嵘	《中国人的心理之分析》1949年（241）
重性情	钱　穆	《中华文化十二讲》1985年（309）
重自然	杜亚泉	《静的文明与动的文明》1916年（87）
重自治	孙本文	《社会心理学》1946年（235）
主我主义	勒津德	《现代中国文明》1926年（138）
主张民权	孙中山	《三民主义》1924年（25）
主中庸	孙本文	《我国民族的特性与其他民族的比较》1949年（232）
		《社会心理学》1946年（234）
注意力分散	勒津德	《现代中国文明》1926年（138）

注重个人修养	胡　适	《我们对于西洋近代文明的态度》1926 年（181）
专制	张君劢	《明日之中国文化》1970 年（277）
专制心理	朱希祖	《中国古代文学上的社会心理》1921 年（116）
自大	孙中山	《建国方略》1917 年（34）
	鲁　迅	《文化偏至论》1907 年（67）
自负	勒津德	《现代中国文明》1926 年（141）
自觉使文化悠久之智慧	牟宗三等	《中国文化与世界》1957 年（246）
自利	鲁　迅	《谈所谓“大内档案”》1927 年（72）
自利心	渡边秀方	《中国国民性论》1929 年（155）
自馁	潘光旦	《民族特性与民族卫生》1937 年（217）
自欺	鲁　迅	《科学史教篇》1907 年（67）
自欺自慰	胡　适	《我们对于西洋近代文明的态度》1926 年（179）
自强不息，厚德载物	张岱年	《中国传统文化的分析》1986 年（341）
自然归向	威尔海姆	《中国魂》1930 年（193）
	大谷孝太郎	《中国人精神结构研究》1935 年（205）
自私的人情	孙隆基	《中国人的人格发展》1984 年（336）
自私自利	陶行知	《从孔德成的教育说到孔子的故乡与祖国》1935 年（113）
	王造时	《国民心理》1932 年（198）
	潘光旦	《民族特性与民族卫生》1937 年（212）
自我态度大体适应现代性	余英时	《从价值系统看中国文化的现代意义》2006 年（383）
自我修养的实效主义	成中英	《中国哲学的特性》1971 年（287）
自我主义	费孝通	《乡土中国》1947 年（239）
自信与虚心	梁启超	《十种德性相反相成义》1901 年（59）
自由平等的精神	胡秋原	《文化复兴与超越前进论》1980 年（315）
自由主义	毛泽东	《反对自由主义》1937 年（146）
自尊、自谦	蒋介石	《中国之命运》1946 年（231）
宗教观念弱	谢　康	《中外社会思想之比较研究》1984 年（330）

宗教上的实用主义	罗 斯	《变迁中的中国——东西方文化在中国的冲突》1911 年（79）
宗族主义和地方主义	文崇一	《中国传统价值的稳定与变迁》1981 年（299）
组织能力薄弱	潘光旦	《民族特性与民族卫生》1937 年（213）
祖先崇拜	文崇一	《中国传统价值的稳定与变迁》1981 年（299）
祖宗崇拜	谢 康	《中外社会思想之比较研究》1984 年（331）
尊卑上下	梁漱溟	《东西文化及其哲学》1922 年（124）
尊崇愚者	林语堂	《人生的盛宴》1988 年（169）
尊大	格尔巴特	《中国的祸根》1926 年（135）
尊大与脆弱	大谷孝太郎	《中国人精神结构研究》1935 年（206）
尊理性	孙本文	《社会心理学》1946 年（233）
尊重劳动的精神	胡秋原	《文化复兴与超越前进论》1980 年（315）
尊重师傅	杜 威	《中国人的人生哲学》1922 年（107）
撙节	斯密斯	《中国人的特性》1894 年（44）
	庄泽宣	《民族性与教育》1938 年（224）
作为“体证之爱”的孝	杜维明	《作为“体证之爱”的仁道：全球伦理视野中“孝”的探索》2006 年（370）

编后记

回想起来，促使我研究中国人，还是那不堪回首的“十年动乱”和1982 年至 1984 年在日本进修社会心理学期间的所见所闻。记得 1978 年的一天下午，在张健先生的引荐下，到何东昌先生府上找老心理学家李作葆女士谈改行学心理学的想法，从对“文革”时期“人整人”、“人挨整”情景的恐惧和不可思议，谈到想探索中国人秘密的愿望，时间长达 3 个多小时，得到了她真挚而又热情的支持。1979 年到北大心理学系脱产进修心理学，从此，彻底改行，研究起人的问题来了。在日本期间，所见所闻，感慨万分，同时心境又复杂之至。日本，一眼看去，是一个有礼貌、有秩序、高度紧张、讲究效率的富有社会，而中国要达到富有社会的水平必须花很长时间，做出重大努力才行。与此同时，日本还有一些是我（或许还有许多跟我一样的留学人员）所不理解和不能接受的东西，同样，中国留学生乃至中国人也有不少不被理解和不被接受的地方。从日本社会多少明白了中国的一些事情，从日本人身上看到了中国人自己，开始觉得保持和发扬中国的某些固有传统，改造并提高中国国民性之必要、迫切和可能。因为这点，经常在留学人员中聊起中国人研究的问题，得到了他们由衷的支持。

1985 年 7 月 15 日，第一次中国人研究小组会，有我的尊师刘炎先生参加，还有吴廷嘉、凌力。4 人小组，全是女性。直至 1986 年 3 月，向国家教委提出“中国人民族性格与中国社会改革”课题，10 月被推荐为国家“七五”科研项目。大概到了1987年，几乎整个中国大地都在翻腾，改革的洪流冲击着各个领域。“文化热”出现了。这下子，我们高兴极了。因为这意味着课题组会有更多的研究上的知音及力量。在课题进展的过程中，不断得到来自学界、大众传播界的关心、支持和鞭策。

如此种种，也算是中国人自我觉醒的一个侧面、一种记录吧，或者说是中国人血性的一种表现。

“中国人民族性格与中国社会改革”课题，分三个阶段进行：对历史上有关研究中国人的资料、观点及方法进行综合，由此形成有关研究中国人的量表（可称历史量表），属于第一阶段。在这个阶段用了相当多的人力、精力和财力，收集、整理并分析各历史时期著名学者的主要著作和主要观点。

在占有资料的基础上，结合我国“十年动乱”和改革以来两个历史时期表现出来的心理现象，制作调查问卷，进行全国性的抽样调查。样本近2 000个，包括农民、工人、市民、个体劳动者、干部、教师、研究人员、医务人员和学生，抽样地区有北京、上海、深圳、大连、黑龙江、河南、安徽、江苏、福建、遵义、湖南、甘肃、西安、山西等省市。另有由沿海各省流动到兰州、西安等地的个体户、服装设计人员、旅游业服务人员、妇女干部等特别职业层。问卷设有32个问题、600多个变量，这是调查阶段。

第三个阶段，是对调查问卷进行统计处理，以及对大量数据的意义解释，进行量化研究。试图将所得数据予以模式化和理论分析。这是课题最难、最重要的步骤。

历史上，著名的史学家、思想家在论述精神现象时，几乎都论及中国人的精神结构问题。哲人黑格尔在他的精神现象论中，认为中国国民的精神统一体是没有实体性与主观自由之间差别和对立的统一，因而实体没有自我反省和主体性。德国哲学家、教育学家斯普兰格（E. Sprenger，1882—1963）从精神科学角度看中国人的精神结构，认为中国国民是作为“伟大性格的全体人格”出现的中国文化人，主张在对个别的中国人精神结构的研究和对中国历史、中国文化的理解之基础上，把握中国人理念型精神结构。M. 舍勒(Max Scheler，1874—1928，德国哲学家、社会学家）用文化要素相互作用说分析中国人的精神结构，认为中国国民性是人文古典主义。胡塞尔（E. Hussell，1859—1938，德国哲学家）从现象学立场出发，提出从平凡的常识性的日常生活世界，从庶民层（下层）开始探索现代中国人精神结构特点，他称这种研究叫“庶民中国学”，与此相反，传统性中国文化学是从上层研究，是一种“贤能中国学”。

然而，对中国人进行具体的观察、记载和解释的，是在中国封建帝国的大门被帝国主义炮舰撞开前后。最早有英国人亨利·查尔斯·萨等人的中国人性格研究。萨从1846年着手写作，1849年发表《中国和中国人宗教性格及其危害》一书，认为中国人遵循古圣之训，不分贵贱富贫，普遍行孝道，中国是世界上最善的国家，但如果从其国民性里层来看，中国人是世界上悖德无耻的民族，对强者奴颜婢膝，对弱者横暴无逊，利得、猜疑、嫉妒、不诚等等。萨被公认为帝国主义辩护士。当然，在对中国人的研究中，有不少是出于对中国的好奇和对科学的真诚而来。德国的地理学家、地质学家利希霍芬曾作为东亚考察团的成员，从1860—1872年走遍东亚八国和中国十几个省，对中国十几个省的中国人特性作了具体的考察和记载。还有的人是出于外交需要以及布教或东西方文化传播的需要。戴维斯于1816年来华，先后任驻华公使、商务监督、香港总督兼总司令，1848年离职。根据他对中国人长期细致的观察，写出了《中国论》一书，认为中国人性格柔和温良，爱好和平，热爱家乡，忍受贫困，知足、勤奋、虚伪、猜疑，民族自尊心强等；1894年，在中国传教并居住长达50年之久的美国传教士斯密斯发表了《中国人的特性》（又译《中国人的气质》）一书，用大量的所见所闻，列举了中国人26个性格特点，顿时轰动各国学术界和外交界，有德、法、日等多种文字译文，被誉为各国在华青年外交官员必读之书。

19世纪末，中国人也开始了对自己的认识和研究。中国民主主义革命家孙中山曾把忠、孝、仁、爱、信、义、和平视为中国民族特性的优点而加以肯定。思想家梁启超在《十种道德相反相成义》中，举出独立与合群、自由与独裁、自信与虚心、利己与爱他等10种道德范畴，说明中国人缺乏独立之德、自由之德、自信与爱他之德等等。后来，在《新民说》、《国风》、《中国积弱溯源论》中对中国人以私德为核心的国民品行做了大量考证和分析。五四时期，则有更多的新文化代表者激烈地抨击中国旧文化和由它陶冶而成的国民性。鲁迅是新文化运动的旗手，又是中国国民性研究的先驱，他为国人刻画的“阿Q”是苦难中不得解救的苦难国民的一个典型，至今都在映照着中国人的“面容”。稍后一些，有史学家胡适之和教育学家陶行知，他们同是安徽人，同乡，又同是美国大学问家杜威的学生。回国后，他们走的路子有所不同，但都为中国文化和中国人的建设和改造作了不懈的努力。胡适之把目光集中在中国文化的现代化之研究，既颂扬了中国文化和中国人的优异之处，又尖锐地披露了中国文化和中国人的毛病。陶行知则把全身心投入到教育事业，用科学和知识，用他和他周围一批热心于教育、忠诚于人民大众的仁人志士之广泛教育活动，去提高中国人民族的、教育的和心理卫生的素质，“发展国民性”。

从20世纪20年代到30年代，有关中国人的研究不曾中断过；30年代是中国文化和中国人研究的高峰年代。当时正值中华民族国难临头，民族在召唤。对中国命运的关心和对提高中国民族素质的关心，几乎相随而行：在千百万中华儿女为祖国冲锋陷阵的同时，又有一代有志文人为唤起中国人觉醒而呐喊不休，不仅用理论，而且用文学艺术来宣传教育。

到了60年代中期，世界发生了巨大变化，我国也不例外。中国的“文化大革命”曾引起了很多国内外人士的思考与注意。我国台湾学者在“文化复兴”运动中对中国文化和中国人性格作了大量的研究。随着我国改革与开放的不断发展，终于在80年代中期酿成了中国“文化热”。人们清楚地意识到，对中国文化及中国人的研究是中国社会改革的需要，势在必行。

以往对中国人的研究，用心都很深，也累积了相当多的经验和资料；不论现象学的研究还是精神科学的研究，抑或文化社会学的研究，都是构成中国人研究长河的一个个“支流”。但从总体上看，都缺少在大量调查基础上实证的与理论的统一研究，缺少量的表述和对量的意义解释。当然，60年代中期以来，我国港台学者的实证研究者，对于我们研究目前我国复杂的社会改革中表现出来的复杂的社会心理和民族特性，裨益非同小可。

“中国人民族性格与中国社会改革”课题，是在吸收人类文明长河中对中国人研究有意义的思想、思路和方法之基础上，占有资料，调查研究，分析整合，力图将量化研究和理论解释、宏观陈述和深层分析结合起来，以对中国民族特性作一大略描绘，努力捕捉贯穿于中国文化的精神、灵魂，即“中国魂”。

沙莲香

1988年12月

图书在版编目（CIP）数据

中国民族性（一）：一百五十年中外"中国人像"/沙莲香主编．—2版．—北京：中国人民大学出版社，2011.12

ISBN 978-7-300-14858-8

Ⅰ.①中… Ⅱ.①沙… Ⅲ.①民族性-研究-中国 Ⅳ.①C955.2

中国版本图书馆CIP数据核字（2011）第254797号

中国民族性（一）

一百五十年中外"中国人像"

最新版

沙莲香　主编

Zhongguo Minzuxing (1)

出版发行	中国人民大学出版社		
社　　址	北京中关村大街31号	**邮政编码**	100080
电　　话	010－62511242（总编室）		010－62511398（质管部）
	010－82501766（邮购部）		010－62514148（门市部）
	010－62515195（发行公司）		010－62515275（盗版举报）
网　　址	http://www.crup.com.cn		
	http://www.ttrnet.com(人大教研网)		
经　　销	新华书店		
印　　刷	涿州市星河印刷有限公司	**版　　次**	1989年3月第1版
规　　格	160 mm×230 mm　16开本		2012年4月第2版
印　　张	28.25 插页2	**印　　次**	2012年4月第1次印刷
字　　数	448 000	**定　　价**	58.00元